Philipp Heger

Taktik im Tennis

Wie du mit Spielintelligenz punkten kannst

NEUER SPORTVERLAG

Inhaltsverzeichnis

Fotoshooting-Locations
Vielen Dank an die beteiligten Hotels & Vereine:
Quellenhof, www.quellenhof.it
Der Lärchenhof, www.laerchenhof-tirol.at
Tennis-Club Waiblingen, www.tc-waiblingen.de

Impressum

Taktik im Tennis
Wie du mit Spielintelligenz punkten kannst

2. überarbeitete Auflage

Autor
Philipp Heger

Projektleitung und Redaktion
Hendrik Schulze Kalthoff, Nadine Müller

Gestaltung
Joschka Silzle, Nadine Müller

Layout, Satz und Bildbearbeitung
Janina Reuß, Hendrik Schulze Kalthoff

Herausgeber
Neuer Sportverlag
Beim Hochwachtturm 2, 71332 Waiblingen
www.neuersportverlag.de

Bildnachweis
picture alliance/KEYSTONE Titel, picture alliance/AP Photo S. 31, picture alliance/augenklick/GES S. 43, picture alliance/ZUMA Press S. 76, picture alliance/augenklick/GES S. 108, picture alliance / AP Photo S. 133, picture alliance / Sven Simon S. 200
istockphoto.com/lenalir S. 24
Julian Heß S. 47, 255, Umschlag Rückseite
Nadine Müller S. 9, 12, 15, 20, 26, 29, 30, 38, 41, 48, 52, 53, 55, 59, 62, 66, 73, 83, 85, 88, 93, 94, 105, 111, 116, 119, 129, 130, 137, 138, 142, 145, 150, 154, 161, 165, 167, 179, 183, 187, 191, 197, 203, 205, 209, 215, 216, 233, 234, 236, 238, 240, 244, 247, 251, 258, 260, 265, 269
Reisespecial: Die jeweiligen Hotels

Vielen Dank an die Spieler/-in ...
Rebekka Sester, Yannick Hanfmann, Joel Burster, Tobias Mangold, Eliana Weichel

Vorwort

Liebe Leser und Leserinnen, dieses Buch richtet sich an alle Tennisspieler, vom Anfänger bis zum Profi (dem natürlich viele Dinge schon bekannt vorkommen), an Eltern, deren Kind(er) Tennis spielen, an Trainer, Betreuer und Tennisfans, die mehr über die Faszination des weißen Sports erfahren möchten. Schließlich ist Tennis mehr als nur ein sinnloses Draufprügeln auf die gelbe Filzkugel.

Denn nicht immer gewinnt der athletischere oder technisch versiertere Spieler. Entscheidend ist oftmals auch, den richtigen Plan im Match gegen einen vermeintlich besseren Spieler zu haben oder auch im richtigen Moment den richtigen Ball zu spielen, die Schwachstellen des Gegners offenzulegen und die eigenen Stärken einzusetzen. Man sollte lernen, ähnlich wie beim Poker, Chancen und Risiken abzuwägen. Man sollte lernen, das Spiel zu lesen wie ein Schachspieler. Schläge und Spielsituationen vorausahnen. Wissen, was der Gegner als Nächstes macht. Was jetzt durchaus plausibel klingt, ist es auf dem Platz aber oftmals nicht.

Sieht man sich Spitzentennis im Fernsehen an, stellt man sich wohl schon manchmal die Frage: „Der Kerl ist Profi und bekommt absolut keine Länge in seine Schläge." „Wieso spielt dieser Spieler die ganze Zeit in die Mitte?" „Wieso versucht er es nicht mal mit einem Stopp?"

Ich kann Dir versichern, dass die meisten Profis und guten Spieler einen Plan von dem haben, was sie auf dem Platz tun und lassen. Beim Tennis geht es nicht immer nur darum, spektakuläre Winner zu schlagen, denn so einfach funktioniert das Ganze nun mal leider nicht, und der Gegner hat eben auch noch ein Wörtchen mitzureden.

Es geht ähnlich wie in anderen Sportarten auch im Tennis darum, sich kleine Vorteile zu verschaffen, indem ich den Gegner in Zeitnot bringe, Raum gewinne, Fallen aufstelle und den Gegner zu gegebener Zeit in diese Fallen locke. Viele kleine Vorteile summieren sich am Ende zu einem großen Vorteil (oder Nachteil). Welchen Ball spiele ich in welcher Situation (Geschwindigkeit, Genauigkeit, Höhe, Drallart, Risiko, Länge etc.)? Welche Bälle machen gegen welchen Gegner Sinn? Wie agiere ich auf den unterschiedlichen Platzbelägen? Wie verhalte ich mich bei Wind? Wie spiele ich als Favorit? Wie als Außenseiter?

Sicher hast du schon mal Sätze wie den folgenden gehört: „Oh, diesen Gegner kann ich nur schlagen, wenn ich jeden Ball mit Höchstgeschwindigkeit in die Ecke treffe." Und dementsprechend spielen dann viele Spieler auch, wenn sie zu viel Respekt vor dem Gegner haben, nämlich einfach überhastet mit viel zu viel Risiko und Geschwindigkeiten, die sie nicht beherrschen. Diese Spieler geben ihrem vermeintlich besseren Gegenüber überhaupt nicht die Möglichkeit, Fehler zu machen, weil sie immer vorher schon den Fehler machen. Dann treffen sie einen von zehn Bällen (der dann natürlich ein spektakulärer Winner ist) und sagen dann: „Hätte ich jeden Ball so getroffen, dann, ja dann hätte ich Chancen gehabt." Schlussendlich ergeben viele kleine Vorteile (Nachteile) auch einen großen Vorteil (oder Nachteil). Was unterscheidet zum Beispiel die Nummer fünf der Welt von der Nummer 50 oder der Nummer 500 im ATP-Ranking? Auch die Nummer 500 der ATP-Weltrangliste spielt technisch hervorragend und ist körperlich fit. Sieht man alle drei Spieler spielen, erkennt man keinen großen Unterschied. Jedoch ist der Top-Ten-Spieler in der Regel in fast allen Bereichen etwas besser aufgestellt. In der Summe macht dies dann einen großen Unterschied.

Auch möchte ich gerne mit ein paar altgedienten Weisheiten aufräumen – Aussagen wie „nach jedem Schlag zurück zur Mitte bewegen", was schlicht falsch ist – oder die Frage nach dem Sinn der Schlaglänge stellen sowie Überlegungen anstellen, wann und für wen es Sinn macht zu variieren.

Diese und ähnliche Problemstellungen möchte ich in diesem Buch näher erläutern. Außerdem möchte ich mich an den Versuch wagen, einige gängige Taktikregeln aufzustellen, an denen du dich als Spieler orientieren kannst.

Danken möchte ich Dr. Guido Eberhard für seine Unterstützung beim begrifflichen Feinschliff und seinen Anregungen zur Überarbeitung von Kapitel 13 und des Quellenverzeichnisses.

Einleitung

Warum habe ich dieses Buch geschrieben, das du nun in Händen hältst, und wie kam es dazu? Zunächst einmal ist es so, dass es schlichtweg wenige Bücher über Tennistaktik und -strategie gibt. Ständig wird über Taktik und Strategie gesprochen und diskutiert, aber geschrieben wurde bisher recht wenig darüber. Es gibt zwar viele zum Teil sehr gute Fachartikel, aber wenige Gesamtwerke, die alle taktischen und strategischen Aspekte vereinen. Auch bei YouTube findet man unzählige tolle Videos, wie man Vorhand, Aufschlag, Volley etc. verbessern kann, aber nur wenige Videos über unser Themengebiet. Du kennst sicher im technischen Bereich unglaublich viele Grundregeln. Wenn wir das Beispiel Aufschlag heranziehen, wirst du mir recht geben, dass es klare Regeln gibt, an die sich jeder Spieler und Trainer halten sollte:

- Seitlicher Stand (linker Fuß zeigt in Richtung des rechten Netzpfostens beim Rechtshänder).
- Gerader Wurf leicht nach vorne (Ausnahme: Kickaufschlag).
- Schläger geht nach hinten in den Schulterbereich und wird dann nach oben beschleunigt, indem man den angewinkelten Arm explosiv streckt.
- Der Wurfarm sollte möglichst lange gestreckt bleiben.
- Du solltest in die Knie gehen und dich aus dieser Position nach oben abdrücken.

Sicher, dies ist jetzt etwas laienhaft und unvollständig beschrieben, in unzähligen Büchern, Fachartikeln und Videos findest du viel bessere Erläuterungen. Aber klar ist auch, dass es bei den gängigen Schlägen recht klare Grundregeln gibt. Im taktisch-strategischen Bereich hingegen scheint es kaum Grundregeln zu geben, sieht man mal vom Stammtischspruch ab: „Den Ball immer einmal mehr zurückspielen, als der Gegner es tut."

Die Gründe dafür sind, dass die Tennistaktik schlicht sehr komplex ist und sich die wenigsten da heranzutrauen scheinen. In Büchern und Artikeln wird dies auch immer wieder beschrieben. Wenn man ein Buch schreibt, informiert man sich natürlich über das Themengebiet und muss unbedingt auch die Bücher lesen, die es schon gibt. Denn es macht natürlich keinen Sinn, dass man dann dasselbe schreibt wie ein anderer Autor, nur in anderen Worten. In eigentlich allen Büchern, die ich gelesen habe, wurde argumentiert, dass die Taktik im Tennis sehr komplex und individuell sei und es immer sehr viele Lösungen geben würde. Eine Aussage zitiere ich nun:

„Viele Menschen erwarten hinter dem Begriff Taktik eine Anweisung à la `wenn er dahin spielt, spielst du dahin und wenn er so spielt spielst du so, außer er…´. Doch für solche Anweisungen ist Tennis ein zu vielseitiger bzw. komplexer Sport."

So oder so ähnlich wird das dann immer begründet. Es ist sicher richtig, dass Tennis komplex ist und es für verschiedene Situationen immer mehrere Möglichkeiten geben muss. Denn sonst wüsste ja der Gegner immer, was kommt. Aber es ist sicher auch so, dass es stets Lösungen gibt, die besser sind als andere, und Optionen, die einfach nicht sinnvoll sind. Deshalb kann ich schon sagen: „Wenn der Gegner den Ball aus Position X mit Flugkurve Y und Geschwindigkeit V dahin spielt, hast du diese, jene und noch zwei weitere gute Optionen aus diesem und jenem Grund. Die Optionen A, B, C und D sind nicht sinnvoll, weil …". Dies werde ich im Kapitel „Shot-Selection" anhand einiger Beispiele näher zu erläutern versuchen. Außerdem ist es auch so, dass du vor allem bei deinem Gegner einige Bälle auch ausschließen kannst und somit auch wieder eher weißt, was kommen wird.

Fakt ist, dass es natürlich fast immer mehrere gute Optionen auf einen Schlag des Gegners gibt. Aber eben auch nicht unendlich viele. Und um zu wissen, was der Gegner macht, muss ich mich damit beschäftigen, welche Möglichkeiten Sinn ergeben und welche nicht. Ich möchte das ein bisschen mit Schach vergleichen. Das Schachspiel ist nämlich hinsichtlich der Strategie noch wesentlich komplexer als Tennis. Bereits mit dem ersten Zug hat der Spieler 20 verschiedene Zugmöglichkeiten. Es gibt hunderte Kombinationen, die ersten beiden eigenen Züge durchzuführen. Im Tennis sind es beim Aufschlag weit weniger. Auch umfasst die Eröffnung im Schach zehn bis 15 Züge. Spricht man im Tennis von der (erweiterten) Spieleröffnung, so gehört dazu mit Sicherheit der Aufschlag und der Return und wohl auch noch der erste Schlag des Aufschlägers nach dem Return und auch der vierte Schlag des Ballwechsels insgesamt (also der zweite Schlag des Returnspielers). Trotzdem gibt es im Tennis kaum Strategien für die Eröffnung, im Schach aber ungezählte, sei es die Spanische, Italienische, Sizilianische, Französische, das Königsgambit oder das Damengambit usw. In dieser Sportart wird auf alle Eventualitäten des Gegners reagiert, und die Spieler und Trainer machen sich Gedanken über alle möglichen und unmöglichen Züge und wie man darauf reagieren könnte. Im Tennis heißt es dann, dies und jenes kann man nicht verallgemeinern, weil es von deinen eigenen Schlägen und auch von den Stärken des Gegners abhängt. Was gegen Nadal richtig ist, kann gegen Raonic falsch sein. Mir ist das zu kurz und vor allem zu vereinfacht gedacht. Du musst alle Möglichkeiten, die es gibt, erörtern und dir überlegen, welche du technisch überhaupt spielen kannst. Dann überlegst du dir, welche Optionen überhaupt Sinn ergeben. Und im dritten Schritt passt du dies an deinen Gegner an.

Was ich damit für den Fortlauf des Buches zum Ausdruck bringen möchte, ist, dass es immer mal wieder Ausnahmen von der Regel geben wird. Wenn ich etwas schreibe, versuche ich, auf Ausnahmen einzugehen, allerdings gibt es bestimmt spezielle Situationen, in denen es wieder anders ist. Hierzu auch ein kurzes praktisches Beispiel:

Es wird ein hoher, aggressiver Kickaufschlag weit nach außen von der Vorteilseite zur Rückhand des Gegenübers gespielt (grundsätzlich gehe ich in der Folge immer von zwei Rechtshändern aus, es sei denn, ich weise auf den Linkshänder hin). Dieser returniert weit hinter der Grundlinie, sagen wir drei Meter dahinter, und steht nun auch zwei Meter außerhalb des Feldes, weil der Aufschlag einen guten Winkel hat. Nun hat er folgende Möglichkeiten:

- Slice cross lang
- Slice cross kurz
- Slice longline lang
- Slice longline kurz
- Slice lang Mitte
- Slice kurz Mitte
- dieselben Schläge mit Topspin (also noch mal sechs Optionen)
- dieselben Schläge gerade (also noch mal sechs Möglichkeiten)
- Stopp cross
- Stopp longline
- Stopp Mitte

Dazu kann er noch Höhe und Geschwindigkeit variieren.

Manche dieser Lösungen sind physikalisch kaum zu bewerkstelligen. Andere sind technisch unglaublich anspruchsvoll. Schlussendlich kann ich das Ganze auf in etwa eine Handvoll Optionen herunterbrechen. Manche wird mein Gegner voraussichtlich auch technisch nicht spielen können. Dann gibt es zwei bis drei verschiedene Antworten, wie er auf meinen Aufschlag reagieren kann. Und darauf kann ich mich vorbereiten.

Ich würde nun sagen, die besten Lösungen wären ein langer Topspin-Ball cross oder ein langer Topspin-Ball in die Mitte. Suboptimal sind die Longline-Bälle. Wird dieser mit Topspin versehen, ist er zu lange in der Luft, um gefährlich zu sein, und durch den Longline gibt dein Gegner dir die Möglichkeit, den Ball früh zu nehmen und den Ball scharf

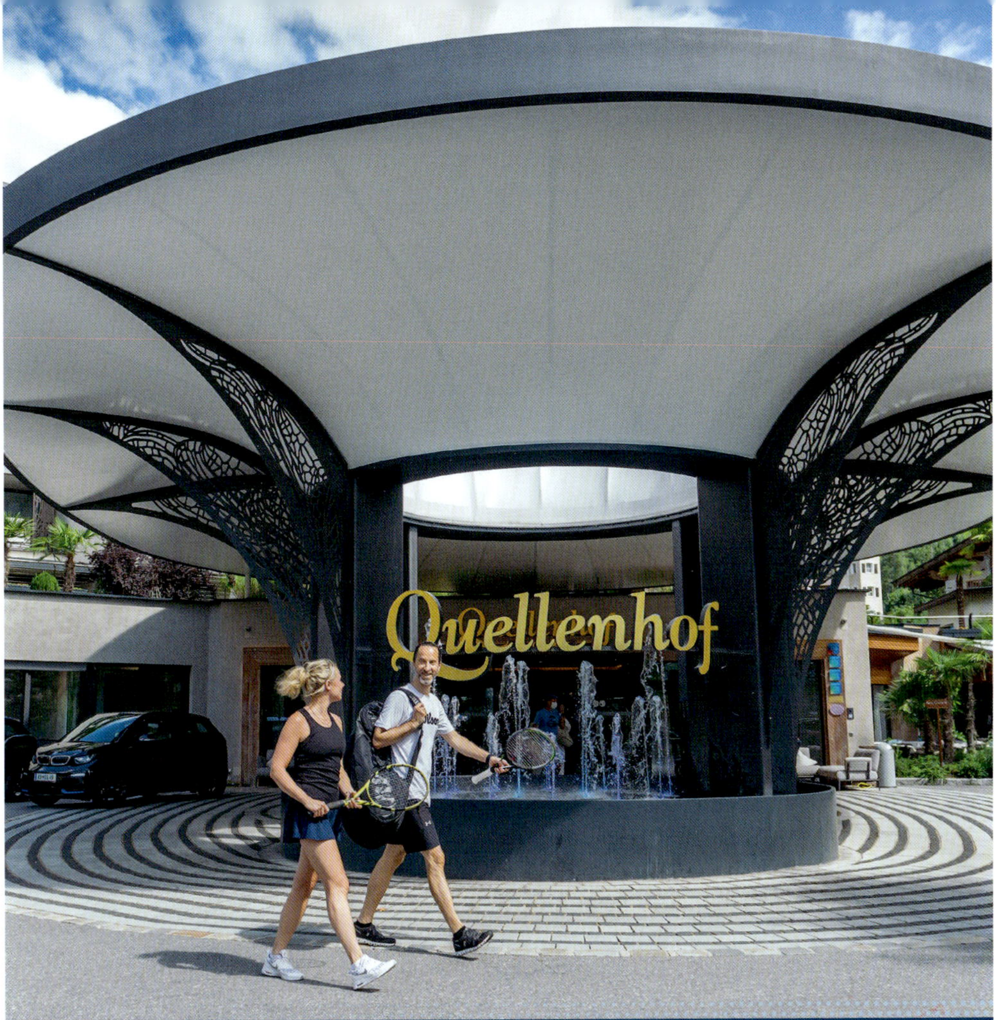

Bereits vor dem Match solltest du dir über deine Spieltaktik im Klaren sein.

cross zu spielen. Spielt dein Rivale diesen gerade und versucht einen Winner, wird er langfristig mehr Fehler machen als Schaden anrichten. Jetzt kommst du und sagst: „Aber letzte Woche, beim Mannschaftsspiel, da hat mein Gegner mit dem Longline-Winner auf meinen tollen Kickaufschlag das Match gewonnen!" Das kann sicher mal so vorkommen, ist in diesem Fall aber eine krasse Ausnahme. Langfristig wirst weder du noch deine Mannschaftskameraden oder deine Gegner mit einem solchen Schlag Erfolg haben. Und im Tennis geht es immer um Chancenverhältnisse. Ich hoffe, ich habe dies nun für den Fortlauf des Buches klar genug dargestellt. Man möge mir nicht erwähnte Eventualitäten und krasse Ausnahmen verzeihen.

Nun möchte ich noch kurz, bevor wir richtig einsteigen, auf die Zahlen eingehen. Alles wird mittlerweile statistisch begründet und auch ich selbst bin ein großer Fan dieser

Statistiken. Ich bitte aber, diese immer auch etwas kritisch zu hinterfragen. Auch hier möchte ich kurz ein kleines Beispiel geben:

In verschiedenen Fachartikeln und auf Fortbildungen wurde oft behauptet, dass mit bis zu 99 % Sicherheit der Spieler das Match gewinnt, der insgesamt mehr Punkte erzielt. Es wurde behauptet, dass dies auf Analyse tausender Matches basiere und statistisch hundertprozentig untermauert sei. Dieses Thema hat mich dann schon vor einigen Jahren in seinen Bann gezogen, und ich habe mir immer wieder Matchstatistiken angeschaut und konnte nicht glauben, dass es wirklich nur ein Prozent der Matches seien, die ein Spieler gewinnt, obwohl er weniger Punkte erzielt hat. Aber natürlich dachte ich mir, dass es wohl schon so sein wird. Aber etwa zwei Drittel der Matches bei der ATP- und WTA-Tour enden in zwei Sätzen. In 26,7 % der Herren- und sogar 38,3 % der Damenmatches ist es nicht mal theoretisch möglich, dass der Verlierer mehr Punkte erzielt. Betrachte ich nun nur die knappen Matches, so ist es natürlich weit mehr als ein Prozent, in denen der Verlierer mehr Punkte erzielt hat. Da mich das Ganze dann genauer interessiert hat, habe ich über ein halbes Jahr sämtliche Qualifikationsmatches und Hauptfeldmatches auf WTA- und ATP-Level ausgewertet, insgesamt über 4.000 Matches. Die Ergebnisse waren faszinierend. Denn es waren nicht ein Prozent, in denen der Sieger weniger Punkte erzielte (und trotzdem gewann), sondern über fünf Prozent der Matches (auf ATP-Level fast sieben Prozent). Als ich das auf wirklich knappe Matches heruntergebrochen habe, waren es sogar um 40 %.

Es ist aber nicht nur dieses eine Beispiel. In den Recherchen zu diesem Buch habe ich auch andere Daten gefunden, die sich teilweise extrem unterscheiden. Behauptet die eine Analyse, 70 % aller Punkte seien nach vier Schlägen entschieden, so kommt eine andere Untersuchung zum Ergebnis, dass nur 50 % der Ballwechsel nach vier Schlägen entschieden seien. Und eine dritte wiederum liefert irgendeinen Wert dazwischen. Das hängt auch damit zusammen, dass die eine Analyse zum Beispiel alle vier Grand-Slam-Turniere beinhaltet, während die andere nur die French Open und die US Open zugrunde legt und die dritte vielleicht bei Masters-1000-Turnieren zustande kam.

Auch hier lautet die Botschaft wieder, den Zahlen nicht blind zu vertrauen, denn manchmal steckt doch etwas mehr dahinter. Wie gesagt, ich finde diese Zahlenspiele gut und werde auch versuchen, viele Statistiken zu verwenden, gerade auch, um manches zu begründen. Aber trotzdem sollte das Ganze auch bitte etwas kritisch beleuchtet werden.

– KAPITEL 1 –

Unterschiede zwischen Profitennis, Leistungstennis, Freizeittennis … und die Auswirkungen auf die Spieltaktik

TENNIS-FACTS

In der Regel sind 10 % bis 20 % aller Ballwechsel länger als acht Schläge

Unterschiede zwischen Profitennis, Leistungstennis, Freizeittennis ... und die Auswirkungen auf die Spieltaktik

Mittlerweile haben wir im Profibereich für alles Statistiken und uns soll suggeriert werden, genauso wie die Profispieler zu trainieren und ähnliche Taktiken und Techniken anzuwenden. Dies wird dann oftmals anhand von Zahlen (aus dem Profibereich) veranschaulicht. Die Frage ist nun: Inwieweit ergibt dies Sinn und wie aussagekräftig sind diese Zahlen?

Das Tennisspiel ist, wie fast jede Sportart, in ständigem Wandel. Das Spiel wird schneller und athletischer. Ein 18-Jähriger spielt anders als ein 35-Jähriger. Ein zwölfjähriges Kind spielt anders als ein 60-jähriger Senior. Auf ATP- und WTA-Level wird anders gespielt als auf Future-Level, da wiederum wird anders gespielt als in der Verbandsliga, und dort wird wiederum anders gespielt als in der Kreisliga. Im Profibereich wird heute anders gespielt als vor zehn bis 15 Jahren, erst recht anders als in den 1980er und 1990er

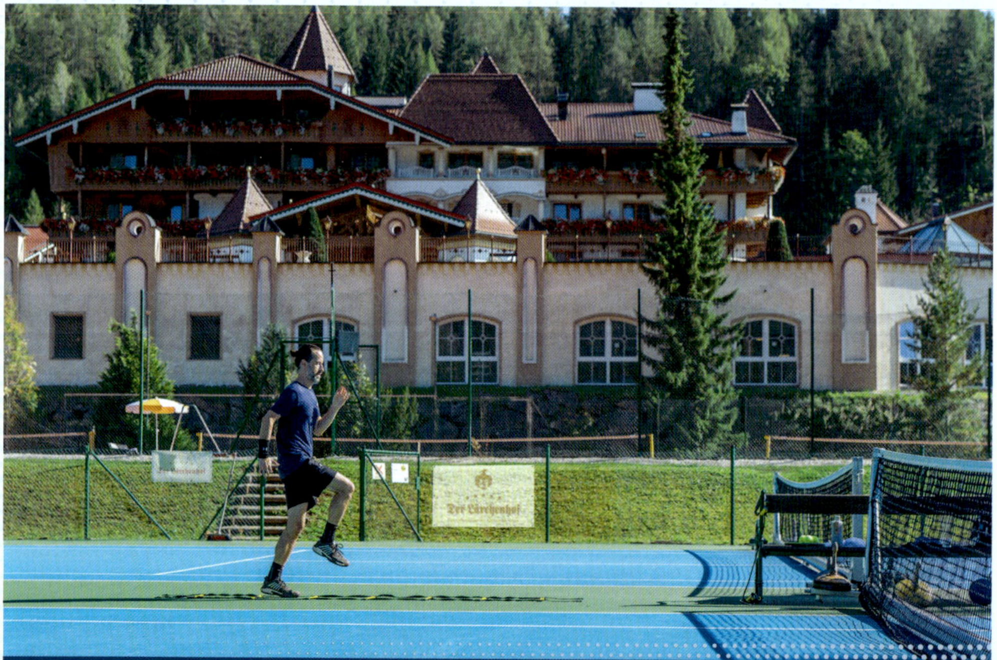

Ein Unterschied zwischen Profi und Amateurspieler ist oft die Professionalität beim Warm-up.

Jahren. Statistiken aus diesem Bereich zeigen eindeutig, dass die Schlaggeschwindigkeiten in den letzten Jahren enorm zugenommen haben. Auch müssen wir über den professionellen Spieler an sich kurz diskutieren. Zunächst einmal ist nicht genau definiert, was ein Tennisprofi überhaupt ist. Ist man Profi, nur weil man auf der ATP-Weltrangliste steht? Sicher nicht! Ist man Profi, wenn man den ganzen Tag trainiert? Auch nicht! Ist man Profi, wenn man netto mehr Einnahmen hat als Ausgaben? Auch dies kann man nur bedingt mit Ja bestätigen. Fakt ist, eine genaue Definition (wie in Mannschaftssportarten der Profivertrag) gibt es nicht. Fakt ist aber auch, dass der Großteil der Tennisliteratur sich mit dem Profisport auseinandersetzt und versucht, Tipps und Techniken der besten Spieler zu vermitteln, was zum Beispiel in puncto Schlagtechnik auch sicher richtig ist. Im Taktikbereich ist dies für mich jedoch teilweise sehr fragwürdig. Dazu gleich mehr.

Schauen wir uns einmal die Leistungsstufen an, die es im Tennis gibt, beginnend mit dem Anfänger. Nach dem Anfänger kommt vermutlich der Freizeitspieler. Diese beiden Gruppierungen machen schon mal sehr, sehr viele Spieler aus. Danach kommt der Ligaspieler. In Deutschland gibt es auch hier wiederum große Unterschiede der Ligaspieler, denn es gibt je nach Region zwischen acht und zwölf Ligen, von der Bundesliga bis zur Kreisklasse. Der reine Ligaspieler tritt hier wohl nur in den unteren Ligen auf. Die Ligen sind pyramidenförmig gestaffelt, es gibt also sehr wenige Bundesligaspieler, dafür viele tausend Kreisklasse-, Kreisliga- und Bezirksklassespieler.

Es folgt dann der Turnierspieler, der natürlich gleichzeitig auch Ligaspieler ist. Dieser beginnt seine „Karriere" bei Leistungsklassenturnieren, startet bei Leistungsklasse (LK) 23 und arbeitet sich langsam nach oben. Ist er irgendwann bei LK 5 bis 8 angekommen, wird er beginnen, deutsche Ranglistenturniere zu spielen. Schafft er es dann in die deutsche Rangliste, hat er automatisch LK 1. Nun fängt er an, parallel zu den DTB-Ranglistenturnieren kleinere internationale Turniere (ITF Future) zu spielen. Hier muss er zunächst durch die Qualifikation. Qualifiziert er sich ein paarmal und holt sich eine Handvoll ATP-Punkte, dürfte er direkt in die Hauptfelder dieser Turniere kommen. Nun geht das Ganze auf Challenger-Level weiter. Auch hier sind zunächst die Qualifikationsspiele angesagt. Meistert er diese und gewinnt des Öfteren mal im Hauptfeld, können wir langsam beginnen, vom Profispieler zu sprechen. Das letzte Level, dass dann die erfolgreichen Challenger-Spieler erreichen, ist das ATP-Tour-Level. Die Übergänge sind eigentlich immer fließend.

Aktuell (Stand November 2021) haben wir fünf Profispieler in Deutschland, die unter den Top 100 der Weltrangliste stehen und regelmäßig direkt in die Hauptfelder der ATP-Turniere kommen. 29 Spieler aus Deutschland stehen momentan unter den Top 500 der Weltrangliste und weitere 18 stehen zwischen Platz 500 und 1.000. Insgesamt gibt es also 52 deutsche Spieler unter den Top 1.000 (bei den Damen sind es 46 Spielerinnen) der Weltrangliste. Es gibt aber wohl allein knapp 105.000 Turnierspieler in Deutschland. Nun könnte man behaupten, dass diese 52 Spieler, die unter den besten 1.000 der Welt stehen, Profispieler seien (auch wenn es dafür keine genaue Definition gibt und sicher nicht alle dieser Spieler ein finanzielles Plus erwirtschaften). Hinzukommen wie gesagt noch die 46 Damen, die unter den Top 1.000 der WTA-Rangliste stehen. Dies sind aber noch nicht einmal 0,01 % aller Turnierspieler. Aber an diese Gruppe richten sich viele, wenn nicht gar die meisten Fachartikel und Bücher.

Nun stellt sich die Frage, ob ein durchschnittlicher oder auch besserer Turnierspieler dieselben Taktiken verfolgen sollte wie die Topspieler, die wir uns so oft zum Vorbild nehmen? Hast du denselben Trainingsplan wie Djokovic, Federer oder Nadal? Oder hast du schon zwischen 10.000 und 40.000 Stunden in deinen Sport investiert? Liegt die höchste Priorität in deinem Leben auf der Verbesserung deines Tennisspiels und du ordnest dem alles unter? Wahrscheinlich nicht. Diese Spieler und auch viele der Profis, die uns vollkommen unbekannt sind, weil sie ein Dasein jenseits der großen Tennisbühnen führen, investieren den Großteil ihrer Zeit in ihren Sport – und das nicht erst seit gestern, sondern seit sie fünf, sechs, sieben Jahre alt sind. Diese Spieler sind unglaublich athletisch, mental stark und technisch sowieso nahezu perfekt.

Betrachten wir die Zahlen und Statistiken der ATP-Tour mal etwas genauer (die Zahlen wurden von Craig O'Shannessy anhand der vier Grand Slams des Jahres 2015 erhoben). 29 % der Punkte im Profitennis enden mit Ass, Aufschlagwinner, Returnfehler. Hinzu kommen vier Prozent, die mit einem Doppelfehler enden. Das macht insgesamt also 33 %, bei denen der Ball vom Returnierer nicht zurückkommt. 70 % aller Punkte im Profitennis werden nach den ersten vier Schlägen entschieden. Im Spitzenprofibereich werden ungefähr 32 % / 29 % bei den Herren / Damen der Punkte mit einem Winner beendet. 68 % (bei den Damen 71 %) enden demnach mit einem Fehler. Unterteilt man die Fehler dann noch in unerzwungene/leichte Fehler und erzwungene Fehler, erhält man hier ein Verhältnis von 40 % zu 60 % (bei den Damen 48 % zu 52 %). Bezieht man die Winner mit ein, stehen 32 % Winner, 27 % leichte Fehler und 41 % erzwungene Fehler zu Buche.

Bei den Damen sind es 29 % Winner, 34 % leichte Fehler und 37 % erzwungene Fehler. Wie ich in Kapitel 13 zeigen werde, gibt es keine erzwungenen Fehler, sondern nur erzwungene Punkte.

Wenn du diese Zahlen nun auf die Spieler transferierst, die Tennis nur als sehr ambitioniertes Hobby betreiben, wirst du schnell feststellen, dass das Verhältnis im Ligasport und größtenteils auch bei den Tenniseinzelturnieren ein anderes ist. Gibt es bei den Profis durchschnittlich „nur" 29 % bis 32 % leichte Fehler, werden es außerhalb des Profisports deutlich mehr leichte Fehler sein. Eine größere exakt gesicherte Datenmenge

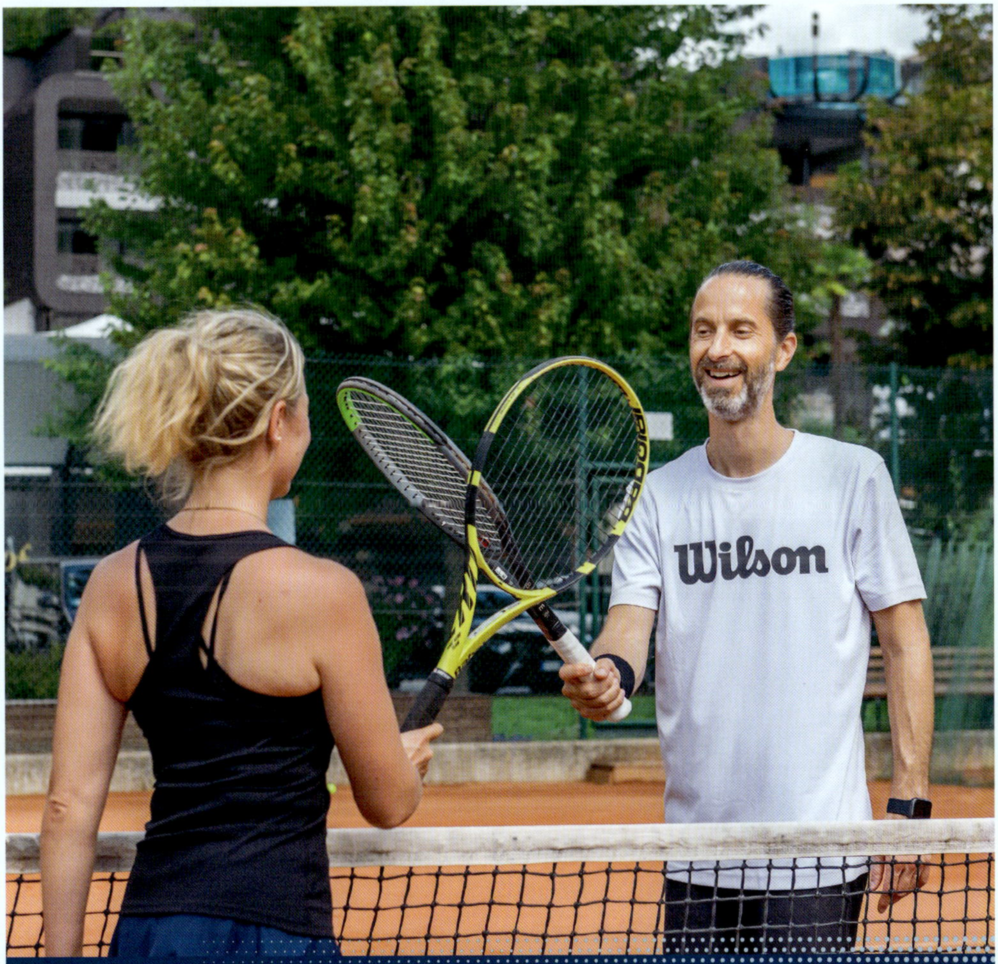

Auch Trainingsspiele sollten einer klaren Spieltaktik folgen.

existiert hier leider noch nicht. Meine persönlichen Auswertungen aus einigen hundert Matches aus dem Amateursport beziffert die Zahl der leichten Fehler jedoch bei etwa 50 %. Klar ist, dass die Amateur- und Freizeitspieler deutlich mehr leichte Fehler begehen als die Topprofispieler, an deren Datenmenge wir uns immer orientieren. Deshalb stellt sich die Frage, ob auch ein Bezirksligaspieler versuchen sollte, so aggressiv zu spielen wie ein Roger Federer, oder ob es nicht besser wäre, etwas verhaltener zu spielen. Je tiefer die Spielliga, desto schwerer tun sich die Spieler, selbst aktiv den Punkt zu gewinnen und profitieren am Ende doch oft vom Fehler des Gegners. In der Regionalliga haben die Spieler, die alle LK 1 besitzen, in der Regel mit Bällen aus dem Halbfeld oder mit hohen Volleys, Schmetterbällen etc. keine beziehungsweise kaum Probleme. Geht man ein paar Ligen nach unten, sind genau diese Bälle oft diejenigen, die über Sieg oder Niederlage entscheiden. Die Technik ist keineswegs so perfekt wie die eines Regionalligaspielers und nicht annährend so gut wie die eines Topprofis, was zur Folge hat, dass diese Bälle oftmals überpowert werden oder aber nicht druckvoll genug und unpräzise gesetzt werden. Ist ein langsamer Ball im Profisport „tödlich“, so sind die Gewinnchancen außerhalb des Profibereiches hierbei durchaus noch vorhanden.

Was ich damit zum Ausdruck bringen will, ist, dass uns in vielen Fachartikeln, von vielen Trainern oder sonstigen Experten oftmals Ratschläge auf Basis der Zahlen und Daten der Topspieler erteilt werden. Uns soll suggeriert werden, dass wir uns doch bitte so verhalten sollen wie unser großes Vorbild im Fernsehen, was jedem von uns natürlich schmeichelt. Dies passt aber häufig nicht wirklich. Bei vielen Strategien, Taktiken und Spielzügen ist es durchaus sinnvoll, sie sich von der Weltspitze abzuschauen. Allerdings ist es auch wichtig zu differenzieren und vielleicht manches auch dem jeweiligen Niveau anzupassen. In der Weltspitze und auch auf dem Toplevel hier in Deutschland gewinnt ein verhaltener, defensiver Spieler keinen Blumentopf. Vor allem bei den Männern ist ein guter und aggressiver Aufschlag die Grundvoraussetzung, um erfolgreich zu sein, und es ist unglaublich wichtig, das Spiel selbst zu bestimmen. In den Medenspielen ist dies natürlich auch kein Nachteil, aber nicht unbedingt die Grundvoraussetzung, um seine Matches zu gewinnen. Viele meiner Tipps richten sich an den Durchschnittsspieler und nicht an Roger Federer. Viele Spieler, die bei mir trainieren, kommen dann mit Aussagen wie: „Federer oder Nadal spielen in dieser Situation aber immer diesen Spielzug.“ „Mag sein, aber bist du Federer oder Nadal, oder hast du deren Fähigkeiten?“, lautet dann oft meine Antwort. Ich bitte also darum, das Ganze etwas differenziert zu betrachten.

– KAPITEL 2 –

Fragen, Fragen, Fragen

......................TENNIS-FACTS

Netzhöhe Mitte 91,4 cm

Netzhöhe Außen 107 cm

Fragen, Fragen, Fragen

„Es gibt keine dummen Fragen, nur dumme Antworten" ist ein Spruch, den wahrscheinlich jeder schon mal gehört hat. Übertragen aufs Tennis müssen wir, um unser Spiel weiterzuentwickeln, uns auch immer wieder selbst Fragen stellen:

- Wieso habe ich dieses Match verloren? War mein Gegner besser? War er technisch besser? War er mental besser? War er fitter, schneller, beweglicher? Hatte er einen besseren Spielplan als ich?

Die nächsten Fragen wären:

- Was sind meine Stärken und was meine Schwächen? Ist es momentan sinnvoller, die Stärken zu trainieren oder an den Schwächen zu arbeiten? Was für mich klar ist (nämlich diese Dinge ständig zu hinterfragen), ist für viele Spieler leider überhaupt nicht klar. Frage ich beim Training nach einem Match: „Wieso hast du dein letztes Spiel verloren?", lautet die Antwort häufig: „Ich habe einfach richtig schlecht gespielt." Diese Aussage ist viel zu undifferenziert, denn sie impliziert gleich die nächsten Fragen: „Wieso hast du schlecht gespielt?" „Hast du schlecht geschlafen? Warst du mit deinen Gedanken woanders, weil du vielleicht andere Probleme außerhalb des Tennisplatzes hast? Warst du nervös, weil du dich zu sehr unter Druck gesetzt hast? Erwartest du vielleicht zu viel von dir selbst? Hast du dich nicht richtig auf das Match vorbereitet?" Hiermit könnte man ewig weitermachen! Du hast dich aber für ein Taktikbuch entschieden und nicht für ein allgemeines Tennisbuch oder ein Mentalbuch oder Ähnliches. Aber auch zum Thema Taktik gibt es tausende Fragen, von denen ich jetzt mal einige wenige in den Raum werfe und diese dann im Laufe des Buches beantworten werde.

Aufschlag

- Was bedeutet es, auf Quote aufzuschlagen?
- Wie schlägt man auf, wenn der Gegner weit hinter der Grundlinie steht?
- Wie schlägt man auf, wenn der Gegner nah an der T-Linie steht?
- Wie schlägt man auf, wenn der Gegner versucht, beim Return zu umlaufen?
- Muss/soll ich jeden Aufschlag voll durchziehen?
- Ist es sinnvoll, auch aus dem ersten Aufschlag Tempo zu nehmen?
- Ist es besser, mit Schnitt zu servieren oder gerade aufzuschlagen? Oder hängt das immer vom Gegner oder der Situation ab?

Return

- Wie agiere ich, wenn mein Gegner mit viel Kick auf die Rückhand aufschlägt?
- Wie entschärfe ich den typischen Linkshänderaufschlag mit Slice auf die Rückhand?
- Was mache ich gegen harte, schnelle Aufschläge?
- Wie returniere ich, wenn der Gegner Serve-and-Volley spielt?
- Hilfe, mein Gegner hat einen „Einwurf", wie gehe ich damit um?

Shot-Selection

Shot-Selection bedeutet Schlagauswahl, das heißt, welchen Schlag wähle ich wann. Hier kann man unglaublich viele falsche Entscheidungen treffen, und viele Spieler tun dies leider auch. Folgende Fragen gilt es bei den meisten Schlägen abzuklären:

- Position: Gehe ich dem Ball entgegen (spiele ihn also früh, eventuell im Steigen, oder als Half-Volley), nehme ich ihn in meiner aktuellen Positionierung oder weiche ich nach hinten aus (defensiv)?
- Schlage ich den Ball langsam oder schnell?
- Spiele ich den Ball flach oder hoch?
- Spiele ich (beim Grundschlag) Topspin, Slice oder gerade?
- Spiele ich kurz oder lang?
- Spiele ich longline, cross oder in die Mitte?
- Möchte ich mir Zeit verschaffen, das Spiel langsam machen oder meinem Gegner Zeit rauben und das Spiel schnell machen?

Das sind nun schon sieben Fragen, die es eigentlich bei jedem Ball zu beachten gilt. Viele werden aufgrund von Erfahrungswerten intuitiv beantwortet und müssen dies auch aufgrund der häufig vorherrschenden Zeitnot. Tennisspieler haben leider keine Zeit, wie zum Beispiel ein Schachspieler, minutenlang über unseren nächsten Zug/Schlag nachzudenken und die Vor- und Nachteile abzuwägen, sondern jede Entscheidung muss in Sekundenbruchteilen getroffen werden. Aber je mehr Gedanken du dir außerhalb des Platzes, vor oder nach dem Match machst, desto leichter entscheidest du intuitiv auf dem Platz. Es müssen sich hierbei Muster bilden.

Weitere Fragen neben den sieben erwähnten können sich auch noch aufdrängen:

- Wie wird mein Gegner auf meinen Ball reagieren, welche Möglichkeiten hat er?
- Was mache ich nach meinem Ball? Folge ich diesem ans Netz?
- Welche Positionierung nehme ich nach meinem Schlag ein?

Ich möchte kurz vorgreifen, nur um zu veranschaulichen, welche Bedeutung die Shot-Selection hat:

Du machst einen guten Aufschlag von der Vorteilseite nach außen. Der Gegner reagiert mit einem hohen, langen, defensiven Slice leicht in deine Rückhandecke. Topspieler würden diesen auf jeden Fall umlaufen und im Steigen, eventuell (je nach geschultem Auge, taktischem Verständnis und Zeit) sogar direkt aus der Luft, als Topspinvolley nehmen. Die meisten Spieler jedoch begnügen sich damit, den Ball eventuell zu umlaufen. Weichen zwei Meter hinter die Grundlinie zurück und spielen den Ball mit viel Topspin zurück auf die andere Seite. Die Folge ist, dass man sich anschließend in einer neutralen Position befindet, der Ballwechsel startet, der gute Aufschlag wurde nicht genutzt. Der Gegner kommt von seiner defensiven Startposition in eine neutrale Ausgangslage. Dies hat nichts mit der Qualität der Schläge an sich zu tun, sondern mit einer in diesem Moment suboptimalen Entscheidung. Dazu später mehr.

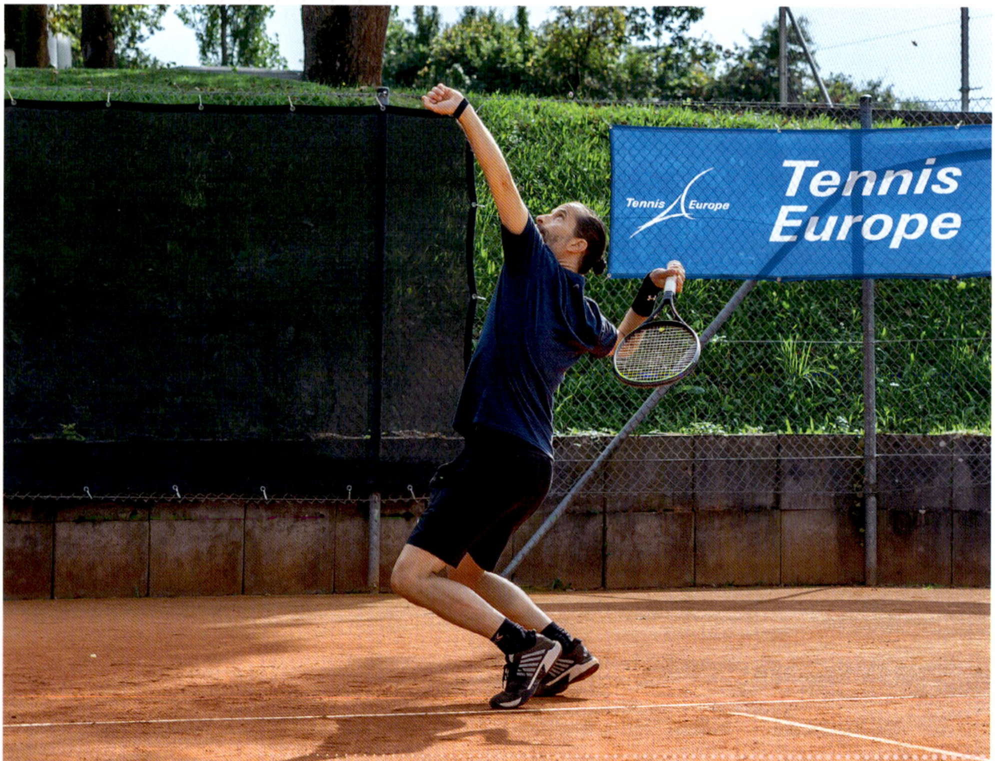

Du solltest dir vor dem Aufschlag überlegen, wie du aufschlagen und den Punkt aufbauen möchtest.

– KAPITEL 3 –

Begriffserklärung und Bezug zum Tennis

TENNIS-FACTS

In der Regel haben 20 % bis 30 % der Ballwechsel eine Länge von fünf bis acht Schlägen

Begriffserklärung und Bezug zum Tennis

Der Begriff Taktik kommt aus dem Altgriechischen (taktikos = geordnet) und ist definiert als: „Die im Rahmen einer vorgegebenen Strategie richtige Verhaltensweise bezüglich der jeweiligen Situation."

„In der ursprünglich kriegerischen Bedeutung des Wortes war Taktik eine Kriegskunst, die sich einerseits auf die erlernten Fähigkeiten der Soldaten stützte und andererseits auf die Geschicklichkeit, mit unvorhergesehenen Situationen fertig zu werden."

Im Gegensatz dazu steht die Strategie als Gesamtes. Sie gilt als Gesamtplan für die Erlangung eines langfristigen Zieles. Der Begriff Strategie kommt ebenfalls aus dem Altgriechischen (strategos = Feldherr, Kommandant) und definiert sich hier als: „Art und Weise, das Heer ins Feld zu führen." Es bedeutet, jemanden durch eine Kriegslist zu besiegen. Eine Strategie ist also ein längerfristig ausgerichtetes, planvolles Anstreben eines Ziels unter Berücksichtigung der verfügbaren Mittel und Ressourcen.

Beide Begriffe, Taktik und Strategie, kommen also aus dem Altgriechischen und beschreiben Überlegungen der Kriegskunst. Denn auch im Militärischen kommt es nicht nur auf die körperliche Stärke der Soldaten und ihre Kampftechnik sowie die Größe des Heeres an, sondern auch darauf, clever und vorausschauend zu handeln. Wie oft gab es in der Geschichte schon Schlachten, in denen das zahlenmäßig weit stärkere Heer bei ähnlicher Ausrüstung komplett vernichtet wurde, weil die Generäle der siegreichen Streitmacht die richtige Strategie gewählt hatten. Dasselbe Schema gilt auch beim Sport. Nicht immer gewinnt der athletischere und technisch versiertere Spieler. Gute Beispiele hierfür sind die ehemaligen Topspieler Thomas Muster (ehemalige Nummer eins der Weltrangliste, French-Open-Sieger 1995) und Brad Gilbert (ehemalige Nummer vier der Weltrangliste, Autor des legendären Tennisbuchs „Winning Ugly"). Beide Spieler waren sicher nicht für ihr gefühlvolles und technisch unglaublich ausgereiftes und variables Spiel bekannt. Aber beide haben das Beste aus ihren Möglichkeiten gemacht, auch weil sie an sich selbst glaubten und ihr Potenzial voll ausschöpften, Muster sicher, weil er trainierte wie ein Besessener und sein limitiertes Spiel perfektionierte, Gilbert, weil er die Schwächen seiner Gegner perfekt zu nutzen wusste. Beide waren im Übrigen auch fantastische Taktiker.

Heute gilt Gilles Simon als einer der besten Taktiker der Tour. Interessant ist, dass er neben einer sehr guten Grundschnelligkeit eigentlich kaum echte Waffen hat. Jeder Schlag ist solide und technisch sauber. Simon kann fantastisch mit dem Tempo des Gegners spielen. Allerdings scheint er nichts Besonderes zu haben. Trotzdem steht Simon seit zehn Jahren durchgehend unter den Top 50 der Welt, den Großteil stand er unter den Top 20, für ein Jahr (Spielzeit 2008/2009) stand er durchgehend unter den Top Ten mit einem Career High von Weltranglistenplatz sechs. Er hat alle Topspieler schon einmal geschlagen. Um jedoch noch weiter nach vorne zu kommen, fehlen ihm schlichtweg die Waffen – wie ein krachender Aufschlag oder die Powerschläge von der Grundlinie.

Im Sport geht es also im Bereich Strategie und Taktik vor allem darum, die eigenen Stärken gegen die Schwächen des Gegners einzusetzen.

Die Strategie ist hier der auf das eigene Spiel zugeschnittene Gesamtplan. Diese Strategie sollte man auch nie verändern. Es ergibt für einen reinen Grundlinienspieler keinen Sinn, plötzlich auf Serve-and-Volley umzustellen, nur weil man glaubt, der Gegner kommt damit nicht zurecht. Natürlich kann man dies ab und an einstreuen, um den Gegner zu verwirren und zu verunsichern, aber die Basis des eigenen Spiels müssen die eigenen Stärken bleiben. Der Begriff Taktik hingegen ist, wie schon die Definition besagt, „die im Rahmen einer vorgegebenen Strategie richtige Verhaltensweise bezüglich der jeweiligen Situation". Aufs Tennis bezogen bedeutet dies, die eigene Strategie stets durchzuziehen, sich aber situativ auf den jeweiligen Gegner einzustellen.

Hast du beispielsweise deine Stärken im offensiven Spiel von der Grundlinie, so ist deine Strategie in jedem Match, hauptsächlich mit druckvollen Grundschlägen zu agieren und nur ans Netz zu gehen, wenn du dies gründlich vorbereitet hast. Auch musst du stets versuchen, den Ballwechsel zu dominieren, da du Probleme bekommst, wenn du in die Defensive kommst. Deine Taktik aber ändert sich von Match zu Match. Spielt dein Gegner eine schwache Rückhand, so bearbeitest du diese dauerhaft und versuchst, den Großteil deiner Bälle auf seine Rückhand zu platzieren. Der nächste Gegner hingegen hat eine sehr gute Rückhand, aber Probleme, wenn er laufen muss. Hier solltest du mehr variieren und auch öfters kurze Winkelschläge einstreuen. Gegen beide Gegner ist deine Strategie (druckvolles Grundlinienspiel) dieselbe, taktisch agierst du jedoch situationsbedingt anders.

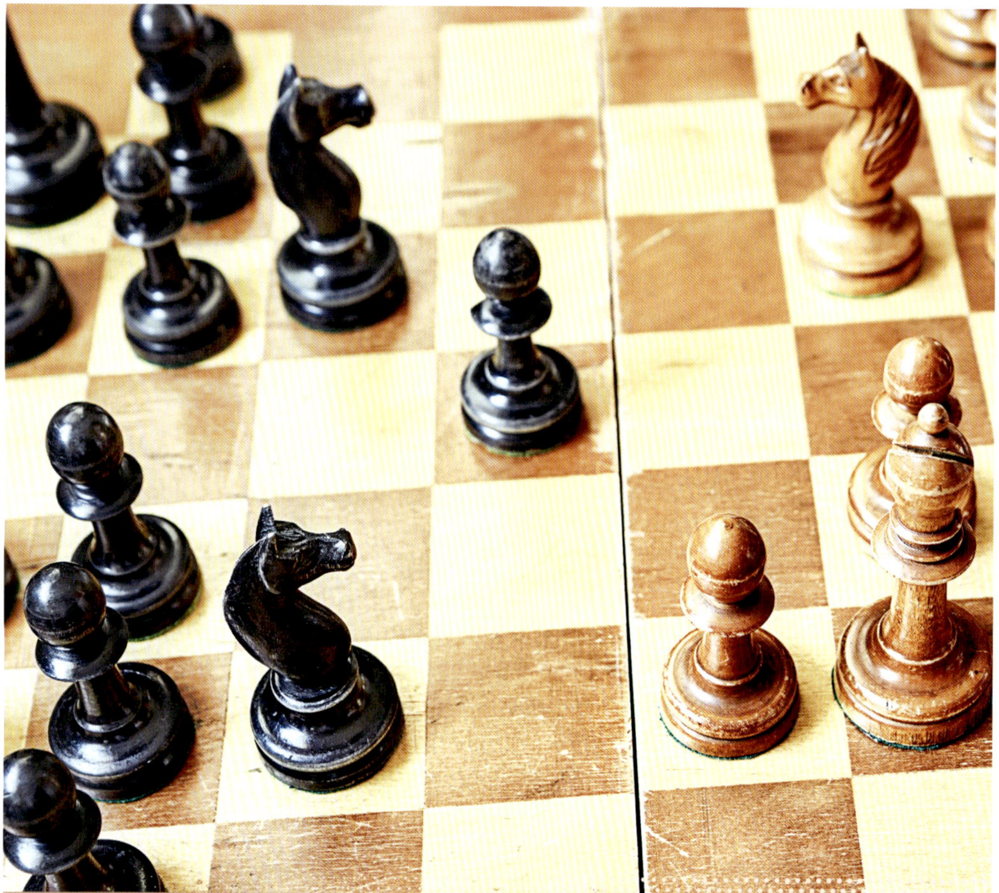

Das Schachspiel ist ein sehr taktisches, strategisches Spiel und es symbolisiert den kriegerischen Akt zweier Armeen aus historischer Zeit.

Grundsätzlich sollte man Strategie und Taktik natürlich nicht verwechseln. Daneben kommt es beim Tennis aber auch noch auf die Schlagauswahl an. Schlagauswahl bedeutet, welchen Schlag ich wähle. Slice oder Topspin oder gerade, also unterschnitten oder überrissen oder ohne Schnitt (hierbei ist anzumerken, dass es ganz gerade Schläge, also Schläge komplett ohne Spin, nicht gibt, jeder Ball dreht sich ein bisschen in der Luft), hoch, mittelhoch oder flach, kurz oder lang, in die Mitte oder zur Seitenlinie, hart oder weich … Auch dies ordne ich dem taktischen Bereich zu.

– KAPITEL 4 –

Grundvoraussetzungen für das taktische Spiel

TENNIS-FACTS

Zu 78,6 % gewinnt derjenige Spieler das Match, der auch den ersten Satz gewinnt

Zu 85,7% gewinnt derjenige Spieler das Match, der den zweiten Satz gewinnt

Grundvoraussetzungen für das taktische Spiel

Die Grundvoraussetzungen für taktisches Spiel sind zunächst einmal eine entsprechend ausgebildete Technik. Auch hier wieder der Verweis auf die Herkunft des Begriffs Taktik: „In der ursprünglich kriegerischen Bedeutung des Wortes war Taktik eine Kriegskunst, die sich einerseits auf die erlernten Fähigkeiten der Soldaten stützte und andererseits auf die Geschicklichkeit, mit unvorhergesehenen Situationen fertig zu werden." Die Fähigkeiten des Soldaten sind hier die technischen Fertigkeiten, die Athletik und die Variationsmöglichkeiten des Tennisspielers. Dies ist eigentlich die wichtigste Grundvoraussetzung, die Spieltechnik. Du kannst immer nur im Rahmen deiner technischen Möglichkeiten taktisch agieren. Auf der anderen Seite bist du aber auch immer abhängig von den Handlungen deines Gegners. Denn dieser wird versuchen, so zu spielen, dass du selbst deinen Plan nicht durchsetzen kannst. Diese Erkenntnis ist für spätere Kapitel sehr wichtig. Dies also bitte abspeichern und vermerken.

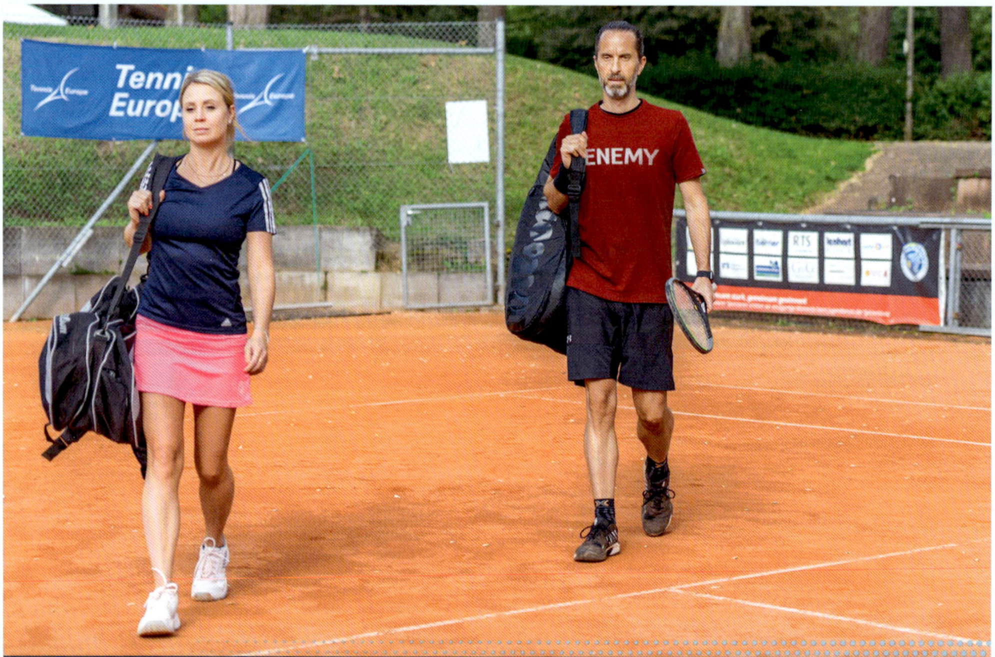

Du solltest Stärken und Schwächen deiner Gegnerin in deiner Spieltaktik berücksichtigen.

Als Spieler, der taktisch klug agieren will, muss ich dauerhaft in der Lage sein, die Schwächen meines Gegners mit meinen eigenen Schlägen auszunutzen. Es reicht nicht aus zu erkennen, dass mein Gegner Schwachstellen hat, ich muss auch über die entsprechenden Schläge verfügen, um diese zu bearbeiten. Vereinfacht gesprochen bedeutet dies beispielsweise:

Die Rückhand meines Gegners ist im Gegensatz zu seiner Vorhand deutlich schwächer, und er produziert damit Fehler am laufenden Band. Nun muss ich aber auch in der Lage sein, ihm den Ball immer und immer wieder auf seine schwächere Rückhandseite zu platzieren. Ist mein Schlag zu schwach oder unpräzise, so kann er seine Rückhand umlaufen. Der schwache und der ungenaue Schlag wären somit technische Unzulänglichkeiten.

Ein etwas komplexeres Beispiel

Mein Kontrahent ist ein guter Allrounder, hat jedoch Probleme mit hoch abspringenden Topspinbällen auf seine Rückhandseite. Somit muss ich nicht nur die technischen Fähigkeiten besitzen, ihn irgendwie auf der Rückhandseite festzunageln – denn mit flachen oder mittelhohen Bällen, egal mit welcher Geschwindigkeit oder Drallart, kommt er gut klar und setzt mich nach wie vor unter Druck –, sondern ich muss ihn gezielt mit hohen Topspinbällen attackieren. Beherrsche ich keinen hohen Topspin, bin ich technisch nicht in der Lage, die Schwachstelle meines Gegners auszunutzen.

Bisher sind wir davon ausgegangen, dass man die Schwächen des Gegners kennt. Gerade in vereinsinternen Spielen ist dies auch häufig der Fall. Allerdings spielt man gerade in Turnierspielen oft gegen gänzlich unbekannte Gegner. Vor dem Spiel weiß man nicht, welche Dinge die Konkurrenten gut machen und welche eher weniger gut. Worauf ist hier also zu achten? Zum einen kannst du schon einige Dinge erkennen, bevor dein Gegner und du den Platz betreten. Achte auf Folgendes:

Wie ist der Händedruck deines Gegenübers? Ein fester Händedruck lässt oftmals auf einen selbstbewussten Menschen schließen. Oder wirkt dein Gegner eher nervös, fahrig?

- Wie ist die körperliche Verfassung deines Gegners? Ist er groß? Ist er athletisch? Ist er untrainiert? Auch hier kannst du in der Regel gewisse Dinge erkennen. Ein kleiner Spieler wird voraussichtlich über keinen Killeraufschlag verfügen und eventuell Probleme mit hohen Topspinbällen bekommen. Ein großer Spieler hingegen ist normalerweise nicht der Beweglichste, hat aber eine große Reichweite und eher einen guten Aufschlag. Der untrainierte Spielertyp wird mit Sicherheit ungern längere Matches und Ballwechsel spielen etc.

- Verhält sich dein Gegner vor dem Match professionell? Wärmt er sich beispielsweise auf? Oder entspannt er sich eher? Ist er schon lange vor dem Match auf der Anlage oder kommt er in letzter Minute? Der professionelle Spielertyp wird sich mit Sicherheit aufwärmen und ist auch deutlich vor Matchbeginn vor Ort. Er nimmt dich als Gegner ernst und möchte nichts anbrennen lassen.

Die wirklich wichtigen Dinge erkennst du aber erst auf dem Platz selbst. Beim Einspielen und in den ersten Spielen solltest du ein klares Bild über deinen Gegner bekommen. Stelle dir folgende Fragen und teste, wie dein Kontrahent auf verschiedene Schläge (Slice, Topspin, lange Bälle, langsame Bälle, flache Bälle, Stopps …) reagiert:

- Ist er Links- oder Rechtshänder?
- Bewegt er sich gut und geschmeidig oder eher kantig? Hat er einen tiefen Schwerpunkt bei seinen Schlägen? Macht er viele kleine Schritte und Steps (gute Beinarbeit)? Oder wirkt er eher steif, hölzern und macht wenige, oftmals viel zu große Schritte mit durchgedrückten Knien (schwache Beinarbeit)?
- Haben seine Schläge beim Einspielen eine gute Schlaglänge? Kommen sie sauber und präzise? Dies ist bereits beim Einspielen ein guter Indikator, um die Stärken des Gegenübers herauszufiltern. Spielt er beispielsweise die Vorhand sehr präzise und in gleichbleibendem Rhythmus, streut aber die Rückhand sowohl was Präzision als auch Geschwindigkeit (ein Schlag sehr schnell und in der Ausführung hektisch, der nächste viel zu leicht) anbelangt, so lässt sich daraus schließen, dass die Vorhand weitaus stärker sein wird als die Rückhand.
- Zieht er seine Schläge durch oder schiebt er sie eher? Kommen die Bälle deines Gegenübers eher mit Topspin oder mehr gerade mit weniger Spin?
- Variiert er überrissene Schläge mit unterschnittenen Bällen oder spielt er immer nur dieselbe Variante?
- Nimmt er deine Bälle früh und im Steigen (lässt auf einen offensiven Spielertyp schließen) oder steht er schon beim Einspielen weit hinter der Grundlinie (voraussichtlich eher defensiver Spielertypus)?
- Spielt er sich lange ein oder drängt er darauf, schnell zu beginnen?
- Steht er, um sich am Netz einzuspielen, eher weiter vom Netz weg (eher guter Volleyspieler) oder stellt er sich direkt hinter das Netz, sodass sein Bauchnabel fast das Netz berührt (eher schwächerer Volleyspieler)? Wechselt er die Griffhaltung beim

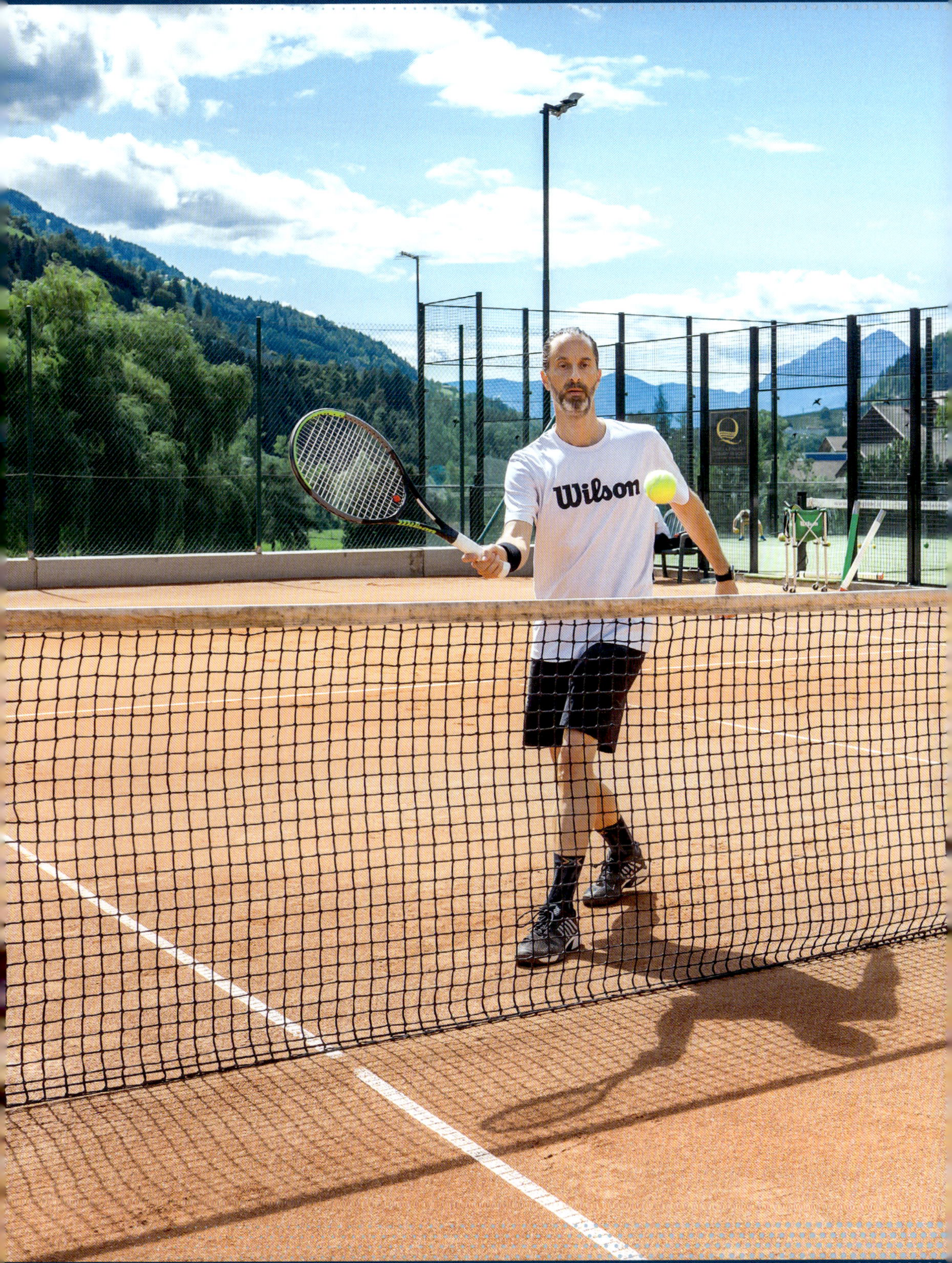

Gute Volleyspieler stehen beim Einspielen nicht zu nahe am Netz.

Volley oder spielt er Vorhand- und Rückhandvolley mit demselben Griff? Spielt er sich lange am Netz ein oder eher kurz?

- Zieht er seine Aufschläge von Beginn an durch? Hat er eine hohe Trefferquote beim Aufschlag? Oftmals ist es so, dass gerade im niederen Amateur- und Breitensportbereich gleich schnelle, glatte erste Aufschläge versucht werden. Der zweite Aufschlag wird bewusst vernachlässigt, da er auch deutlich schwächer ist. Also keine Angst, wenn dein Gegner schon beim Einspielen Granaten bringt, die aber selten ihr Ziel treffen, denn der zweite Aufschlag ist mit Sicherheit weitaus schwächer. Gefährlicher ist es, wenn alle seine Aufschläge sehr präzise kommen (dies gilt eigentlich für alle Schläge!), denn das Tempo lässt sich leichter erhöhen als die Präzision.

Stelle dir diese Fragen und versuche, Schlüsse daraus zu ziehen. Was eigentlich eine Selbstverständlichkeit sein sollte, machen leider zu wenige Spieler. Zu oft ist man mit sich selbst beschäftigt. Auch wird dir nicht sofort gelingen, die richtigen Schlüsse aus deinen Fragen und Beobachtungen zu ziehen. Aber mit etwas Übung (wenn du dies konsequent bei jedem Match machst) wirst du bald in der Lage sein, die Schwächen und Stärken des Gegners schnell zu erkennen. Hilfreich ist es auch, Spiele möglicher Gegner

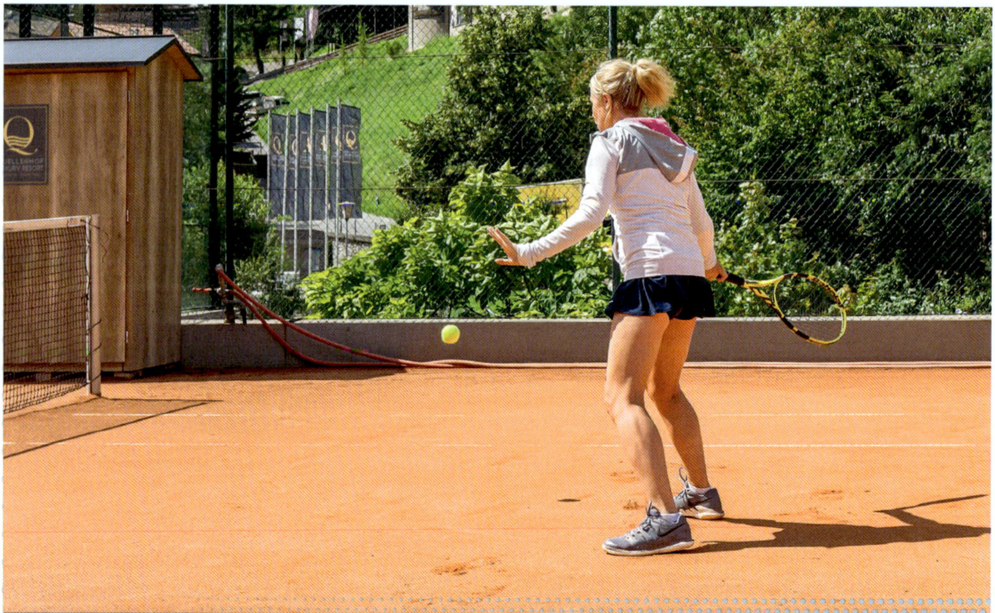

Bereits beim Einspielen solltest du dir Gedanken über mögliche Schwächen bei der Gegnerin machen.

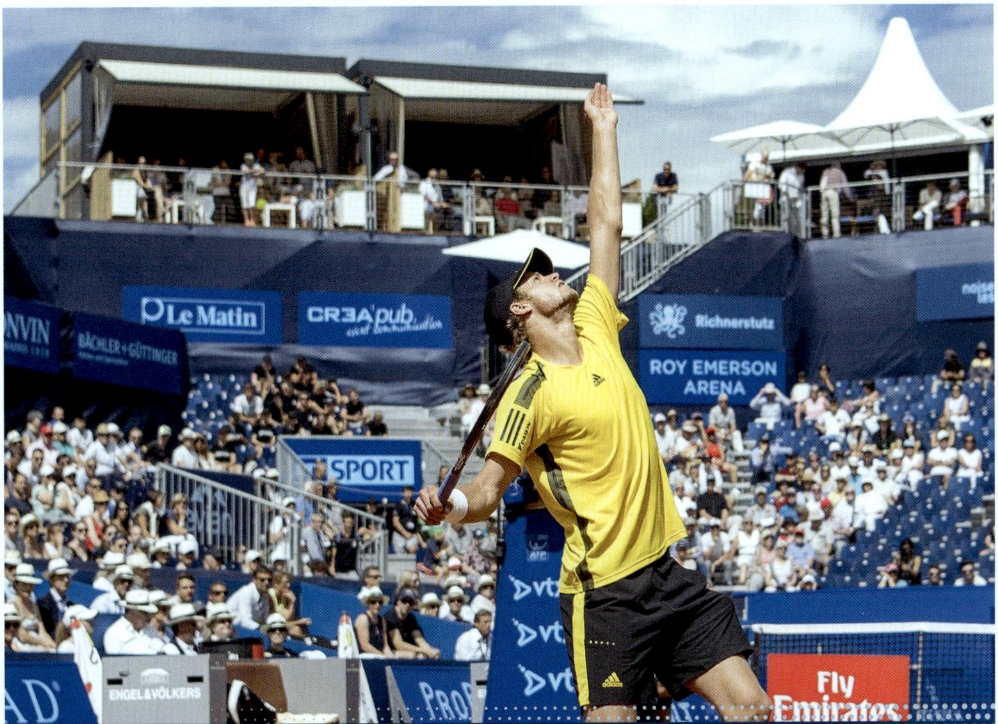

Mögliche kommende Gegner zu beobachten, kann sich für dich auszahlen.

im Vorfeld zu beobachten. Wenn du es ganz professionell angehen möchtest, kannst du auch Buch darüber führen. Brad Gilbert verriet in seinem Tennisbuchklassiker „Winning Ugly", dass er über Jahre Stärken, Schwächen und Besonderheiten seiner Konkurrenten in ein kleines Notizbuch eingetragen hat. Dieser Informationen bediente er sich dann vor seinen Matches und legte sich aufgrund dieser Erkenntnisse seinen Matchplan zurecht. Aber Vorsicht, oftmals verändern sich die Spielstile der Spieler nach einem gewissen Zeitraum. Hast du den nächsten Gegner vor einem Jahr beobachtet und eine gravierende Vorhandschwäche diagnostiziert, so kann es durchaus sein, dass er inzwischen mit seinem Trainer an diesem Schlag gearbeitet hat und inzwischen eine sehr ordentliche Vorhand spielt. Auch ist es gefährlich, einen Gegner nur aufgrund einmaliger Beobachtungen einzuordnen. Es kann durchaus sein, dass er einen sehr schwachen Tag hatte, als du ihn gesehen hast. Diese Dinge sind mir selbst auch schon oft genug passiert. „Ah, gegen diesen Gegner spiele ich jetzt. Das sollte kein Problem darstellen" war mein Gedankengang damals. Im Endeffekt hat der Typ dann viel besser gespielt, als ich ihn in Erinnerung hatte, und ich musste eine bittere, unnötige Niederlage einstecken, weil ich nicht darauf vorbereitet war und sehr überrascht war, dass mein Gegenüber so stark war. Dasselbe kann natürlich auch umgekehrt passieren. Du erinnerst dich an deinen Konkurrenten von Beobachtungen her (oder hast Aufzeichnungen in deinem Notizbuch) und denkst gleich an seinen gewaltigen Aufschlag, seine präzisen harten Grundschläge und seine fantastische Beinarbeit und befürchtest dann natürlich: „Wie soll ich diesen Typen bloß schlagen?" Du gehst mit viel zu viel Respekt auf den Platz, verlierst und stellst am Ende fest, dass er eigentlich gar nicht so gut war. Trotz dieser Gefahren lohnen sich Spielbeobachtungen und es ist ein Riesenvorteil, Informationen über deinen nächsten Gegner zu haben.

Nun solltest du ein grob umrissenes Bild deines Gegners besitzen und daraus schließen können, welche Stärken und Schwächen er hat und welcher Spielertyp er ist. Ich möchte noch mal ganz kurz auf die Schwachstellen deines Kontrahenten eingehen und anmerken, dass dies für den Fortlauf des Buches auch Bestand hat. Und zwar ist es natürlich eine ganz wichtige Strategie, gezielt die Schwachstellen des Gegenspielers zu bearbeiten. Sofern du die Schwachstelle(n) erkannt hast, gibt es nun grundsätzlich zwei mögliche Vorgehensweisen: Erstens du bearbeitest diese dauerhaft. Gehen wir zum Beispiel von einer schwachen Rückhand aus, bedeutet dies, dass du den Großteil deiner Bälle zu seiner Rückhand spielst. Aber Vorsicht, denn spielst du nur zur Rückhand, kann dein Gegenüber diese auch gut umlaufen. Außerdem sind Spieler oft noch ganz gut darin, eine Rückhand aus der Rückhandecke zu schlagen, wenn sie gut am Ball stehen. Deshalb ist es oftmals auch klug, zuerst einen scharfen Ball in die Vorhandseite zu setzen und dann mit viel Druck zur Rückhand zu spielen. Dies hat für dich zwei Vorteile. Einerseits wird dein Rivale dann eher Schwierigkeiten haben, seine Rückhand zu umlaufen, denn er weiß ja, dass du öfters auch mal scharf in die offene Vorhandseite gehst, und zum anderen muss er in einem solchen Fall die Rückhand auch aus dem Lauf schlagen, was um ein Vielfaches schwieriger ist. Strategie zwei wäre, dass du Vorhand und Rückhand über den Großteil des Matches in etwa gleichmäßig anspielst (naja, vielleicht mit leichter Tendenz zur Rückhand). Du nutzt seine Rückhandschwäche scheinbar nicht aus. Aber in entscheidenden Situationen, zum Beispiel bei Breakball, im Tiebreak, bei anderen Punkten, die dir wichtig sind, agierst du mit Druck zu seiner Rückhand und bearbeitest diese dann konsequent. Zugegeben, die erste Strategie gefällt mir besser. Auch kann es natürlich sein, dass dein Gegner eine sehr starke Rückhand hat, dafür aber eine fehleranfällige Vorhand. Dann gilt dasselbe – nur eben umgekehrt: Du musst dann öfter zu seiner schwächeren Vorhand spielen. Logisch.

– KAPITEL 5 –

Welche Strategie wähle ich für mein Spiel?

..........................TENNIS-FACTS

8,23 m: Breite des Tennisplatzes im Einzel

4,12 m: Breite Aufschlagfeld

Welche Strategie wähle ich für mein Spiel?

Gleich das Wichtigste zu Beginn: Die Strategie, die du für dein Spiel wählst, änderst du nie ab. Du passt dich nur taktisch dem Gegner an. Du darfst, um erfolgreich zu sein, unter keinen Umständen dein komplettes Spiel verändern, nur weil du glaubst, dass dein Kontrahent mit einem solchen Spiel Probleme haben wird. Spielt dein Gegner beispielsweise ungern gegen Spieler, die häufig ans Netz stürmen, so solltest du, auch wenn du eigentlich lieber von der Grundlinie agierst, gelegentlich einen Netzangriff einstreuen, aber dein Hauptspiel (nämlich von der Grundlinie) nicht aufgeben. Damit hast du schon viele Matches gewonnen und hast im Gegensatz zum Netzspiel eine gewisse Routine. Um dich also auf eine Strategie festzulegen, solltest du zunächst einmal dein eigenes Spiel analysieren. Dies läuft in etwa genauso ab wie die Analyse des Spiels deines Gegners. Du stellst dir zunächst einmal die Frage, was sind deine Stärken und in welchen Bereichen hast du Schwierigkeiten? Wie ist deine physische und psychische Veranlagung?

Als kleines Beispiel werde ich dir nun eine ausführliche Analyse meines eigenen Spiels zeigen und wie ich verfahren bin, um mir einen Spielplan zurechtzulegen. Diesen passe ich dann leicht verändert an den jeweiligen Gegenspieler an. Im Übrigen kann man sein Spiel immer erweitern und neue Spielzüge hinzunehmen. Getreu dem Motto: Stillstand ist Rückschritt. Dies machen auch die Topprofis. Nadal hat zum Beispiel zu Beginn seiner Karriere kaum Slice gespielt und ging fast nie ans Netz. Mittlerweile folgt er guten Bällen häufiger ans Netz und agiert, sofern es taktisch sinnvoll ist, auch vermehrt mit unterschnittenen Bällen. Ähnlich verhält es sich bei den anderen Topspielern. Federer spielt viel aggressiver als zu Beginn seiner Karriere. Und auch die übrigen Topleute haben ihr Spiel weiterentwickelt. Denn der Sport entwickelt sich weiter, und wer auf einem Level wie zehn Jahre zuvor spielt, hat den Anschluss an die Weltspitze verpasst.

Nun zu meinem Spiel

Ich bin verhältnismäßig groß (1,91 m) und eher drahtig. Meine Beinarbeit ist in Ordnung und meine Kondition gut. Ich habe keine Probleme mit langen Spielen und Ballwechseln. Außerdem bin ich ein besonnener und geduldiger Mensch, auch auf dem Platz. Meine absolute Stärke ist meine Vorhand, die sehr solide ist. Keine spektakulären Winner, aber sehr solide und variabel. Die Rückhand ist okay, aber weniger solide und ich fühle mich damit auch nicht so sicher. Mein Aufschlag ist trotz meiner Größe keine Waffe, aber auch in Ordnung, sodass ich zumindest nicht unter Druck stehe. Ähnliches gilt für den Return. Meine Volleys sind durchschnittlich. Ebenso beherrsche ich einen ordentlichen Slice, den ich gelegentlich einsetze, um mein Spiel zu variieren. Den Stoppball beherrsche ich auch. Sehr gerne spiele ich kurze, überrissene Winkelbälle, für die ich inzwischen ein sehr gutes Gefühl habe. Deshalb ist mein Passierball auch ganz brauchbar.

Nun zu meiner Gesamtstrategie

Da die Vorhand mein bester Schlag ist, versuche ich, diese möglichst häufig gegen die Rückhand meiner Kontrahenten zu spielen, da diese in der Regel dort eher ihre Schwächen haben. Mein Ziel ist es, den Gegner auf seiner Rückhand so unter Druck zu setzen, dass er den Fehler macht oder zu kurz kommt. Oftmals umlaufe ich und spiele die Vorhand inside-out, gerne auch kürzer um den Gegner aus dem Feld zu treiben. Werde ich auf der Rückhand angespielt, versuche ich zumeist, ebenfalls cross zur Rückhand des Gegners zu kommen (Ausnahme: Die Rückhand meines Gegners ist seine absolute Waffe und ich verliere in der Regel diese Cross-Rallys), und warte darauf, dass mein Gegenüber longline spielt, um ihn mit einem schnellen Vorhandball cross extrem unter Druck zu setzen. Beim Rückhandcross achte ich hier vor allem auf eine gute Schlaglänge, sodass mich mein Gegenüber nicht zu sehr unter Druck setzen kann. Beim Aufschlag konzentriere ich mich darauf, möglichst wenig zweite Aufschläge spielen zu müssen. Dies geht natürlich etwas zu Lasten des Drucks, sodass ich nicht allzu viele Asse und Aufschlagwinner erziele. Den Return versuche ich vor allem, möglichst lange ins Feld zu spielen – auch hier mit eher geringerem Risiko. Gerne locke ich auch meinen Gegner mit bewusst gespielten kurzen (aber tiefen) Sliceballen nach vorne ans Netz, um ihn anschließend zu passieren. Du siehst also schon, dass ich eher ein defensiv agierender Konterspieler bin. Dies ist aber nicht jedermanns Sache, denn man braucht vor allem Geduld und Ausdauer – und auch die Fähigkeit, einige spektakuläre Winner des Gegners zu akzeptieren. Ich präferiere also eher längere Ballwechsel.

Ein guter Freund von mir ist, was das Tennisspiel anbetrifft, das komplette Gegenteil. Er ist vor allem ziemlich ungeduldig, verfügt aber über sehr druckvolle und zwingende Schläge. Er geht sowohl beim Aufschlag als auch beim Return sehr hohes Risiko ein, und zumeist sind die Ballwechsel vor dem vierten Schlag beendet. Sein Hauptziel ist es, möglichst hart zu spielen, dabei aber relativ schnörkellos. Er selbst will das Spiel bestimmen. Aber er ist sehr erfolgreich mit seinem Spiel und wäre sicher deutlich schwächer, würde er eine eher defensive Strategie wählen. Viele Leute haben ihm geraten: „Spiel den Ball

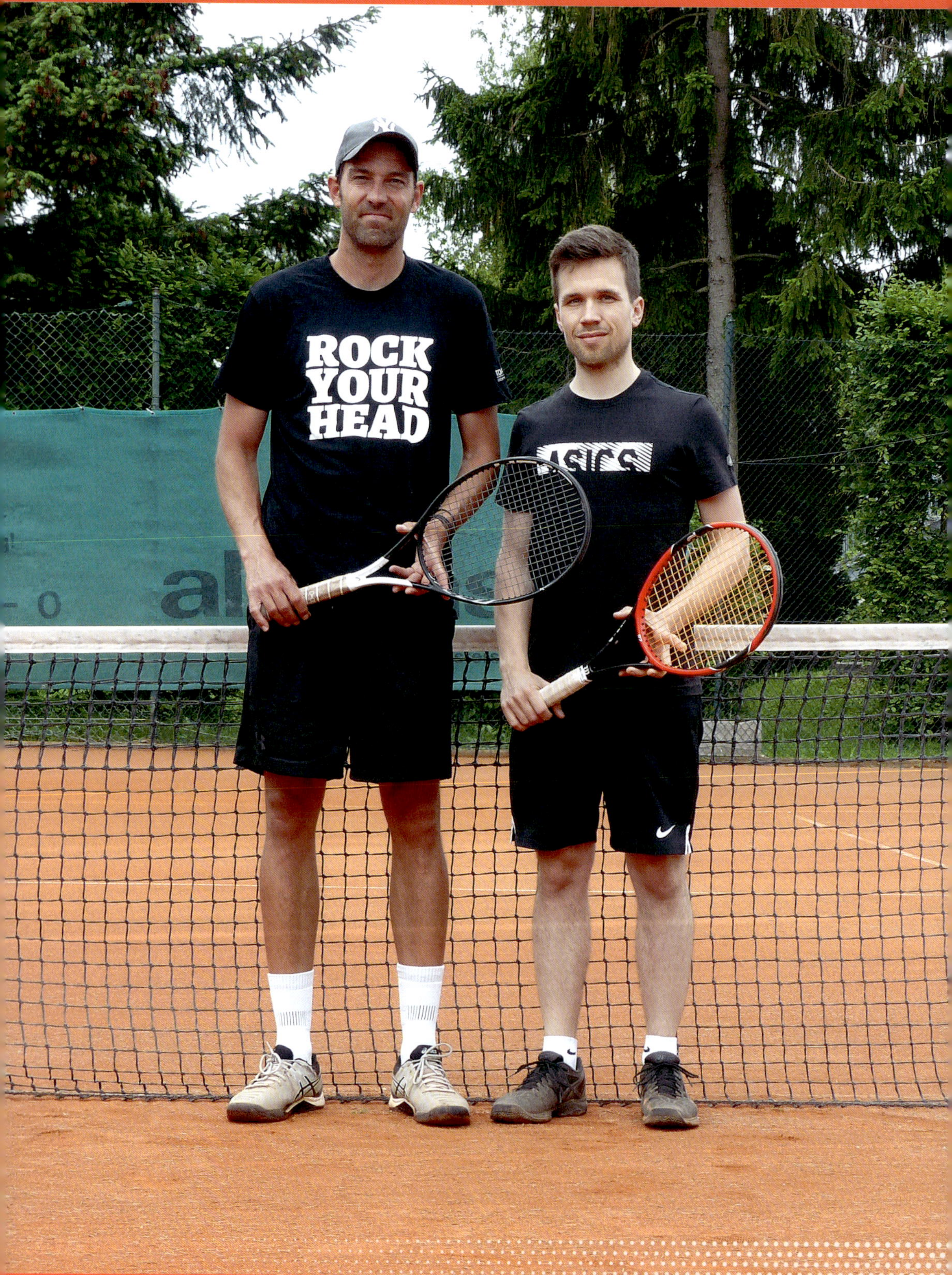

Auch die eigene Körpergröße sollte man bei der Wahl der persönlichen Strategie beachten.

doch etwas langsamer und sicherer. Du musst ja nicht gleich mit dem ersten Ball draufgehen." Ich halte diese Ratschläge eher für kontraproduktiv. Sicher gibt es Situationen, wo er seine Schläge überpowert, Situationen, in denen er nicht gut zum Ball steht und trotzdem das Tempo oben hält. Aber wenn er langsamer spielt, gibt er den anderen Spielern einerseits einen besseren Spielrhythmus, andererseits können diese sich besser zum Ball stellen und den Ball zum Beispiel näher zur Grundlinie platzieren, was wiederum seine Folgeschläge schwieriger werden lässt.

Nun ist es deine Aufgabe (wenn du es nicht schon gründlich getan hast), dein eigenes Spiel zu analysieren, Stärken und Schwächen zu selektieren und dir eine Gesamtstrategie zu überlegen, die du dann in deiner Taktik an den jeweiligen Gegner situativ anpasst. Deine Strategie orientiert sich IMMER an deinen Stärken. Das klingt eigentlich logisch. Aber im Laufe der Jahre habe ich des Öfteren Spieler gesehen, die genau das spielten, was sie eben NICHT konnten und ihre Stärken brachliegen ließen.

Wichtig ist, nicht nur die Schläge genau zu bewerten, sondern auch den eigenen Charakter und die eigene Konstitution. Bist du beispielsweise ein eher ungeduldiger Charaktertyp, wird ein monotones Spiel, wie Borg und Vilas es früher praktizierten, wohl eher nicht zu dir passen. Gleiches gilt für die körperlichen Voraussetzungen: „Riesen" wie auf ATP-Level, beispielsweise John Isner (206 cm, 111 kg), werden auf Dauer weniger Erfolg haben, wenn sie sich auf lange, zermürbende Rallys einlassen. Sicherlich ist es auch für solche Spieler sporadisch sinnvoll, den einen oder anderen längeren Ballwechsel zu spielen, aber sicher nicht dauerhaft, da diese Spieler deutlich mehr Masse mit sich „rumschleppen" müssen und sie durch ihre Körpergröße oft eher unbeweglich sind. Dafür haben sie lange Hebel und entsprechend können diese Spieler den Ball zumeist gut beschleunigen, und die meisten großen Spieler haben einen hervorragenden Aufschlag. Ziel großer, aufschlagstarker Spieler ist es, die Ballwechsel eher kurz zu halten.

Andererseits sollte aber ein kleiner, wendiger, schneller Spieler in der Regel auch nicht versuchen, seinen Gegner mit Gewaltschlägen zu beherrschen, sondern eher mit Finesse und Ausdauer spielen. Er ist schnell, beweglich und wendig. Die Stärke kleinerer Spieler ist oftmals eine hervorragende Beinarbeit (siehe Nishikori, Ferrer, früher Michael Chang oder Fabrice Santoro). Um diese Beinarbeit herum müssen sie ihr Spiel entwickeln. Diese Spielertypen spielen dann zumeist kreativer, da harte Schläge ihren Kontrahenten in die Karten spielen. Sie können das Spiel gut variieren und erreichen einfach viele Bälle. Schwächen beim Aufschlag gleichen diese Spielertypen durch fantastische Returnfähigkeiten aus.

Natürlich kann man dies so auch nicht pauschalisieren. Sicher gibt es auch genug Ausnahmen, aber versuche, deine Gesamtstrategie (Schläge, Konstitution, Persönlichkeit) an deinen Stärken auszurichten. Überlege dir genau, in welche Richtung du dein Spiel entwickeln willst. Was sollen deine Waffen werden und wie soll dein Spielplan aussehen? Überaus wichtig ist im Übrigen, vor allem auch die eigenen Stärken zu trainieren, denn mit diesen gewinnst du deine Matches.

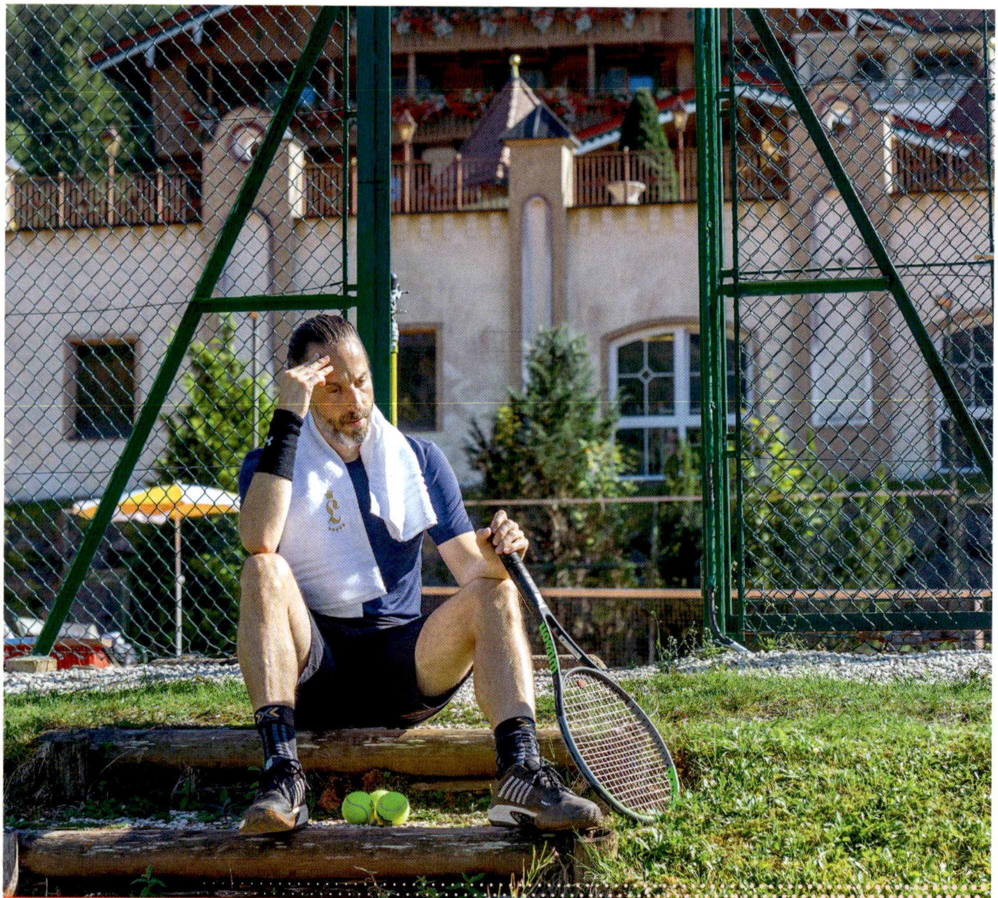

Dieser Spieler entwirft vermutlich gerade seinen Matchplan und überlegt sich, wie er seine Stärken am besten gegen die Schwächen des Gegners ausspielen kann.

– KAPITEL 6 –

Verschiedene Platzbeläge und deren Wirkung

......................TENNIS-FACTS

Bis ins Jahr 1974 wurden drei der vier Grand Slam Turniere auf Rasen ausgetragen (Australian Open, US Open, Wimbledon)

Verschiedene Platzbeläge und deren Wirkung

Im Tennis wird im Gegensatz zu allen anderen Ballsportarten auf völlig unterschiedlichen Platzbelägen gespielt, die sich in ihrer Wirkung teilweise erheblich unterscheiden. Die gängigsten Beläge sind Sand und Hartplatz. Auf der ATP World Tour finden zusätzlich noch einige wenige Turniere auf Rasen statt, darunter das wohl bedeutendste Turnier: Wimbledon. Früher wurde auch noch häufig auf Teppich gespielt. Da der Teppichbelag ziemlich schnell ist, wird jedoch bei den Profis so gut wie gar nicht mehr auf Teppich gespielt. Weitere Beläge, auf denen Tennis gespielt werden kann, sind Kunstrasen, getrockneter Kuhmist (wird häufig in Indien genutzt) und Beton. Wir werden uns hier nun aber auf die drei Hauptbeläge Sand, Rasen (ähnelt etwas dem Teppichbelag, den es ja in manchen Regionen in Deutschland noch häufiger gibt) und Hartplatz beschränken.

Der Sandbelag ist der langsamste der drei Spieluntergründe. Der Ball springt bei trockenem Wetter sehr hoch ab. Je nachdem, wie der Sandplatz beschaffen ist, ist er auch wieder eher schnell (wenig Sand – ähnelt dem Hardcourt) bzw. langsamer (viel Sand). Je wärmer es ist, desto höher und schneller springen die Bälle. Bei Feuchtigkeit und Kälte dagegen wird der ohnehin schon langsame Sandplatz noch langsamer und die Bälle springen auch flacher ab. Sandplätze unterscheiden sich also nicht nur an sich, sondern sie verändern sich auch mit den äußeren Bedingungen. Außerdem können die Bälle aufgrund von Platzfehlern auch leicht verspringen. Der Aufschlag spielt keine so große Rolle wie bei Hartbelägen und Rasen, weil es weniger Asse und Aufschlagwinner gibt. Dementsprechend sind auch die Ballwechsel länger. Sandplatzspezialisten sind daher oft konditionell starke Spieler mit guter Beinarbeit. Gerade flache Schläge sind nicht so effektiv wie Schläge, die mit einer etwas höheren Flugkurve und viel Drall gespielt werden. Deshalb spielen die sogenannten „Sandplatzspezialisten" häufig etwas höhere Bälle mit viel Topspin.

Auch auf Rasen können durch Unebenheiten die Bälle verspringen. Jedoch ist Rasen anders als Sand sehr viel schneller (auch schneller als ein Hartplatz) und es gibt deutlich weniger lange Ballwechsel. Aber auch hier unterscheiden sich die einzelnen Rasenbeläge. So wurde die Rasenmischung in Wimbledon im Jahr 2001 geändert. Die Folge war, dass die Bälle nun höher abspringen, was es Serve-and-Volley-Spielern schwieriger macht, ihr Spiel durchzuziehen. Deshalb sind nun auch Spieler wie Nadal, Murray und Djokovic in der

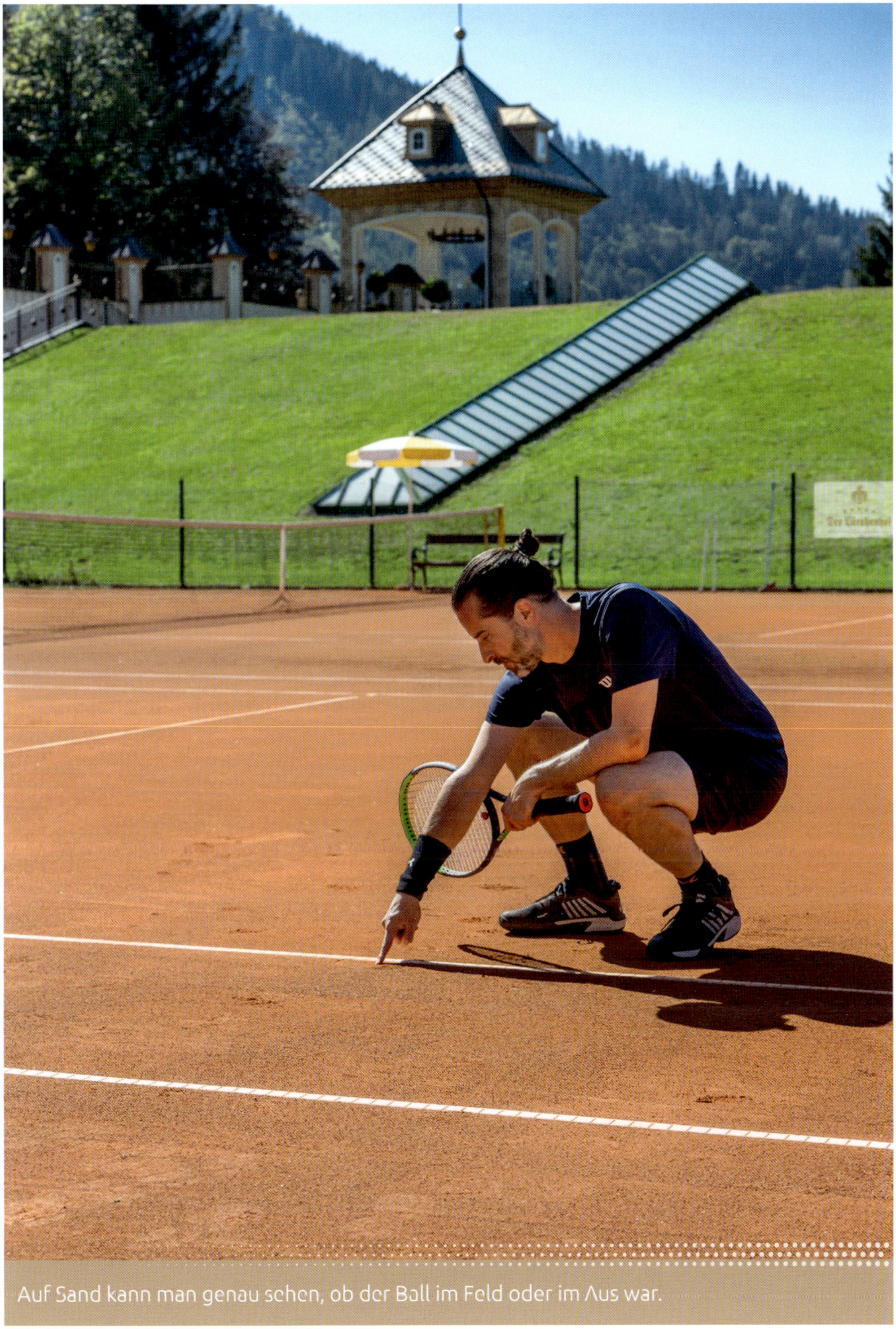

Auf Sand kann man genau sehen, ob der Ball im Feld oder im Aus war.

Lage, Wimbledon von der Grundlinie aus zu gewinnen. Das Wetter spielt beim Rasentennis keine große Rolle, denn bei Regen, auch leichtem Nieselregen, müssen die Spiele wegen des rutschigen Bodenbelags sofort unterbrochen werden. Allerdings spielt die Abnutzung eine nicht unerhebliche Rolle. Je älter der Bodenbelag, desto langsamer ist er. Deshalb hatten in der Vergangenheit Grundlinienspieler, die die erste Woche überstanden, durchaus auch ihre Chancen. Auf Rasen dominieren in der Regel gute Aufschläger und gute Returnspieler, die die Ballwechsel eher kurz halten. Bis 2002 (das Jahr, in dem es eine neue Rasenmischung gab) triumphierten fast ausschließlich Serve-and-Volley-Spezialisten. Zwischen 1984 und 2002 gewann mit Andre Agassi (1992) lediglich ein Grundlinienspieler das bedeutendste Tennisturnier der Welt. Seit 2002 gewann hingegen kein einziger reiner Serve-and-Volley-Spieler mehr in Wimbledon. Trotzdem sind noch immer die Ballwechsel auf Rasen kürzer und gute Aufschläger dominanter. Auch ist es nach wie vor möglich, Serve-and-Volley zu spielen. Tiefe Slicebälle sind effektiver als auf anderen Belägen. Gerade Schläge sind effektiver als höhere Topspinbälle.

Hartplatz ist in der Regel schneller als Sand (der Ball springt normal nicht ganz so hoch ab als auf Sand), aber langsamer als Rasen (der Ball springt höher ab als auf Rasen). Auf dem Hardcourt kann man alle Spielstile gut durchziehen. Es gibt langsame und schnelle Hartbeläge. Die Bodenbeschaffenheit hängt wie bei Rasen und anders als auf Sand nicht von den äußeren Bedingungen ab. Bei Regen wird in der Regel sofort unterbrochen. Allrounder kommen auf dem Hartplatz am besten zurecht. Es ist möglich, mit viel Topspin zu agieren, genauso wie mit harten, geraden Schlägen. Aufschläge sind wichtiger als auf Sand und nicht ganz so effizient wie auf Rasen. Wie spielt man also am besten auf welchem Belag, und welche Schläge erzielen wo die beste Wirkung?

Sandplatz

- Hoch abspringende Topspinschläge sind flachen und geraden Schlägen in der Regel vorzuziehen.
- Kickaufschläge sind oftmals sehr effektiv. Es ist schwieriger, direkte Aufschlagpunkte zu erzielen. Viele Spieler ziehen daher Aufschläge mit Drall geraden Aufschlägen vor.
- Auf die Dauer ist es schwierig, die Bälle früh und im Steigen zu nehmen. Viele Sandplatzspieler nehmen eine Position zwei bis drei Meter hinter der Grundlinie ein.
- Stoppbälle können ein effektives Mittel sein (gerade wenn der Sandplatz eher nass ist).
- Bei feuchtem Belag sind Slicebälle ebenfalls sehr effektiv.

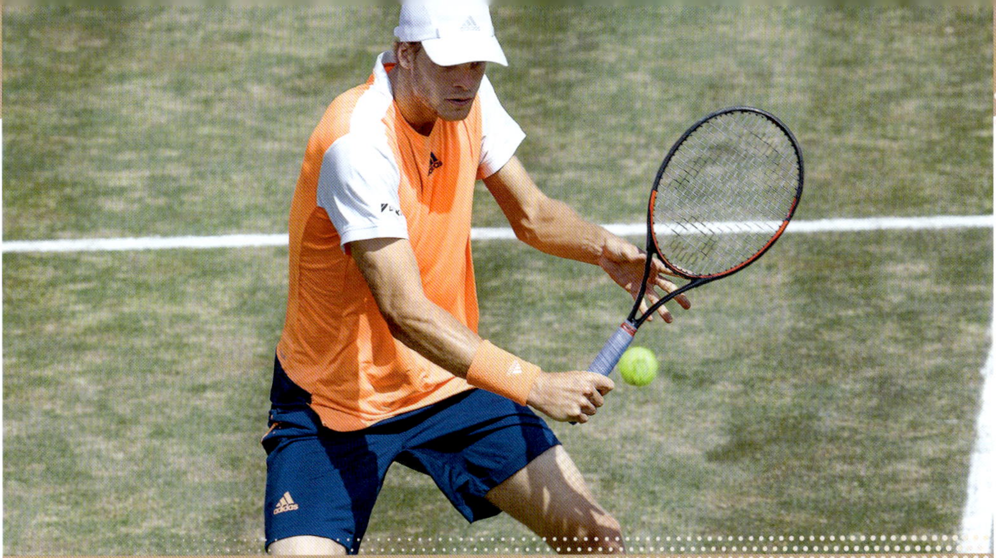

Auf Rasen bieten sich auch Netzangriffe an.

Hartplatz

- Gerade schnelle Schläge kann man genauso spielen wie höhere Topspinbälle.
- Es ist einfacher, direkt mit dem Aufschlag zu punkten. Gerade (sehr harte) Aufschläge werden deutlich häufiger als auf Sand eingesetzt.
- Die Spieler versuchen, nah an der Grundlinie zu stehen und die Bälle im Steigen beziehungsweise direkt nach dem Aufsprung zu nehmen.
- Stoppbälle sind schwieriger zu spielen und ein weniger probates Mittel als auf Sand (auch dadurch, dass die Spieler näher an der Grundlinie stehen).

Rasenplatz

- Gerade, schnelle Schläge und tiefe Slicebälle erzielen die größte Wirkung. Die Wirkung höher gespielter Topspinbälle verpufft, da Rasen den Spin nicht so gut annimmt.
- Gerade und besonders Sliceaufschläge sind sehr beliebt. Der Kickaufschlag hat eine geringere Wirkung als auf Hartplatz und auf Sandplatz.
- Die Spieler stehen nahe an der Grundlinie, um mehr Druck aufbauen zu können.
- Serve-and-Volley wird häufiger gespielt als auf den anderen Platzbelägen.

Egal auf welchem Belag gespielt wird, du solltest in erster Linie versuchen, deine Strategie durchzusetzen. Wenn du ein Spielertyp bist, der gerne druckvoll spielt und schnell auf den Punkt geht, so solltest du dies auch auf Sandplatz beibehalten. Allerdings solltest du in manche Schläge etwas mehr Topspin einbauen, einfach um mehr Kontrolle zu haben. Auch kannst du versuchen, etwas geduldiger zu spielen. Falsch wäre es jedoch, nur noch hohe Topspinbälle zu spielen und dein gewohntes Spiel komplett aufzugeben.

– KAPITEL 7 –

Äußere Einflüsse und wie ich sie mir zunutze mache

TENNIS-FACTS

6,40 m: Länge des Aufschlagfeldes

5,49 m: Abstand T-Linie zur Grundlinie

Äußere Einflüsse und wie ich sie mir zunutze mache

Wie schon im vorhergehenden Kapitel erwähnt, ändern sich mit dem Wetter auf Sand auch die Bodenbeschaffenheiten. Weitere äußere Einflüsse sind Sonne und Wind.

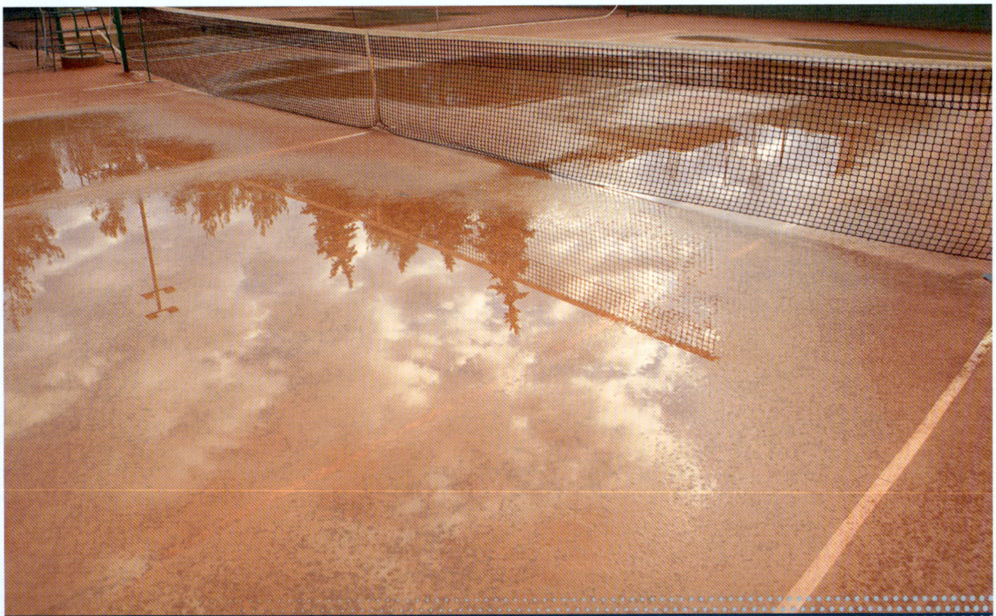

Die Bedingungen verändern sich auf dem Sand besonders stark, wenn der Platz feucht ist.

Regen hat nur Auswirkungen auf den Sandplatz. Dieser ist, solange sich keine Pfützen bilden, bespielbar. Dieselbe Situation ergibt sich natürlich auch, wenn es die ganze Nacht geregnet hat und man morgens bei Sonnenschein zu spielen beginnt. Wie bereits erwähnt, wird das Spiel auf Sandplätzen dadurch langsamer. Die Bälle springen flacher ab und büßen an Geschwindigkeit ein. Slice- und Stoppbälle sind nun viel effektiver als bei trockenen Verhältnissen. Die bei trockenen Verhältnissen hoch abspringenden Topspinbälle springen nun weniger hoch ab und sind somit auch nicht mehr so wirkungsvoll. Es wird schwieriger, Gewinnschläge anzubringen. Ist der Platz sehr feucht, kann er auch stellenweise sehr rutschig werden, was Bälle gegen die Laufrichtung interessant werden lässt. Man kann dies auch als taktisches Mittel einsetzen, zum Beispiel bei

Mannschaftsspielen. Hast du das Gefühl, du spielst besser, wenn der Platz langsamer ist, so kannst du ihn (beim Heimspiel) vor dem Match erst mal komplett unter Wasser setzen, vielleicht nach dem ersten Satz nochmals gut wässern. Dies kann ein paar entscheidende Prozent ausmachen. Vielleicht stört es den Gegner auch und dieser regt sich darüber auf, dass der Platz so langsam und feucht ist. Umgekehrt solltest du vermeiden, viel zu wässern, wenn du gerne einen schnellen Platz hast.

Apropos feuchter Sandplatz, hier gibt es auch eine Anekdote aus unserer Davis-Cup-Geschichte. Deutschland spielte 1995 in Moskau gegen Russland. Die russische Föderation flutete den Sandplatz nachts in der Olympiahalle komplett, sodass das Spiel auch später beginnen musste. Boris Becker sagte später, dass dies der schlimmste Acker gewesen sei, auf dem er je gespielt habe. Die Finte zeigte Wirkung. Der Sandplatz war extrem langsam und schlussendlich siegte Russland mit 3 : 2 und zog ins Davis-Cup-Finale ein.

Weitere äußere Einflüsse sind Wind und Sonne. Bei Wind ist Folgendes zu beachten:

Bei Rückenwind werden die Bälle vom Wind weitergetragen. Schnelle, mittelhohe Topspinbälle sind hier besonders effektiv, da der Wind nach dem Aufsprung den Druck des Spins verstärkt. Slice ist hingegen keine gute Option bei Rückenwind. Gleiches gilt für den Stoppball und auch für einen Lob, falls dein Gegner einen Netzangriff startet. Du solltest auf keinen Fall die Geschwindigkeit herausnehmen, sondern eher deine Power in mehr Topspin umwandeln und auch ein bis zwei Meter über das Netz spielen. Die Aufschläge solltest du mit viel Kick statt gerade spielen. Dies sorgt dafür, dass dein Ball richtig hoch und weit nach hinten abspringt. Dein Hauptziel sollte sein, den Gegner weit hinter die Grundlinie zu drängen. Das ist ein wirklich wichtiger Punkt. Denn in einer Position deutlich hinter der Grundlinie kann der Spieler das für Gegenwind ideale Spiel nicht aufziehen.

Bei Gegenwind gilt im Prinzip das genaue Gegenteil. Topspinbälle sind nicht gerade wirkungsvoll, da der Gegenwind die Bälle stark abbremst. Die Bälle springen nicht wie gewünscht dem Gegner stark entgegen, sondern bleiben fast stehen. Slice- und gerade, flache Schläge sind dagegen die bessere Option. Besonders Stoppbälle sind bei Gegenwind sehr effektiv, da der Wind den Ball noch zusätzlich abbremst und Richtung Netz zurückdrückt. Ähnlich wie bei kurzen Slicebällen muss dein Gegner dem Ball entgegengehen. Und tiefe Bälle sind auch schwieriger mit Topspin zu versehen als mittelhoch abspringende Bälle. Auch Lobs sind ein probates Mittel (falls dein Gegner zum Netz stürmt), weil sie durch die hohe Flugkurve auch vom Wind zurückgedrückt werden und somit sehr selten nach hinten ins Aus segeln. Bei Gegenwind musst du unbedingt versuchen, nah an der Grundlinie zu stehen oder im Feld. Stell dir vor, du stehst drei bis vier Meter hinter der Grundlinie. Aus dieser Position sind tiefe Slicebälle und gerade Bälle sehr schwierig, Stopps quasi unmöglich. Auch Angriffe zum Netz bieten sich an. Für deinen Kontrahenten ist es sehr schwierig, Lobs zu spielen, da diese oft vom Wind ins Aus getragen werden.

Kommt der Wind von der Seite, so gilt als Standardregel, immer gegen den Wind zu spielen, da die Bälle dann auch eher vom Wind im Feld gehalten werden. Spielt man den Ball in Windrichtung, kann es sein, dass ein eigentlich perfekt getimter Ball (der ohne Wind genau auf der Linie gelandet wäre) vom Wind seitlich ins Aus getragen wird.

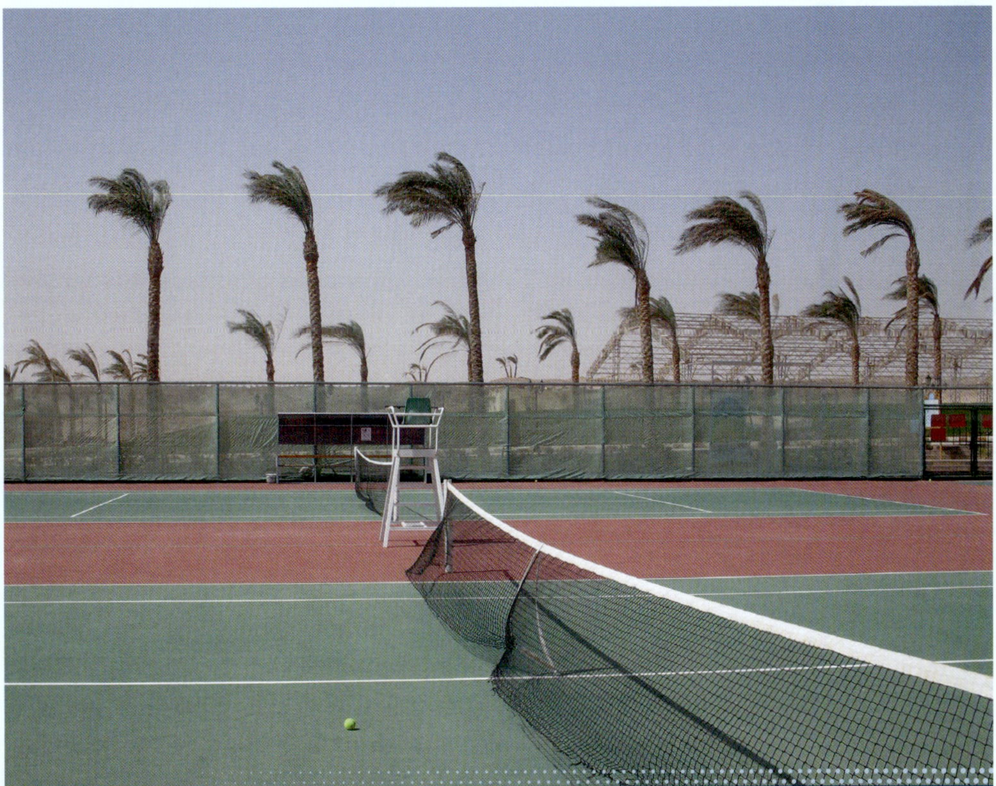

Der clevere Spieler kann den Wind für sich ausnutzen.

Ein weiterer wichtiger Punkt bei Wind ist der Aufschlag. Dieser wird deutlich komplizierter bei Wind, da der Wurf oftmals verweht wird (besonders Spieler mit hohem Ballwurf haben darunter zu leiden). Hier bietet es sich an zu versuchen, den Wurf niedriger zu halten.

Der letzte äußere Einflussfaktor ist das Sonnenlicht. Besonders bei Aufschlag und Schmetterschlag wird man in ungünstigen Fällen häufig geblendet. Beim Schmetterball kann man leider recht wenig machen. Beim Aufschlag hingegen kannst du versuchen, deinen Wurf und/oder deine Stellung etwas zu verändern. Je nach Sonneneinfall bietet sich an, etwas weiter nach vorne, hinten, vor allem aber links oder rechts zu werfen bzw. eine seitlichere oder frontalere Stellung zu wählen. Auch gibt es natürlich Hilfsmittel hierfür, zum Beispiel Schirmmützen oder Sonnenbrillen. Allerdings gibt es Spieler, die diese beiden Accessoires nicht gerne tragen.

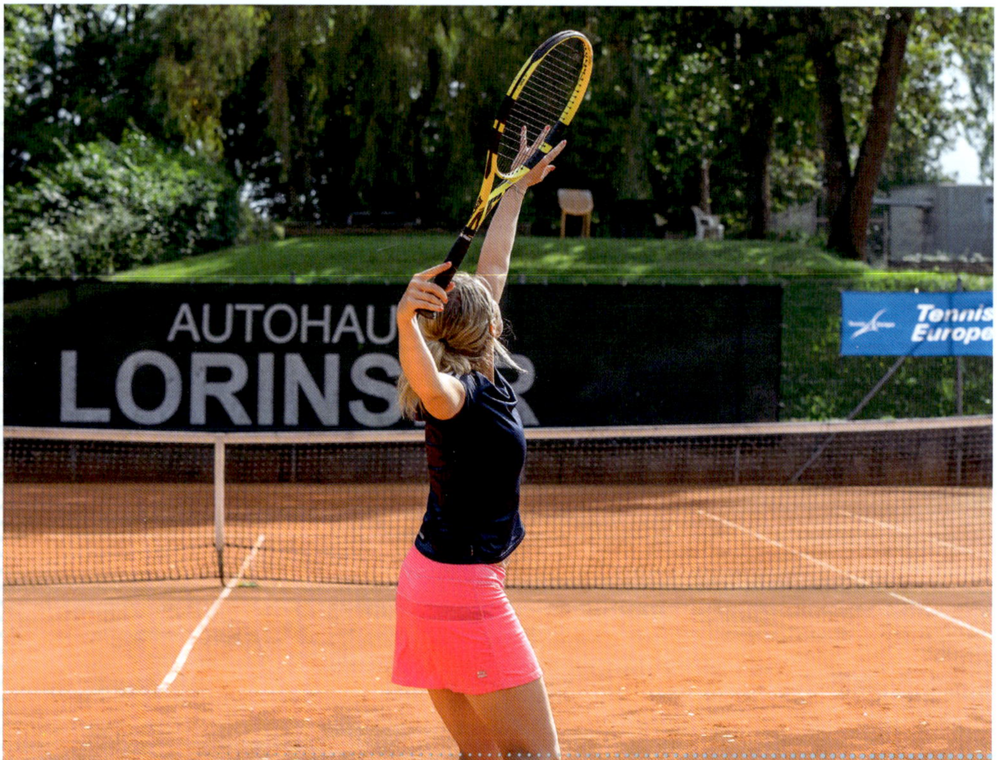

Nicht immer ist so optimales Tenniswetter – Sonne und Wind können den Aufschlag negativ beeinflussen.

– KAPITEL 8 –

Die Feldposition

.......................*TENNIS-FACTS*

59% der Vorhand Gewinnschläge bei den Australian Open 2018 wurden aus der Rückhand Seite erzielt

Die Feldposition

Nun starten wir mit den spieltaktischen Grundlagen – und hier mit der Feldposition. Im Tennis hat sich in den vergangenen Jahrzehnten unglaublich viel verändert. Die Spieler sind größer und athletischer geworden, die Betreuerstäbe sind gewachsen, ebenso ist das Preisgeld stark angestiegen und natürlich hat sich das Material stark weiterentwickelt. Aber auch die Spieltaktiken haben sich verändert. Eine der größten Veränderungen im Tennissport ist die veränderte Feldposition beziehungsweise das Bestreben, diese zu verändern. Haben die Spieler früher oft weit hinter der Grundlinie gestanden und versucht, wie Schachspieler den Gegner auszumanövrieren, so versuchen die Spieler heutzutage, möglichst nahe an der Grundlinie zu stehen und wenn möglich die Bälle sogar innerhalb des Spielfeldes zu schlagen. Ich möchte darauf gleich im ersten spieltaktischen Kapitel eingehen, weil diese Information die Grundlage für viele weitere Erläuterungen ist.

Im modernen Tennis ist es das Ziel der Topspieler, die Bälle so früh wie möglich zu spielen. Wieso ist dies vorteilhaft und welche Schwierigkeiten gibt es bei diesem Vorhaben? Denn wenn es so einfach wäre, würde ja jeder Spieler immer nur auf der Grundlinie stehen.

Der große Vorteil einer Feldposition im Spielfeld, auf der Grundlinie oder kurz dahinter ist, dass du die Distanz zum Gegner verkürzt und er somit weniger Zeit hat zu reagieren. Stehst du zum Beispiel vier Meter hinter der Grundlinie, so beträgt die Distanz zum Netz fast 16 Meter. Stehst du auf der Grundlinie, so sind es nur knapp zwölf Meter. Wenn du den Ball auf der Grundlinie annimmst anstatt vier Meter dahinter, ist bei gleicher Schlaghärte dein Ball natürlich schneller beim Gegner. Deinem Gegenüber bleibt somit weniger Zeit zu reagieren. Man kann das mit einem 100-Meter-Sprint vergleichen. Wenn du deinen Konkurrenten 25 Meter Vorsprung lässt und diese müssen nur noch 75 Meter laufen, du aber 100 Meter, so sind deine Chancen natürlich nicht mehr vorhanden (zumindest wenn die anderen Läufer in etwa gleich schnell wie du sind). Du müsstest also viel schneller rennen als sie. Schlägst du nun von weiter hinten, musst du härter schlagen, damit der Ball gleich schnell auf der anderen Seite ist.

Schlägt dein Rivale nun härter als du, kannst du diesen Nachteil unter anderem dadurch wettmachen, indem du seine Bälle früher annimmst.

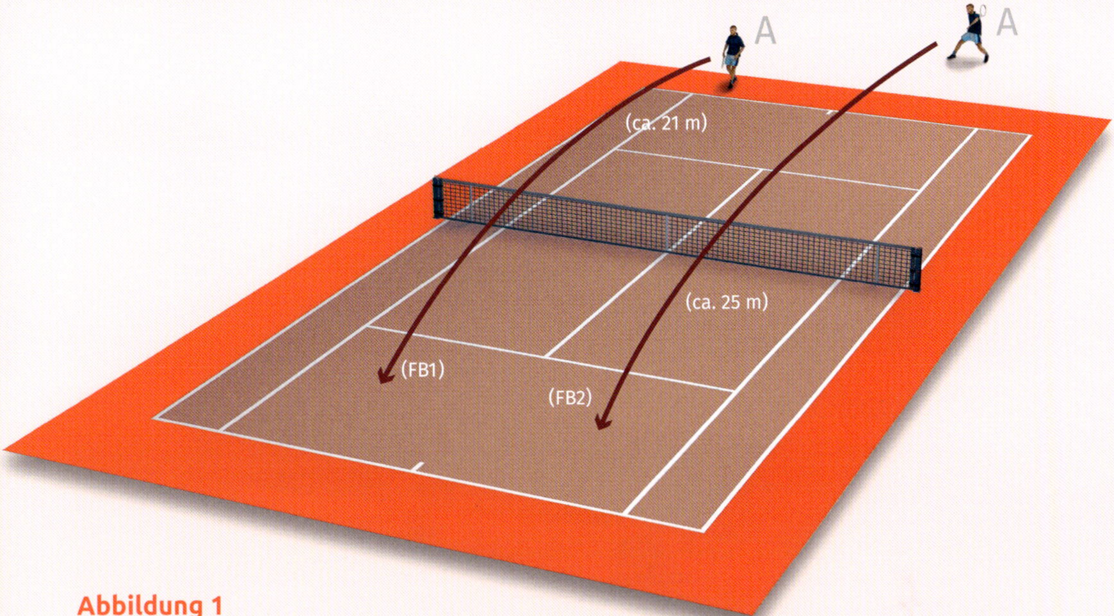

Abbildung 1

Prinzipiell gibt es noch mehr Vorteile, wenn du die Bälle früh annimmst. Diese wären:

- Distanzverkürzung, dadurch weniger Reaktionszeit für den Gegner.
- Kürzerer Weg zum Netz, dadurch bessere Chancen, einen Angriff zu starten.
- Bessere Möglichkeiten, einen kurzen Winkelball zu spielen.
- Durch die Distanzverkürzung gibt es auch die Option des Stopps, die es drei bis vier Meter hinter der Grundlinie so nicht gibt.

Allerdings gibt es auch Schwierigkeiten, wenn man versucht, die Bälle früh zu nehmen, und nicht immer gewinnt der Spieler, der näher an der Grundlinie steht. Spieler wie Nadal und Wawrinka zum Beispiel stehen, gerade beim Return, oftmals sehr weit hinter der Grundlinie. Vor allem Nadal hat im Finale der US Open 2017 gegen den guten Aufschläger Kevin Anderson sehr weit hinter der Grundlinie returniert. Die Probleme, die Bälle früh zu nehmen, sind nicht taktischer, sondern technischer Natur. Je früher du die Bälle schlägst, desto anspruchsvoller ist dies. Natürlich sind Spieler wie Nadal, Wawrinka und Monfils (auch ein Spezialist, der gerne weit hinter der Grundlinie agiert) technisch unglaublich versiert und sie könnten die Bälle sicher auch in Grundliniennähe annehmen. Allerdings würde dann ihre Fehlerquote ansteigen und die Präzision darunter leiden. Alle drei Spieler verfügen zudem über eine unglaubliche Ballbeschleunigung und Athletik.

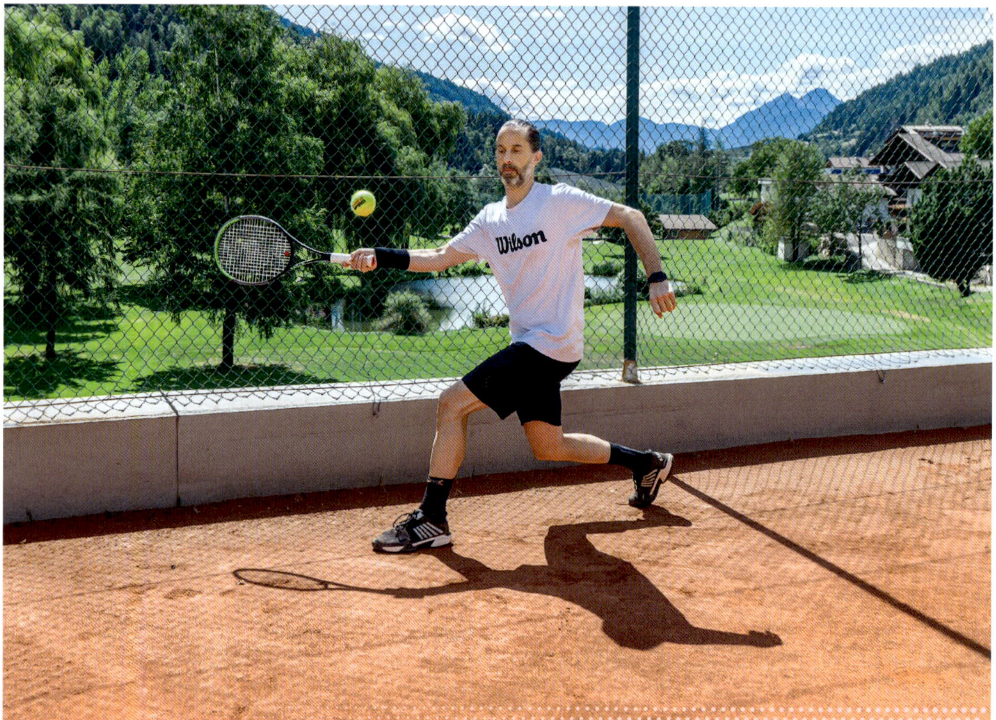

Drei bis vier Meter hinter der Grundlinie erzielt man kaum direkte Punkte.

Diese erlaubt es ihnen auch, einige Meter hinter der Grundlinie noch verhältnismäßig aggressiv zu agieren, und gerät der Gegner unter Druck, schieben sie sofort nach und positionieren sich in Grundliniennähe oder rücken ins Feld nach.

Wie gesagt, die Taktik, den Ball früh zu nehmen, ist sicher sehr gut. Aber harte Schläge, insbesondere schnelle Aufschläge auf der Grundlinie oder sogar davor zu spielen, ist technisch schwierig. Du benötigst eine fantastische Beinarbeit, eine gute Motorik und Koordination, schnelle Reflexe und Reaktionen und musst die Bälle zudem gut lesen und antizipieren können. Es ist nicht sinnvoll zu sagen: „Ich stelle mich auf die Grundlinie und weiche nicht zurück – dabei mache ich aber einen Fehler nach dem anderen, weil ich andauernd aus der Balance gerate und den Ball zu spät treffe." Hier musst du unbedingt abwägen, wie weit du deine Position nach vorne verlagern kannst. Sicher kannst du gerade im Training auch mal den einen oder anderen Fehler in Kauf nehmen, um ein Gefühl für die offensive Position nah an der Grundlinie zu bekommen.

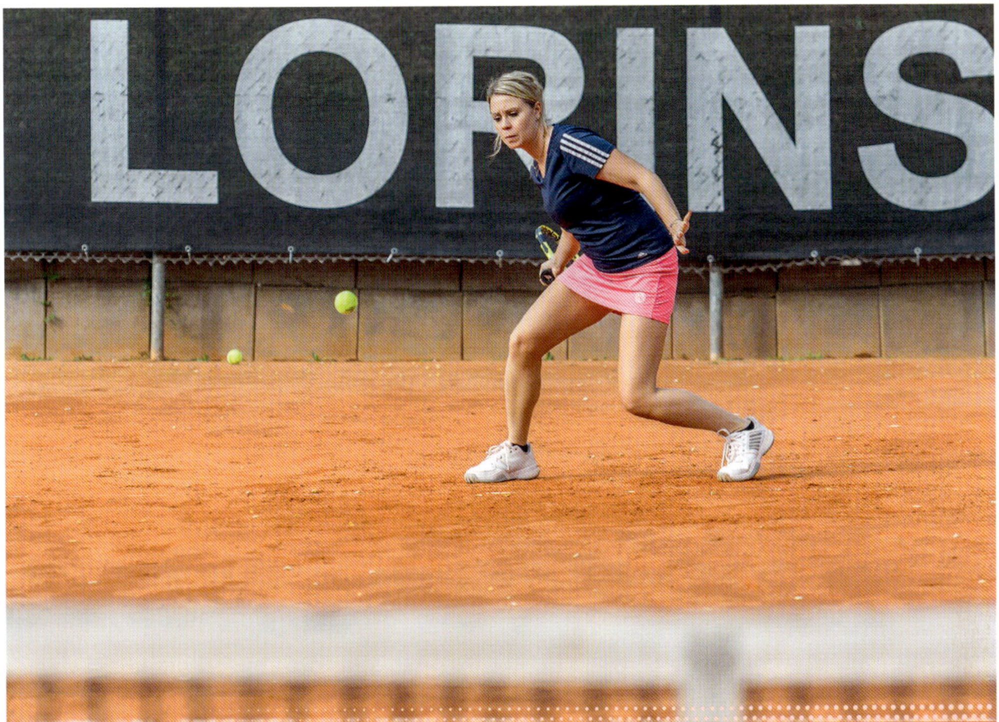

Die Bälle früh in Grundliniennähe zu nehmen ist oft technisch sehr anspruchsvoll.

Neben dem Versuch, sich nah an der Grundlinie zu positionieren, hat sich vor allem im Herrentennis ein weiterer Baustein herausgebildet, nämlich dass die Spieler in etwa zwei Drittel des Tennisplatzes mit der Vorhand abdecken. Immer mehr Bälle, die eigentlich in die vom Spieler aus gesehen linke Hälfte, die Rückhandseite, gespielt werden, werden inzwischen umlaufen und mit der Vorhand gespielt. Vor allem die Schläge nach dem Aufschlag werden überproportional häufig mit der Vorhand angenommen. In einer Untersuchung von Philipp Born wurde ermittelt, dass 62,3 % der Bälle nach dem Aufschlag mit der Vorhand angenommen werden (34,1 % mit der Rückhand, der Rest sind Volleys). Dies ist insofern interessant, weil versucht wird, häufiger zur Rückhand zu returnieren. Es werden fast 60 % der Vorhandschläge nach dem Aufschlag aus der Rückhandecke gespielt. Klar ist, dass dabei auch viele Bälle sind, die relativ mittig sind, aber links vom T, sodass sie der Rückhandseite zugeordnet werden. Nichtsdestotrotz ist dies in meinen Augen ein gewaltiger Wert.

Geht der Ballwechsel nach dem ersten Schlag des Aufschlägers weiter (Born hat hier die

Schläge vier bis acht ausgewertet), so sinkt der Wert der geschlagenen Vorhände auf 47,9 % ab, während die Anzahl der Rückhandschläge auf 44,7 % ansteigt. Ich interpretiere dies so, dass die Spieler nach dem Aufschlag oft in einer sehr offensiven Position sind und daher, obwohl der Ball oftmals in die Rückhandecke gespielt wird, sich die Zeit nehmen (bzw. diese zur Verfügung haben), um die schwächere Rückhand zu umlaufen. Dasselbe würde ich dir auch anraten, sofern du mit der Vorhand mehr Druck machen kannst als mit der Rückhand. Umlaufe deine Schwachstelle und setze deine Stärke ein. Vor allem natürlich in der Offensive. Dauert die Rally länger, so neutralisiert sich der Vorteil wohl mehr und mehr und es wird schwieriger, die Vorhand einzusetzen. Die meisten Vorhandbälle aus der Rückhandecke werden im Übrigen inside-out in die Rückhand (die vermeintliche Schwachstelle) des Gegners gespielt. Ein weiterer Vorteil dieses Balles ist, dass du diesem mehr Winkel geben kannst als dem inside-in gespielten.

Früher galt noch die Regel (und sie gilt teilweise auch heute im Klubtennis): „Jeder Ball, der links von dir aufkommt, ist mit der Rückhand zu schlagen, jeden Ball, der rechts von dir aufspringt, nimmst du mit der Vorhand." Diese Regel ist im Leistungstennis längst überholt. Springt der Ball links von dir auf, ist aber so langsam, dass du umlaufen kannst und dennoch gut zum Ball stehst, so umläufst du diese Bälle (sofern deine Rückhand nicht besser als deine Vorhand ist).

Kommen wir zum nächsten Punkt, dem sogenannten Niemandsland. So bezeichnete man früher in den Stellungskriegen, vor allem der erste Weltkrieg ist hierfür ein Beispiel, den Bereich zwischen den Schützengräben. Die Soldaten mussten diesen Bereich so schnell wie möglich durchlaufen und wurden oft unter starkes Maschinengewehrfeuer genommen. Die Überlebenschancen im Niemandsland waren äußerst gering und jede Sekunde, die man sich darin befand, war eine Sekunde zu viel. Das Niemandsland im Tennis befindet sich unmittelbar vor der Grundlinie und verläuft bis nach vorne zwischen Aufschlaglinie und Netz, etwa drei bis vier Meter vom Netz entfernt. Ich konnte in der Tennisliteratur keine Begrifflichkeit zu diesem Bereich finden und habe mich entschieden, diese Zone Niemandsland zu nennen. Im Niemandsland solltest du dich so wenig wie möglich aufhalten und diesen Bereich so schnell wie möglich durchlaufen. Im Freizeitbereich sehe ich sogar immer wieder Spieler, die sich zwei Meter vor der Grundlinie positionieren (weil der Gegenpart eben fast nur ins T-Feld spielt) und dann vollkommen chancenlos sind, wenn der Ball doch lang kommt. Es ist klar, dass der Großteil der Spieler das weiß und sich auf beziehungsweise hinter die Grundlinie stellt. Es geht aber nicht

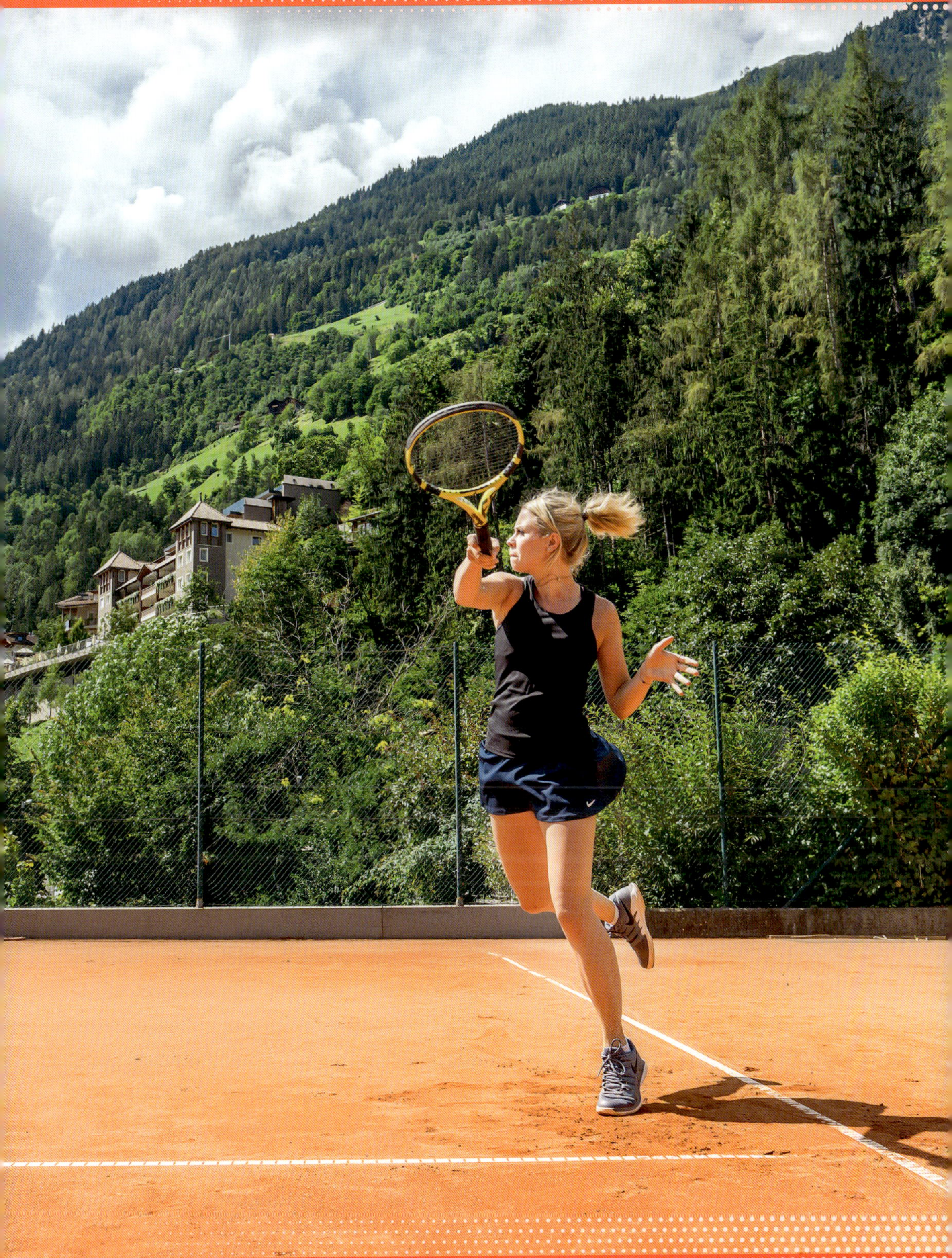

Die Spielerin muss sich schnell entscheiden, ob sie nach dem Schlag zum Netz stürmt oder wieder hinter die Grundlinie geht.

nur darum, nicht im Niemandsland stehen zu bleiben (stell dir einen Soldaten vor, der im Krieg im Niemandsland zwischen den beiden Gräben stehen bliebe oder diesen ganz gemütlich durchlaufen würde, dies müsste schon ein sehr lebensmüder Mensch sein), sondern dieses schnellstmöglich zu verlassen. Spielt dein Gegner zum Beispiel einen kurzen Ball, den du zwei bis drei Meter im Feld schlägst, musst du dich einerseits schnell entscheiden, ob du nun nach vorne rennst oder schnell wieder zurückgehst. Andererseits geht es dann auch um die Entschlossenheit und die Geschwindigkeit. Es gibt Spieler, die entscheiden sich für einen Angriff, traben aber doch recht gemächlich zum Netz. Ihr Angriffsball ist oftmals sogar ganz gut, aber sie kommen nur bis zur Aufschlaglinie und haben dann Probleme mit dem Volley, weil sie diesen dann tief spielen müssen und dieser aufgrund des Abstandes zum Netz schwieriger ist als der Volley drei Meter weiter vorne. Deine Position sollte also auf oder hinter der Grundlinie sein oder recht nahe am Netz (ein bis drei Meter weg vom Netz) sein. Im Niemandsland solltest du im Idealfall nur einen Schlag spielen, maximal aber zwei Schläge in Folge und niemals drei oder mehr Schläge am Stück.

Der letzte Punkt betrifft das Laufen in die Winkelhalbierende. Es gibt den alten Spruch und Leitsatz: „Immer zurück zur Mitte bewegen.“ Aber dieser Leitsatz ist schlichtweg falsch, allein schon aus geometrischen Gesichtspunkten. Die meisten Spieler machen dies jedoch intuitiv richtig. Nur bei mittigen Bällen positioniert man sich wirklich mittig – und selbst dann stellen sich viele Spieler leicht versetzt in die Rückhandseite, um eben diese Rückhand besser umlaufen zu können. Schlägt dein Gegenspieler aber einen Ball seitlich außerhalb des Einzelfeldes oder sogar außerhalb des Doppelfeldes, so solltest du dich nicht mittig, sondern etwas auf der gegenüberliegenden Seite zu deinem Gegenspieler positionieren (siehe Skizze Abb. 2 b). Denn mit dem Cross-Ball kann er einen größeren Winkel erzeugen und dann ist dein Laufweg viel weiter, als würde er longline spielen. Umgekehrt verhält es sich im Übrigen, wenn du zum Netz läufst. Dann musst du dich versetzt in die Seite stellen, aus der dein Gegner schlägt (siehe Skizze Abb. 2 b).

Hier müssen wir gleich auch noch über die Platzabdeckung sprechen. Die Platzabdeckung ist wichtig, wenn der Ball des Gegenspielers zurückkommt. Wenn du zum Beispiel den Gegner weit nach außen treibst und er schafft es in dem Moment, in dem du den Ball schlägst, nicht, wieder in die optimale Position zu kommen, so wird er den Platz nicht ideal abdecken können und du hast dir eine Lücke freigespielt, in die du dann einen Winner schlagen oder zumindest großen Schaden bei ihm anrichten kannst. Im Normalfall gilt:

Mittige und daher suboptimale Position des Spielers

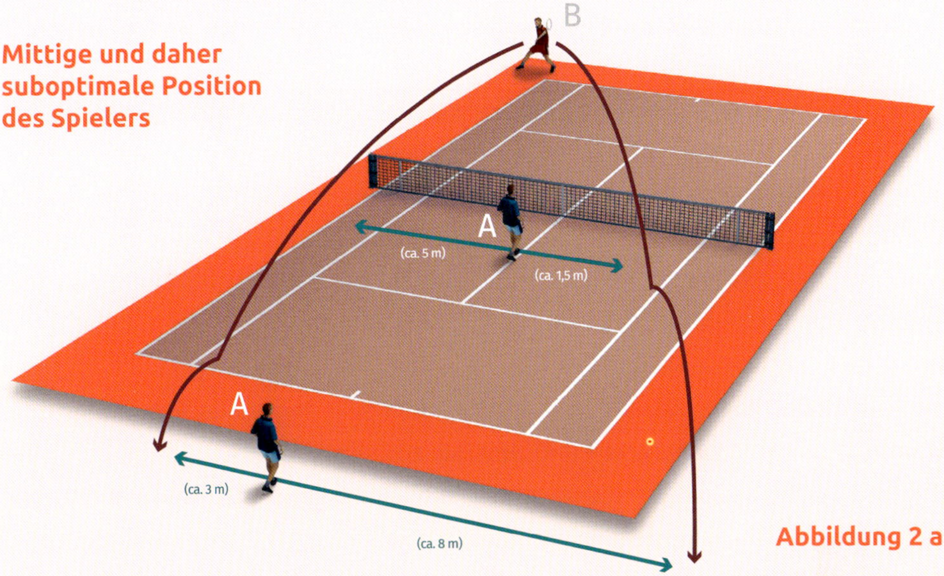

Abbildung 2 a

Optimale Position des Spielers

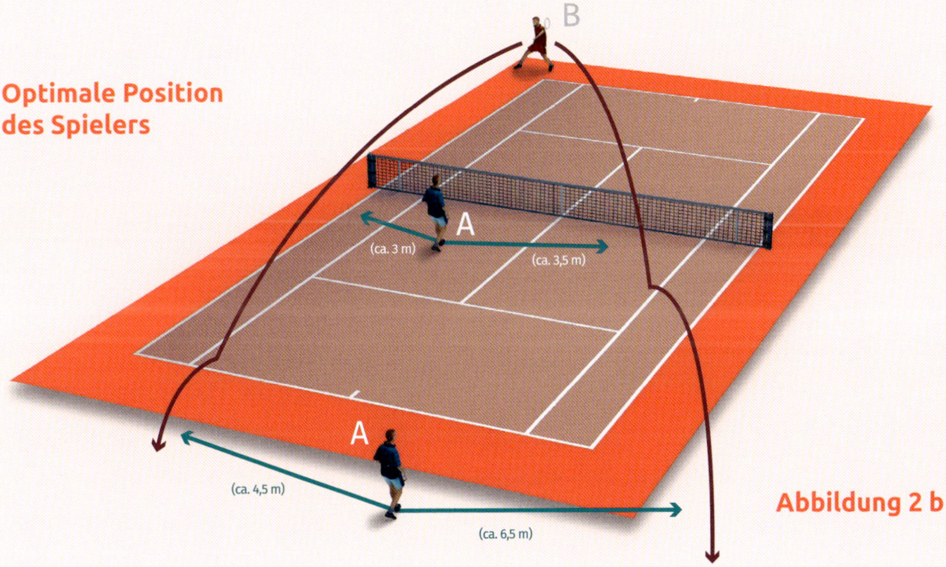

Abbildung 2 b

Je aussichtsreicher deine eigene Position ist (also je mehr du selbst „am Drücker bist"), desto mehr kannst du die Platzabdeckung vernachlässigen. Je offensiver du bist, desto unwichtiger ist die Platzabdeckung. Ich möchte das anhand von zwei Beispielen erklären:

Du dominierst den Ballwechsel und hast mit deinem letzten Schlag einen fantastischen Inside-out-Vorhandball gespielt, der deinen Gegner weit aus dem Feld treibt. Er spielt den Ball mittelschnell cross zurück, du umläufst erneut und dein Ziel ist es, den Ball als Winner inside-in ins Feld zu setzen. Natürlich befindest du dich jetzt in keiner guten Position. Folgende Konsequenzen können sich nun ergeben:

- Du erreichst dein Ziel und schlägst einen Winner. Nun ist die Platzabdeckung obsolet.
- Du schlägst einen scharfen Ball und dein Gegner kommt gerade noch heran, kann den Ball aber nur noch hoch und langsam zurückbringen. Nun ist es sekundär, dass du in einer schlechten Position stehst, weil du durch den langsamen Ball wieder Zeit bekommst, dein Feld abzudecken und zum Ball zu laufen.
- Du verpasst dein Ziel und dein Gegner ist so schnell (oder dein Ball zu langsam und/oder ungenau), dass er aus dem Lauf mit einem schnellen Cross-Ball kontern kann. Nun hast du ein großes Problem, denn du wirst den Platz nicht mehr richtig abdecken können und deinem Gegenüber gelingt ein Winner oder er drängt dich zumindest stark in die Defensive.

In diesem Beispiel hast du die Platzabdeckung vernachlässigt (was aber aufgrund des zu erwartenden druckvollen Schlages nicht schlimm ist). Die Alternativen wären ein Rückhandball longline (aber auch da wirst du bei einem guten Cross-Konter des Gegners Schwierigkeiten bekommen), ein Rückhandball cross oder ein Vorhandball inside-out. Bei den Cross-Optionen kannst du natürlich den Platz sehr gut abdecken, aber die Frage ist, ob du genauso viel Schaden anrichten kannst, wie wenn du den Ball scharf in die Vorhand des Gegners platzieren würdest.

Beispiel zwei wäre eine defensive Situation und hier halte ich die Platzabdeckung für extrem wichtig. Wir nehmen nun das genaue Gegenteil. Dein Gegner spielt einen guten Vorhandball inside-out und treibt dich weit aus dem Feld. Die Optionen, die du nun hast, sind Bälle longline, zur Mitte oder cross zu spielen. Außerdem kannst du zwischen Slice, Topspin und einem geraden Ball wählen (je nachdem natürlich, wie du an den Ball kommst) und natürlich kurz oder lang. Mit einem Longline-Ball kann dein Gegner dich sehr weit laufen lassen und du hast einen weiten Weg in die optimale Position. Besser ist es, zur Mitte oder cross zu spielen. Außerdem ist es wichtig, den Ball langsam, eventuell hoch oder als Slice, und auch so zu spielen, dass er lange in der Luft ist, sodass du Zeit hast, wieder in die optimale Position zu kommen. Spielst du aber einen schnellen Ball, wirst du zu wenig Zeit haben, um wieder in die richtige Position zu gelangen. Wenn dein Kontrahent keinen Fehler macht und den Ball einigermaßen druckvoll in die freie Ecke spielt, wirst du keine Chance mehr haben. Du musst dir hier also Zeit verschaffen, um den Platz gut abdecken und wieder eine gute Position einnehmen zu können. Die unkluge Alternative wäre, dass du aus dieser Position einen Winner versuchst, dann könntest du die Platzabdeckung auch vernachlässigen. Ein intelligenter Spieler tut dies aber nicht.

Ich hoffe die Thematik Platzabdeckung mit diesen Beispielen etwas verdeutlicht zu haben.

Fazit

- Eine Position nahe der Grundlinie verschafft dir verschiedene Vorteile. Du kannst gute Winkel spielen, den Weg zum Netz schneller überbrücken sowie vor allem durch die Distanzverkürzung mehr Druck aufbauen – bei gleicher Zugschlaggeschwindigkeit. Allerdings verlangt eine Position nahe oder auf der Grundlinie eine bessere Technik, stärkere koordinative und motorische Fähigkeiten sowie schnellere Reflexe und Reaktionen und eine filigranere Beinarbeit.

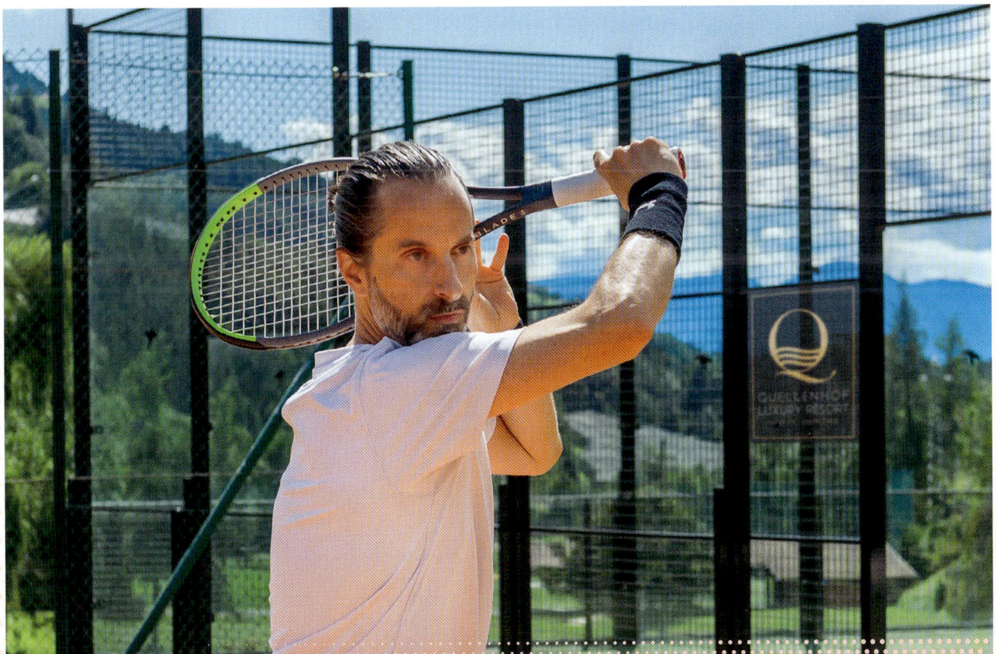

Mit einem Slice kannst du dir Zeit verschaffen, um wieder in die optimale Position zu kommen.

- Ein häufiges Umlaufen der Rückhand ist inzwischen modern und wird von nahezu allen Topspielern mehr oder weniger oft praktiziert. Speziell der Folgeschlag des Aufschlägers nach dem Aufschlag wird überproportional häufig mit der Vorhand geschlagen. Inwieweit dies bei dir sinnvoll ist, hängt natürlich von deinen Stärken und auch deiner Beinarbeit ab.
- Das Niemandsland ist so schnell wie möglich zu durchlaufen. Die Position sollte entweder in Grundliniennähe sein oder verhältnismäßig nahe am Netz.
- „Nach jedem Ball zurück zur Mitte" – dieser Leitsatz ist schlicht falsch. Man läuft grundsätzlich in die Winkelhalbierende.
- In der Defensive und auch in der neutralen Position ist die Platzabdeckung extrem wichtig. In der Offensive kann diese unter Umständen etwas vernachlässigt werden.

Praktische Übung

Ab diesem Kapitel möchte ich auch damit starten, dir Übungen vorzuschlagen, die dir helfen sollen, die durchgegangenen taktischen Elemente in dein Spiel zu integrieren.

König der Grundlinie

Ausführung

Man kann diese Übung sowohl miteinander als auch gegeneinander spielen. Einen Meter hinter der Grundlinie wird eine Linie gezogen oder markiert. Beide Spieler dürfen nicht hinter diesen Bereich. Sie dürfen sich also nur im Feld bis maximal einen Meter hinter der Grundlinie bewegen.

Ziel

Das Ziel dieser Übung ist es, ein Gefühl dafür zu bekommen, die Bälle früh zu nehmen. Gleichzeitig fördert diese Übung auch das In-den-Ball-Gehen und auch aggressives, druckvolles Tennis zu spielen.

Varianten

- Nur bei einem Spieler gibt es die Linie. Der andere kann sich auch weiter nach hinten bewegen.
- Die Linie wird nach vorne oder hinten verschoben. Du kannst sie zum Beispiel nur einen halben Meter hinter die Grundlinie setzen oder auch zwei Meter.

– KAPITEL 9 –
Die Feldaufteilung

.........................TENNIS-FACTS

70% der Bälle werden im Profibereich außerhalb der roten Zone platziert

Die Feldaufteilung

Auch dies ist wirklich wichtig: die Feldaufteilung.

Zu viele Spieler spielen den Ball einfach nur zurück. Sie unterscheiden vielleicht noch zwischen cross oder longline, aber nicht viel mehr. Das ist eindeutig zu wenig. Hier gibt es verschiedene Modelle, wie man das Feld aufteilen kann. Zwei bis drei, die mir gut gefallen, möchte ich nun kurz vorstellen und dann auch noch eigene Schlüsse ziehen.

Das Zonenmodell

Das Zonenmodell geht auf Richard Schönborn zurück. Er teilt den Platz in fünf Zonen ein (siehe Skizze Abb. 3). Hauptmerkmal ist dabei die Zone fünf, die sogenannte rote Zone, im Zentrum des Tennisplatzes. Dort sollte der Spieler auf keinen Fall den Ball platzieren. Was eigentlich – zumindest in der Theorie – logisch sein sollte, wird aber in der Praxis oftmals nicht angewendet. Im Profibereich werden laut Schönborn 70 % der Bälle außerhalb der roten Zone platziert. Dennoch ist es keine Selbstverständlichkeit, die Bälle nicht in die rote Zone zu setzen. Gerade wenn die Spieler sich unter Druck gesetzt fühlen, sei es durch den Spielstand (zum Beispiel im Tiebreak) oder im Ballwechsel (sie also stark in der Defensive sind), werden häufig Bälle in die rote Zone gespielt. Je tiefer das Spiellevel,

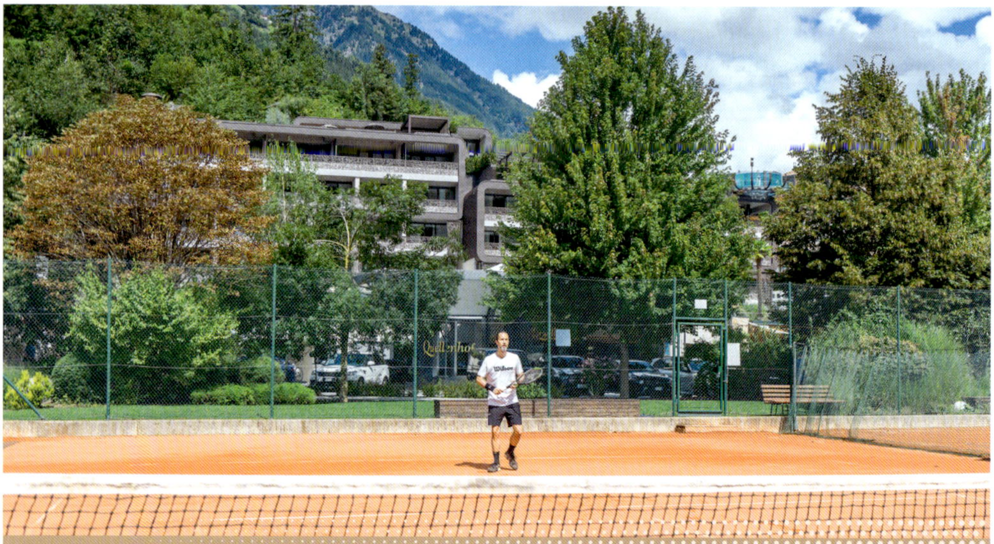

Den Ball nur ins Feld zurückzuspielen, ist zu wenig. Du solltest das Feld in Sektoren unterteilen und dir Gedanken darüber machen, wohin du spielen möchtest.

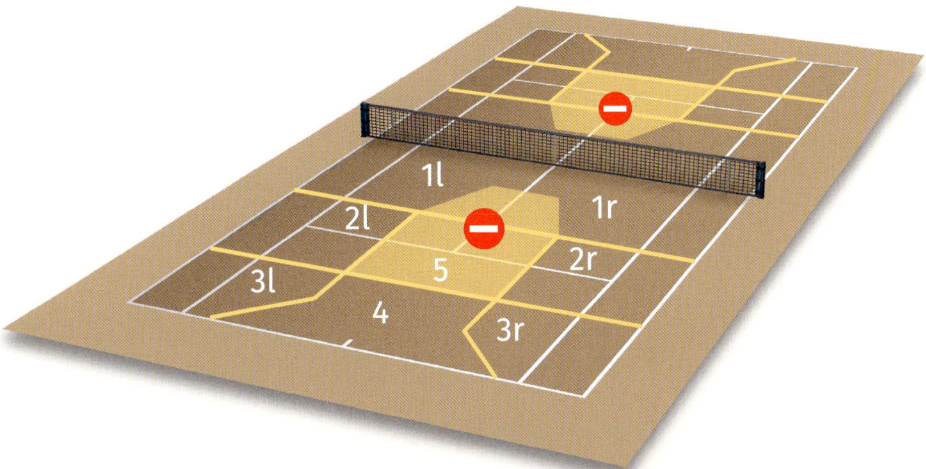

Abbildung 3 Modell nach Schönborn

desto öfter werden die Bälle dort hineingespielt. Auch das ist an sich logisch, denn der technisch schwächere Spieler hat nicht dieselbe Ballkontrolle wie der bessere und traut sich nicht, so nah an die Linien zu gehen. Trotzdem ist natürlich auch diesen Spielern anzuraten, den Ball weg von der roten Zone zu setzen, denn spielst du den Ball dorthin, so kannst du deinen Gegner weder laufen lassen noch unter Druck setzen.

Zone eins direkt hinter dem Netz eignet sich für Stopps und kurze Passierschläge, eventuell auch für ganz extreme Winkelschläge. Zone zwei ist angedacht für Kurz-cross-Bälle und auch für Longline-Passierbälle sowie beim erfolgreichen Volleyabschluss und auch bei Schmetterbällen. In Zone drei wird vor allem gespielt, um Druck aufzubauen oder auch um Punkte von der Grundlinie direkt abzuschließen. Zone vier eignet sich, um zu verhindern, dass der Gegner Druck aufbaut. Außerdem bietet man dem Gegner so keinerlei Winkel. Vor allem Returns werden häufig in Zone vier gespielt.

ABCDEF – die moderne Platzeinteilung

Dieses Modell hat Niklas Grimm in seiner „Tennis Bibel" publiziert. Erstmals vorgestellt aber wurde es von Sven Groeneveld in Melbourne 2014 auf einer Coaches-Konferenz. Auch dieses möchte ich ganz kurz vorstellen. Er teilt den Platz in sechs verschiedene Sektoren ein, A bis F (siehe Skizze). A ist dabei die Vorhandseite des Rechtshänders, B die Mitte der Vorhandseite, C die Mitte der Rückhandseite, D die äußere Rückhandseite. E und F sind die Sektoren für Kurz-cross-Bälle, Stopps und abschließende Volleys. Es ist ähnlich wie beim Zonenmodell, nur dass die Zonen eins und zwei zusammengefasst werden und C und D quasi einen Großteil von Zone vier ausmachen. E befindet sich in der Vorhandseite, F in der Rückhandseite. Der mittlere Bereich, für den es keinen Buchstaben gibt, ist quasi ebenfalls eine Art rote Zone (nur dass diese nach vorne verschoben ist). Außerdem werden die Bereiche auch noch in + und – unterteilt, wobei + für weiter außen und – für weiter innen steht. Anders als beim Zonenmodell nutzt man die Buchstaben auch für die eigene Positionsbestimmung. Das Buchstabenmodell bedient sich auch vieler Statistiken aus dem Profibereich, so zum Beispiel, dass die meisten Winner im Profibereich aus Position C erzielt werden, und zwar mit der Vorhand. Deshalb ist es zu empfehlen, wenn der Gegner einen schwachen Ball auf C spielt, diesen mit der Vorhand zu spielen. Auch wird erläutert, dass die Fehlerquote dann am geringsten ist, wenn man den Ball in den Sektor zurückspielt, aus dem der Ball gekommen ist.

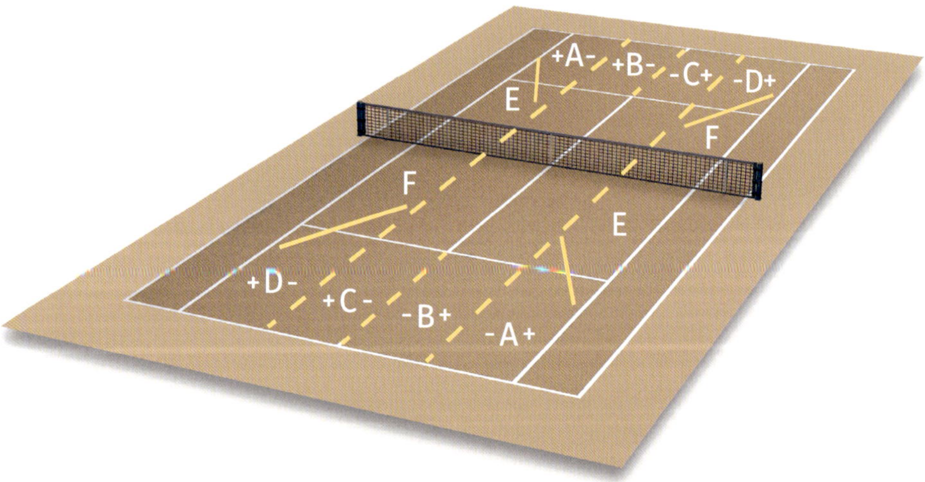

Abbildung 4 Modell nach Groeneveld

Platzaufteilung nach Born

Dies ist für mich eher ein theoretisches Modell, allerdings auch mit einiger Aussagekraft. So fand Born heraus, dass der Bereich 2 C am häufigsten angespielt wird. Überhaupt werden die beiden C-Felder sehr oft angespielt. Außerdem ist es so, dass die Schläge im Profibereich extrem oft hinter die T-Linie gespielt werden. Untersuchungen haben ergeben, dass 80 % der Grundschläge hinter die Aufschlaglinie gespielt werden. Allerdings werden heutzutage nur noch 30 % der Schläge in die hinteren Bereiche (nach Born Zonen A und B) gespielt. Vor 20 bis 25 Jahren waren es noch um 50 % der Schläge, die in die hinteren Zonen gespielt wurden. Die Gründe dürften vor allem in der starken Weiterentwicklung des Topspins liegen. Es ist also anzuraten, den Ball nicht unbedingt direkt auf die Grundlinie zu zielen, sondern ein Sicherheitsfenster einzubauen, wie es später im Kapitel „Geometrie des Platzes" weiter ausgeführt wird.

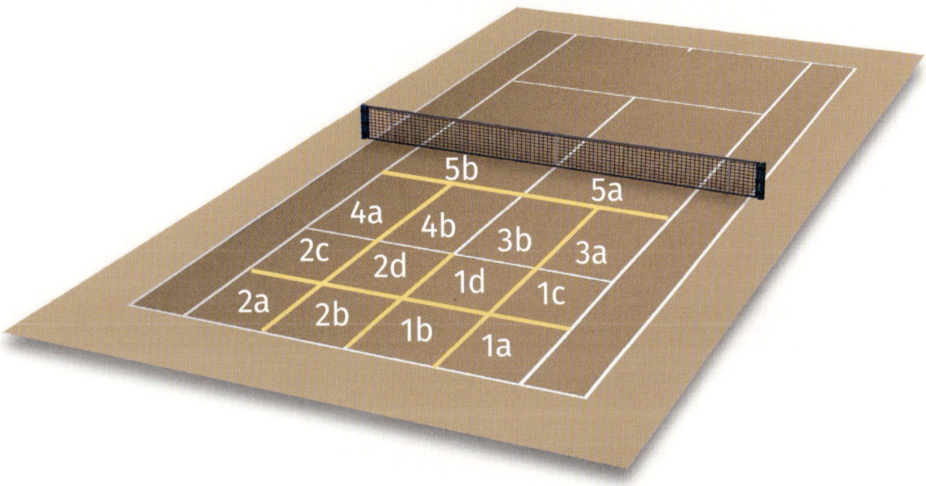

Abbildung 5 Modell nach Philipp Born

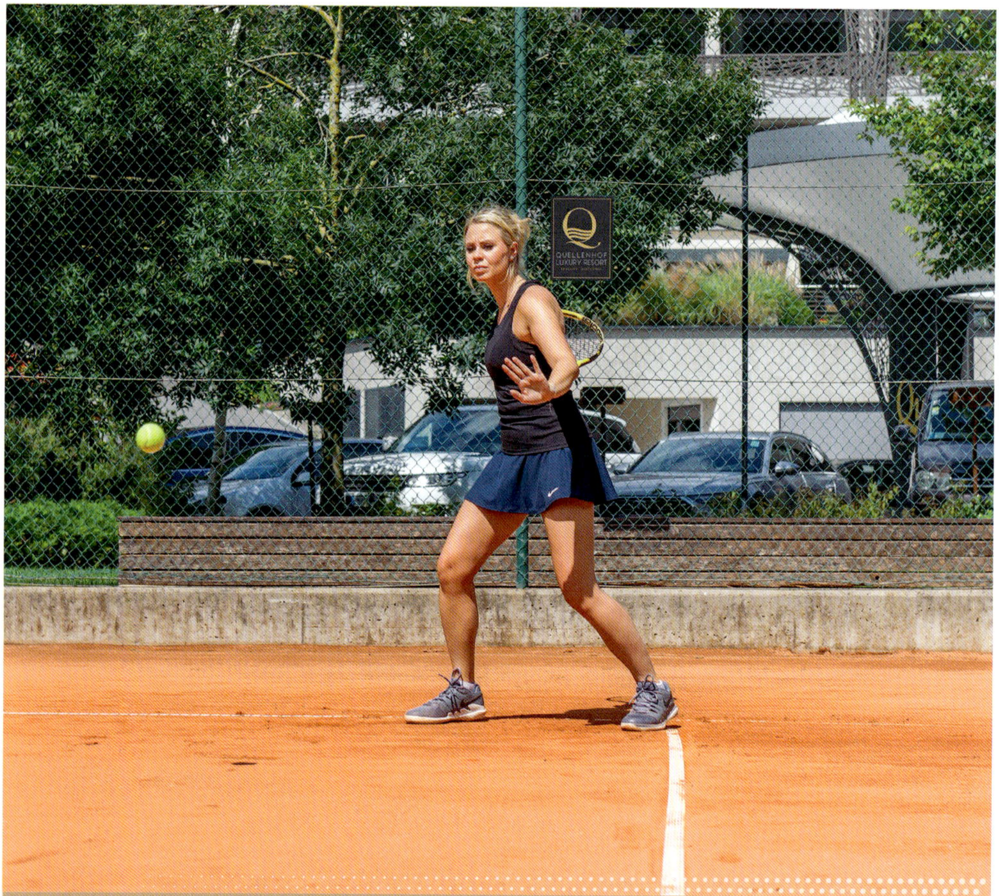

Kommt der Ball in Feld C, bietet es sich an, die Rückhand zu umlaufen.

Meiner Ansicht nach bietet das Modell von Born auch viele Chancen, vor allem für die Analyse. Allerdings halte ich die Zonen, gerade für den gewöhnlichen Klubspieler, für zu klein. Kaum ein Spieler auf Klublevel wird hingehen und sagen: „Ich ziele nun nach 2 C." Trotz allem wollte ich diese drei tollen Feldaufteilungsmodelle einmal vorstellen, gerade auch, um ein Verständnis zu wecken, den Ball eben nicht nur cross oder longline, sondern etwas exakter zu spielen – zumindest weg von der roten Zone.

Fazit

Alle drei Modelle gefallen mir gut. Das zuletzt vorgestellte Modell von Born taugt meiner Ansicht nach wie gesagt eher für die Analyse und die Zielfelder sind für den gewöhnlichen Klubspieler zu klein.

Es ist logisch, dass man versuchen sollte, kurze Bälle in die Mitte zu vermeiden. Allerdings finde ich auch, dass es sehr auf die Spielstärke ankommt, wie man das Feld einteilt. Je besser du spielst, desto kleinere Zielfelder kannst du natürlich wählen. Mir gefällt das Zonenmodell, um mir vorzustellen, wohin ich den Ball setze. Denn ich selbst wähle dann auch entsprechend aus. Will ich meinem Gegner keinen Winkel geben, spiele ich in die Mitte, möglichst lang und möglichst zentral. Da überlege ich mir nicht, ob ich auf B oder C spiele und erst recht nicht B+ oder B– oder C+ oder C–. Hier unterteile ich wie beim Zonenmodell eher in Zone drei L/R oder Zone vier. Auch finde ich, bietet das Zonenmodell durch die Unterteilung in eins und zwei L/R mehr Qualität als die Felder E und F. Ich will das Buchstabenmodell auf keinen Fall kritisieren, und für Topprofis mag das auch durchaus Sinn machen, das Spielfeld in wirklich kleine Felder zu unterteilen. Aber ich kann mir nicht vorstellen, dass der gewöhnliche Klubspieler sich denkt: „So, jetzt spiele ich eine Vorhand inside-out von C nach D+."

Dafür bietet das ABCDEF-Modell mehr Input hinsichtlich der eigenen Position, zum Beispiel, dass es sinnvoll ist, in Feld C die Rückhand zu umlaufen. Für mich persönlich besteht noch ein wichtiger Faktor darin, dass man immer nur eine Linie (bzw. natürlich einen Korridor) anvisiert. Es ist klar, dass man bei jedem Schlag ein Ziel benötigt – sowohl was die Platzierung als auch was die Flugkurve angeht. Aber mir reicht es, wenn ich oder meine Trainingsschüler einen Zielbereich anpeilen.

Beispiele

- Du willst einen neutralen Ball mit Länge spielen, idealerweise zur Rückhand deines Gegners: Dann visierst du vor allem zunächst die Grundlinie oder besser einen Korridor einen Meter davor an. Im zweiten Schritt setzt du den Ball in die Rückhandecke. Dein Hauptziel ist die Länge. Einen Fehler ins Aus nach hinten würde ich dir verzeihen, einen Fehler ins Seitenaus nicht.

- Ganz kurz möchte ich auch noch auf den eben erwähnten „neutralen Ball" eingehen, vor allem um Verwechslungen auszuschließen. Für Schönborn ist ein neutraler Ball ein Schlag, „der den Ball ohne Absicht in und unmittelbar um das Platzzentrum (rote Zone) befördert". Für mich hingegen ist ein neutraler Schlag ein Ball, der den Gegenspieler zwar nicht unter Druck setzt, diesem aber selbst auch nicht erlaubt, mich in Bedrängnis zu bringen. Typische neutrale Schläge sind aus meiner Sicht Bälle, die mit durchschnittlicher Geschwindigkeit lang zur Schwachstelle des Gegners gespielt werden oder lang in die Platzmitte, um dem Gegner keinen Winkel zu geben. Mit einem neutralen Schlag zwingst du den Gegner nicht zum Fehler, aber er kann auf diesen Ball einen leichten Fehler machen, wenn er überpowert. Will er dich jedoch zum Fehler zwingen oder gar einen Winner erzielen, muss er ein hohes Risiko eingehen. Neutrale Schläge dienen zum Aufbau und sind vor allem gegen unsichere und ungeduldige Spieler sinnvoll. Gute Spieler haben eine extrem geringe Fehlerquote bei neutralen Schlägen. Vor allem in der Defensive ist es ein Hauptziel, einen guten neutralen Ball anzubringen. In der Offensive hingegen ist es von großem Nachteil, neutrale Schläge zu spielen. Da solltest du unbedingt aggressiv bleiben.

- Nun willst du einen Ball unbedingt zur Rückhandseite spielen: Diesmal zielst du in Richtung Seitenlinie. „In Richtung" bedeutet natürlich nicht, dass du direkt auf die Linie zielst, sondern dass du den Ball je nach Spielstärke 30 bis 200 cm nah an die Seitenlinie zu spielen versuchst. Die Länge ist hier zunächst einmal sekundär. Selbstverständlich überlegst du dir, ob du den Ball lang oder kurz cross spielen möchtest, wenn wir von einem Cross-Rückhandball ausgehen. Aber angenommen, du möchtest kurz cross spielen und dein Ball landet 30 cm im Feld an der Seitenlinie, aber einen Meter vor der Grundlinie. Dann ist dies trotzdem kein schlechter Ball. Es ist zwar nicht der von dir geplante Kurz-cross-Schlag, aber dein Ziel, den Gegner auf der Rückhand anzuspielen, hast du erreicht, denn diesen Ball wird er nicht umlaufen. Umgekehrt gilt dasselbe, willst du den Ball eher lang cross spielen, und er kommt versehentlich etwas kürzer, ist es immer noch ein ganz brauchbarer Ball, solange dieser nahe an der Seitenlinie ist.

Praktische Übungen

Verbotene Zone

Ausführung

Hier kommt die rote Zone von Schönborn zum Tragen. Und zwar wird der Punkt zwischen A und B ausgespielt. Wird der Ball jedoch von einem der beiden Spieler in die rote Zone geschlagen, so ist es direkt ein Fehler. Alle Bälle müssen außerhalb der roten Zone platziert werden.

Ziel

Präzises Spiel. Die Spieler sollen lernen, kürzere Bälle in die Platzmitte zu vermeiden.

Buchstabenspiel

Ausführung

Zugrunde gelegt wird die Feldaufteilung nach Groeneveld. Es wird immer auf die Zielfelder A bis D gespielt. Zum Beispiel spielt Spieler A immer auf Feld D und Spieler B platziert seine Bälle immer auf Feld C.

Ziel

Auch hier natürlich genaues Spiel. Diese Übung empfehle ich vor allem auf Rhythmus durchzuführen. Sie kann aber alternativ auch um Punkte gespielt werden.

Varianten

Hier ergeben sich viele Möglichkeiten.

- A spielt mit der Vorhand auf Feld D (alternativ nach F), B spielt mit der Rückhand auf Feld C.
- Beide Spieler visieren mit ihrer Rückhand Feld D an.
- Spieler A spielt auf Feld B, sein Partner spielt wechselweise mit der Vorhand nach A und D.

Prinzipiell gibt es hier sehr viele Möglichkeiten und du kannst dir weitere Variationen auch selbst überlegen.

– KAPITEL 10 –

Fehler, Sicherheit und Präzision

TENNIS-FACTS

Rund 87 % aller Schläge landen im Spielfeld
(Wert vom Wimbledonfinale Djokovic – Federer im Jahr 2019)

Fehler, Sicherheit und Präzision

Wie schon im ersten Kapitel erwähnt, werden die meisten Punkte angeblich durch Fehler erzielt. Im Spitzenprofibereich werden ungefähr 32 % (29 % bei den Damen) der Punkte mit einem Winner beendet. 68 % (71 % bei den Damen) enden demnach mit einem Fehler. Diese wie auch viele andere sehr hilfreiche Statistiken stammen von Craig O'Shannessy. Er sagt auch: „Wir spielen ein Spiel der Fehler." Ist das so? Stimmt das wirklich? Zur Beantwortung dieser Fragen, werde ich einige Aussagen etwas genauer unter die Lupe nehmen.

Eine weitere Aussage von Craig O'Shannessy lautet: „Auf den unerzwungenen Fehler zu warten ist zu passiv, den Fehler zu erzwingen ist der Schlüssel." Wir werden in Kapitel 13 sehen, dass diese Aussage in einem Widerspruch zu seiner oben genannten Behauptung steht.

Auf der anderen Seite heißt es in Niklas Grimms Tennis Bibel: „Vergessen Sie das Prinzip des unerzwungenen Fehlers. Es gibt sie nicht. Jeder Fehler ist allein schon durch die Tatsache, dass man selbst den Ball ins Feld gespielt hat, erzwungen. Zugegeben, manche Fehler sind erzwungener als andere und manche Fehler dürfen theoretisch nicht passieren." Der erste Teil der Aussage macht es sich zu einfach; der zweite Teil weist auf das zu analysierende Problem hin.

Nun stellt sich die Frage, ob wir zwischen leichten Fehlern, den sogenannten Unforced Errors, und erzwungenen Fehlern, den Forced Errors, unterscheiden sollten. Es ist oft schwierig zu entscheiden, ob der Fehler eines Spielers ein leichter Fehler oder ein erzwungener Fehler ist. Die Wahrnehmung dessen ist doch sehr subjektiv. Und was für Spieler X ein leichter Fehler ist, muss für Spieler Y noch lange kein leichter Fehler sein. Dies besagt schon alleine die Definition bei Leo Levin (er führte 1982 mit seiner Firma Information and Display Systems die Tennisstatistik im Fernsehen ein): „According to Information and Display Systems, a player commits an unforced error if he does not keep a ball in play though he is not >>under any physical pressure as a result of the placement, pace, power or spin of their opponents stroke.<<" (Ben Rothenberg, 2013)

Eigene Übersetzung: Laut Information and Display Systems begeht ein Spieler einen unerzwungenen Fehler, wenn er den Ball nicht im Spiel hält, obwohl er nicht „unter körperlichem Druck aufgrund der Platzierung, des Tempos, der Stärke oder des Spins des gegnerischen Schlags steht."

Wird in der Weltspitze ein zweiter Aufschlag mit Kick und einer Geschwindigkeit von 150 km/h ausgeführt, so kann der Großteil der Spieler diesen returnieren und würde einen Fehler auf diesen Aufschlag wohl als leichter Fehler ansehen. Der gleiche Aufschlag in der Bezirksklasse wäre dann aber sehr wohl ein erzwungener Fehler, weil die Spieler dort nicht über die Schnelligkeit, Beweglichkeit, Antizipation und Technik verfügen wie in der Weltspitze. Es hängt hier natürlich auch vor allem vom technischen Level der Spieler ab, was ein erzwungener und was ein leichter Fehler ist. Frage ich Spieler, Eltern, Trainer, ob der letzte Fehler unerzwungen oder erzwungen war, bekomme ich oftmals unterschiedliche und auch überraschende Meinungen zu hören. Zum Beispiel ist ein Spieler in vollem Lauf und verschlägt den Ball, weil er zu schnell unterwegs war und den Ball zu nah am Körper getroffen hat, und behauptet anschließend, dass dies ein leichter Fehler war.

Die Übergänge zwischen Fehlern und erzwungenen Punkten sind also manchmal fließend und deren Beurteilung ist subjektiv. Und hier kommen wir zum oben erwähnten Zitat von Craig O'Shannessy zurück, dass der Schlüssel der erzwungene Punkt sei. Grundsätzlich sind Fehler unseres Konkurrenten immer gut. Je tiefer das Spiellevel des Gegners, desto mehr einfache Fehler bekommen wir geschenkt. Beim Anfänger ist es ein Glücksspiel, ob sein Ball zurück ins Spielfeld geht oder nicht. Aber so gut wie niemand will gegen einen Anfänger spielen. Man gewinnt zwar, aber es gibt keine guten Ballwechsel und die Herausforderung ist gering, es sei denn, man ist selbst Anfänger oder ein wirklich miserabler Spieler. Steigert sich das Spiellevel, wird dein Gegner immer weniger leichte Fehler begehen. Irgendwann kommst du auf ein Level, auf dem dein Gegner in der Lage ist, hunderte Bälle am Stück ins Feld zurückzuspielen. Du kannst einen Punkt also nur noch gewinnen, wenn du selbst etwas unternimmst. Auf leichte Fehler zu warten, ist auf unterem und vielleicht auch mittlerem Klublevel noch eine ganz passable Taktik. Gehst du aber in höhere Gefilde, so wirst du mit dieser Taktik keinen Erfolg mehr haben. Es ist nicht zwingend erforderlich, einen Winner zu schlagen – im Gegenteil, sogar ziemlich unklug, denn es wird dir als Freizeitspieler fast nie gelingen, in einem Match mehr Winner als Fehler zu spielen. Besser ist es, den Ball so druckvoll oder unangenehm für deinen Konkurrenten zu spielen, dass er selbst einen Fehler begeht. Spiele schnell, sodass dein Rivale Probleme mit dem Timing bekommt. Schlage den Ball mit viel Topspin, sodass er hoch abspringt und dein Gegner ihn über Schulterhöhe schlagen muss, oder mit viel Unterschnitt und flach, sodass er niedrig abspringt und dein Kontrahent in die Knie gehen muss. Bewege ihn, indem du in die Ecken spielst. Dränge ihn mit langen Bällen nach hinten. Beschäftige ihn und raube ihm die Zeit. Kurz gesagt, forciere die Fehlerquote des Gegners. Die Gewinnschläge sind dann sozusagen der Bonus; sie werden sich dann ergeben.

Die auf S. 14 erwähnten Grand Slam Statistiken des Jahres 2015 zeigen, dass das Verhältnis zwischen Fehlern und erzwungenen Punkten bei den Herren bei 40 : 60 liegt und bei den Damen bei 48 : 52. Bei den Profis werden also mehr Punkte erzwungen als Fehler gemacht. Im Amateur- und Klubbereich dagegen werden deutlich mehr Fehler als erzwungene Punkte produziert. Hier ist das Verhältnis der Fehler zu erzwungenen Punkten in etwa zwei zu eins, also 67 % Fehler und 33 % erzwungene Punkte.

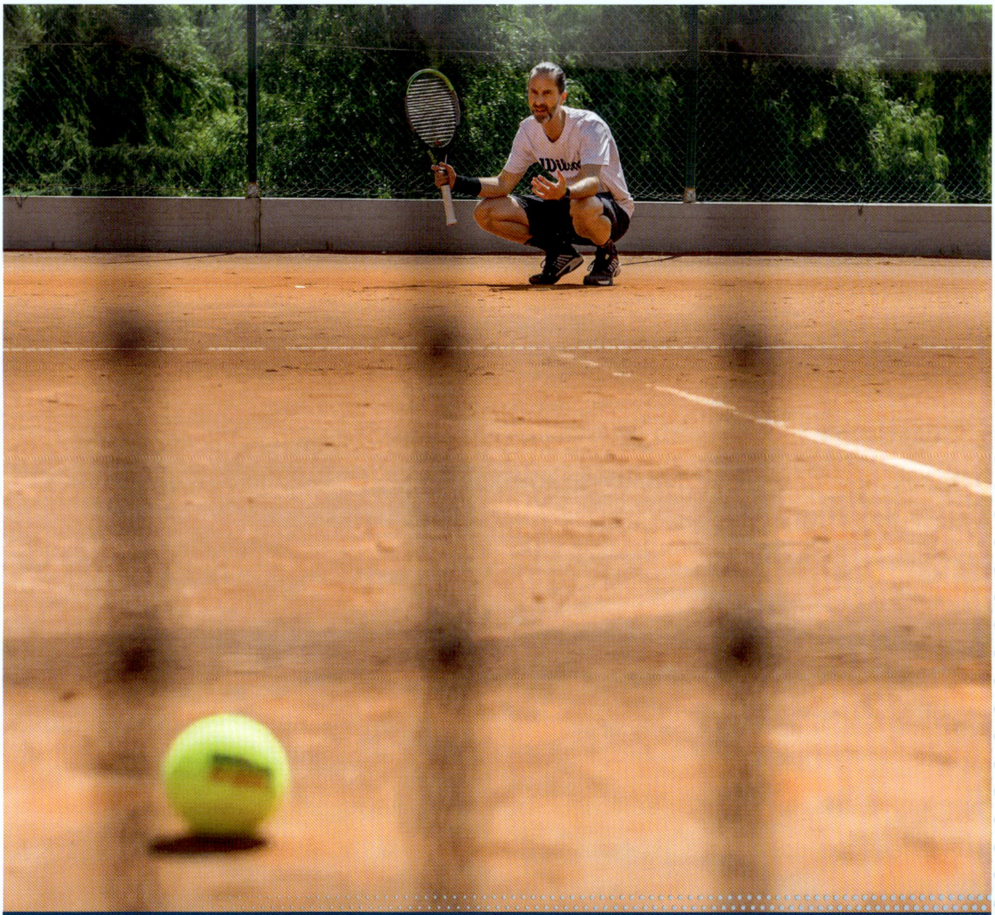

Für Klubspieler lohnt es sich oftmals, geduldig auf den Unforced Error zu warten.

Wieso aber begehen selbst Profispieler, die in der Lage sind, tausende von Bällen fehlerfrei in die Ecken zu setzen, trotzdem so viele Fehler? Immerhin endet fast jeder dritte Punkt auf Profiniveau mit einem Fehler – einem Fehler, bei dem der Spieler Zeit hat, sich vorzubereiten und in Position zu bringen, einem Fehler, den der Spieler normalerweise nicht begeht.

Hier zitiere ich den ehemaligen DTB-Bundestrainer Richard Schönborn: „Eines der größten Probleme ist die Frage, wie viel und wie weit man riskieren darf, um möglichst wenig Unforced Errors zu machen, denn durch Fehler kann man schwer ein Match gewinnen. Ich bin davon überzeugt, dass die Mehrzahl der Unforced Errors aus Mangel an Konzentration, aus Unterschätzung der Situation, Ratlosigkeit und/oder Ziellosigkeit entsteht. Warum soll ein Spitzenstar eine ganz normale Vorhand oder Rückhand verschlagen, wenn er diese perfekt beherrscht und nicht in Bedrängnis ist? Aus technischer Unfähigkeit bestimmt nicht."

Ich denke, es gibt neben den von Schönborn erwähnten Faktoren für Fehler auch im Spitzenbereich noch weitere Faktoren. Und zwar muss der Spieler auf Profilevel ja stets versuchen, das Spiel selbst zu bestimmen. Spielt er nur zurück, wird er früher oder später einen Gewinnschlag seines Kontrahenten einfangen oder zwingend unter Druck gesetzt werden. Der Profi kann gegen andere Profis nicht auf den Fehler des Anderen hoffen und warten, sondern muss selbst etwas unternehmen. Also wird er versuchen, wenn er gut zum Ball steht, einen starken und präzisen Ball in die Nähe der Grundlinie und/oder der Seitenlinie zu setzen. Und dabei ist natürlich die Wahrscheinlichkeit zu verfehlen größer, als wenn er langsamer und zentraler spielen würde.

Wir alle kennen das. Du spielst gegen einen Gegner, der besser spielt als du selbst. Mit einer abwartenden und verhaltenen Spielweise hast du keine Chance. Also nimmst du dein Herz in beide Hände und ziehst durch und visierst die Linien an. Manchmal geht man chancenlos vom Platz, weil einfach die Fehlerquote zu hoch ist. Aber manchmal verliert man nur recht knapp (oder gewinnt sogar), weil man mutig, entschlossen und offensiv gespielt hat und eben genau den richtigen Mix zwischen aggressivem Spiel und verhältnismäßig geringer Fehlerquote gefunden hat. Man ist vielleicht trotz der Niederlage glücklich und zufrieden mit seinem eigenen Spiel. Wenn er selbst nicht in Bedrängnis ist, muss der professionelle Spieler gegen seinesgleichen immer offensiv agieren, weil er sonst die Oberhand verliert. Und auch für einen Topprofi ist es kein Selbstläufer, einen langen Ball mit hoher Geschwindigkeit 30 cm oder weniger an die Seitenlinie zu setzen. Bei der kleinsten technischen Unzulänglichkeit entstehen dann eben leichte Fehler, aber es ist für ihn oft zwingend nötig, dies zu riskieren. Gehen wir zu den nationalen Turnierspielern, Klubspielern oder gar Freizeitspielern, so steigen die leichten Fehler an, und die Winner nehmen ab, je niedriger das Spiellevel ist. Auf Amateurlevel ist es nicht zwingend erforderlich, selbst das Spiel zu bestimmen, oftmals ist es sogar vorteilhaft, nur abwartend den Ball zu halten und die Schwachstelle des Gegners zu bearbeiten.

Zirka 54 % der Punkte enden auf Klub- und Turnierlevel mit einem Fehler. Demgegenüber stehen ca. 22 % Winner und ca. 24 % erzwungene Punkte. Dies bestätigt die These, dass der Klub-, Mannschafts- oder Turnierspieler viel abwartender agieren kann als der professionelle Spieler. Zumeist tun dies diese Spieler aber leider nicht. Du willst natürlich auch wie Federer, Nadal & Co. brachiale Gewinnschläge anbringen und ärgerst dich, dass der Typ, der dir die Bälle nur mittelmäßig und mit grauenhafter Technik zurückeiert, dich in zwei klaren Sätzen besiegt. In der B-Note hast du gewonnen. Aber das zählt ja leider nicht. Und damit kommen wir zum Begriff Sicherheit:

Was ist Sicherheit im Tennis?

Prinzipiell gibt es drei Möglichkeiten im Tennis, einen Fehler zu begehen:

- Ich kann den Ball seitlich ins Aus spielen.
- Ich kann den Ball zu lange, also hinter die Grundlinie spielen.
- Ich kann den Ball zu tief, also ins Netz spielen.

Sicherheit wäre demnach ein hoher Ball (um den Netzfehler zu vermeiden), weit weg von allen Linien, am besten in die Mitte (damit er nicht ins Seitenaus geht) und in Höhe der T-Linie (damit er nicht hinter die Grundlinie fällt). Dies wäre dann wirklich ein sehr sicherer Ball und die meisten Spieler können einen solchen Ball hunderte Mal hintereinander spielen. Allerdings wird dieser Sicherheitsschlag nie trainiert. Und das auch vollkommen zu Recht, denn dieser Schlag ist eine Einladung für jeden Spieler, diesen Sicherheitsschlag zu attackieren, anzugreifen oder einen Winner zu schlagen.

Man hört ja oft genug von Spielern: „Ich spiele so schlecht heute, ich kann den Ball nicht mal sicher ins Feld spielen“, oder: „Ich spiele heute viel zu unsicher.“ Vor einigen Wochen habe ich selbst ein Trainingsmatch gespielt. Mein Trainingspartner sagte dann auch, nachdem er einige leichte Fehler gemacht hatte: „Ich schaffe es nicht mal, den Ball sicher zu deiner Rückhand zu bringen." Daraufhin fragte ich ihn bei der nächsten Pause, wie er gedachte, den Ball zu spielen? Ich hatte ja bereits die Information „zur Rückhand". Wollte

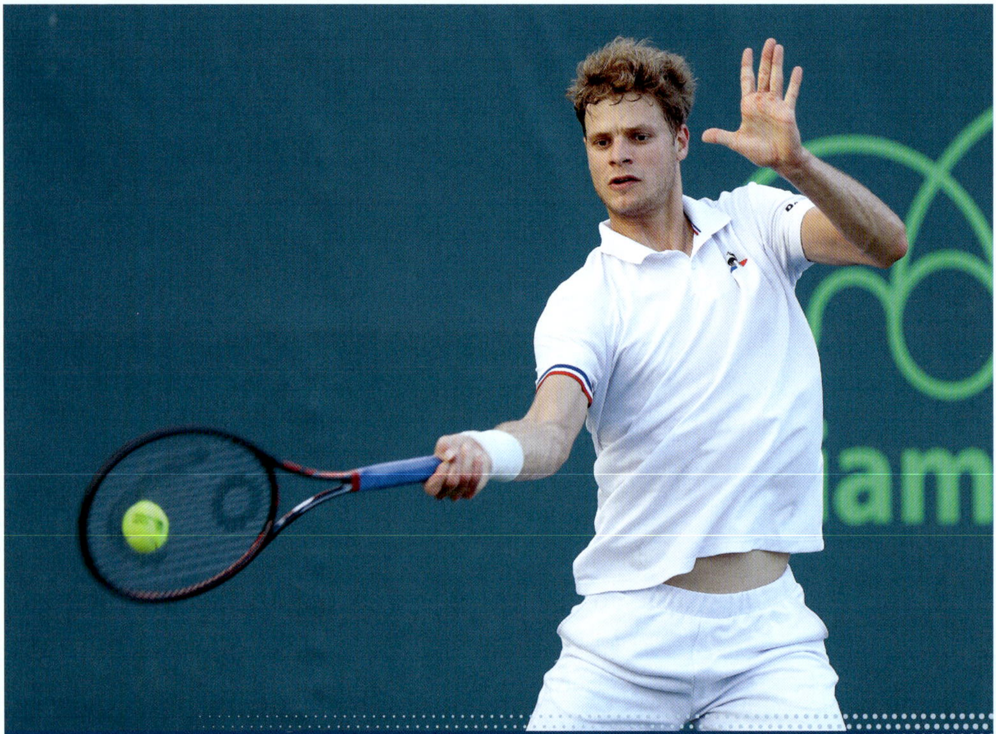

Der Profispieler muss zwingend und aggressiv spielen. Er kann es sich nicht leisten, auf Fehler seines Gegners zu warten.

er ihn hoch und langsam zur Aufschlaglinie spielen? Seine Antwort: „Nein, nein. Lang zur Grundlinie, mit mittlerem Tempo und viel Topspin, nicht zu hoch." Für ihn war das ein „sicherer Schlag". Trotz all der Einschränkungen. Lang! Mittleres Tempo (also kein langsamer Schlag, kein Ei)! Viel Topspin! Nicht zu hoch!

Für viele Spieler aber ist dieser Schlag alles andere als „sicher", denn man benötigt schon eine gewisse Technik und eine gute Portion Ballgefühl, den Ball ins hintere Drittel des Feldes zu setzen, dazu noch in die Rückhandseite, nicht in die Vorhandseite, nicht in die Mitte. Wenn wir nun davon ausgehen, dass er mindestens einen Meter hinter die Aufschlaglinie schlagen wollte und ebenso mindestens einen Meter weg von der Mitte, hätte er eine Zielfläche von 14 m². Das ist nicht so groß. Hinzu kommt, dass der Ball wie gesagt auch noch Spin bekommen sollte und zumindest ein Mindestmaß an Tempo. Festzustellen bleibt, dass Sicherheit immer auch abhängig von der Spielstärke und dem technischen Spiellevel ist.

Vor Jahren bereits habe ich in der Tennisfachzeitschrift „Tennis Sport" einen interessanten Artikel von Richard Schönborn gelesen, in dem er sagt, dass es eigentlich keine Sicherheit gibt, sondern er dieses Wort durch Präzision ersetzen würde. Dem würde ich so voll und ganz zustimmen.

Ein taktisch klug agierender Spieler überlegt sich bei jedem Schlag, wie er den Ball spielen möchte. Länge, Winkel, seitliche Präzision, Tempo, Höhe über das Netz und Absprunghöhe sind dabei die Faktoren, auf die der intelligente Spieler achtet. Er bezieht auch den Platzbelag, eventuell die äußeren Verhältnisse und natürlich den Gegner mit ein. In der Regel ist es so, dass je knapper der Spielstand ist und je mehr Bedeutung der Spieler einem Punkt beimisst, desto weniger Risiko möchte er eingehen. Er spielt also „sicher". Dennoch ist es auch ein unsicherer Schlag, wenn du den Ball irgendwie in Höhe der T-Linie mitten in die rote Zone eierst. Denn dann gehst du das Risiko ein, dass dein Gegner dich unter starken Druck setzt und mittelfristig sicher zum Fehler zwingt. Was also jeder Spieler trainieren sollte, sind präzise Bälle, Schläge, die ein klares Ziel verfolgen. Und nun kommen wir zum Thema Präzision.

Präzise zu spielen bedeutet, den Ball punktgenau zu setzen, nah an die Linien, flach übers Netz. Der Faktor Präzision wird leider im Tennis und vor allem im Tennistraining immer noch kolossal unterschätzt.

Es wird zu viel darauf geachtet, wie geschlagen wird, nicht wohin geschlagen wird. Der Trainer gibt Anweisungen wie: „Schwing voll durch, über die Schulter. Nimm den Ellbogen mehr nach vorne. Setz doch bitte den linken Fuß nach vorne. Mehr in die Knie. Schulter mehr zurückdrehen." Das Ergebnis dessen ist oftmals, dass die Schläge optisch wunderbar aussehen. Es wird von perfekter Technik gesprochen. Trainer, Schüler und Eltern sind zufrieden und glücklich. Mit dieser wunderbaren Technik können die Erfolge nicht mehr fern sein. Der Trainer ist gut und ist sein Geld wert. Dennoch gewinnen diese Spieler oftmals keinen Blumentopf, obwohl ihr Spiel doch so schön ist und sie so hart (vor allem härter als der Gegner) schlagen können. Ausreden sind schnell gefunden: „Der Gegner hatte überhaupt keine Technik und hat alles nur irgendwie SICHER zurückgespielt." Oder: „Ich hatte einfach einen schlechten Tag." Allerdings haben diese Spielertypen, ich nenne sie im Übrigen Anna Kurnikowa (sieht gut aus, gewinnt aber nichts [zugegeben, dass ist sehr sarkastisch und man tut der Russin sicher auch unrecht]), in neun von zehn Matches schlechte Tage. Im Gegensatz dazu stehen Spielertypen wie David Ferrer, Lleyton Hewitt, Pablo Cuevas oder Gilles Simon (an dieser Stelle könnte ich noch jede Menge unscheinbarer Spieler nennen, die oft unter dem Radar laufen, aber sehr erfolgreich waren und sind). Auf den ersten Blick haben diese Spieler außer guten Returns und einer fantastischen Beinarbeit nicht viel zu bieten. Keinen Big Serve, keine Powervorhand, kein spektakuläres Angriffsspiel. Dennoch waren und sind diese Spieler unglaublich erfolgreich und sind durch ihr Tennis zu mehrfachen Millionären geworden. Aber warum?

Weil sie präziser spielen als der Großteil der anderen Spieler. Sie setzen die Bälle kontrollierter, haben mehr Längenkontrolle, spielen bessere Winkel, setzen ihre Passierschläge genauer. Sie sind zudem nicht nur in der Offensive, sondern vor allem in der Defensive immer noch präzise und geben dem Gegenspieler immer noch einen weiteren schwierigen Schlag.

Nochmal: Nicht nur das Wie (wie führe ich den Schlag aus) ist entscheidend, sondern vielmehr noch das Wohin (wohin setze ich den Schlag).

Fazit

- Suche nicht den spektakulären Winner, sondern versuche, den Gegner unter Druck zu setzen.
- Spiele den Ball nicht nur irgendwie SICHER übers Netz, sondern befasse dich damit, wie du ihn spielen willst und wie viel Risiko du eingehen willst. Es ist immer auch ein Risikofaktor, zu verhalten und zu passiv zu spielen, denn dann wirst du unter Druck gesetzt und es kommt Punkt eins zum Tragen, der Gegner wird dich zum Fehler zwingen.
- Achte nicht nur darauf, wie du den Schlag ausführst, sondern vor allem auch wohin und mit welcher Flugkurve du den Ball spielen willst.

Praktische Übung

Die nachfolgende Übung dreht sich nun hauptsächlich um Fehler. Präzisionsübungen wurden schon im vorhergehenden Kapitel vorgestellt und folgen in den späteren Kapiteln detailliert.

Fehler vermeiden

Ausführung

Es werden nach Anspiel durch den Trainer bzw. aus der Hand normale Punkte ausgespielt. Jeder Fehler gibt zwei Punkte. Winner geben nur einen Punkt. Es wird nicht unterschieden, ob es ein erzwungener Punkt oder Fehler ist.

Ziel

Geduldig spielen und dem Gegner auch die Chance geben, einen Fehler zu begehen. Den Gegner durch präzises und druckvolles Spiel zum Fehler zwingen. Selbst Fehler vermeiden. Risikoabwägung.

Varianten

- Statt Anspiel von unten wird nun mit Aufschlag gespielt.
- Es wird zwischen Fehlern und erzwungenen Punkten unterschieden. Winner geben nach wie vor einen Punkt, Fehler zwei Punkte, erzwungene Punkte werden mit drei Punkten bewertet. Dies fördert wiederum das aggressivere Spiel.
- Umgekehrt wie eben. Gewinnschläge ergeben einen Punkt, erzwungene Punkte werden verdoppelt und für die Fehler des Anderen gibt es drei Punkte.

Der Trainer muss genau abwägen, was er mit seinen Schülern erreichen möchte, beziehungsweise du als Spieler musst dir überlegen, was dein Trainingsziel ist. Verlierst du deine Matches, weil du zu viele leichte Fehler machst oder weil du eher zu defensiv agierst? Die meisten Spieler, die ich kenne, versuchen vor allem, im Training schnell die Punkte zu gewinnen, und haben dadurch eine zu hohe Fehlerquote. Diese Übungen sollen durch die andere Gewichtung der Punkte helfen, geduldiger und durchdachter zu spielen.

– KAPITEL 11 –

Die Macht des Spins

TENNIS-FACTS ....

3.200 RPM – Durchschnittliche Spinrate beim Vorhand Topspin von Rafael Nadal

Die Macht des Spins

Haben wir eben im vorhergehenden Kapitel Fehler, Sicherheit und Präzision behandelt, so möchte ich nun einen kurzen Passus über die Drallarten der Grundschläge einbauen. Wir alle wissen, dass wir den Ball mit Topspin (überrissen), Slice (unterschnitten) und gerade (ohne Drall, wobei natürlich jeder Schlag ein bisschen Rotation hat und es ganz gerade Schläge eigentlich in der Praxis nicht gibt) schlagen können.

Kommt ein neuer Tennisschüler (kein Anfänger) zu mir und wir trainieren dann beispielsweise die Vorhand, so ist meine erste Frage, ob er einen Topspin beherrscht. Seine Antwort lautet dann oft: „Ja, durchaus, dies habe ich bei Trainer XY auch immer trainiert." Dann kommen meine nächsten Fragen: „Wieso willst du den Ball mit Topspin spielen? Was erhoffst du dir davon?" Äußerst selten bekomme ich darauf eine für mich befriedigende Antwort. Die meisten Spieler lassen mich dann wissen: „Ja, durch den Topspin ist es für den Gegner schwieriger, den Ball zu schlagen." Zugegeben, wenn jemand den Ball so schlägt wie Rafael Nadal, dann stimmt das vermutlich auch. Jedoch stellt es selbst für den durchschnittlichen Klubspieler normalerweise kein Problem dar, einen gewöhnlichen Topspinball zu parieren.

Nein, der Hauptgrund, warum wir alle Topspinbälle spielen, ist die gekrümmte und verkürzte Flugkurve. Durch den Topspin wird der Ball stark gedrückt und fliegt dadurch kürzer, was die Wahrscheinlichkeit erhöht, dass der Ball nicht ins Längenaus geht. Du kannst den Schläger, wenn du die für den Topspin signifikante Aufwärtsbewegung machst, viel schneller zum Ball führen und dein Schlag hat trotzdem gute Chancen, im Feld zu bleiben. Diese Wahrscheinlichkeit ist bei geraden Schlägen (bei gleicher Zuschlaggeschwindigkeit) deutlich geringer. Dies ist der Hauptgrund, warum Spieler mit Topspin agieren. Wir bekommen dadurch einfach eine höhere Ballkontrolle. Ein netter Nebeneffekt ist, dass der Ball zusätzlich relativ hoch abspringt. Und das hat nur mit dem Einfallswinkel des Balles zu tun. Je steiler dieser ist, desto höher springt der Ball ab (Reflexionsgesetz in der Physik: Einfallswinkel = Ausfallswinkel). Und durch die gekrümmte Kurve ist der Einfallswinkel steiler, teilweise deutlich steiler als beim geraden Schlag oder beim Slice. In der Regel wird der Topspin höher gespielt als der Slice und der gerade Schlag, was natürlich dazu führt, dass der Ball länger in der Luft ist. Und dies ist nämlich ein Nachteil des Topspins. Du kannst zwar sehr kontrolliert schlagen, tolle Winkel, hoher Absprung und der Ball geht nach dem Aufsprung auch schneller weg. Allerdings sind

Topspinbälle, wie im Übrigen auch der Slice, im Vergleich zu geraden Schlägen signifikant langsamer. Dasselbe gilt natürlich auch für den Aufschlag. Dazu komme ich aber später beim Thema Spieleröffnung.

Kurz auch noch ein paar Worte zum Slice: Auch hier ist es so, dass du über den Unterschnitt natürlich mehr Kontrolle bekommst. Der Unterschnitt sorgt einerseits für Kontrolle, andererseits auch dafür, dass der Ball nach dem Aufsprung weiter abgebremst wird. Dadurch dass der Slice im Idealfall zumeist sehr flach gespielt wird, springt er natürlich auch flach ab, was den Gegner dazu zwingt, den Ball anzuheben. Der Slice bietet sich einerseits vor allem in defensiven Situationen an, andererseits auch um das Tempo zu variieren oder um bei kurzen Bällen des Gegners anzugreifen. Besonders als Angriffsball kann der Slice ein sehr guter Schlag sein, vor allem wenn du den Ball deines Gegners selbst niedrig (eventuell unter Kniehöhe) schlagen musst. Du erzielst mit diesem Schlag vermutlich keinen Winner. Aber dadurch dass der Ball tief abspringt, muss dein Gegner den Ball anheben, was zu Lasten der Geschwindigkeit gehen wird. Außerdem ist der Slice länger in der Luft (dies ist auch der Grund, wieso der Slice in der Defensive sinnvoll ist) als ein gerader Schlag, was es dir ermöglicht, näher zum Netz zu kommen und eine bessere Position einzunehmen.

Nun bleiben noch die geraden Schläge. Mit diesen kannst du am ehesten Winner erzielen. Wichtig bei geraden, harten Schlägen ist, dass du sie am besten zwischen Hüft- und Schulterhöhe spielen kannst. Außerdem sollte deine Position nicht weit hinter der Grundlinie sein (dort bietet sich eher der Topspinball an). Und du solltest einen guten sicheren, stabilen Stand haben. Gerade Schläge verzeihen im Gegensatz zum Topspin und zum Slice wenige technische Unzulänglichkeiten. Der große Nachteil gerader Schläge ist die schlechtere Ballkontrolle und dadurch die höhere Fehlerquote. Der große Vorteil ist die deutlich höhere Geschwindigkeit.

Abschließend noch eine stichwortartige Zusammenfassung der Schläge:

Topspin

- Gute Kontrolle, weniger Netzfehler.
- Ball fliegt in der Regel höher übers Netz als gerade Schläge und unterschnittene Schläge.
- Mehr Geschwindigkeit als beim Slice, aber weniger Geschwindigkeit als beim geraden Schlag.

- Ideal, um den Punkt aufzubauen und den Gegner zum Laufen zu bringen.
- Für Passierschläge sehr geeignet.
- Für Kurz-cross-Bälle gut geeignet.
- Offensiver oder neutraler Schlag.
- Beste Lösung für Schläge deutlich hinter der Grundlinie.
- Prototyp Nadal.

Slice

- Ähnlich wie beim Topspin gute Kontrolle.

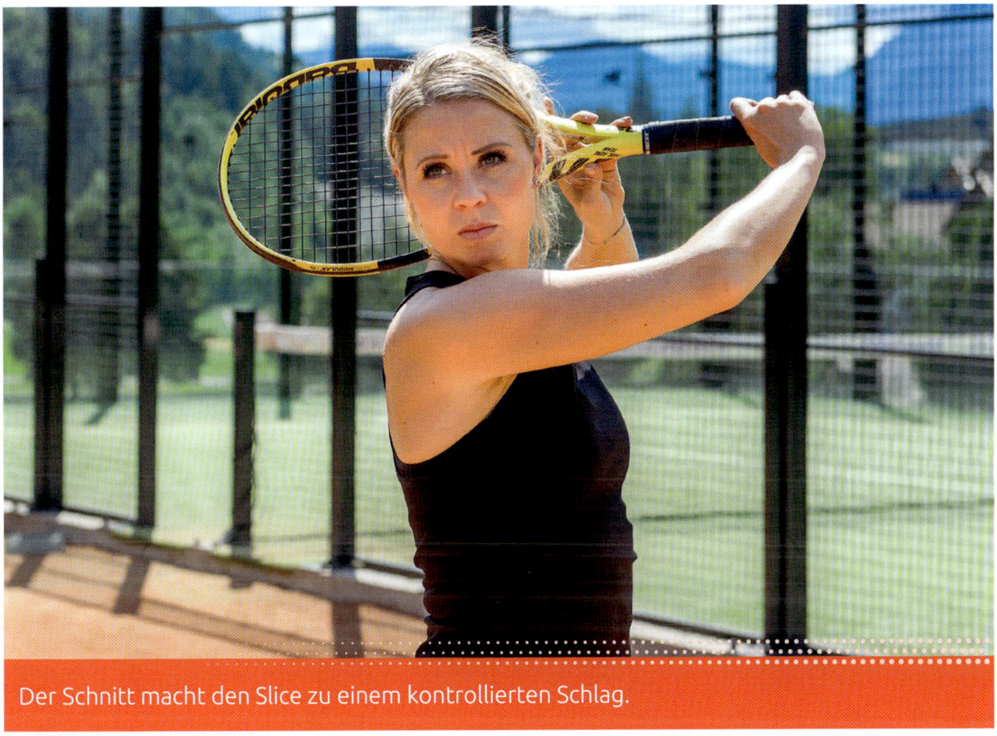

Der Schnitt macht den Slice zu einem kontrollierten Schlag.

- Weniger Geschwindigkeit als beim Topspin und viel weniger als bei geraden Bällen.
- Ball sollte in offensiver und neutraler Position auf jeden Fall niedrig gehalten werden. Der Slice bezieht in diesen Situationen seine Stärke aus einem tiefen Absprung.
- In der Defensive sind sowohl kurze, tiefe Slicebälle als auch lange, höhere Slicebälle möglich.
- Sehr guter Schlag in der Defensive, um sich zu verteidigen oder aus einer sehr defensiven Situation in eine neutrale Position zu gelangen.

- Ideal für Tempowechsel oder um das Spiel zu verlangsamen.
- Für Passierbälle in der Regel weniger gut geeignet, aber Ausnahmen bestätigen die Regel.
- Sehr gut brauchbar für tiefe Angriffsbälle oder auch um den Gegner zum Netz zu locken.
- Für Schläge weit hinter der Grundlinie eher ungeeignet. Ausnahmen stellen hier sehr defensive Situationen dar.
- Prototyp Vinci, Lopez.

Gerade Schläge

- Weniger Kontrolle als bei den anderen beiden Schlägen, dadurch höhere Fehlerquote.
- Deutlich mehr Power und Geschwindigkeit als bei Slice und Topspin.
- Mit geraden Schlägen bessere Chancen, einen Winner zu erzielen, als bei Slice und Topspin.
- Guter Ball für Spieler, die die Bälle im Aufsteigen schlagen und die selbst sehr druckvoll spielen wollen.
- Sehr offensiver Schlag, für die Defensive auf Dauer eher weniger geeignet.
- Sehr tiefe Bälle (unter Kniehöhe) sollten nicht gerade geschlagen werden
- Prototyp Großteil der Damen der WTA-Tour, Berdych, Del Potro.

Dies ist natürlich nur eine ganz grobe Zusammenfassung. Mittlerweile gibt es sehr viele Mischformen. Fast jeder Grundschlag (Ausnahme Slice) stellt eigentlich eine Mischung aus geradem Schlag und Topspinball dar. Der eine Spieler (Del Potro) gibt weniger Spin, der andere (Djokovic) mehr Spin und Nadal wiederum noch viel mehr Spin. Jeder Spieler hat hier eine eigene Handschrift. Das beginnt ja oft schon mit der Griffhaltung und der Bewegung des Schlägers zum Ball. Meiner Ansicht nach geht es immer mehr in die Richtung, den Schläger so schnell wie möglich zum Ball hin zu beschleunigen, den Ball dabei so schräg zu treffen, dass er für die Kontrolle Spin bekommt, und dennoch nicht zu hoch zu spielen, sodass der Ball trotz des Spins schnell zur anderen Spielfeldhälfte fliegt.

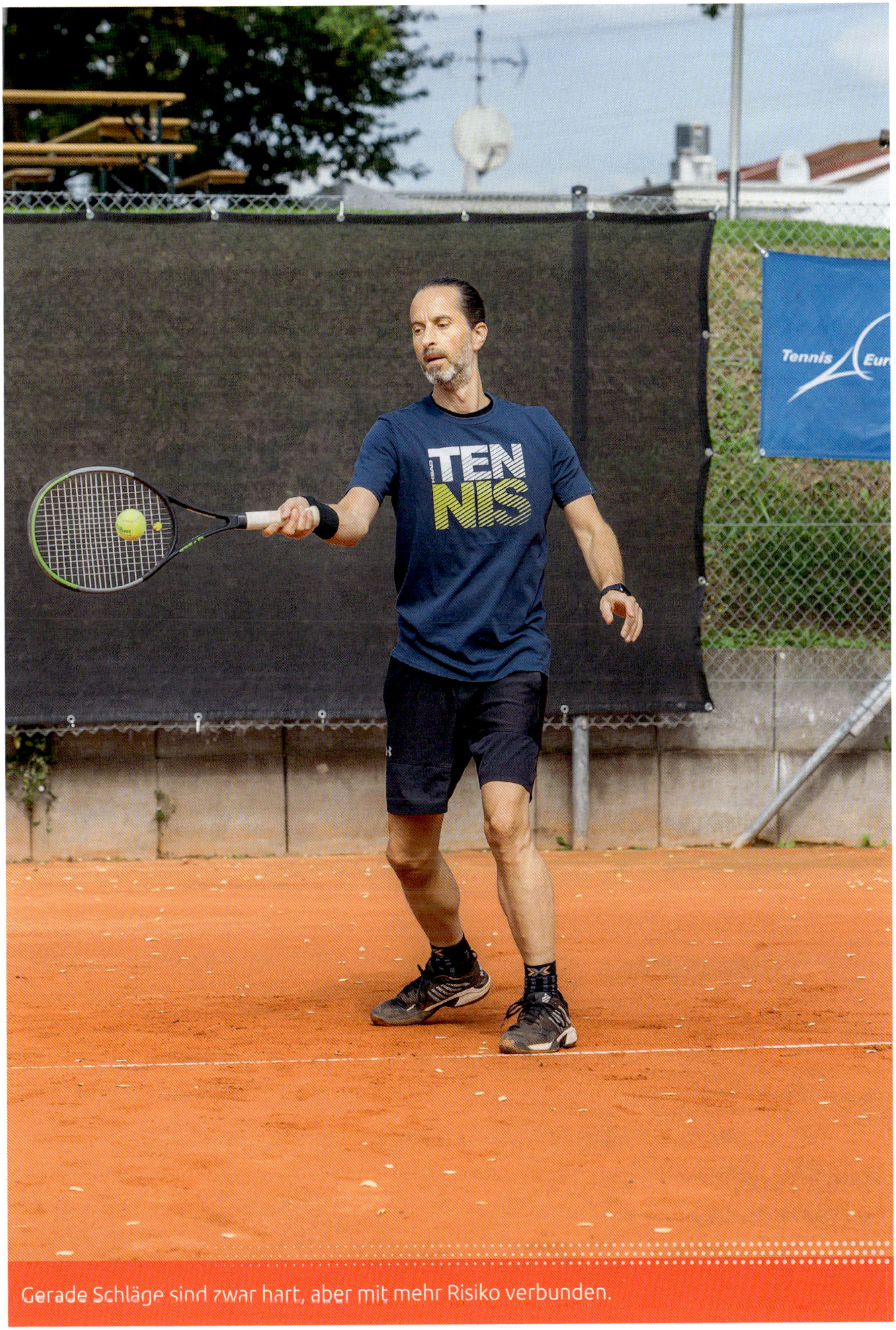

Gerade Schläge sind zwar hart, aber mit mehr Risiko verbunden.

– KAPITEL 12 –

Winner

TENNIS-FACTS ....

32 % der Punkte bei den Herren und 29 % der Punkte bei den Damen endeten bei den vier Grand Slams in 2015 mit einem Winner

Winner

In der vorletzten Passage haben wir uns unter anderem mit Fehlern beschäftigt. Dieses Kapitel war sehr umfassend. Mit Winnern will ich mich jetzt nicht sehr lange aufhalten, aber zumindest ein paar Dinge erläutern, die oft übersehen werden. Das Gegenstück zum Fehler ist nämlich der Winner, der Gewinnschlag. Dies ist ein Schlag, der so gut geschlagen worden ist, dass der Gegenspieler diesen nicht einmal mehr berührt. Der Gewinnschlag gilt als der schönste Punktgewinn und sorgt beim Spieler für die größten Glücksgefühle.

Allerdings hast du ja bereits gelernt, dass du eigentlich immer weniger Winner schlagen wirst, als du Fehler machen wirst. Aber auch bei Gewinnschlägen gibt es einiges zu beachten, vor allem der Zeitpunkt, wann ich beabsichtige, einen Gewinnschlag zu machen, aber auch die Art und Weise, wie ich diesen schlage.

Die meisten Spieler dürstet es nach harten, brachialen Winnern. Sie wollen die Bälle mit Lichtgeschwindigkeit in die Ecke donnern – und dies aus allen Lagen. Aber dies bringt dir genauso nur einen Punkt wie der Fehler, wie der erzwungene Punkt und wie der mittelschnelle Winner ins freie Feld. Das Paradebeispiel dürfte hierfür auch mal wieder Roger Federer sein. Ich konnte leider keine Statistik dazu finden, wer denn die meisten Winner im Tennis insgesamt erzielt hat. Aber mit hoher Wahrscheinlichkeit dürfte Federer der Spieler sein, der insgesamt die meisten Winner geschlagen hat. Dennoch taucht er bei YouTube, wenn es um die schnellsten Gewinnschläge geht, kaum auf (genauso wie auch Murray oder Djokovic im Übrigen hier unterrepräsentiert sind). In dieser Kategorie dominieren Spieler wie Monfils, Kyrgios, Del Potro, Verdasco oder frühere Spieler wie Fernando Gonzalez oder James Blake. Federer, Djokovic oder auch Murray dagegen setzen ihre Winner eher zum richtigen Zeitpunkt bzw. sind Meister darin, sich zu verteidigen und den Ball zu verteilen. Natürlich musst du die Geschwindigkeit hoch halten, um deinen Gegner unter Druck zu setzen. Über schnelle druckvolle Schläge zwingst du deinen Gegner zu Fehlern, das haben wir auch schon gelernt. Einen Winner kannst du auch mit hoher Geschwindigkeit spielen – allerdings, und das ist vielen Spielern nicht bewusst, eben auch mit verhältnismäßig niedriger Geschwindigkeit. Du kannst den Platz mit einem Kurz-cross-Ball öffnen und dann in die freie Ecke spielen oder situationsbedingt gegen den Lauf. Du kannst einen Stopp spielen und anschließend mit wenig Aufwand passieren oder lobben. Oft sind dies direkte Punkte. Du kannst mit einem Stopp direkt punkten.

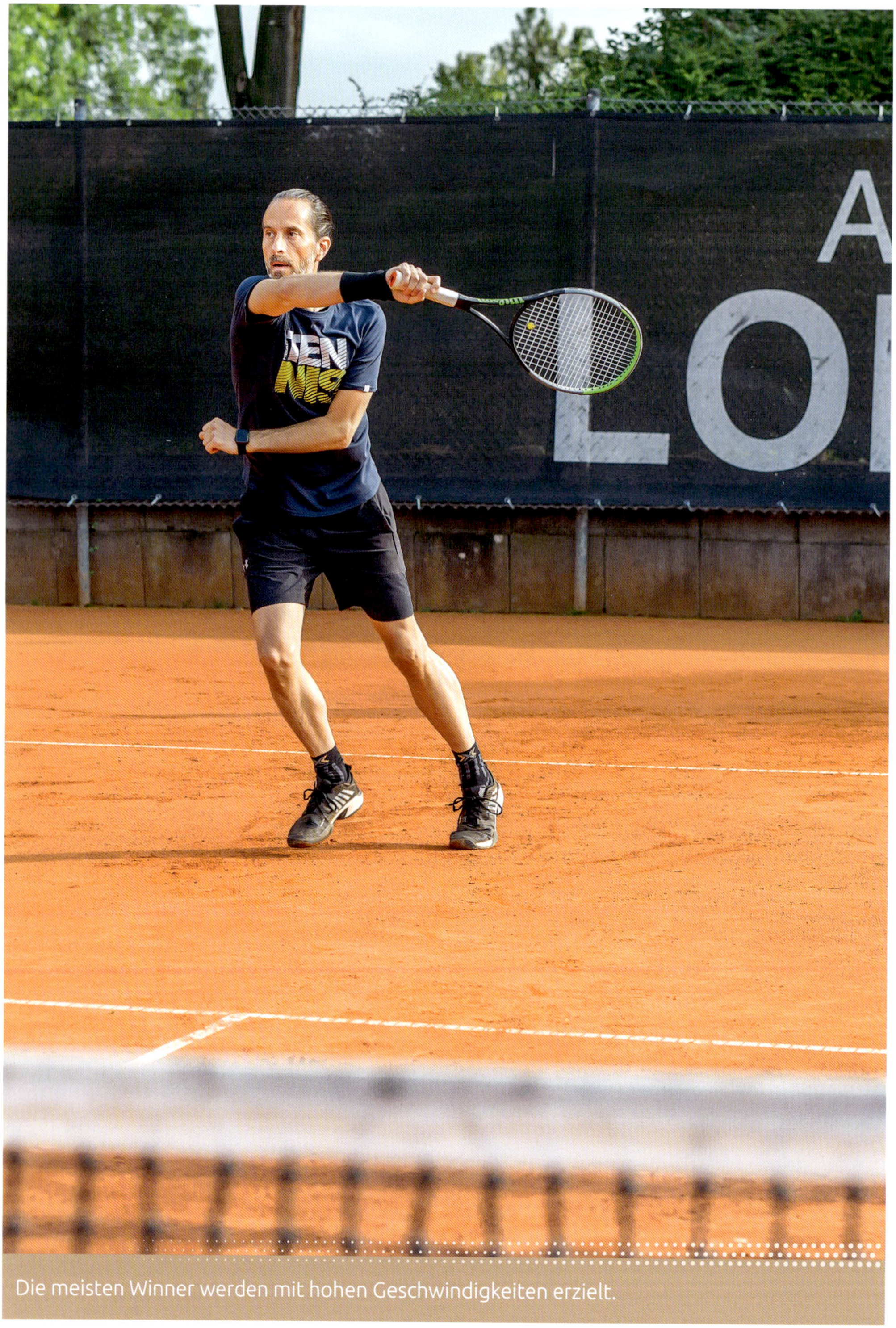

Die meisten Winner werden mit hohen Geschwindigkeiten erzielt.

Du kannst zum Netz gehen und mit einem gut platzierten Volley punkten. All dies sind Schläge, die nicht unbedingt schnell sein müssen. Der richtige Zeitpunkt ist entscheidend.

Es gilt auch hier wieder, ein paar Fragen zu klären:
- Wann ist der richtige Zeitpunkt für einen Winner?
- Aus welcher Position kannst du einen Winner versuchen?
- Auf welche Art und Weise werden Winner erzielt?
- Ist es sinnvoll, in jedem Match zu versuchen, Winner zu schlagen?

Wann ist der richtige Zeitpunkt für einen Winner?

Du hast dir sicher schon gedacht, dass es etwas komplizierter ist und es keine Standardregel gibt. Es gibt keine allgemeine Regel, die besagt: „Mit dem ersten Aufschlag musst du ein Ass versuchen." Oder: „Nachdem du dem Gegner dreimal lang zur Rückhand gespielt hast, musst du einen Winner in die Vorhandseite schlagen!"

Es gibt auch die Spieler, die mit jedem Ball versuchen, einen Winner zu schlagen. Diese Spieler sind jedoch sehr angenehm zu spielen, weil sie einfach sehr viele Fehler machen. Zumeist haben sie zwei gute Tage im Jahr und liefern an diesen speziellen Tagen dann ein super Spiel ab, aber die restlichen Matches des Jahres gehen sie sang- und klanglos unter. Das Gegenbeispiel dazu sind die Spieler, die nie versuchen, einen Winner zu schlagen, diese machen aber auch kaum Fehler. Beides sind Extrembeispiele und für beide spielt der Zeitpunkt keine Rolle. Denn Ersterer versucht ja immerzu, Gewinnschläge anzubringen, und Letzterer nie.

Es gibt den richtigen Zeitpunkt, um einen Winner zu schlagen, aber dies musst du fühlen und es ist sehr situationsabhängig. Es gibt aber viele falsche Zeitpunkte, um einen Winner zu versuchen, nämlich wenn du schlecht zum Ball stehst, wenn du unter Druck bist, wenn du schnell zum Ball laufen musst, wenn du weit hinter der Grundlinie stehst, wenn sich dein Gegner in einer guten Position befindet. Trifft einer dieser Faktoren zu, mag es ja noch sinnvoll sein, einen Winner zu versuchen. Aber treffen zwei und mehr der aufgezählten Faktoren zu, solltest du wahrscheinlich Abstand von einem Winner nehmen. Umgekehrt heißt es nicht, dass du zwingend einen Gewinnschlag machen musst, wenn du gut zum Ball stehst, wenn du Zeit hast und wenn du nicht laufen musst. Wichtig ist jedenfalls, auf seine Chance zu warten. Zu viele Spieler spielen hektisch und haben Angst, selbst stark unter Druck zu geraten. Sie sagen sich, besser ich riskiere den

Gewinnschlag, als dass es mein Gegner tut. Bist du der offensive, aggressive Spielertyp, frage dich, ob du nicht zu schnell den Winner suchst. Bist du der defensive Spielertyp, versuche dir zuzutrauen, auch mal mit mehr Risiko zu spielen. Immer wieder muss man dies hinterfragen. Denn es gibt auch genug verpasste Chancen. Du spielst einen Ballwechsel und bringst den Gegner in eine ungünstige Position außerhalb des Feldes. Er spielt einen durchschnittlichen Ball in die Platzmitte zurück. Jetzt hättest du die Möglichkeit, einen aggressiven Schlag in die andere Platzhälfte zu setzen. Ob dies dann ein Winner ist, Du einen Punkt erzwingst oder du danach vielleicht mit einem einfachen Volley punkten kannst, ist vollkommen unerheblich. Viele Spieler spielen dann in die freie Ecke, aber zu vorsichtig und der Ballwechsel beginnt quasi von vorne. Der Zeitpunkt zum Punch ist leider verpasst worden.

Aber umgekehrt wird wahrscheinlich noch häufiger versucht, den Punch zu setzen, wenn der Gegner gut und zentral steht und der Zeitpunkt ungünstig ist. Natürlich gelingt dies auch ab und zu, zumeist aber wird der Fehler gemacht oder der Gegner bekommt den Ball zurück. Für Trainer oder Betreuer ist dies besonders schwierig anzusprechen, wenn zu einem „falschen" Zeitpunkt tatsächlich ein Winner erzielt wird. Deshalb wird dies meist auch unterlassen. Man sonnt sich in dem technisch tollen, aber äußerst schwierigen Schlag. Langfristig aber muss dies schiefgehen. Es ist äußerst wichtig, darauf hinzuweisen, sofern man es erkennt, dass der Schlag zwar ausgezeichnet war, aber der Zeitpunkt alles andere als optimal. Vor Jahren habe ich eine Gruppe guter jugendlicher Spieler trainiert. Der schlagtechnisch begabteste, aber auch der hitzköpfigste Spieler spielte aus vollem Lauf zwei Meter hinter der Grundlinie und fünf Zentimeter über dem Boden eine Rückhand longline mit einer wahnsinnigen Geschwindigkeit gefühlt einen Zentimeter übers Netz. Unerreichbar für seinen Trainingspartner. Ein phänomenaler Schlag. Ich kritisierte ihn scharf dafür. Sein Schlag, und auch das habe ich hervorgehoben, war fantastisch! Die taktische Option und der Zeitpunkt aber eine Katastrophe. „Wie kannst du in dieser Situation nur solch einen Schlag spielen?" Verstanden hat er es leider nicht. Dass er so einen Ball maximal einmal im Jahr trifft, hat er nicht gesehen.

Aus welcher Position kannst du einen Winner versuchen?

Dies ist schon klarer zu regeln. Aber auch hier gibt es keine Standartformel à la: „Kommt der Ball kurz ins Aufschlagfeld, dann musst du einen Winner schlagen." Nein, es gibt hierbei, wie bei anderen taktischen Entscheidungen auch, viele

Abhängigkeiten. Um einen Winner zu schlagen, sind folgende Punkte wichtig:

- Die Position des Gegners.
- Die eigene Position.
- Die Höhe des Treffpunktes.
- Der Abstand zum Netz beziehungsweise zum Gegner.
- Die Qualität der eigenen Schläge.
- Die Schnelligkeit und Antizipationsfähigkeit des Gegners.

Man kann es auch umgekehrt erörtern, nämlich: Wann solltest du vermeiden, einen Winner zu schlagen, und dich mit einem Aufbauschlag begnügen? Gelingt er dir, hast du natürlich in dem Moment alles richtig gemacht. Aber ich sehe zu viele Spieler, die versuchen, Winner weit hinter der Grundlinie zu schlagen, die ständig versuchen, aus vollem Lauf Winner zu schlagen, die mit ihrem schwächeren Grundschlag versuchen, direkt zu punkten. Spieler, die eine großartige Vorhand haben, aber mit jedem Schlag und aus jeder Position versuchen, Gewinnschläge anzubringen. Vieles davon ist nicht sinnvoll! Prinzipiell ist es so, dass statistisch mit Abstand die meisten Winner innerhalb des Feldes geschlagen werden. Je weiter hinter der Grundlinie man steht, desto geringer ist die Wahrscheinlichkeit eines Winners. Die meisten Winner werden dann geschlagen, wenn man einen kurzen, zentralen Ball erhält. Winner weit hinter der Grundlinie sind ebenso selten wie Winner seitlich weit außerhalb des Platzes. Es geht also darum, den Gegner hinter der Grundlinie festzunageln und selbst nah an die Grundlinie zu kommen beziehungsweise idealerweise sogar in den Platz. Gehen wir die erwähnten Punkte noch mal kurz durch und analysieren das Ganze:

- Position des Gegners: am besten weit weg von der idealen Position (Winkelhalbierenden).
- Eigene Position: möglichst nahe am Netz und möglichst zentral mittig.
- Höhe des Treffpunktes: möglichst zwischen Hüft- und Schulterhöhe.
- Der Abstand zum Netz beziehungsweise zum Gegner: relativ geringer Abstand, damit der Ball schneller beim Gegner ist.
- Qualität der eigenen Schläge: Das muss jeder individuell selbst beurteilen, das heißt, ob die Schlagqualität ausreicht, um einen Winner zu erzielen, ohne extrem hohes Risiko eingehen zu müssen.
- Die Schnelligkeit und Antizipationsfähigkeit des Gegners: Je schneller dieser ist und je besser er vorausahnt, desto genauer und schneller musst du selbst spielen.

Auf welche Art und Weise werden Winner erzielt?

Es können auf alle erdenklichen Arten Winner erzielt werden – so viel ist klar. Du kannst mit dem Aufschlag einen Winner erzielen, was auch häufig (vor allem im Profibereich) vorkommt. Du kannst einen harten Vorhandwinner erzielen, aber du kannst auch mit einem hohen Topspinlob, einem gefühlvollen Stopp, einem weichen Kurz-cross-Passierball punkten. Du kannst deinen Kontrahenten so gut ausspielen, dass du den Ball nur noch ins freie Feld legen musst. Jedoch sind diese Bälle, Stopps, Lobs, weiche Passierbälle, Bälle ins freie Feld eher die Ausnahme. Die meisten Winner haben stets dieselben Merkmale:

- Hohe Geschwindigkeit.
- Flache Flugkurve.
- Wenig Topspin.
- Nah an die Seitenlinie.
- Werden häufig innerhalb des Feldes geschlagen.

Willst du also einen Gewinnschlag anbringen, so musst du bereit sein, ein gewisses Risiko einzugehen. Hohe Geschwindigkeit ist natürlich schwieriger zu kontrollieren als eine durchschnittliche Geschwindigkeit. Eine flache Flugkurve impliziert zwangsläufig mehr Netzfehler. Wenig Topspin bedeutet auch weniger Kontrolle. Nah an die Seitenlinie birgt das Risiko in sich, dass der Ball auch mal ins Seitenaus segelt. Den Ball früh und eventuell im Steigen zu nehmen ist technisch auch anspruchsvoller und es passieren bei kleinsten technischen Unzulänglichkeiten zwangsläufig mehr Fehler, als wenn du den Ball nach dem Kulminationspunkt schlägst.

Ist es sinnvoll zu versuchen, in jedem Match Winner zu schlagen?

Ein Winner, sofern er gelingt, ist natürlich immer etwas Positives. Aber wie wir gelernt haben, bergen diese Schläge, da sie flach, hart, oftmals relativ gerade sein sollten, erhöhtes Risiko in sich. Und es gibt Matches, in denen der Gegner sehr fehleranfällig ist. Vielleicht hat er keinen guten Tag, vielleicht ist er allgemein unsicher und unpräzise, eventuell ist er nervös. Zugegeben, auf höchstem Niveau wird dies nicht passieren. Aber auf Klublevel gibt es doch häufiger Spielertypen, die selbst sehr viele Fehler machen. In so einem Fall musst du kein großes Risiko eingehen und selbst versuchen, direkte Punkte zu erzielen. Du kannst auch abwarten, bis der Gegner den Fehler macht.

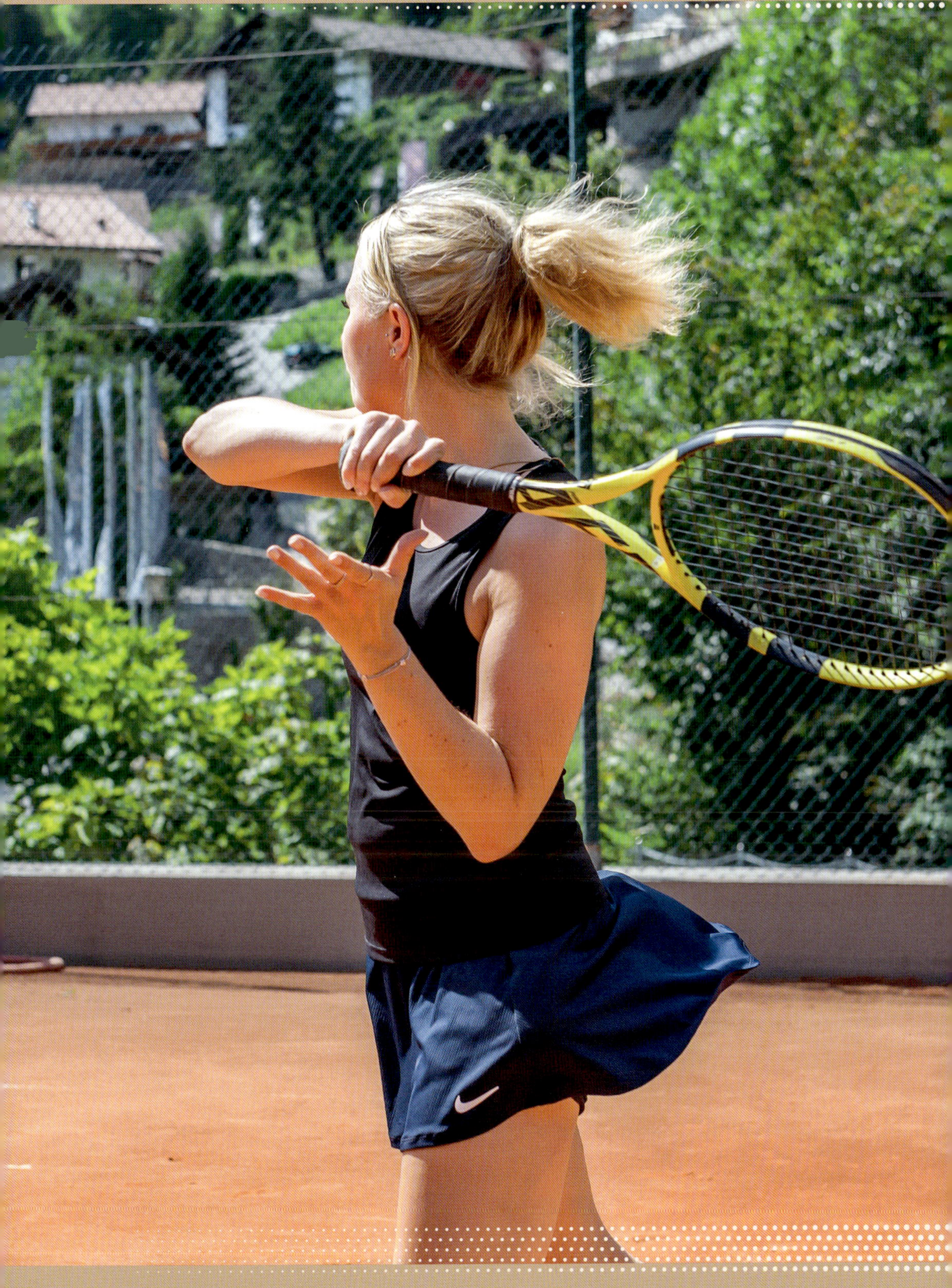

Winner sind meist spektakulär und im Tennis das Salz in der Suppe.

Fazit

Gewinnschläge sind der Bonus. Erzielst du einen spektakulären Winner, wird dich ein Glücksgefühl durchströmen und die Zuschauer werden beeindruckt applaudieren. ABER du wirst kein ganzes Match nur mit Winnern gewinnen. Der Versuch, einen Gewinnschlag anzubringen, endet häufig mit einem Fehler. Du musst genau abwägen, wann du einen Winner versuchst. Entscheidend sind die eigene Position und die deines Gegners. Beachte auch unbedingt die Merkmale des Winners: hart, flach, relativ gerade, wenig Topspin.

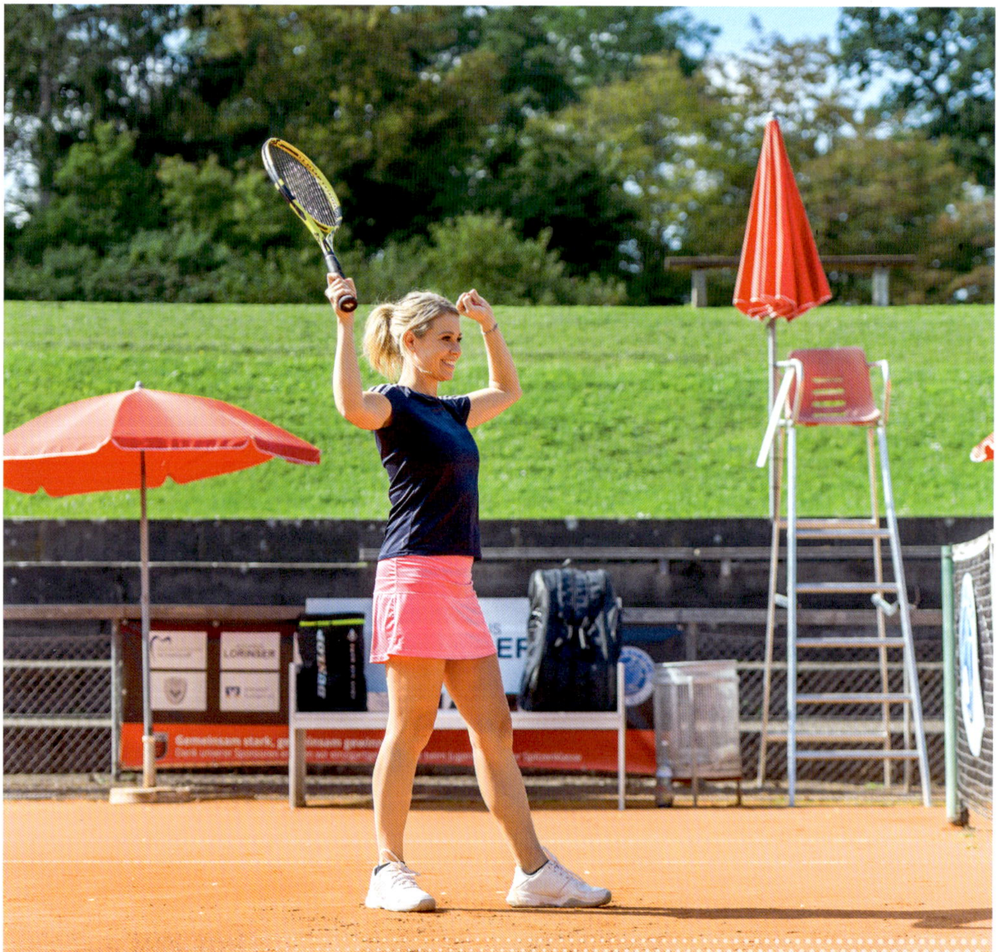

Das Match mit einem Winner zu beenden ist fantastisch.

Praktische Übungen

Die nachfolgenden Übungen drehen sich diesmal natürlich um Gewinnschläge. Diese sollen den Spieler zwingen, offensiver zu agieren und Mut zum Risiko zu erlernen.

Weicher Winner

Ausführung

Es werden normale Punkte ausgespielt. Direkte Punkte mit langsamen Schlägen wie Stopps, Kurz-cross-Bälle, Bälle ins freie Feld, weiche Volleys zählen drei Punkte. Fehler, erzwungene Punkte, sowie harte Winner nur einen Punkt. Die Beurteilung, ob es ein weicher oder harter Winner war, obliegt dem Trainer.

Ziel

Das Ziel dieser Übung ist es, mit einem weichen, langsamen Schlag direkt zu punkten. Dies soll verdeutlichen, dass man nicht nur mit harten, glatten, schnellen Schlägen direkt punkten kann. Für diese Übungsform ist Kreativität und Spielintelligenz gefordert und soll diese unbedingt auch anregen.

Winner schlagen

Ausführung

Es werden nach Anspiel durch den Trainer bzw. aus der Hand normale Punkte ausgespielt. Jeder direkte Gewinnschlag bringt zwei Punkte. Jeder Fehler nur einen Punkt.

Ziel

Aggressiv spielen, um Gewinnschläge zu forcieren. Dieses Spiel eignet sich vor allem für Spieler, die Probleme haben, aggressiv und offensiv zu spielen, und soll diese zu mehr Mut zum Risiko im Training motivieren.

Variante

Winner innerhalb des Spielfeldes geben drei Punkte. Dies soll die Spieler animieren, den Gegner zu kürzeren Bällen zu zwingen und auch früher in die Bälle zu gehen.

– KAPITEL 13 –

Forced Winner statt Forced Error – was die Tennisstatistik aussagt

TENNIS-FACTS ....

41 % der Punkte bei den Herren und 37 % der Punkte bei den Damen wurden bei den vier Grand Slams in 2015 erzwungen

Forced Winner statt Forced Error – was die Tennisstatistik aussagt

Zufällig stieß ich in 2018 auf die interessante Abhandlung *Quantitative und Qualitative Spielanalyse eines Tennis-Einzels und ihre mögliche Bedeutung für das Training* von Dr. Guido Eberhard, der unter anderem die im TV und Internet gezeigten Statistiken durchleuchtet hatte und dabei vor allem die Uneinheitlichkeit kritisiert und manchen Fehler aufzeigt. Seine wesentlichen Kritikpunkte sind: Erstens werden in den TV-Statistiken lediglich Winner und Unforced Errors genannt, aber nicht die Forced Errors. Zweitens ist Forced Error der falsche Begriff; es muss Forced Winner heißen: „Wenn Spieler A mit einem Vorhand longline einen Rückhand-Fehler bei Spieler B erzwingt, ist es zur Zeit so, dass Spieler B ein Rückhand-Forced Error zugeordnet wird, was keinen Sinn macht, wenn der Fehler „erzwungen" ist; **stattdessen sollte bei Spieler A der Vorhand longline als Forced Winner notiert werden."**

Daraus ergibt sich eine Wendung in der qualitativen Aussage über Tennis. Denn mit dieser Betrachtung ist der Anteil der Forced Winner, der Gruppe der Winner zuzuordnen. Da es keine Forced Errors mehr gibt, gibt es auch keine Unforced Errors mehr, sondern nur noch Errors. Nehmen wir nun die von Craig genannten Zahlen (siehe S. 14f), so ergibt sich folgendes Bild:
Damen: 29 % Winner, 37 % Forced Winner, 34 % Errors
Herren: 32 % Winner, 41 % Forced Winner, 27 % Errors
Es stehen also 66 % / 73 % Gewinnschläge bei den Damen/Herren lediglich 34 % / 27 % Fehlern gegenüber. Damit widerspricht Guido Eberhard nicht nur der von Craig O'Shannessy getroffenen Aussage „Tennis is approximately 70 % Errors", er stellt die Aussage auf den Kopf.

Es gibt allerdings noch ein anderes Argument gegen Craigs Aussage:
Craig betrachtet lediglich das Ende eines Ballwechsels und nicht die Gesamtzahl der Schläge. Wenn ein Ballwechsel mit dem vierten Schlag als Fehler endet, wurde der Ball vorher dreimal korrekt ins Feld gespielt – hier liegt die Fehlerquote also bei 25%. Eine eigene Zählung der Grundschläge beim Wimbledon Finale 2019 zwischen Federer und Djokovic zeigt, dass von 1.363 Grundschlägen lediglich 183 Fehler geschlagen wurden und 1.180 Bälle im Feld landeten. Das ergibt eine Fehlerquote von rund 13%! Das passt

zu den rund 13%, die sich aus der Dissertation *Systematische Analyse der erweiterten Spieleröffnung des Aufschlägers im Herrentennis der Weltspitze inklusive Ableitung anwendungsorientierter Trainingsformen* von Dr. Philipp Born ableiten lassen.

Leo Levin wird 2018 von Craig O'Shannessy in einem Artikel zitiert und bestätigt das Argument von Guido Eberhard: „The focus is on the ball coming to the player who misses it. >>What we are trying to do is place the blame, first and foremost,<< he said. >>Any time there is a forced error, the preceding shot has to be an aggressive forcing shot.<< [...] Levin suggested an "aggressive ratio," which gives a player credit for forcing errors, rather than counting against the player who makes the error. >>That's simply winners and forced errors that a player created, << he said. >>**A forced error is much closer to a winner than it is to an unforced error.** An unforced error is a situation you are completely in control and you make the mistake.<<" (eigene Hervorhebung)
Die von Levin vorgeschlagene „aggressive ratio" entspricht dem, was 30 Jahre zuvor William R. Jacobson als „aggressive margin" bezeichnet hat.

Wer schon einmal ein Tennisspiel mithilfe einer App getaggt hat, dem ist sicher abschließend in der fertigen Statistik die *Aggressive Margin* (AM) aufgefallen. Es stehen dann Werte wie –3, –1, +8, +11 etc. dahinter. Was aber ist die sogenannte AM?
Diese setzt sich aus einem bestimmten Verhältnis von *Winner, Forced Winner* und *Error* zusammen. Die Berechnung erfolgt folgendermaßen:

Eigene Gewinnschläge + erzwungene Punkte – eigene Fehler

Nehmen wir wieder die oben genannten Zahlen
Damen: 29 % Winner, 37 % Forced Winner, 34 % Errors
Herren: 32 % Winner, 41 % Forced Winner, 27 % Errors
so ergibt sich bei den Damen eine Aggressive Margin von +32 und bei den Herren von +46.

Wieso ist dies nun wichtig und was sagen uns diese Zahlen? Je höher die AM ist, desto aggressiver spielt der/die Spieler/in. Bei den Topprofis bringt es rein gar nichts, auf den leichten Fehler zu warten. Bei Freizeitspielern dürfen wir davon ausgehen, dass die AM negativ ist, weil sie noch sehr viele Fehler machen. Deshalb gewinnt hier oft der/die Spieler/in mit dem längeren Atem und den schnelleren Beinen. Einmal mehr den Ball über das Netz spielen und auf den Fehler des Gegners warten, ist das Motto. Bei besseren wettkampforientierten Amateurspielern wird die AM schon über 0 sein, bei schwächeren unter 0. Wird dir nun immer erzählt, du spielst ein Spiel der Fehler und du musst versuchen, diese zu vermeiden, wirst du keinen aggressiven Spielstil entwickeln können.

Sicher sollte man leichte Fehler vermeiden. Aber je höher das Level ist, desto wichtiger ist es, das Spiel selbst zu bestimmen, aggressiv zu spielen. Gerade im Spitzensport geht es darum, das Spiel selbst in die Hand zu nehmen. Der Spieler muss gewinnen wollen und nicht versuchen, die Niederlage zu vermeiden. Und hier möchte ich dann doch auch kurz den Bogen wieder zurück zum Klubtennis schlagen. Dort kommst du mit der Fehlervermeidungsstrategie eventuell sogar weiter.

Klar ist: Je schneller du zu spielen versuchst, desto mehr Fehler wirst du begehen. Je mehr du die Linien suchst, was ja für Winner und Forced Winner erforderlich ist, desto häufiger geht auch mal ein Ball daneben. Hier gilt es genau abzuwägen, wie viel Risiko du eingehen willst. Die Risikosteuerung ist von immenser Bedeutung im Tennis.

Ich plädiere also dafür, den Begriff Forced Error durch den Forced Winner zu ersetzen und die Aggressive Margin als wichtige Größe für die Entwicklung eines Tennisspielers einzuführen.
Die AM ist vielleicht der wichtigste statistische Wert im Tennis.

Ich habe hunderte Matches im Amateursport aufgezeichnet. Der Gewinner des Matches ist stets der, der eine bessere AM hat. Das ist sicher keine Überraschung. Aber die AM sagt auch einiges über die Qualität der Spieler aus. Bei weniger spielstarken Leistungsklassen sind die Werte in der Regel negativ. Je mehr sich die Spieler dem semiprofessionellen und professionellen Bereich annähern, desto eher erlangen sie hier positive und vor allem auch hohe positive Werte.

Ich möchte hier beispielhaft zwei von mir getaggte Matches heranziehen:

Match eins fand bei einem Tennis-Europe-Turnier nahe Karlsruhe statt, Altersklasse U12 Mädchen (beide Spielerinnen mit weniger spielstarker zweistelliger LK), Ergebnis 6 : 1, 6 : 2. Hier hatte die Siegerin eine AM von +3 (8 Winner, 11 Forced Winner, 16 Errors) gegenüber einer AM von -13 der Verliererin (12 Winner, 5 Forced Winner, 30 Errors).

Das andere Match war ein Qualifikationsfinale (beide Spieler LK 1) beim ITF Future in Karlsruhe. Das Match (welches ich dem semiprofessionellen Bereich zuordnen würde) endete 6 : 2 und 7 : 6. Der Gewinner hatte eine AM von +26 (12 Winner, 27 Forced Winner, 13 Errors), der Verlierer immerhin noch +12 (19 Winner, 26 Forced Winner, 33 Errors).

Fazit

Was sollten wir daraus nun schlussfolgern?

Je höher das Spiellevel, desto aggressiver ist zu spielen. Die Aggressive Margin ist auf semiprofessionellem und professionellem Level eigentlich immer positiv. Der Sieger hat in der Regel einen höheren AM-Wert als der Verlierer. Im Klubtennis und Freizeittennis, im Jugend- und Seniorenbereich kann man durchaus auch mit einer defensiveren Spielphilosophie und einem Fehlervermeidungsstil erfolgreich sein. Gerade für junge aufstrebende Spieler und auch deren Trainer stellt sich dann aber die Frage, ob der kurzfristige Erfolg einer nachhaltigen Entwicklung vorzuziehen ist. Wie ist das zu verstehen? In den Altersklassen U10 bis U14 gewinnt in der Regel der Spieler, der weniger Fehler produziert. Ist ein Spieler laufstark und bringt viele Bälle mit guter Schlaglänge zurück, wird er sicher sehr erfolgreich sein. Viele Spieler und deren Trainer praktizieren diese Taktik und sind damit äußerst erfolgreich. Im Alter zwischen 13 und 16 Jahren ändert sich jedoch der Spielstil und die aggressiven und offensiven Spieler werden zunehmend erfolgreich. Diejenigen, die bis dato nur zurückgespielt haben und auf den Fehler ihrer Konkurrenten gewartet haben, verlieren zunehmend mehr Spiele, da sie das offensive Spiel, auch das Netzspiel, niemals praktiziert haben und eine plötzliche Umstellung in dieser Phase sehr schwierig ist. Ich rate dazu, mit talentierten, jungen Spielern unbedingt ein offensives, aggressives und variantenreiches Spiel zu trainieren und zu praktizieren, auch wenn dies vielleicht zu Lasten kurzfristiger Erfolge geht. Schlussendlich halte ich die nachhaltige Entwicklung für wichtiger.

– KAPITEL 14 –

Der Tempowechsel

........................TENNIS-FACTS

Über 50 % aller Punkte im Amateursport enden mit einem leichten Fehler

Der Tempowechsel

Wir haben nun schon über viele Dinge philosophiert, unter anderem auch über Fehler und Winner sowie erzwungene Punkte. Die meisten Winner werden mit schnellen Bällen und hohen Geschwindigkeiten erzielt. Je besser das Spiellevel, desto höher ist in der Regel die Geschwindigkeit. Allerdings ist es nicht immer sinnvoll, schnell zu spielen. Auch dies ist ein Fehler, den ich immer wieder beobachte, gerade bei jüngeren Spielern. Der eine Spieler spielt harte Bälle und kann diese auch recht gut kontrollieren. Seinem Gegenspieler fällt nichts anders ein, als genauso schnell zu spielen. Betrachten wir die Spieler, die auf der ATP-Tour die sogenannten Hardhitters sind, Spieler wie Raonic, Kyrgios, Del Potro zum Beispiel. Alle drei sind für jeden Spieler der Welt extrem gefährlich. Was aber versuchen die Topspieler wie Federer, Murray, Nadal oder Djokovic? Versuchen sie, diese Spieler mit Tempo zu schlagen? Nein! Alle vier versuchen, vermehrt Slice- oder Topspinbälle mit höherer Flugkurve zu spielen und Länge in ihre Schläge zu bekommen. Sie wollen die Hardhitter mehr Bälle spielen lassen und dass diese die Bälle nicht in Hüfthöhe annehmen können. Sie wollen die Hardhitter vor allem bewegen und aus der Balance bringen. Sie wollen die Ballwechsel kontrollieren, aber ihren Gegenspielern keine Möglichkeiten geben, ihr Spiel aufzuziehen. Die Spitzenspieler überlegen genau, wann sie ihre Schläge hart setzen und wann eher mit weniger Geschwindigkeit.

Gerade mit dem Slice und einem etwas höheren Topspin kannst du gut Tempo aus dem Spiel herausnehmen. Die Frequenz wird dadurch niedriger und das Tempo geringer. Dein Gegner muss wieder und wieder selbst hart auf den Ball schlagen. Vielen Hardhittern fällt es gerade auf Slicebälle und hohe Topspinbälle schwerer, ihr eigenes aggressives Spiel aufzuziehen – jedenfalls oftmals schwerer, als wenn der Gegenspieler auch harte Bälle spielt. Natürlich solltest du schon versuchen, nicht nur weiche Bälle zu spielen, sondern das Spieltempo mixen. Variierst du die Geschwindigkeit, bekommen viele Gegenspieler Probleme mit dem Timing, denn sie müssen ständig Anpassungen vornehmen. Auf einen harten Schlag musst du anders reagieren als auf einen weichen Schlag.

Vor allem junge Spieler lieben es oft, wenn das Spiel schnell ist und sie ihre Energie und ihre Power einsetzen können, wenn sie schnell hin- und herlaufen und den Ball selbst hart schlagen können. Gegen diese Art Spieler ist es ratsam, öfters langsamere Bälle zu spielen. Beginnen diese Spieler zu schimpfen und vielleicht sogar dein Spiel zu beleidigen („der schupft ja nur zurück", „jeder Ball kommt im Zeitlupentempo"), so hast du alles richtig gemacht. Es geht darum, den Gegner von seinem Wohlfühltempo fernzuhalten. Passt er sich deinem langsamen Spiel an, spielst du sporadisch schnelle, harte Bälle. Ideal ist es, wenn du dies mit nahezu gleichen Bewegungen tun kannst. Spieler wie Murray, Tomic oder früher Nalbandian sind und waren Meister darin, die Gegner mit langsamen und sehr unangenehmen Bällen einzulullen, um dann plötzlich mit nahezu gleicher Bewegung einen sehr schnellen Ball zu spielen. Der Gegner ist dann oft völlig verblüfft, wieso der Ball plötzlich so schnell ankommt, und verschlägt den Ball, weil ihm das Timing fehlt. Andere Spieler wie Florian Mayer oder früher Fabrice Santoro nehmen mit tiefen Slicebällen auch das Tempo raus und zwingen ihren Gegner zu langsameren Schlägen, weil es auf Sliceschläge viel schwieriger ist, Tempo zu machen, und plötzlich überraschen sie den Kontrahenten mit einem Netzangriff. Es gibt viele Möglichkeiten, mit dem Spieltempo zu variieren, und gegen viele Gegenspieler ist dies eine wirkungsvolle Waffe. Anderen Gegnern macht der Tempowechsel hingegen recht wenig aus. Auch passt diese Spielanlage nicht zu jedem Spieler. Es würde keinen Sinn machen, Hardhittern wie Berdych oder Isner zu ständigen Tempowechseln zu raten, denn dies würde sie ihrer Stärken berauben.

Wie stellst du es nun an, das Tempo zu mixen?

- Mit Slice- und hohen Topspinbällen kannst du Geschwindigkeit aus dem Spiel nehmen.

- Die ganz große Kunst ist es, mit geraden, flachen, weichen, sogenannten geschobenen Bällen das Tempo zu drosseln.

- Vor allem auf harte Schläge ist es oft einfacher, hart dagegenzuschlagen, als einen langsamen, aber trotzdem unangenehmen Ball zu spielen. Solltest du das Gefühl haben, dass es sinnvoll ist, Tempowechsel in dein Spiel zu integrieren, so solltest du dies unbedingt üben.

- Vergiss bitte aber auch nicht, schnelle und harte Bälle zu schlagen. Spiel ein bis zwei langsame, unterschnittene Bälle und dann ziehst du plötzlich hart durch. Oder dein Gegner spielt stark und du gehst einmal dagegen und er spielt wieder hart und du nimmst nun das Tempo mit einem langen, hohen Topspin aus dem Spiel.

- Auch gegen jemand, der grundsätzlich langsam spielt, machen Tempowechsel Sinn. Warte auf deine Chance. Platziere die Bälle ein paarmal mit mäßiger Geschwindigkeit und wenn du dann in einer guten Position stehst, dann ziehst du voll durch. Aber Vorsicht, gerade langsame Bälle wieder schnell zu machen, ist oftmals ein schwieriges Unterfangen.

Fazit

Tempowechsel sind ein sehr taktisches Stilmittel. Sie sind nicht bei jedem Spieler sinnvoll und auch nicht jeder Gegenspieler ist anfällig für Tempowechsel. Aber gerade gegen junge und draufgängerische Spieler ist dieses Mittel oftmals ein gutes Rezept. Der Gegner bekommt aufgrund der unterschiedlichen Geschwindigkeiten Probleme mit dem Timing und muss ständig Anpassungen vornehmen. Besonders wenn der Gegner sehr gerne gerade und hart spielt und es liebt, wenn Tempo im Spiel ist, lohnt es sich, jenes aus dem Spiel zu nehmen und das Spiel bewusst langsam zu machen. Dies sollte jedoch nicht dauerhaft gemacht werden, sondern es sollte – und dass ist wichtig – zu gegebener Zeit auch druckvoll und schnell gespielt werden. Gleiches gilt, wenn der Gegner langsam spielt. Auch in diesem Fall ist es oftmals clever, nicht jeden Ball voll zu beschleunigen, sondern auf den richtigen Moment zu warten, um dann das Tempo zu verschärfen.

Praktische Übungen

Tempo aus dem Spiel

Ausführung

Spieler A spielt nur schnelle harte Bälle, Spieler B versucht, das Tempo aus dem Spiel zu nehmen, indem er Slice spielt (diesen unbedingt flach halten), hohe und lange Topspinbälle oder langsame, flache, geschobene Bälle.

Ziel

Tempo aus dem Spiel zu nehmen, wenn der Gegner harte Bälle spielt. Dies ist leider für die meisten Spieler nicht so einfach. Auf einen harten Ball einen harten Ball zurückzuspielen, ist oft leichter, als den Ball langsam und trotzdem unangenehm (flach, lang) zu setzen.

Varianten

- Bälle werden cross gespielt.
- Spieler B darf nur Slice spielen.
- Spieler B darf nur lange, hohe Topspinbälle spielen.

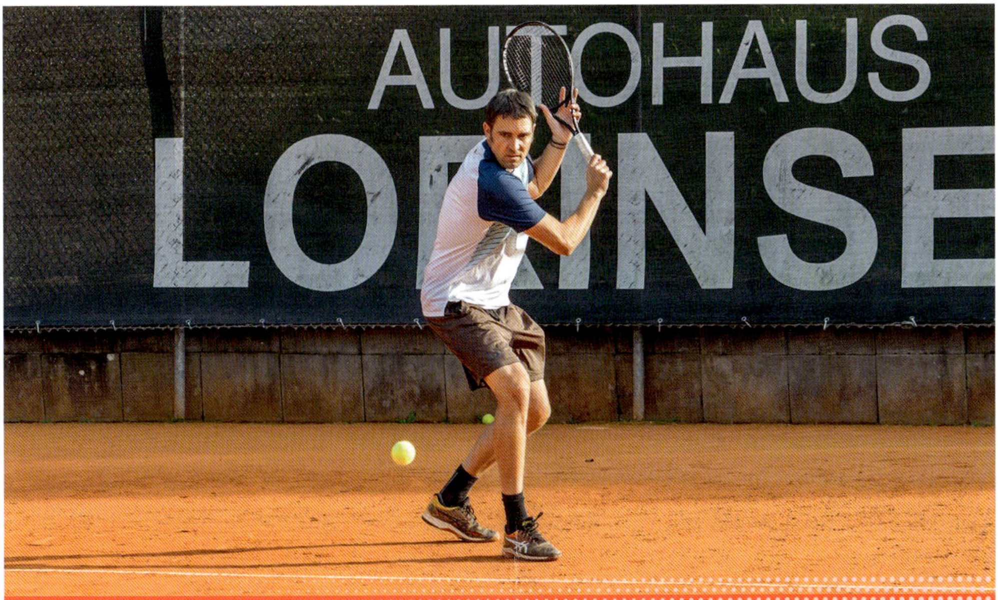

Mit dem Slice lässt sich gut Tempo aus dem Spiel nehmen.

Gleiche Geschwindigkeit

Ausführung

Es werden wieder Bälle durch die Mitte geschlagen. Spieler A gibt das Tempo vor und kann dieses wechseln. Er soll entweder versuchen, sehr schnell zu spielen oder eben sehr langsam. Bei den langsamen Schlägen ist es wichtig, trotzdem relativ flach und lang zu spielen, entweder Slice oder gerade geschobene Bälle. Spieler B versucht, die schnellen Bälle ebenfalls schnell zurückzuspielen und die langsamen Bälle auch sehr langsam zu beantworten.

Ziel

Umgang mit dem jeweiligen Spieltempo. Die Übung hat einen kleinen Hintergrund. Und zwar hat Federer im Jahr 2008 gegen den damals in Hochform agierenden Gilles Simon zweimal in drei Sätzen verloren und tätigte danach die Aussage über Simon: „Spielst du schnell, spielt er noch schneller, spielst du langsam, spielt er noch langsamer." Simon, der ja auch ein sehr guter Stratege ist, verfügt nicht über eine grandiose Ballbeschleunigung. Also muss er andere Wege finden. Simon ist ein Meister darin, mit dem Tempo des Gegners zu spielen, und auch großartig darin, dass Tempo aus dem Spiel zu nehmen.

– KAPITEL 15 –

Prozenttennis

TENNIS-FACTS ....

In 2020 gewann die Nummer eins Novak Djokovic

91 % seiner Matches – 82 % aller Sätze – 60 % aller Spiele – und nur 55 % aller Punkte

Prozenttennis

In den letzten Kapiteln haben wir uns neben dem Tempowechsel mit Fehlern, Winnern, erzwungenen Punkten und der Macht des Spins beschäftigt. Der Spin dient ja schlussendlich auch dazu, über höhere Kontrolle Fehler zu vermeiden, den Ball aber trotzdem schnell zu beschleunigen. Als Spieler musst du immer ein positives Verhältnis zwischen aggressivem Spiel und Schlagpräzision finden. Das ist eigentlich das, worum es beim Prozenttennis grob geht. Sicher hast du den Begriff auch schon einmal gehört.

Prozenttennis ist ein Begriff, der in Tennisübertragungen immer wieder mal auftaucht, der von so manchem Trainer oder auch Spieler verwendet wird. Eine genaue Definition gibt es nicht. Der Begriff wurde Mitte der 1990er Jahre geprägt, zu einer Zeit, als Andre Agassi einer der weltbesten Spieler war. Zu Beginn seiner Karriere spielte Agassi das typische Tennis der Nick Bollettieri Academy, der auch sein Trainer war. Diese Philosophie von Nick Bollettieri besagte, jeden Ball so hart wie möglich zu schlagen und möglichst nie hinter die Grundlinie zu weichen. Mit diesem Tennis war der damals 23-jährige Agassi nicht gänzlich unerfolgreich, als die Zusammenarbeit mit Bolletieri endete. Immerhin gewann er bis zu diesem Zeitpunkt schon ein Grand-Slam-Turnier in Wimbledon und arbeitete sich zwischenzeitlich bis auf Platz drei der Weltrangliste vor. Sein Hauptproblem aber war, dass er zu viele Matches gegen deutlich schwächere Spieler verlor. Dies verhinderte noch größere Erfolge. Nach der Trennung von Bolletieri arbeitete Agassi dann ab März 1994 mit Brad Gilbert zusammen. Gilbert stellte Agassis Spiel um. Er sollte weiterhin seine Stärken, die harten Schläge, die guten Returns und den nahen Stand an der Grundlinie beibehalten, aber weniger Risiken eingehen. Hatte Agassi unter Bolletieri jeden Ball, so hart er konnte, geschlagen, impfte Gilbert ihm ein, dosierter zu spielen, auch mal nur mit 70 % bis 80 % seiner Power zu agieren und auf den richtigen Moment für den finalen Schuss zu warten. Gilbert brachte ihm bei, die Schwächen seiner Gegner auszunutzen, was Agassi bis dahin nicht wirklich getan hatte. Unter Gilbert lernte Agassi, Prozenttennis zu spielen, seine Chancen abzuwägen und die Risiken der Schläge zu beurteilen. Die Folge war, dass er vor allem gegen schwächere Spieler deutlich weniger Matches verlor. Unter Brad Gilbert gewann Agassi schließlich sieben weitere Grand-Slam-Turniere sowie die Olympischen Spiele in Atlanta und erreichte Platz eins der Tennis-Weltrangliste. Heutzutage spielt jeder Topspieler Prozenttennis. Dies ist auch einer der Unterschiede zum Juniorentennis. Die Junioren spielen technisch oft schon sehr ausgereift und haben auch schon eine unglaubliche Athletik. Allerdings spielen diese jungen Spieler oft noch sehr ungestüm. Auch im Amateursport wird oft zu risikoreich oder auch zu defensiv gespielt.

Schlussendlich funktioniert Tennis ein Stück weit wie ein Pokerspiel. Deine Schläge und Fähigkeiten sind deine Karten. Du musst deine Chancen berechnen, mit welchem Blatt, welchem Schlag du am erfolgreichsten bist. Wie hoch ist die Wahrscheinlichkeit, dass du mit dem zweiten Aufschlag ein Ass schlägst? Einen Aufschlagwinner? Wie hoch die Wahrscheinlichkeit, dass du dir einen klaren Vorteil erarbeitest? Wie hoch die Chance auf einen Doppelfehler? Hast du größere Chancen, den Punkt zu gewinnen, wenn du weniger Risiko eingehst, oder ist es doch sinnvoll, offensiver und aggressiver zu spielen und dafür mehr Fehler in Kauf zu nehmen? In wie viel Prozent der Ballwechsel punktest du mit einem Stopp direkt oder auch indirekt? In wie viel Prozent der Fälle verschlägst du den Stopp oder setzt ihn zu hoch an, sodass dein Gegenüber den Punkt gewinnt?

Am einfachsten sind diese Chancenverhältnisse beim Aufschlag zu erkennen. Viele Spieler schlagen jeden ersten Aufschlag gerade und mit voller Geschwindigkeit auf, treffen aber nur einen von fünf Aufschlägen. Mit diesem punkten sie dann zwar zumeist

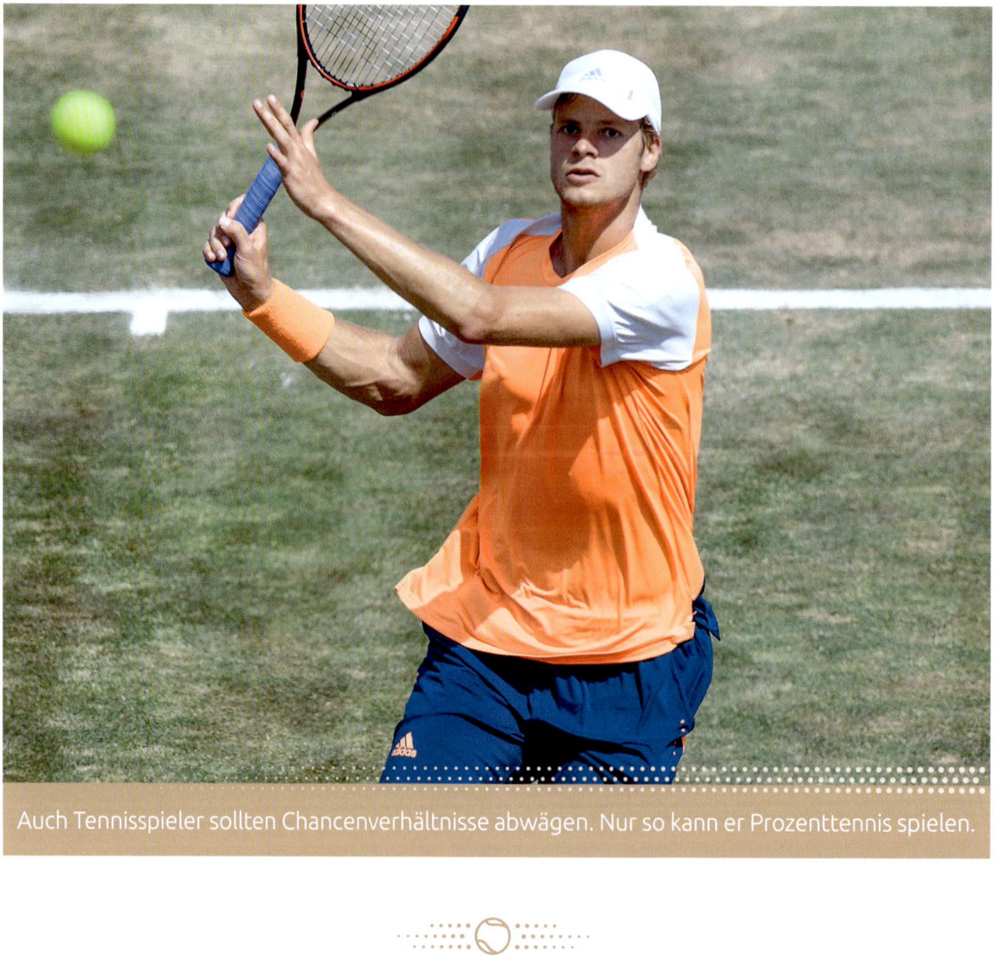

Auch Tennisspieler sollten Chancenverhältnisse abwägen. Nur so kann er Prozenttennis spielen.

(gehen wir sogar mal von 100 % aus). Was aber ist mit den 80 %, wenn sie den zweiten Aufschlag benötigen? Wenn diese Spieler bei diesem dann nur zu 35 % punkten, was aufgrund des schwachen Aufschlages häufig der Fall ist, geht die Rechnung dann immer noch auf? Insgesamt würde man folglich 48 % der Aufschlagpunkte gewinnen. Nun ist natürlich die Frage, ob es anders wäre, wenn der Spieler einen Teil seiner ersten Aufschläge mit mehr Schnitt versehen würde. Dies würde zu Lasten der Geschwindigkeit gehen, aber die Prozentzahl der ersten Aufschläge würde ansteigen. Er müsste seltener über den zweiten Aufschlag gehen.

Ein weiteres etwas komplexeres Beispiel

Du kommst in viele Rückhand-Cross-Rallys mit deinem Gegner. Zur Vereinfachung gehen wir davon aus, dass weder du noch dein Kontrahent umläuft und dieser nie longline spielt. Spielst du selbst stur cross, gewinnst du zu 49 % den Punkt. Riskierst du einen schnellen Longline-Schuss, machst du zu 40 % den Fehler, 60 % der Bälle landen in der Ecke. Diese wiederum sind zu 70 % direkte Gewinnschläge oder führen zu einem erzwungenen Punkt. Kommt dein Konkurrent jedoch noch an den Ball und kann ihn zurückspielen, punktet er zu 66 %.

Ist es nun besser für dich, irgendwann im Ballwechsel longline zu spielen, oder ist es eher erfolgreicher, die Cross-Rally zu halten?

Richtig! Cross zu halten, ist effektiver. Hier punktest du zu 49 %. Wechselst du auf longline, punktest du nur zu 48 %. Natürlich hat man im Match diese Statistiken so nicht zur Hand und kann das nicht genau auswerten. Nur sehe ich immer wieder Spieler, die einen Spielzug wählen, der zu 70 % fehlschlägt, obwohl sie Spielzüge hätten, die weit erfolgreicher wären. Spielst du solche Spielzüge, die vermutlich fehlschlagen, bei vermeintlich unwichtigen Spielständen, wird dir das langfristig Misserfolge bescheren. Denn auch vermeintlich „nicht ganz so wichtige Punkte" tun weh, wenn ich falsche Wahrscheinlichkeiten wähle. Diese summieren sich und du verlierst dann auch mal ein Spiel nach einer 40 : 0-Führung, weil du eben bei 40 : 0 ein schlechtes Blatt zum Einsatz gebracht hast. Frage dich immer, ob du auch bei 5 : 5 im Tiebreak einen solchen Ball gespielt hättest. Spielst du diese Spielzüge bei wichtigeren Spielständen, wird sich das noch weniger auszahlen. Denn dort musst du die Schläge einsetzen, zu denen du am meisten Vertrauen hast und die prozentual am häufigsten zum Erfolg führen.

Hierzu noch ein kleiner Exkurs aus meinem eigenen persönlichen Erfahrungsschatz. Und zwar habe ich bei einem meiner ersten Herrenmannschaftsspiele mit 16 Jahren ein Match auf sehr bittere Art und Weise verloren. Ich spielte gegen einen deutlich älteren Gegner und lag mit 7 : 5, 4 : 2 und 40 : 15 bei eigenem Aufschlag (was nicht unbedingt ein Vorteil war) in Führung. Ich hatte also das Match voll im Griff. Bis dato hatte ich ausschließlich von der Grundlinie agiert, also dachte ich mir: „Philipp, jetzt ist genau der richtige Zeitpunkt zu variieren. Spiel doch einfach mal Serve-and-Volley. Damit rechnet dein Gegner nie." Gesagt, getan. Ich schlug auf, stürmte zum Netz, der Return äußerst durchschnittlich, der Volley noch durchschnittlicher, dafür der Passierball unerreichbar. 40 : 30! Natürlich gewann mein Konkurrent das Spiel, das nächste Spiel auch, den Satz dann auch mit 7 : 5 und auch den dritten Satz recht klar. Der entscheidende Punkt war mein missglückter Serve-and-Volley-Versuch. Natürlich hätte ich auch verlieren können, wäre ich an der Grundlinie geblieben, das kann man so nicht mit Sicherheit sagen. Aber Fakt ist auch, dass ich aus diesem Ereignis gelernt habe und derlei Variationen fortan gelassen habe. Variation ist grundsätzlich nicht schlecht. Aber wenn dein Plan A gut funktioniert, gibt es keinen Grund, Plan B zum Einsatz zu bringen.

Nun sagst du dir: „Aber auch die Topstars gehen mal mit einem zweiten Aufschlag hohes Risiko oder spielen einen Stopp, obwohl der durchgezogene Ball die bessere Alternative gewesen wäre. Auch diese Spieler variieren und spielen mal Serve-and-Volley." Das ist durchaus richtig, denn es gibt gute Gründe, auch mal ein schlechteres Chancenverhältnis zu wählen:

- Dieses eine Turnierspiel ist für dich nicht so wichtig beziehungsweise du weißt, dass du deinem Gegner ohnehin klar überlegen bist. Deshalb möchtest du einige Dinge im Match ausprobieren. Im Training bist du bereits dabei, deine Vorhand aggressiver zu schlagen, bist dir aber bewusst, dass du noch zu viele Fehler damit machst. Trotzdem willst du dies nun in einem Turniermatch probieren, auch auf die Gefahr hin, dass dies misslingt. Dies machen auch die weltbesten Profispieler. Für Djokovic, Murray, Federer, Nadal, Wawrinka haben die Grand-Slam-Turniere höchste Priorität. Die anderen Turniere dienen zur Vorbereitung und dort probieren diese Spieler manchmal gewisse Dinge aus. Sie versuchen, aggressiver zu spielen, die Bälle früher zu nehmen, häufiger zum Netz zu kommen etc. Diese Spieler wissen und auch du solltest dir dessen bewusst sein, dass dies die Wahrscheinlichkeit zu gewinnen senkt und nicht steigert. Aber um das eigene Spiel weiterzuentwickeln, muss man manchmal auch Risiken in Kauf nehmen

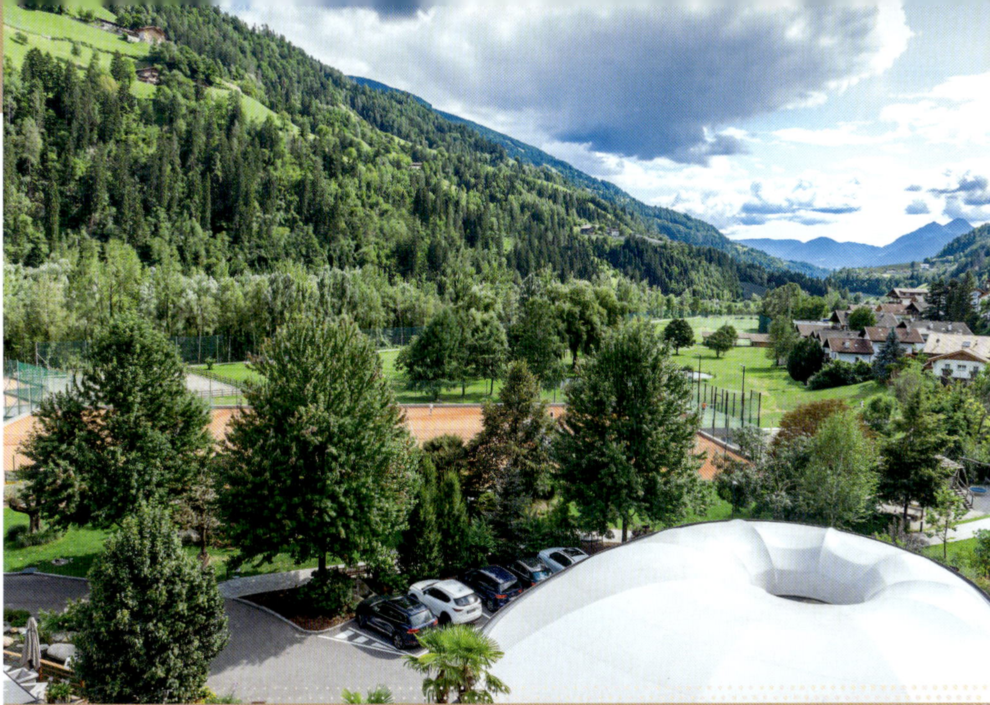

In Trainingsmatches solltest du immer wieder riskante Schläge einsetzen, da auch diese dein Spiel weiterentwickeln.

und Niederlagen riskieren. Du kannst sicher sein, dass die Topspieler in den Endphasen der Grand-Slam-Turniere keine Experimente wagen und von Beginn an jeden Punkt mit der höchsten Gewinnwahrscheinlichkeit spielen.

- Ein Spieler gewinnt den ersten Satz mit 6 : 4, liegt im zweiten jedoch schnell durch einen Doppelbreak 0 : 4 zurück. Fortan stellt er sein Spiel komplett um und macht Dinge, die er sonst nicht tut. Vor allem hält er die Ballwechsel kurz. Ziel dessen ist, dem Gegner, der einen super Lauf hat, keinen Rhythmus zu geben. Zu Beginn des dritten Satzes beziehungsweise des Matchtiebreaks spielt der Spieler dann wieder vollkommen normal, ausdauernd, sicher und setzt seine Stärken ein.
- In den frühen Runden der großen Turniere versuchen die Topsspieler, ihre Matches möglichst schnell zu gewinnen, um Kraft zu sparen. Das bedeutet nicht unbedingt, jeden Punkt gewinnen zu müssen, sondern vor allem auch nicht zu viele extrem lange, kraftraubende Ballwechsel zu spielen. Hier werden dann oftmals auch Punkte mit absolut überhöhtem Risiko gespielt. Führt Murray 4 : 1 in einer ersten oder zweiten Runde und der Gegner schlägt auf und führt 30 : 0, so wird Murray keinen extrem langen Ballwechsel spielen wollen und mit dem Return mit hoher Wahrscheinlichkeit ein recht großes Risiko eingehen. Bei gleichem Spielstand in einem Halbfinale oder Finale gegen Djokovic oder Federer wird er jedoch nichts dergleichen tun, sondern alles daransetzen, diesen Punkt zu gewinnen.

Schlechtere Chancenverhältnisse werden also einerseits dazu gewählt, um Schläge und Taktiken auszuprobieren, um den Gegner aus dem Rhythmus zu bringen oder auch um Kraft zu sparen. Willst du allerdings ein Match unbedingt gewinnen, solltest du dich bei jedem Punkt auf deine Stärken konzentrieren und keine unnötigen Experimente wagen. Um herauszufinden, wie risikoreich, wie aggressiv du spielen kannst und willst und wie sich für dich die besten Chancenverhältnisse ergeben, musst du dies gezielt üben. Hier spielt die Erfahrung eine große Rolle. Sicher kann und sollte ein Coach beratend zur Seite stehen. Auch Matchanalysen (auch vielleicht von Trainern/Eltern durchgeführt) helfen hier sehr. Vielen Spielern ist überhaupt nicht bewusst, dass sie nur ein Drittel ihrer ersten Aufschläge ins Feld spielen, dass sie mit dem zweiten Aufschlag nur zu 35 % punkten, dass sie vielleicht mit ihrer starken Vorhand weit mehr Fehler machen als mit der vermeintlich schwachen Rückhand (natürlich auch einige Winner mehr). In Erinnerung bleiben oftmals hauptsächlich die tollen Gewinnschläge. Aber der beste Winner gibt genauso einen Punkt wie jeder Fehler und auch jeder erzwungene Punkt. Das sollte man sich immer klarmachen. Im Fußball gibt es den Spruch: „Der Sturm gewinnt Spiele, die Verteidigung Meisterschaften." Ich bin jetzt kein Fußballexperte und weiß nicht, ob dies heute auch noch Gültigkeit hat. Fest steht aber, übertragen aufs Tennis, dass du zwar mit Gewinnschlägen Sätze und vielleicht auch das eine oder andere Match gewinnen kannst, wenn du einen guten Lauf hast, allerdings gewinnt man Turniere, indem man den Gegner Fehler machen lässt und ihn vor allem zu Fehlern zwingt.

Ganz kurz möchte ich hier auch noch eine meiner Regeln ins Spiel bringen und erläutern:
Spiele einfach und denke nicht zu oft um die Ecke – die erste Idee ist oft die beste.

Zu häufig denken Tennisspieler und wahrscheinlich auch andere Ballsportler zu kompliziert. Die einfache, naheliegende Lösung wird übersehen oder übergangen und es wird sich für eine wesentlich komplexere Lösung entschieden. Die Gründe mögen vielfältig sein. Aber wir alle kennen das. Wir haben den Gegner ausgespielt und müssen den Ball nur noch in der freien Ecke platzieren. Aber das wäre ja gar zu leicht. Stattdessen kommt uns der geniale Gedanke, doch einen Stopp zu spielen oder vielleicht den Ball doch gegen die Laufrichtung zu setzen. Federer hat das doch zuletzt auch gemacht und es sah wunderschön aus, als der Gegner ins Leere lief. Und hier sind wir auch wieder beim Prozenttennis. Das mag auch oftmals gut gehen, aber manchmal führt unsere köstliche Finte eben trotzdem zum Misserfolg, während der einfache Ball den Punkt gebracht hätte. Ich bin einerseits ein großer Fan davon, kreativ und variabel zu spielen, andererseits solltest du stets die nächstliegende Lösung suchen und dich nicht verkünsteln. Der erste Gedanke ist oftmals der beste. Wenn man sich umentscheidet und eventuell sogar zweimal („ich ziehe die Rückhand durch, nein, spiel doch lieber den Stopp, nein, damit rechnet der Kontrahent, ich spiele doch lieber einen langen Slice"), ist dies oft zum Scheitern verdammt. Spiele den Ball, an den du zuerst denkst, und denke einfach.

Übungen zum Prozenttennis

Zeitspiel

Ausführung

Spiele mit deinem Trainingspartner auf dem halben Feld eine Minute den Ball hin und her. Dabei dürft ihr beide nie das Spielfeld betreten. Passiert ein Fehler, kommt der nächste Ball ins Spiel (das Anspiel zählt nicht als erfolgreicher Schlag). Zählt eure erfolgreichen Schläge, die im Feld landen. Ich habe diese Übung mit verschiedenen Spielstärken durchgeführt. Spieler der LK 1 bis 5 erreichen durchschnittlich um 40 Schläge und Höchstwerte von 45 Schlägen pro Minute. Topprofis dürften sich um 50 Schläge pro Minute bewegen. Führt man diese Übung regelmäßig durch, steigert man sich in der Regel recht schnell.

Ziel

Balance finden zwischen Schlaghärte und Schlagkontrolle. Spielt man zu schnell, passieren zu viele Fehler und ein hoher Wert ist unerreichbar. Spielt man zu langsam, kann man die Minute zwar mit einem Ball durchspielen, aber durch eine zu niedrige Frequenz ist ebenfalls kein hoher Wert möglich.

Varianten

- Es zählen nur Schläge, die hinter der Aufschlaglinie landen.
- Es darf nur cross gespielt werden.
- Gleiche Spielform als Hosenträger.

– KAPITEL 16 –

Angriffsbälle und Offensive vs. Passierbälle und Defensive

TENNIS-FACTS ....

Erfolgsquoten der einzelnen Teilbereiche in Wimbledon (1997 bis 2017):

Grundlinie 46 % – Netz 64 % – Serve & Volley 68 %

Angriffsbälle und Offensive vs. Passierbälle und Defensive

Viele Themenbereiche haben wir nun schon abgearbeitet. Eine der Problemstellungen, die wir noch nicht genauer durchleuchtet haben, ist Offensive und Defensive. Was sind die Unterschiede, wie verhalte ich mich in der Offensive, wie in der Defensive? Wann rücke ich ans Netz vor und wann warte ich noch an der Grundlinie ab? Wohin platziere ich den Ball am besten, wenn das Gegenüber zum Netz aufrückt?

Beschäftigt man sich näher mit der Offensive und der Defensive, benötigt man noch eine dritte Kategorie: die Neutralität. Hauptziel in der Offensive ist es, offensiv zu bleiben und früher oder später den Punkt zu machen oder den Fehler des Gegners zu erzwingen. Bist du in der Offensive, sollten deine Chancen ganz gut sein, den Punkt zu gewinnen. Dennoch wirst du Punkte verlieren, indem du selbst Fehler machst. Oder aber du verlierst die offensive Position, weil du zu unpräzise und nicht mehr druckvoll genug, das heißt zu inaktiv, agierst. Beides ist schlecht. Schlechter ist es natürlich, den Fehler selbst zu machen. Wieso aber passiert das immer wieder? Der Hauptgrund dafür ist sicher Hektik und Unruhe. Wenn man selbst ohnehin schon in der Offensive ist, schleichen sich gerne Gedanken ein, wie: „Jetzt muss aber der Winner kommen!" „Jetzt muss ich dranbleiben, da darf er nicht mehr rauskommen!" „Ich stehe gut, jetzt muss ich schnell und aggressiv spielen!" Und prompt kommt natürlich ein zu schneller, zu unpräziser Ball, der halt dann knapp im Aus landet oder im Netz, weil dieser zu nah an die Linie und/oder zu schnell gespielt wurde. In einer solchen Situation ist es unbedingt empfehlenswert, ruhig zu bleiben. Der Punkt muss nicht mit dem nächsten Schlag gemacht werden! Du kannst den Gegner auch noch ein- bis zweimal quer über den Platz schicken. Entscheidend ist, den Gegner in einer defensiven Position zu halten und ihn wenn möglich in eine noch defensivere Position zu drängen. In der Offensive muss der Vorteil unbedingt ausgebaut werden. Die Topspieler wie Federer, Djokovic, Nadal und Murray sind Meister darin, offensive Positionen Stück für Stück auszubauen, bis sie ihren Gegner zum Fehler gezwungen haben oder die Chance auf einen recht sicheren Winner haben.

Möglichkeit zwei, die Kontrolle über den Ballwechsel zu verlieren, ist, wenn du die Offensive verlierst und in die Neutrale beziehungsweise gar in die Defensive gerätst. Denn dann kannst du nicht mehr agieren, sondern (in der Defensive) im schlimmsten

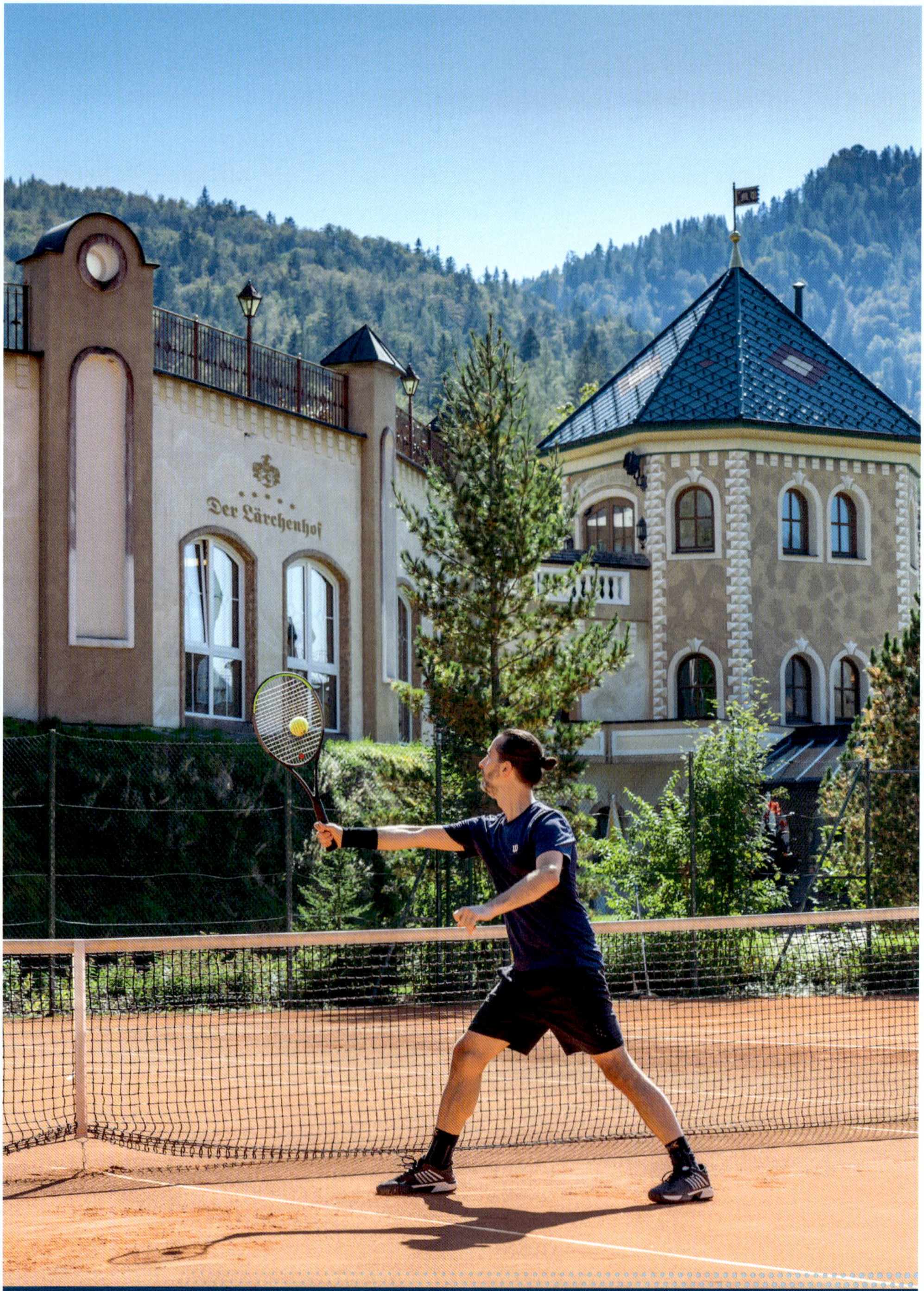

Viele Spieler verpassen den richtigen Zeitpunkt, um ans Netz aufzurücken und dort den Punkt zu beenden.

Fall nur noch reagieren. In einer solchen Situation ist es entweder ein wirklich guter Konter deines Kontrahenten oder, was häufiger vorkommt, ein zu schwacher Schlag deinerseits, der dem Gegner die Chance bietet, wieder in den Ballwechsel zu kommen. Dieses Maß zu finden, aggressiv zu spielen, aber nicht zu überpowern und nicht hektisch zu werden, ist die große Kunst des Offensivspiels. Der eigene Vorteil sollte immer weiter ausgebaut werden. Ein Leitsatz, den ich einmal von einem guten, intelligenten Spieler gehört habe, habe ich mir auch zu eigen gemacht: „If you are in the offense, play your safest shot" – „Bist du in der Offensive, spiele deinen sichersten Schlag." Wichtig: Damit ist nicht gemeint, den Ball sicher zu spielen, im Sinne von keinen Fehler zu machen und den Ball nur zu halten. Denn du musst ja die Seitenlinien suchen. Nein, damit ist gemeint, den Ball beziehungsweise den Schlag zu spielen, zu dem du am meisten Vertrauen hast. Keine Experimente, du kontrollierst den Ballwechsel, somit ist es an der Zeit, deine Stärken einzusetzen, den Schlag, mit dem du dich wohlfühlst. Bei den meisten Spielern ist das eine Vorhand. Also scheue dich nicht davor, die schwächere Rückhand zu umlaufen.

Umgekehrt ist es natürlich in der Defensive. Hier gilt es, sich aus der Umklammerung zu befreien und im Prinzip auf genau das zu hoffen, was du in der Offensive selbst vermeiden willst. Du hoffst, dass dein Gegenüber hektisch wird und den nächsten Ball überpowert. Du hoffst, dass er den nächsten Ball nicht aggressiv genug spielen wird, sodass du selbst in die Neutrale oder eventuell sogar in die Offensive kommst. Ist das Hauptziel in der Offensive, den Punkt zeitnah abzuschließen, so ist in der Defensive das primäre Ziel, sich aus der Umklammerung zu befreien. Am besten ist es, erst mal den Umweg über die Neutrale zu gehen, und wenn du in der Neutralen bist, den Punkt neu aufzubauen. Zu viele Spieler werden stark unter Druck gesetzt und versuchen aus der Defensive einen Winner oder einen sogenannten Befreiungsschlag zu tätigen. Das kannst du natürlich sporadisch machen. Langfristig wirst du damit aber keinen Erfolg haben. Besser ist es, mit einem langen, etwas höheren Ball oder einem Slice zu versuchen, selbst wieder in eine gute Position zu kommen. Du musst dir Zeit verschaffen, sodass dein Gegner unbedingt erneut einen schnellen, aggressiven Ball spielen muss, um in der Offensive zu bleiben. Je schneller du den Ball in der Defensive zurückspielst, desto schneller kommt er wieder auf deine Seite zurück. Hohe Bedeutung hat in der Defensive vor allem die Schlaglänge.

Springen wir noch einmal zur Offensive. Was ist dort weiter zu beachten? Du willst den Gegner ja weiter in die Defensive drängen oder noch besser den Punkt abschließen. Wichtig ist, dem Gegner keine Zeit zu geben. Und dies schaffst du mit schnellen Bällen und indem du die Bälle früh annimmst, am besten innerhalb des Spielfeldes, eventuell auch direkt aus der Luft. Des Weiteren solltest du die Bälle in der Regel weg vom Gegner in die andere Ecke spielen, ab und zu natürlich auch gegen die Laufrichtung. In der Offensive sind Bälle in die Platzmitte nicht sinnvoll. Auch ein möglicher Übergang zum Netz ist natürlich wichtig , aber dazu gleich mehr. Als Merkregel kann ich dir mitgeben:

In der Offensive eher die Seitenlinie anvisieren und in der Defensive eher die Grundlinie.

In der Defensive sieht es natürlich wieder anders aus. Sind die primären Ziele im Offensivspiel, dem Gegner Zeit zu stehlen (Zeitdruck aufzubauen) und ihn laufen zu lassen, so willst du in der Defensive natürlich Zeit gewinnen, um wieder in die optimale Position zu gelangen. Dies gelingt am besten mit langen Bällen und auch mit tiefen, langsamen Slicebällen. „Tödlich" hingegen sind kurze angenehm abspringende Schläge. Diese Bälle wird dir dein Rivale um die Ohren hauen. Vermeiden solltest du auch unbedingt Longline -Schläge. Du kannst sie vielleicht mal anwenden, um den Gegner zu überraschen, aber in der Regel versuchst du, mittig oder cross zu spielen. Der lange Schlag in die Platzmitte hat den Vorteil, dass dein Gegenüber keine guten Winkel hat. Der Cross-Ball hat zwei Vorteile. Nämlich erstens, dass dein Gegner entweder gegen den Fuß spielen wird, was bei einem nicht ganz so präzisen und mit Winkel gespielten Ball den Vorteil hat, dass du wieder in eine neutrale Position kommen kannst. Oder alternativ spielt er longline, was in der Offensive zwar oftmals auch zwingend erforderlich ist, aber der schwierigere und riskantere Schlag ist, vor allem wenn du ihm einen tiefen Slice gelegt hast. Ist sein Longline-Ball zu schwach oder zu unpräzise, kannst du mit einem scharfen Gegencross gar in eine offensive Position gelangen. Der zweite Vorteil bei der Cross-Verteidigung ist der, dass der cross geschlagene Ball länger in der Luft ist (du also mehr Zeit hast, dich in die optimale Position zu manövrieren) und du auch einen kürzeren Laufweg zur idealen Position hast. Aber Vorsicht, alles ändert sich in der Defensive, wenn dein Gegner nach vorne zum Netz rückt. Denn dann sind die Bälle cross oder zur Mitte eher kontraproduktiv, und ein hoher Ball (der dir ja Zeit verschaffen soll) wird zum Eigentor, weil dein Gegner einen einfachen Volley bekommt.

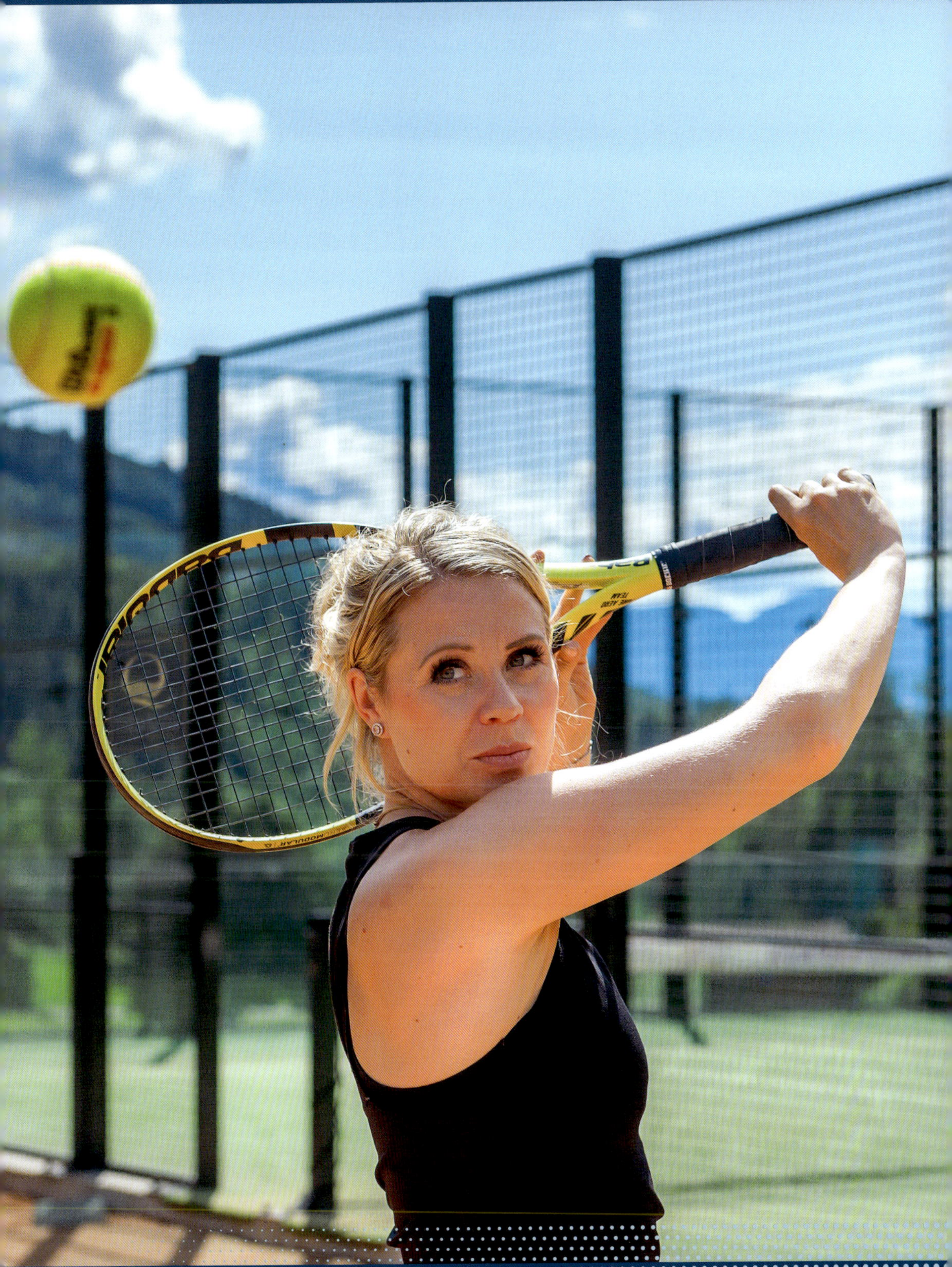

Ein hoher Verteidigungsball wird oft zum Eigentor, wenn die Gegnerin zum Netz aufrückt.

Fazit Offensive/Defensive

Zusammenfassend zum Thema Offensive und Defensive sei gesagt:

Offensive

- Ruhig und trotzdem aggressiv agieren.
- Den Punkt zeitnah abschließen.
- Bälle früh nehmen, um dem Gegner keine Zeit zu gewähren.
- Die Bälle nie in die Mitte, sondern recht nah (aber nicht zu nah) an die Seitenlinien spielen. Seitliche Präzision ist wichtiger als die Schlaglänge.
- Die Bälle weg vom Gegner in die freie Ecke setzen. Ab und zu mit einem Ball gegen den Fuß überraschen.
- Versuchen, den stärkeren Grundschlag einzusetzen. Das bedeutet zum Beispiel, die Rückhand zu umlaufen. „If you are in the offense, play your safest shot."

Defensive

- Ebenfalls ruhig bleiben und nicht versuchen, mit einem Gewaltschlag zu punkten.
- Aus der Defensive befreien und versuchen, in die Offensive zu kommen – über den Umweg über die neutrale Position. Sehr selten versuchen, direkt aus der Defensive in die Offensive zu gelangen.
- Versuchen, den Ball vor allem lang zu spielen. Längenkontrolle ist wichtiger als seitliche Präzision.
- Tiefe, kurze Sliceschläge und höher gespielte, lange Bälle sind besonders effektiv, weil diese Bälle langsam sind und dir Zeit verschaffen, dich wieder optimal zu positionieren.
- Sehr selten longline spielen. Cross- und mittige Bälle sind in der Defensive am effektivsten.
- Die rote Zone natürlich meiden.
- Veränderung, wenn der Gegner zum Netz kommt. Dann musst du den Ball flacher halten und aggressiver spielen. Dann ist auch der Longline-Schlag eine ausgezeichnete (wenn nicht gar die beste) Option.

In Teil zwei dieses Kapitels beschäftigen wir uns mit den Angriffsbällen bzw. dem Weg zum Netz und auch den Passierschlägen. Den Beginn machen die Angriffsbälle beziehungsweise der Zeitpunkt, an dem du zum Netz aufrücken kannst.

Auch das Aufrücken zum Netz hat wieder eine äußerst hohe Priorität. Zu oft wird nämlich genau das verpasst: der richtige Zeitpunkt zum Übergang ans Netz. Du spielst einen super Ball in die Ecke und stehst schon einen Meter innerhalb des Feldes. Dein Gegner bekommt den Ball gerade noch so, kratzt ihn kurz vor dem Zaun stehend in voller Streckung gerade noch raus und schaufelt ihn in hohem Bogen zurück. Du aber hast an der Grundlinie verharrt, hast den Weg zum Netz verpasst und somit die Chance, den langsamen und hohen Ball wegzuschmettern. Dies wäre kein Problem gewesen. Stattdessen senkt sich der Ball nun kurz vor der Grundlinie ab. Du bist zwar immer noch in der besseren Position, aber dein Gegner hat schon wieder die ideale Position an der Grundlinie eingenommen und der Ballwechsel ist wieder verhältnismäßig offen. Kommt dir diese Situation bekannt vor? Willkommen im Klub. Wie viele Punkte hast du schon verloren, weil du hinten stehen geblieben bist, statt nach vorne zu rennen und mit einem einfachen Volley abzuschließen? Wahrscheinlich mehr, als du am Netz verloren hast. Mir sind solche Dinge früher auch immer wieder passiert, und leider geschehen sie immer noch ab und an, wenn auch glücklicherweise nicht mehr so häufig.

Zugegeben, es ist nicht immer leicht, diese Situationen zu erkennen, und noch viel schwieriger, diese dann entschlossen auszunutzen. Aber du musst dies versuchen. Auch hier wieder zeigen die Statistiken unter anderem von Craig O'Shannessy, dass im Profibereich immer mehr Punkte am Netz abgeschlossen werden. 66 % der Netzangriffe führen im Profitennis zum Erfolg, während von der Grundlinie aus nur knapp über 46 % gewinnbringend abgeschlossen werden. Bedeutet das nun, immer und immer wieder nach vorne zum Netz zu stürmen? Nein, sicher nicht. Denn die Punkte, die am Netz erfolgreich abgeschlossen werden, sind zumeist gut vorbereitet oder leben vom Überraschungsmoment. Wenn du nun zu oft zum Netz gehst, werden viele Aktionen nicht gut vorbereitet sein und dein Gegner kann sich auch auf diese Netzangriffe einstellen. Auch im Profitennis gibt es kaum Spieler, die wie früher Edberg oder Rafter nach jedem Aufschlag zum Netz stürmen. Denn auf ein solches Spiel kann sich das Gegenüber super einstellen und bei der heutigen Returnqualität ist eine solche Spielweise zum Scheitern verurteilt.

Die Tendenz geht ganz klar in die Richtung, den Gegner stark unter Druck zu setzen und dann im richtigen Moment nach vorne zu gehen, um mit einem verhältnismäßig einfachen Volley abzuschließen oder auch den Gegner, der stark in der Defensive ist, zu einem risikoreichen Schlag zu zwingen. In dem Moment, in dem du zum Netz kommst, stiehlst du dem Gegner gewaltig viel Zeit. Wichtig ist der RICHTIGE Zeitpunkt. Wir versuchen nun zu erörtern, wann der richtige Zeitpunkt ist und anhand welcher Anhaltspunkte du dies erkennen kannst.

Um erfolgreich den Weg zum Netz zu finden, musst du selbst unbedingt in der Offensive sein. Idealerweise spielst du deinen Angriffsschlag auch vor der Grundlinie im Feld. Je weiter innerhalb des Feldes du stehst, umso besser ist es für dich, denn der Weg zum Netz ist kürzer. Das größte Problem stellt sich nämlich, wenn du den ersten Volley auf oder hinter der T-Linie spielen musst. Dieser ist nämlich ungleich schwieriger als der Volley zwei bis drei Meter vom Netz entfernt. Im Kapitel „Feldposition" wurde ja schon beschrieben, dass du dich möglichst wenig im Niemandsland aufhalten solltest. Auch gibt es die Möglichkeit, wenn dein Gegner einen hohen, langsamen Ball schlägt, diesen als Topspinvolley anzunehmen. Dies ist ein Schlag, den viele Spieler zwar beherrschen, aber zu selten einsetzen. Wenn du Zeit hast und der Ball lange in der Luft ist, gehe dem Ball entgegen und schlage ihn als Topspinvolley aus der Luft. Besonders sinnvoll ist dies, wenn du den Ball im Niemandsland über Hüfthöhe schlagen musst. Nah am Netz ist ein herkömmlicher Volley dagegen oft ausreichend, und ist der Ball sehr tief, ist der Topspinvolley auch schwierig bis unmöglich durchführbar. Der große Vorteil des Topspinvolleys ist die massiv höhere Geschwindigkeit im Vergleich zum herkömmlichen Volley – der Nachteil natürlich ein weitaus komplexeres Timing des Schlages.

Des Weiteren ist es wichtig, dass dein Gegner hinter der Grundlinie steht beziehungsweise den Ball hinter der Grundlinie schlagen muss. Auch hier gilt, je weiter hinten, desto besser für dich. Denn sein Passierschlag ist natürlich länger in der Luft, wenn er beispielsweise vier Meter hinter der Grundlinie schlägt, als wenn er direkt auf dieser steht. Ist der Ball länger in der Luft, hast du einerseits mehr Reaktionszeit und andererseits auch mehr Zeit, näher zum Netz aufzurücken. Beides ist sehr vorteilhaft für dich. Der dritte Aspekt ist, wie sich dein Gegner zum Ball bewegen muss und wie er sich positionieren kann. Kommt er gerade noch an den Ball und kann nur noch mit einem Slice antworten, ist der Augenblick gekommen, nach vorne zu stürmen. Dabei ist es wichtig, sehr früh zu erkennen, dass dein Gegner einen Slice spielt, denn du solltest dich schon, bevor dein Gegenüber den Ball mit dem Schläger berührt, auf dem Weg zum Netz befinden. Je früher du dies erkennst, desto besser. Du kannst dies bemerken, indem du beobachtest, wie dein Gegner zum Ball läuft. Ist er spät am Ball und muss sich strecken, öffnet er die Schlagfläche, kommt ziemlich sicher ein Slice. Weshalb ist es eher ratsam, nach vorne zu marschieren, wenn dein Kontrahent Slice statt Topspin spielt? Ganz einfach, weil der Slice in der Regel viel langsamer ist. Der Ball ist länger in der Luft und du hast mehr Zeit, nach vorne zu kommen. Mit einem Slice direkt zu passieren ist schon ein echtes Kunststück. Mit einem Topspinball oder einem geraden Schlag kann dir dein Kontrahent selbst drei bis vier Meter hinter der Grundlinie noch richtig wehtun. Dein Hauptziel muss es also sein, dass der Spieler auf der anderen Seite den Ball nicht mehr ziehen kann. Spielt er einen defensiven Slice, läufst du nach vorne: Dabei ist es wichtig, wirklich nah ans Netz zu kommen. Hier zählt auch jeder Meter, denn die größte Gefahr geht beim Slice davon aus, dass dein Gegenüber dir den Ball tief in die Füße legt. Stehst du noch an der T-Linie, ist dies verhältnismäßig einfach. Kommst du bis zwei, drei Meter ans Netz ran, ist dies wie gesagt ein echtes Kunststück. Ebenso wichtig wie der Zeitpunkt, zum Netz zu kommen, ist noch ein anderer Punkt: nämlich die Entschlossenheit. Wenn du dich entscheidest, nach vorne zu gehen, dann mach dies entschlossen und ohne Rücksicht auf Verluste. Zauderst oder zögerst du, bist du unsicher, so wird sich das auch auf deine Beine auswirken und du wirst langsamer zum Netz laufen, was fatale Folgen haben kann. Denn dann fehlen dir wahrscheinlich die entscheidenden ein bis zwei Meter.

Jetzt solltest du ein Gefühl dafür haben, wann du dich dem Netz nähern kannst und sollst. Nun stellt sich die Frage des richtigen Angriffsballs. Auch hier hast du in der Offensive natürlich wieder jede Menge Möglichkeiten und schlussendlich ist es auch wichtig, ob du überhaupt noch einen Volley spielen willst. Spielt dein Gegenspieler einen kurzen Ball, so geht es zunächst mal wieder um die Risikosteuerung. Wie viel willst du mit deinem Angriffsschlag riskieren und was willst du erreichen? Es gibt Spieler, die aus diesen Situationen immer einen direkten Winner versuchen oder einen Punkt erzwingen wollen. Diese Spieler müssen die sogenannten Angriffsschläge vor allem hart und wenn möglich auch noch genau spielen. Diese Spielertypen sind zumeist Jugendspieler. Bumm! Winner! Aber aufgrund des höheren Risikos machen sie dabei auch verhältnismäßig viele Fehler. Die andere Möglichkeit besteht darin, den Ball zwar auch aggressiv zu spielen, aber vor allem zunächst einmal den eigenen leichten Fehler zu vermeiden und gleichzeitig den Ball auch so zu spielen, dass der Rivale diesen nicht mehr stark zurückspielen kann und du selbst einen einfachen Volley bekommst. Zur ersten Variante, dem direkten Winner, muss man eigentlich nicht viel sagen. Entscheidest du dich für diesen Schlag, so spielst du den Ball hart in eine Ecke, vorzugsweise cross, weil du diesen Ball bei gleicher Risikosteuerung härter (denn der Ball fliegt über die Mitte des Netzes – das dann niedriger ist – und die Distanz zur Grundlinie ist länger) spielen kannst. Bei Variante zwei hingegen müssen wir verschiedene Überlegungen anstellen:

Diese Variante ist eher ein Matt in zwei oder drei Zügen. Folgende Möglichkeiten hast du nun:

- Du entscheidest dich für einen Cross-Ball (siehe Abbildung 7). Nun gibt es zwei Optionen: einen schnellen Ball, dieser muss aber eigentlich fast schon ein Winner sein, denn für deinen Gegner ist die Longline-Seite komplett offen und du hast aufgrund der Geschwindigkeit deines Schlages keine Chance mehr, dein Feld vernünftig abzudecken. Die bessere Alternative ist ein langer, tiefer Slice (vor allem natürlich auf der Rückhandseite). Dieser Ball ist viel länger in der Luft und du hast mehr Zeit, in die optimale Position zu kommen.

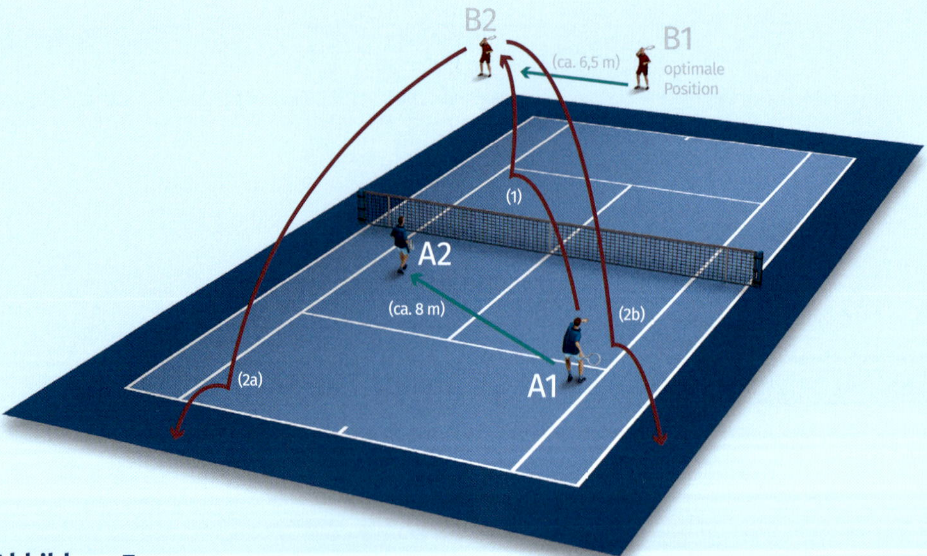

Abbildung 7

- Du spielst longline (Siehe Abbildung 8). Nun kannst du viel direkter zum Netz aufrücken, da du nicht so weit seitwärts laufen musst. Diese Option halte ich persönlich wegen der besseren Feldabdeckung für besser als den Cross-Angriffsball. Unbedingt sollte aber auch immer wieder mal zur Variation der Angriffsball cross gewählt werden beziehungsweise cross auf Winner gegangen werden.

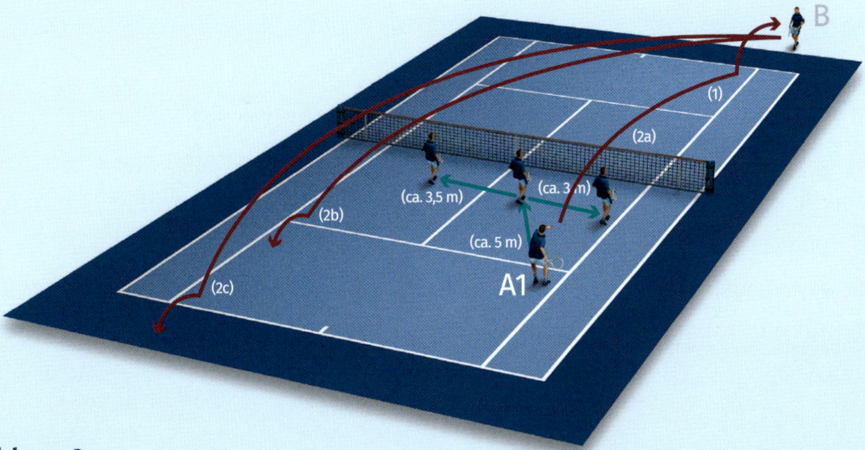

Abbildung 8

- Du gehst mit einem Ball durch die Mitte ans Netz. Dies würde ich aber auch nur mit einem relativ zentralen Angriffsschlag tun. Der große Vorteil ist natürlich, dass dein Gegner keinen Winkel hat plus dein Ball wird nicht ins Seitenaus gehen. Allerdings ist der Nachteil, dass er eben aus dem Stand schlagen kann und sich nicht viel zur Seite bewegen muss.
- Selbstverständlich hängt dein Angriffsball vor allem auch von der Position des Gegners ab. Diese und auch seine schwache Seite musst du unbedingt mit einbeziehen.

Kommen wir nun abschließend zu den Passierschlägen. Hier geht es auch wieder darum, für welchen Schlag du dich entscheidest. Dies ist vor allem abhängig von deiner eigenen Position wie auch von der Position deines Gegners und natürlich auch von den Volleyqualitäten deines Kontrahenten. Zunächst einmal möchte ich auf zwei Fehler eingehen, die ich immer und immer wieder beobachte. Und zwar spielt Angriffsspieler XY einen durchschnittlichen langen Angriffsschlag und folgt diesem in Richtung Netz, kommt aber gerade mal bis zur Aufschlaglinie. Passierballspieler Z aber versucht nun einen direkten, harten, geraden Passierball, der dann auch oftmals misslingt. Das Problem dabei ist, dass Z ungeduldig ist (oder vielleicht auch hektisch, weil XY zum Netz stürmt) und gleich den Punkt erzielen will. Besser wäre es, dem angreifenden Gegenüber den Ball auf die Füße zu spielen. Je nach seitlicher Präzision kann auch dies ein Gewinnschlag werden, aber wenn es keiner ist, so muss der Gegner doch zumindest einen tiefen, schwierigen Volley spielen. Und der nächste Vorteil ist, dass der Ball hinten nicht ins Aus segeln wird.

Hauptfehler Nummer zwei besteht darin, dass oftmals Spieler mit wirklich schlechten Volleys zum Netz gehen, deren Gegenüber aber trotzdem diese unbedingt passieren möchten. Warum? Wieso lässt du deinen Gegner nicht einen Volley spielen? Er wird diesen wahrscheinlich nicht im Feld unterbringen. Das funktioniert natürlich nur, wenn der Gegner kein guter Volleyspieler ist. Aber falls dieser Fall eintritt, dann gibt es keinen Grund, unnötig Risiko einzugehen. Lass deinen Rivalen den Volley spielen. Am besten spielst du ihm natürlich direkt vor die Füße. Was ist ansonsten noch zu beachten?

Grundsätzlich gibt es wieder zwei Szenarien

- Erstens, dein Gegner ist noch etwas weiter weg vom Netz: Hier bietet sich ein kurzer Schlag in die Beine des Gegenübers an. Das muss kein direkter Gewinnschlag sein. Dieser Schlag muss auch nicht hart sein. Longline reicht es, solide zwischen T- und Grundlinie zu zielen. Cross oder mittig sollte unbedingt ins Aufschlagfeld gezielt werden. Wichtig ist es, dem Ball Spin zu geben, damit er sich absenkt. Im Prinzip ist das auch wieder ein Matt in ein bis zwei Zügen. Gelingt dir der Schlag, kann es natürlich sein, dass der Gegner den Ball gar nicht bekommt oder auch mit dem tiefen Volley oder idealerweise Halbvolley (was noch schwieriger für ihn ist) den Fehler macht. Macht er keinen Fehler, muss er den Ball anheben und nach oben spielen und du erhältst in der Regel eine zweite Chance – zumeist auch eine bessere als bei deinem letzten Schlag. Der Gegner dürfte nun aber weiter aufgerückt sein und näher am Netz stehen, was uns zum …
- … zweiten Szenario führt: Der Gegner ist näher am Netz. Nun kannst du keinen Schlag mehr in die Füße spielen (naja, vielleicht schon, aber es gibt weit bessere Optionen). Steht der Gegner nahe am Netz, sind die besten Optionen harte Schläge oder ein Lob. Je näher deine eigene Position am Netz ist, desto eher bietet sich ein harter Schlag an. Dein Gegenüber rückt nahe ans Netz auf, du kannst den Ball aber zwei Meter im Feld spielen, so ist ein harter Schlag die beste Lösung (Ausnahme: Der Ball ist sehr tief, unter Kniehöhe). Bist du dagegen zum Beispiel zwei bis drei Meter hinter der Grundlinie und dein Rivale steht mit dem Bauchnabel am Netz, so ist der Lob dem harten Ball vorzuziehen (es sei denn, du schlägst so hart wie Del Potro).

Abraten würde ich von Topspinlobs (auch hier gibt es sicher wieder Ausnahmen von der Regel), wenn du innerhalb des Spielfeldes stehst. Grundsätzlich gilt: Je weiter hinten du stehst, desto sinnvoller ist ein Lob. Und noch ein kurzer Tipp zum Lob: Kürzlich habe ich Folgendes gelesen: „Der erfolgreiche Lob soll hoch und lang gespielt werden; je senkrechter er fällt, desto schwieriger ist es zu schmettern." Diese Aussage mag für einen Defensivlob der mit Slice gespielt wird, durchaus richtig sein, denn dadurch gewinnst du auch wieder Zeit. Spielst du allerdings einen offensiven Topspinlob, so sollte dieser unbedingt verhältnismäßig flach sein. Er muss gerade so hoch getimed sein, dass dein Gegenspieler ihn nicht mehr schmettern kann. Das Ziel eines erfolgreichen Lobs sollte ja sein, dass der Kontrahent diesen eben nicht schmettern kann. Und spielst du den Ball hoch, so springt er aufgrund seines sehr senkrechten Einflugwinkels nicht schnell genug nach hinten ab und der Gegner kann ihn noch erlaufen. Gehen wir davon aus, dass dein Gegner 1,80 m groß ist, seinen Arm strecken kann und dazu noch seinen knapp 70 cm langen Schläger als Verlängerung seines Arms hat. Dazu kann er noch hochspringen und dürfte somit eine Höhe zwischen 3,50 m und 4,00 m erreichen. Nun solltest du den Lob so timen, dass er knapp über ihn segelt. Also zwischen fünf und sechs Meter dürften ausreichend sein. Der Lob muss keine acht oder neun Meter hoch sein. Denn je höher der Lob gespielt wird, desto länger ist dieser in der Luft und desto mehr Zeit hat dein Gegner, um zu reagieren. Beim Lob kommt es vor allem auch auf den Zeitpunkt an, zu dem du diesen spielst, nämlich wenn der Gegner nah am Netz steht oder eine sehr schnelle Vorwärtsbewegung macht. Ein qualitativ gut gespielter Topspinlob ist verhältnismäßig flach (beinhaltet demnach auch das Risiko, dass er zu niedrig ist und vom Gegner geschmettert werden kann) und hat viel Topspin (damit er sich absenkt). Der gute Spieler hat es im Gefühl, wie flach er ihn spielen kann. Im Übrigen soll der Lob seinen höchsten Punkt unmittelbar über deinem Kontrahenten haben. Im Gegensatz dazu kannst du den Defensivlob schon etwas höher spielen, aber auch hier gilt: Kommst du mit dem Lob über deinen Gegner drüber, so ist es vorteilhafter, wenn er flacher gespielt wird. Im Übrigen kannst du nach einem gut gespielten Lob, den dein Gegenspieler nicht schmettern kann, auch gut zum Netz aufrücken.

Zudem würde ich dir anraten, nicht unbedingt mit einem Slice zu passieren, denn dieser Schlag hat schlicht zu wenig Power. Kommen wir noch ganz kurz zur Richtung der Passierbälle. Hier gilt für mich vor allem, dass du die Richtungen variieren solltest: also mal cross, mal longline. Zu viele Spieler passieren richtungstechnisch immer gleich, was sie dann berechenbar macht. Eine Regel gibt es aber auch hier für mich. Und zwar solltest du longline passieren, wenn dein Gegner cross angreift, vor allem wenn er einen schnellen Angriffsball spielt. Denn er wird Probleme mit der Feldabdeckung bekommen.

Fazit Angriffsbälle/Passierbälle

Für den Übergang zum Netz gilt:

- Du solltest natürlich selbst in der Offensive sein.
- Der Weg zum Netz sollte nicht zu weit sein. Es ist nicht sinnvoll, aus einer Position drei Meter hinter der Grundlinie zum Netz zu stürmen. Das Niemandsland sollte so schnell wie möglich durchlaufen werden.
- Du solltest hohe, langsame Bälle auch gerne als Topspinvolley annehmen. Vor allem für Bälle hinter der T-Linie ergibt dies Sinn. Voraussetzung aber sollte sein, dass der Ball zumindest über Hüfthöhe ist und du genug Zeit für die Vorbereitung (Ausholbewegung) hast.
- Du solltest eher longline als cross angreifen, und wenn du doch cross angreifst, dann mit einem langen Slice.
- Du solltest mit einem gezogenen Cross-Ball auf Winner gehen. Denn du kannst dein Feld nach diesem Schlag nur noch unzureichend abdecken und bist sehr anfällig für einen Longline-Passierschlag.
- Aus der Mitte kannst du auch einen mittigen, langen Angriffsball spielen. Dein Gegner hat dann keinen Winkel.

Bei den Passierschlägen solltest du die Position des Angriffsspielers beachten

- Ist diese noch recht weit hinten, solltest du ihm den Ball kurz in die Füße spielen. Gehe hier nicht zu großes Risiko ein.
- Hat sich der Angreifer schon nah am Netz positioniert, bietet sich ein harter und gerader Schlag an oder auch ein Lob. Je weiter hinten du stehst, desto sinnvoller ist der Lob. Spielst du einen Offensivlob, so spiele diesen gerade so hoch, dass dein Gegner diesen nicht schmettern kann.
- Greift dein Gegenspieler cross an, so passierst du longline (auch hier gibt es sicher Ausnahmen von der Regel).
- Auch gilt noch zu beachten, dass du deinem Gegenspieler ruhig auch einen Volley zugestehen kannst, falls er am Netz Unsicherheiten hat. Du musst nicht sofort den Punkt gewinnen. Ein Volleyfehler deines Gegenübers bringt dir genauso einen Punkt wie ein spektakulärer Winner.

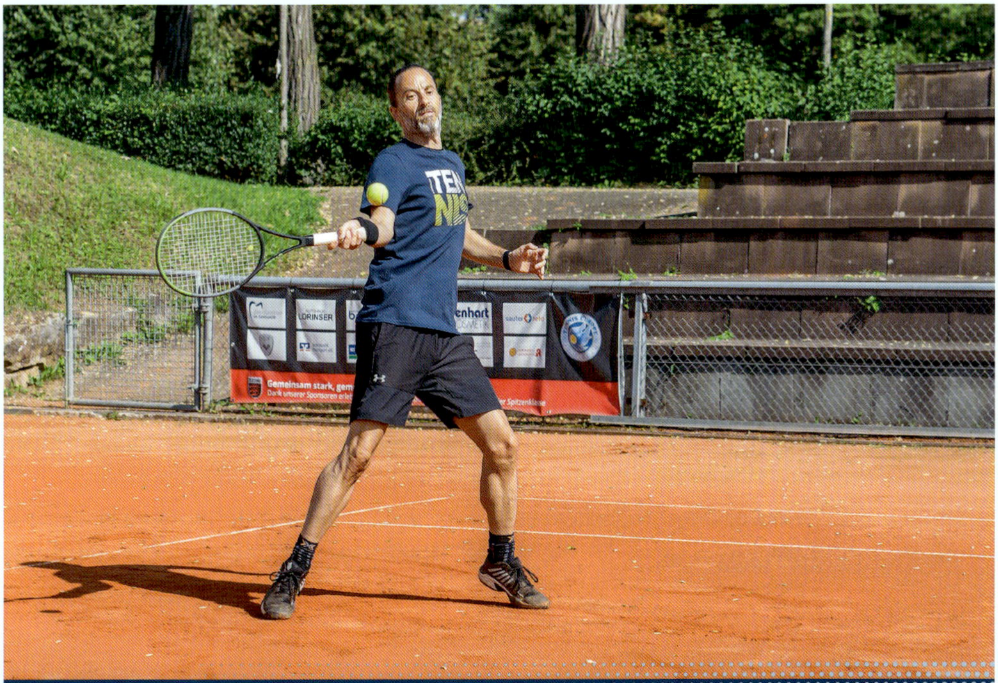

Ein Angriffsball sollte stets entschlossen gespielt werden.

Praktische Übungen

Ich möchte die Übungen hier etwas unterteilen. Und zwar in aggressive Angriffsschläge, die den Punkt direkt beenden sollen, Angriffsschläge, die ein Volleyspiel forcieren sollen, und Passierbälle, in denen der Gegner nah am Netz steht beziehungsweise sich noch weit weg von diesem befindet. Manches sind natürlich Mischformen.

Winner schlagen

Ausführung

Der Angriffsspieler A bekommt einen kurzen Ball angespielt. Er soll einen direkten Winner versuchen beziehungsweise einen Punkt erzwingen. Es werden Punkte ausgespielt, wobei B für jeden Fehler von A zwei Punkte erhält. Bringt Defensivspieler B den Ball zurück, geht der Ballwechsel auch direkt an ihn, allerdings nur ein Punkt. Schafft es B nicht, den Ball zurück ins Spielfeld zu bringen, so erhält A den Punkt.

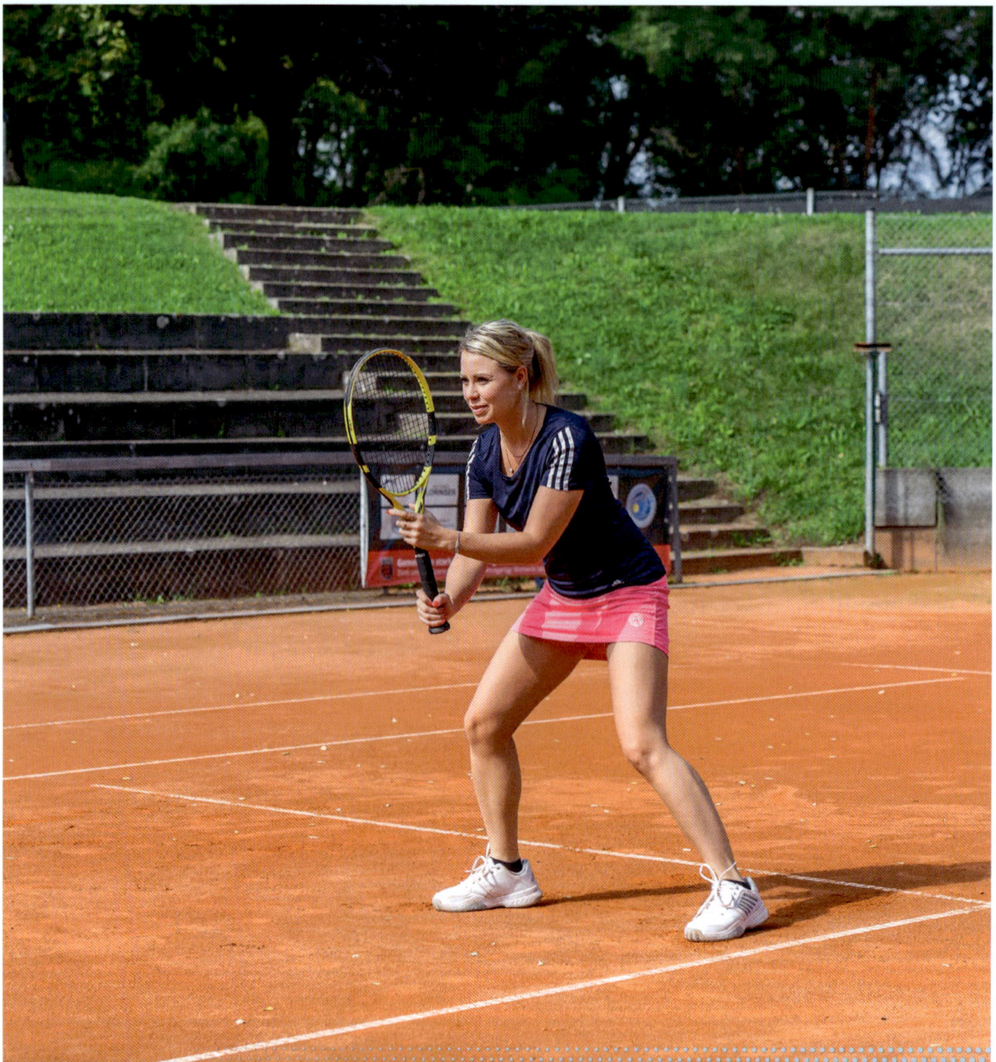

Der Split Step und ein tiefer Körperschwerpunkt zeichnen gute Netzspielerinnen aus.

Ziel

Diese Übung ist ganz auf A zugeschnitten. Das Ziel ist natürlich, dass Spieler A so aggressiv wie möglich spielt, ohne wild in der Gegend rumzuschießen. Diese Übung eignet sich vor allem für Spielertypen, die mit dem kurzen Ball direkt punkten und nicht mehr den Umweg über den Volley gehen wollen. Ein Nachteil der Übung ist (vor allem für B) der fehlende Spielrhythmus. Aber Spielrhythmus ist auch nicht das Ziel dieser Übung.

Varianten

- Das Anspiel kommt in die Mitte.
- Anspiel erfolgt nach außen und A muss sich zwischen einem Cross- und Longline-Ball entscheiden.
- Das Anspiel erfolgt ebenfalls nach außen. Spielt A einen Cross-Winner, erhält auch er zwei Punkte. Spielt er longline, so muss er nicht zwingend einen Winner schlagen, sondern der Punkt wird weiter ausgespielt.

Angriffsschlag +1 (+2)

Ausführung

Der Angriffsspieler A bekommt einen kurzen Ball angespielt. Er soll nun einen aggressiven Angriffsball spielen, aber diesen dennoch relativ sicher. Verschlägt er den Angriffsball, bekommt der Defensivspieler B zwei Punkte. Ansonsten wird der Punkt weiter frei ausgespielt. A hat jedoch die Aufgabe, unbedingt nach dem Angriffsschlag zum Netz aufzurücken, um im Idealfall noch einen Volley zu spielen.

Ziel

Hier ist das Ziel der Übung nicht der direkte Winner. Ihr Hauptziel ist es, den Ball verhältnismäßig sicher zu spielen, aber trotzdem aggressiv – im Idealfall so, dass das Gegenüber nicht mehr gut zum Ball steht und mit einem sehr defensiven Ball antworten muss. Es soll möglichst häufig zumindest noch ein Volley gespielt werden. Die Netzsituation soll simuliert werden.

Varianten

- Das Anspiel kommt in die Mitte.
- Das Anspiel erfolgt nach außen und A muss sich zwischen einem Cross- und Longline-Ball entscheiden. Hier sollte A vor allem den Angriffsball longline häufiger wählen. Für einen Longline-Ball kann er zwei Punkte gewinnen, bei einem Cross-Ball nur einen Punkt.
- Der Angriff erfolgt mit einem Slice.
- Der Angriff erfolgt mit einem Topspinvolley zwischen T-Linie und Grundlinie.

Passierballsituation eins

Ausführung

Nun bekommt Defensivspieler B das Anspiel. Der Trainer spielt den Ball so an, dass B zum Ball laufen muss. Gleichzeitig rückt Angriffsspieler A nach vorne zum Netz. Der Trainer soll sein Anspiel so timen, dass A sich in Höhe der T-Linie befindet. B versucht, den Ball in die Füße von A zu spielen. Danach wird der Punkt frei ausgespielt.

Ziel

Hauptziel des Passierballspielers B ist es, den Ball kurz vor die Füße von A zu spielen, sodass dieser entweder den Ball als sehr tiefen oder noch besser als Halbvolley spielen muss.

Varianten

- Das Anspiel kommt in die Mitte.
- A bekommt das Anspiel und soll mit einem Slice angreifen. Wichtig hierbei ist es, dass das Anspiel so lange ist, dass A nicht zu nah zum Netz aufrücken kann, denn B soll ja die Möglichkeit bekommen, einen Ball in die Beine zu spielen.
- Die Vorgabe für B ist, den Ball immer kurz und cross zu spielen.

Passierballsituation zwei

Ausführung

Volleyspieler A wird angespielt und spielt seinen ersten Volley in Höhe der T-Linie lang in die Mitte und rückt dann nahe zum Netz auf. B soll nun eine geeignete Lösung finden.

Ziel

Das Ziel von B ist es, den Ball entweder sehr hart zu schlagen, um A die Reaktionszeit zu nehmen, oder alternativ mit einem Lob (am besten einem Topspinlob) zu antworten. Je schlechter B steht, desto eher sollte er in Richtung Lob tendieren.

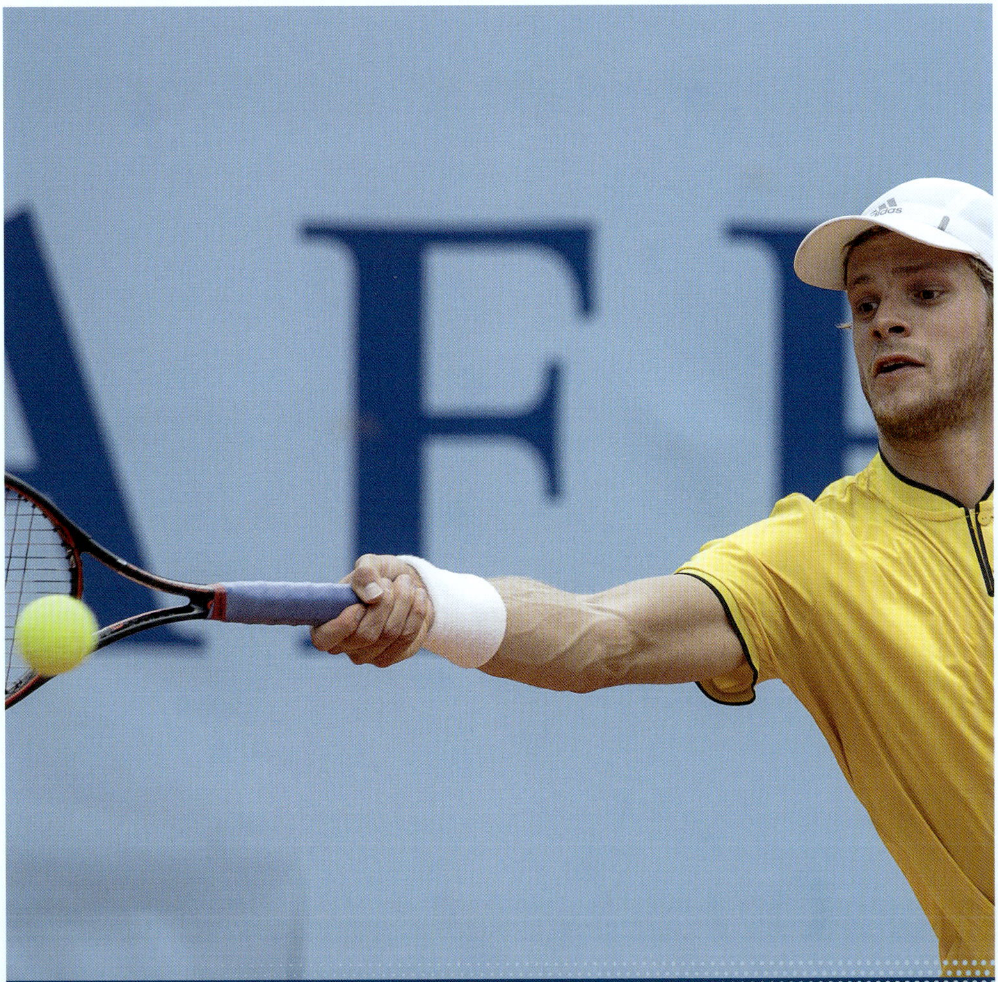

Beim Passierball in voller Streckung benötigt der Spieler eine starke Unterarmmuskulatur.

Varianten

- A spielt den Volley in eine vorgegebene Richtung, die B kennt, also nicht in die Mitte, sondern zum Beispiel in die Rückhandecke.
- A befindet sich nahe am Netz und diesmal bekommt B vom Trainer das Anspiel. Auch hier soll er wieder eine der beiden Lösungen, harter Schlag und Lob, wählen.

– KAPITEL 17 –

Die Geometrie des Platzes

TENNIS-FACTS ....

Abstand Grundlinie zu Grundlinie 23,77 m, Länge Diagonale 25,15 m

Die Geometrie des Platzes

Die meisten Tennisspieler kennen die genauen Maße des Platzes nicht und spielen auch entsprechend. Sie wissen nicht, dass die Diagonale 1,38 m länger ist oder das Netz außen 15,6 cm höher ist als in der Mitte. Dies erscheint auf den ersten Blick natürlich nicht viel. 15,6 cm! Aber wenn du gegen einen gleichwertigen Gegenspieler antrittst, machen diese Kleinigkeiten oft den entscheidenden Unterschied aus. Wie oft hört man Spieler fluchen: „Im entscheidenden Moment habe ich den Ball 10 cm hinter die Grundlinie gesetzt, und beim nächsten Punkt trifft er die Linie." Oder: „Schon wieder ein Netzroller, und meine Bälle bleiben alle an der Netzkante hängen." In engen Matches entscheiden eben oftmals Nuancen über Sieg oder Niederlage. Diese Kleinigkeiten können dafür sorgen, dass enge Matches vielleicht etwas klarer werden (zu deinen Gunsten) und aus einer knappen Niederlage vielleicht ein knapper Sieg wird.

Viele Spieler wissen auch nicht, dass das Netz im Verhältnis höher ist, wenn man drei Meter vom Netz entfernt einen tiefen Ball ein paar Zentimeter über dem Boden spielt, im Vergleich zum gleichen Ball in derselben Höhe, wenn man sich an der Grundlinie befindet. Selbst die meisten wirklich sehr guten Spieler wissen diese Dinge nicht oder machen sich darüber wenige Gedanken. Allerdings handeln sie aufgrund ihrer reichhaltigen Erfahrung zumeist intuitiv richtig, geben auf den kurzen und tiefen Ball mehr Spin oder spielen diesen mit einem unterschnittenen Ball und mit etwas weiter geöffneter Schlagfläche zurück. In jedem Fall verlässt der kurze Ball aus dem Beispiel ihren Schläger mit steilerer Flugkurve nach oben als der tiefe Ball, der an der Grundlinie ist.

Wenn du über die Platzgeometrie Bescheid weißt, kannst du taktisch klüger handeln. Was aber ist zu beachten?

Erstens: die Länge des Platzes (Grundlinie zu Grundlinie: 23,77 m) im Verhältnis zur Netzhöhe (zwischen 91,4 cm in der Mitte und 107 cm außen). Viele Spieler haben Probleme mit den sogenannten Angriffsbällen, also relativ leichten, kurzen Bällen, die man deutlich innerhalb des Platzes, teilweise sogar innerhalb des Aufschlagfeldes schlagen kann. Was bei professionellen oder semiprofessionellen Spielern in der Regel ein sicherer Punkt ist, daran verzweifeln viele Klubspieler. Wie oft habe ich schon von Spielern gehört, dass sie diese verflixten Bälle nicht mit einem Gewinnschlag abschließen können oder auch, noch schlimmer, diese gar reihenweise verschlagen.

Aber wieso?

Dies hat ziemlich sicher mit der Platzgeometrie zu tun. Diese Spieler sind es gewohnt, den Ball von Grundlinie zu Grundlinie zu schlagen. Ihre Schläge sind auf eine Schlaglänge von ungefähr 18 m (der Ball wird leicht innerhalb des Feldes genommen und man hält ein bis zwei Meter Sicherheitsabstand zur gegnerischen Grundlinie ein) bis ca. 28 m (Ball wird drei bis vier Meter hinter der Grundlinie gespielt und diesmal hält man keinen Sicherheitsabstand ein, sondern visiert die Grundlinie an) kalibriert. Im Mittel wird der Ball locker von der Grundlinie aus an die 20 m weit geschlagen.

Spielt der Spieler den Ball nun aber direkt auf der T-Linie, ist der Abstand zur gegnerischen Grundlinie über 18 m. Oftmals wird dann mit zu viel Schwung gespielt und der Ball landet dann knapp im Aus. Kommt dies häufiger vor, zieht der Spieler nicht mehr voll durch, was auch der falsche Weg ist, denn dies geht klar zu Lasten der Geschwindigkeit. Besser ist es, dem Ball mehr Topspin zu geben (unbedingt den Ball aber trotzdem flach halten), denn der Topspin drückt den Ball und verkürzt die Flugkurve. Bei sehr tiefen Bällen bietet sich noch der Slice an. Natürlich hängt der Angriffsball auch stark von der Höhe des ankommenden Balles ab. Ist er in Schulterhöhe, kannst du schon relativ gerade spielen. Immer wieder sieht man auf Klublevel aber auch Spieler, die versuchen, einen Ball, der nur wenige Zentimeter über dem Boden ist, hart und gerade über das Netz zu schlagen, und sich dann wundern, dass sie diese Bälle verschlagen. Dies geht rein physikalisch schon nicht. Deshalb ist es auch so wichtig, öfter mal im Aufschlagfeld und im Midcourt zu trainieren, denn da erlerne ich gefühlvolles Spiel und bekomme eine gute Einschätzung für verschiedene Schlaglängen.

Zweitens: die Breite des Platzes und die Ausnutzung des gesamten Raumes. Leider nutzt der Großteil der Spieler den kompletten Raum, der sich eigentlich bietet, nur sehr unzureichend. Schlaghärte gewinnt zunehmend an Bedeutung und ein harter, lang geschlagener Cross-Ball erscheint oftmals effektiver als ein gefühlvoller Kurz-cross-Schlag. Deshalb werden diese Bälle, genauso wie Stopps, oftmals auch weniger bis gar nicht trainiert. Aber gerade diese Schläge machen doch die ganze Schönheit unseres Sports aus. Sicher ist ein Vorhandwinner mit 150 km/h sehr spektakulär und beeindruckend anzuschauen. Aber man sieht sich auch sehr gerne die extremen Winkelbälle mit viel Spin von Nadal an, die extrem gefühlvollen nach außen gedrehten Stopps von Federer. Dies müssen nicht immer direkte Gewinnschläge sein, aber indem du den Gegner mit einem extrem diagonalen, kurzen Ball weit aus dem Feld treibst, öffnest du den Platz für einen oftmals einfachen

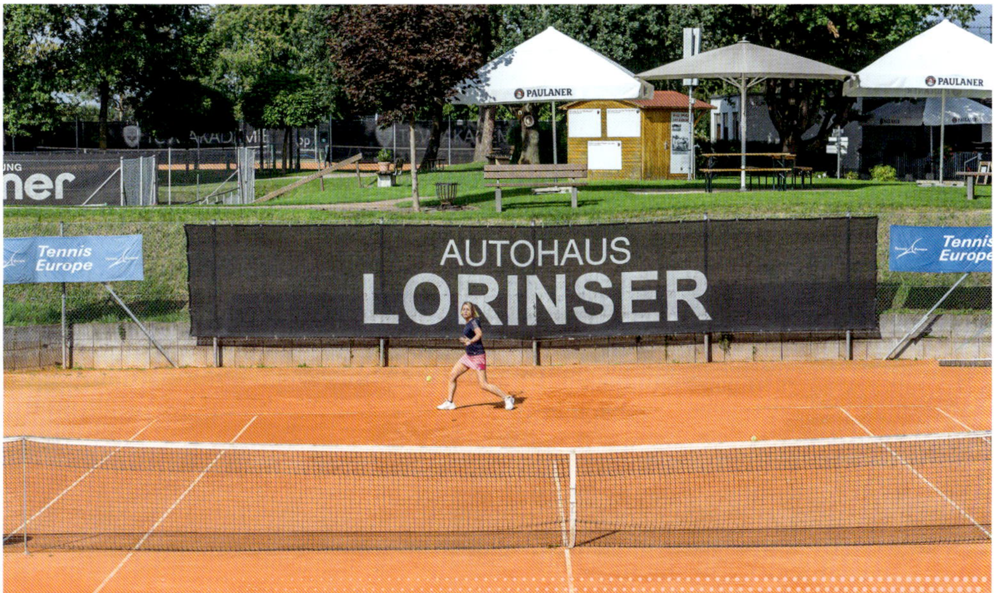

Viele Spielerinnen nutzen die Breite des Platzes und die Winkelmöglichkeiten nicht aus.

Winner mit dem nächsten Schlag. Ähnlich verhält es sich mit einem extremen Kickaufschlag des Rechtshänders von der Vorteilseite nach außen oder seitenverkehrt von der Einstandseite mit Slice weit nach links aus Sicht des Aufschlägers. Damit drängst du deinen Widersacher weit nach außerhalb des Feldes und hast den Platz geöffnet. Als Folge auf solche Schläge hast du dann viele Optionen, Spiel in den freien Raum oder in den Rücken des Gegenspielers, um nur mal zwei mögliche Varianten zu nennen. Aber Vorsicht! Je höher das Spiellevel ist, desto gefährlicher sind solche Spielzüge. Versuche einmal einen Kurz-cross-Ball gegen Nadal oder Djokovic … wenn sie den Ball erreichen, werden diese Spieler mit einem unerreichbaren Gegencross kontern oder den Ball in die freie Ecke longline hämmern. Auf diesem Level muss ein kurzer, diagonal geschlagener Ball zwingend ein Winner sein – oder zumindest deinen Rivalen so stark in die Defensive drängen, dass er den Ball wirklich nur noch irgendwie zurückspielen kann. Spielst du hingegen auf Klublevel, sind diese Bälle extrem effektiv. Die meisten Spieler sind es nicht gewohnt, den Ball außerhalb des Doppelfeldes zu schlagen, noch dazu aus dem Lauf und eventuell sehr tief und vielleicht ein bis zwei Meter vor der Grundlinie. Kontert ein Nadal aus dieser Situation mit einem perfekten und mit extremen Spin gespielten Gegencross oder Longline-Schuss, so wird der Ball auf Amateurlevel oft nur in die Mitte oder halbherzig cross oder longline gespielt. Die andere Seite ist frei und du kannst die Einladung annehmen und einen Winner in die freie Ecke platzieren. Gleiches gilt im Übrigen auch für den Stoppball. Auf Profiniveau (auch wenn der Stopp genau wie der Slice wieder eine kleine Renaissance erlebt) ist es ein extrem schwieriger Schlag. Warum? Weil die Profispieler einfach unglaublich schnell sind, Stoppbälle oftmals sehr früh erkennen und wenn sie an den Ball kommen, einfach sehr viele Optionen haben, auf diese Bälle zu reagieren. Können die Topspieler den Ball in Hüfthöhe oder darüber spielen, ist es ein fast sicherer Punkt. Tiefere Bälle sind etwas schwieriger, aber auch da bieten sich dem Topprofi noch genug Möglichkeiten. Deshalb ist es auf diesem Level so unglaublich schwer, mit Stoppbällen zu punkten. Anders sieht es im Kinder- und Jugendbereich, bei den Damen und bei den Senioren aus. Dort sind Stopps richtiggehende Waffen. Jugendliche Spieler sind zwar oftmals sehr flink, fühlen sich am Netz aber häufig unwohl und tun sich schwer mit kurzen Bällen, solange sie tief und unter Netzniveau sind. Senioren fühlen sich andererseits sicher nicht unwohl am Netz, sind aber häufig nicht mehr die schnellsten und überlegen sich zweimal, ob sie den kraftraubenden Sprint zu dem fiesen Stopp wagen sollen oder ihre Kraft besser sparen sollen. Bei den Damen ist es ähnlich wie bei den Jugendspielern, auch diese sind am Netz und mit tiefen Bällen in Netznähe zum Großteil alles andere als glücklich. Auch der tiefe Slice ist hier eine Option.

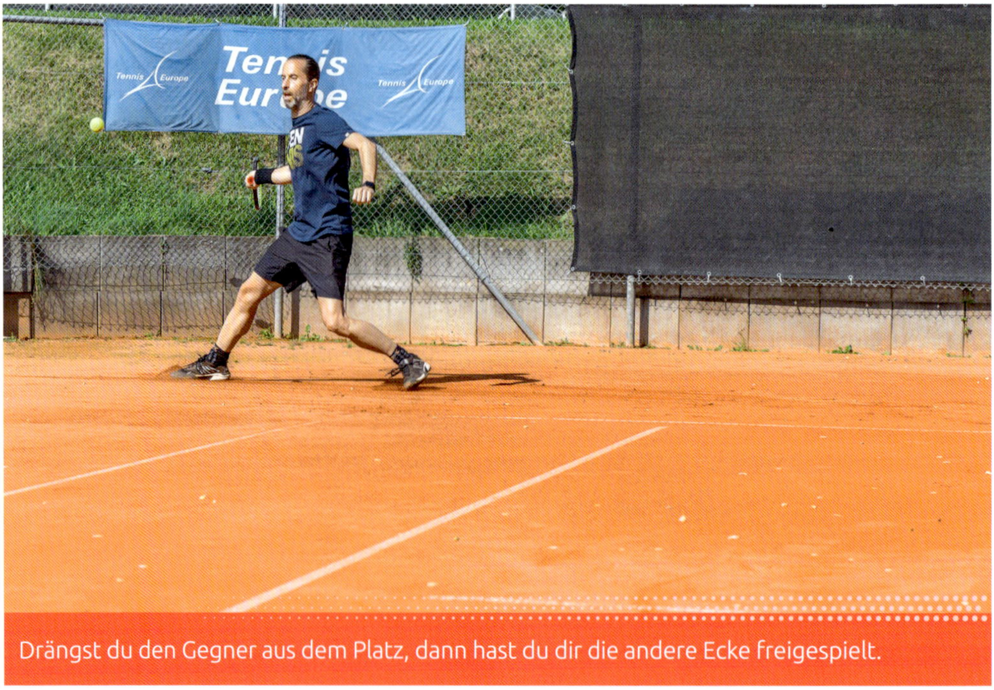

Drängst du den Gegner aus dem Platz, dann hast du dir die andere Ecke freigespielt.

Abschließend wären noch als Drittes die Laufwege zu erwähnen. Einer der Mythen im Tennis, den fast jeder Tennisspieler schon einmal gehört hat, lautet: „Nach jedem Ball zurück zur Mitte bewegen." Dies ist schlichtweg falsch. Man bewegt sich grundsätzlich zur Winkelhalbierenden. Die meisten Spieler machen dies intuitiv richtig, fragt man sie aber, so erhält man zur Antwort: „Immer zurück zur Mitte." Du wirst, wenn du dies beachtest, viel an unnötiger Laufarbeit einsparen. Auf höherem Level wird gar oftmals von der Vorhandseite noch viel mehr Raum freigegeben. Die Spieler spielen Rückhand cross oder Vorhand inside-out und warten zwei bis drei Meter in der Rückhandecke, um die nächste Rückhand besser umlaufen zu können.

Nun noch kurz ein paar Zahlen

- 8,23 m – die Breite des Spielfeldes. Spielst du also zwei Bälle exakt longline, muss der Gegner diese Strecke zurücklegen. Da der Spieler nicht direkt zum Treffpunkt laufen muss, da er ja den Arm austrecken kann und auch der Schläger eine gewisse Länge hat, wird er ungefähr sechs Meter laufen müssen.

- Circa 13 m – ist die Distanz zwischen den beiden Treffpunkten deines Gegners, wenn du zwei Kurz-cross-Bälle in Folge spielst (dein Gegner kontert den ersten mit einem Longline-Ball), er muss also wiederum ungefähr zehn bis elf Meter laufen (da ja Armlänge und Schlägerlänge dazukommen).

- Circa 14 m – ist die Distanz, wenn du einen extremen Kurz-cross-Ball spielst, den der Gegner einen Meter außerhalb des Doppelfeldes in Höhe der T-Linie cross zurückspielt, und auf der Seitenlinie stehend exakt lang longline antwortest. Der Gegner läuft schräg zurück und gerät stark unter Druck und kann den Ball erst vier Meter hinter der Grundlinie schlagen. Auch hier wird die Laufdistanz wieder zwischen elf und zwölf Meter betragen.

- Circa 17 m – in diesem Fall spielst du einen langen Cross-Ball mit der Rückhand oder einen Inside-out-Ball mit der Vorhand, der deinen Gegner drei Meter hinter die Grundlinie und gleichzeitig drei Meter außerhalb des Feldes auf seine Rückhandseite drückt. Anschließend spielst du einen guten Stopp in die andere Ecke, den er 1,50 Meter weg vom Netz noch erreichen kann oder auch nicht. Auch hier der Laufweg wieder etwas kürzer als die Distanz der Treffpunkte.

Dies waren jetzt einige krasse Beispiele, die so sicher nicht oft im Match vorkommen. Vielen Spielern fehlen aber schlicht die Ideen für solche Spielzüge.

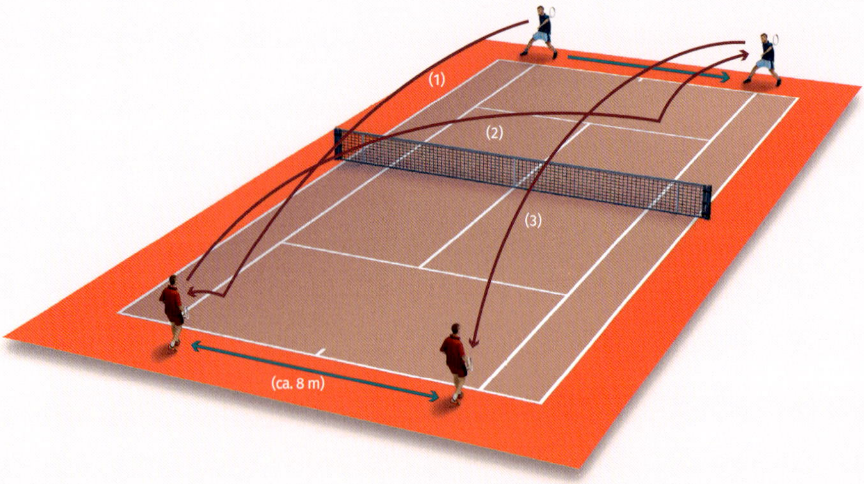

Abbildung 9

Im heutigen Tennis auf Weltniveau werden die meisten Punkte durch erzwungene Punkte erzielt. Bei den Herren sind dies 41 % der Punkte, im Vergleich dazu sind es 32 % durch Winner und 27 % durch Fehler. Bei den Damen der WTA sind die Werte zwar verschieden, aber auch da dominieren mit 37 % die erzwungenen Punkte. Auf der anderen Seite stehen die Winner bei 29 % und die Fehler bei 34 %. Beide Geschlechter punkten also am meisten durch die Erzeugung einer zwingenden Situation. Wie aber kann ich einen Punkt erzwingen?

Natürlich indem ich den Ball hart schlage und der Gegner diesen Ball nicht mehr richtig timen kann und spät am Ball ist, auch wenn er sich vielleicht wenig bewegen muss. Das Paradebeispiel hierfür ist der Body-Serve, also der Aufschlag auf den Körper. Der Körperaufschlag wird selten ein Ass sein, aber er kann häufig nur noch sehr schlecht oder gar nicht mehr returniert werden, weil der Gegner diesen zu nah am Körper trifft. Möglichkeit zwei, einen Punkt zu erzwingen, besteht darin, wenn der Gegner sehr schnell zum Ball hinrennen muss. Er steht also unter starkem Zeitdruck und ist infolgedessen oft erst spät am Ball. Daraus entstehen dann die technischen Notsituationen: später Treffpunkt,

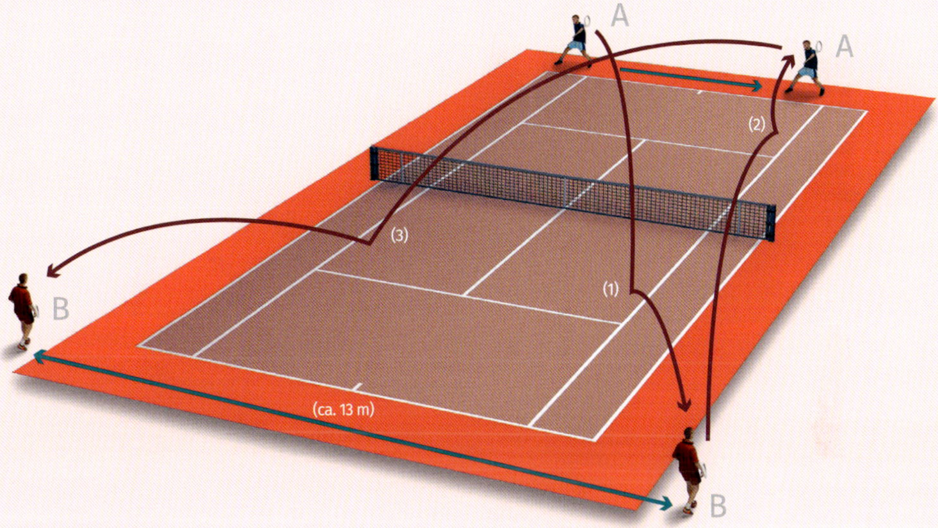

Abbildung 10

fehlende Stabilität, mit dem Körper nicht mehr hinter dem Ball. Es ist erwiesen, dass Not- bzw. Drucksituationen häufiger entstehen, wenn der Gegner weite Strecken laufen muss. Der Sportwissenschaftler Karl Weber unterteilt drei Stufen von Zeitdruck:

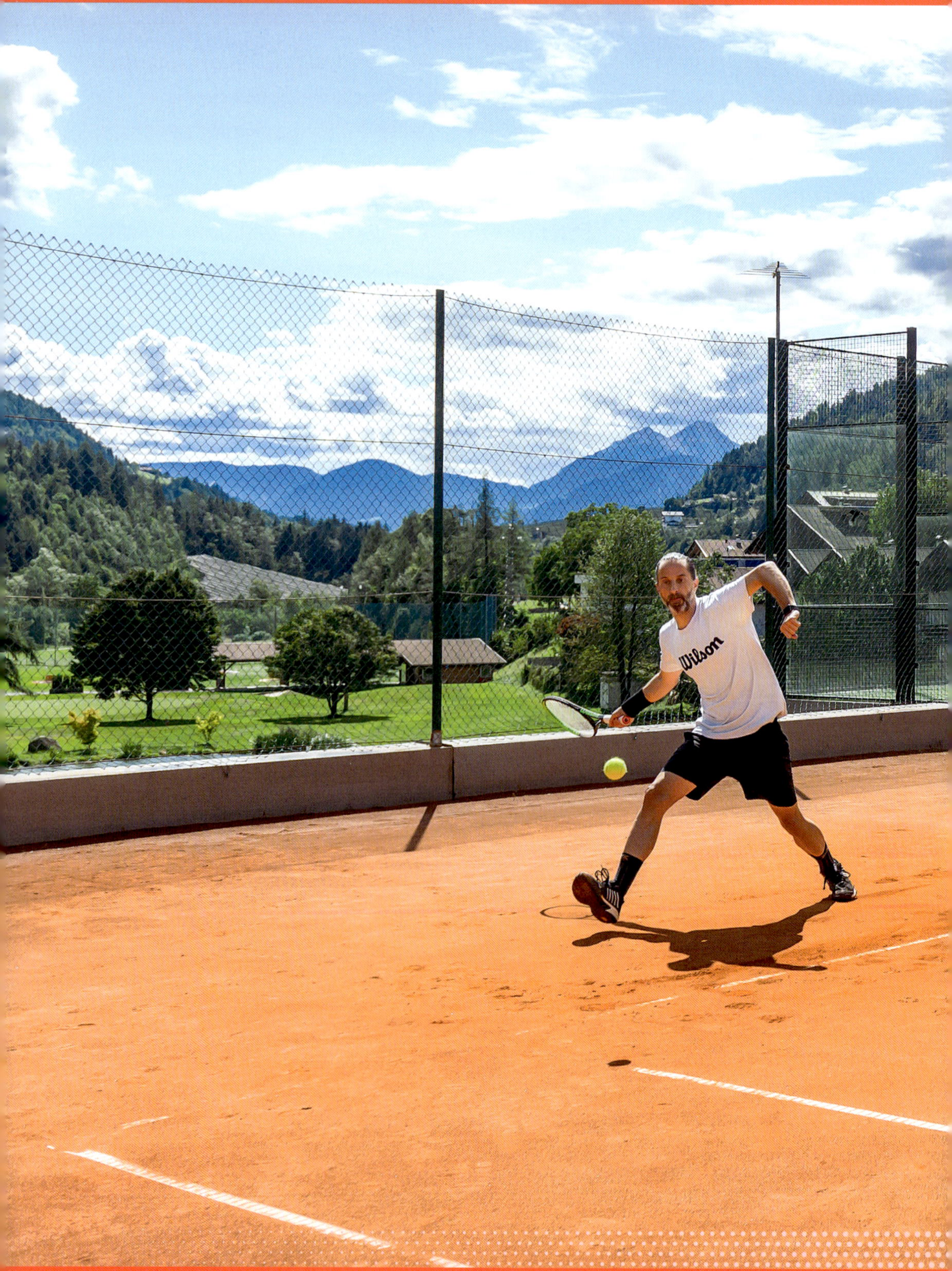

Der Spieler hat hohen Zeitdruck, da er den Ball nur noch im Vollsprint erreichen kann.

Stufe eins: erkennbarer bzw. klarer Zeitdruck – Oberkörper bewegt sich in Schlagrichtung, der Spieler benötigt nach dem Schlag einen weiteren Schritt zum Abfangen des Körpergewichts.

Stufe zwei: mittlerer Zeitdruck – Oberkörper bewegt sich unmittelbar nach dem Treffpunkt des Balles nicht mehr in Schlagrichtung.

Stufe drei: hoher Zeitdruck – Oberkörper bewegt sich unmittelbar nach dem Treffpunkt in Fortsetzung der ursprünglichen Laufrichtung.

Der Spieler muss bei Stufe drei sehr schnell unterwegs sein, das heißt, er hat einen eher langen Laufweg. Neben Schlaghärte kannst du den Gegner auch mit den oben beschriebenen langen Laufwegen sehr unter Druck bringen. Ein weiterer Vorteil dabei ist, dass die Punkte für deinen Gegner sehr anstrengend werden. Oftmals ist er beim Folgepunkt dann müde und macht nochmals einen leichten Fehler. Ich habe selbst sehr häufig schon erlebt und beobachtet, dass ein Spieler nach einem langen, anstrengenden Ballwechsel sehr früh im nächsten Ballwechsel einen leichten Fehler begeht. Was natürlich auch logisch ist, denn der Puls ist oben und man spürt die letzte kräftezehrende Rally noch.

Nun rate ich dir, wirklich den gesamten Tennisplatz auszunutzen, den Gegner bereits mit dem Aufschlag sehr weit aus dem Feld zu treiben, Kurz-cross-Bälle zu spielen, Stopps mit anschließenden Lobs. Dein Gegner muss in Bereiche laufen, in die er sonst nicht läuft, weil die meisten anderen diese Flächen nicht anspielen, und vor allem muss er viel laufen. Es ist immer frustrierend, wenn man mehr laufen muss als der Gegner und am Ende den Punkt auch noch verliert. Es kostet Kraft und raubt einem vor allem die Moral. Also nutze die gesamte Fläche des Tennisplatzes aus.

Nun gibt es aber auch Spieler, oftmals die sogenannten Konterspieler, die es lieben, wenn sie gejagt werden, wenn du sie weit außerhalb des Feldes treibst, sie kontern deine Kurz-cross-Schläge perfekt, sie erreichen jeden Stopp und beantworten diesen immer mit einer noch besseren Lösung. Triffst du auf einen solchen Rivalen, musst du natürlich anders spielen und auch das hat mit der Geometrie des Platzes zu tun. Denn dein Kontrahent scheint technisch in der Lage, die Platzgeometrie besser zu nutzen als du selbst. Spielst du einen Kurz-cross-Ball, beantwortet er diesen mit einem noch besseren Gegencross. Spielst du einen Stopp und hast die Idee, ihn im

Anschluss zu lobben oder zu passieren, liegst du wieder falsch, denn er ist rechtzeitig am Ball und spielt einen perfekten Gegenstopp, den du nicht erreichst. Natürlich darfst du in einer solchen Situation keine Winkelschläge oder Stopps probieren, sondern musst das Gegenteil tun! Spiele dann lange Bälle durch die Mitte, wenn möglich hart oder mit einem schnellen Topspin, um deinen Gegner nach hinten zu drängen. Stoppbälle und Kurz-cross-Bälle sind weit hinter der Grundlinie nicht wirklich effektiv und Winkelbälle aus der Mitte viel schwieriger als von außen. Gib deinem Gegenüber keine Möglichkeit, dich „auszuwinkeln".

Gleiches gilt im Übrigen auch für Angriffsbälle. Viele Spieler sind sehr gut darin, einen Passierball zu schlagen, wenn der Angriffsschlag in die Ecke kommt. Gehst du aber nach einem langen, tiefen Ball durch die Mitte zum Netz, fehlt dem Gegner der Winkel und schränkt seine Möglichkeiten extrem ein.

Fazit

- Nutze den gesamten Raum des Platzes aus und schicke deinen Gegner in Bereiche, die er gewöhnlich nicht anlaufen muss.

- Setze deinen Kontrahenten unter Druck, indem du dafür sorgst, dass er lange Strecken von acht oder mehr Metern zurücklegen muss.

- Gib guten Konterspielern keine Winkel und agiere hier mehr durch die Mitte.

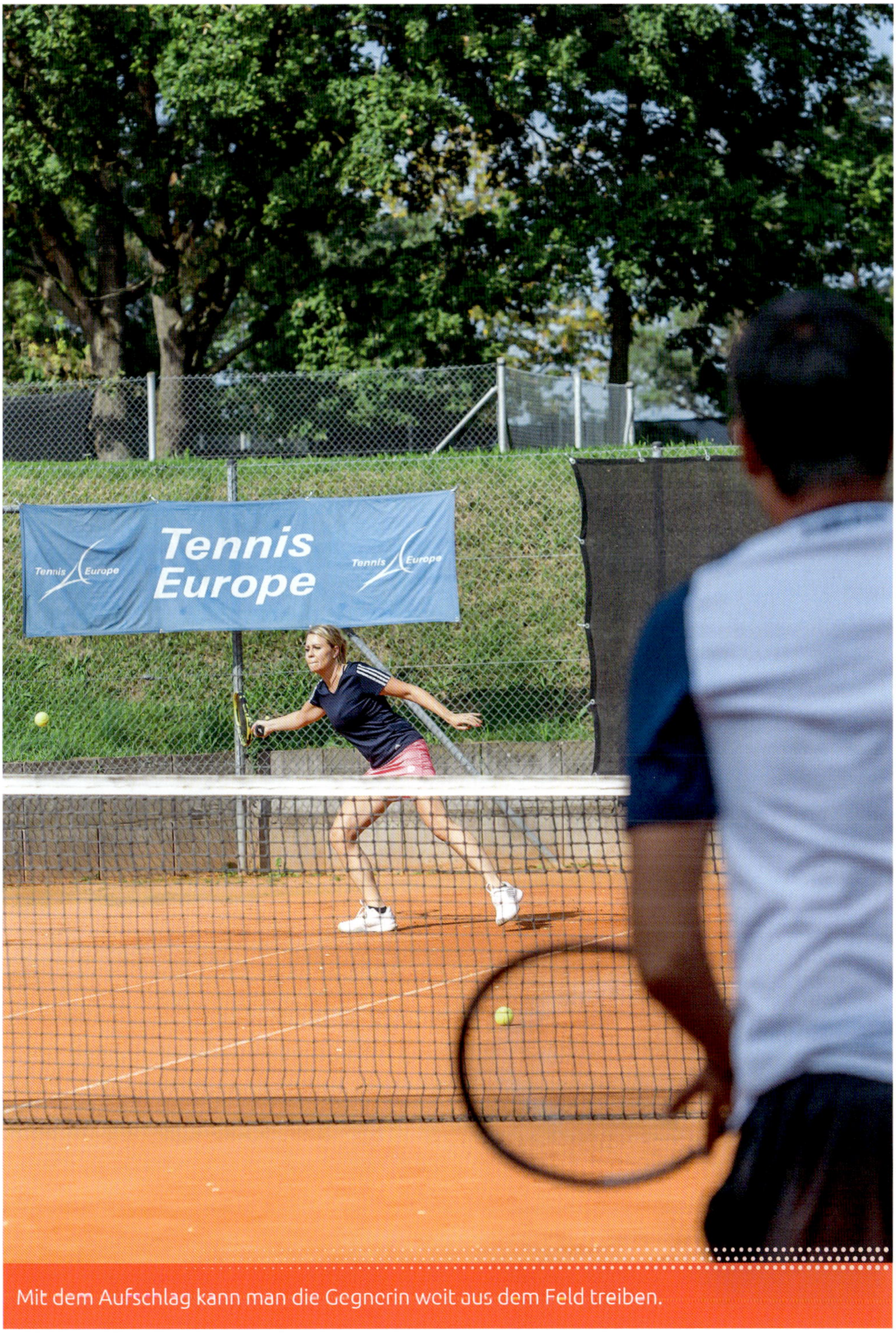

Mit dem Aufschlag kann man die Gegnerin weit aus dem Feld treiben.

Nun noch ein paar schöne Übungen, um das eben in der Theorie Erläuterte auch praktisch zu üben.

Praktische Übungen

Hosenträger spezial

Ausführung

Den herkömmlichen Hosenträger als Übungsform kennt wohl fast jeder Tennisspieler. Spieler A spielt alle Bälle longline, Spieler B spielt immer cross. Diese altbewährte Übung animiert immer beide Spieler zum ständigen Laufen, und man bekommt einen sehr schönen Rhythmus, da man immer weiß, wo der Ball als Nächstes hinkommen wird.

Hosenträger spezial ist etwas abgeändert, wie der Name schon vermuten lässt. Und zwar darf Spieler B, der cross spielt, nicht bis zur Grundlinie spielen, sondern das Feld von Spieler A ist zwei Meter verkürzt. Dies zwingt Spieler B ständig dazu, Kurz-cross-Bälle zu spielen.

Erlaubt sind nur Topspinschläge, keine Stopps, keine Slicebälle, keine Volleys.

Ziel

Training des Kurz-cross -Balles von Spieler B. Spieler A muss nun mehr laufen. Sein Trainingseffekt sind Schläge aus dem Lauf, Beinarbeit und Kondition.

Varianten

- A muss immer länger als die T-Linie spielen.
- Es wird ein Mittelkorridor gezogen (empfohlen werden je zwei Meter zu beiden Seiten von der Mitte aus), weder A noch B dürfen in diesen Mittelkorridor spielen.

Öffnen des Platzes mit Topspin

Ausführung

Spieler A startet in der Rückhandecke. Der Trainer oder Spieler B spielt den Ball weit in die Vorhandecke. Spieler A hat in unserer Übung nun zwei Möglichkeiten (im offenen Spiel natürlich viel mehr Optionen): Entweder er spielt den Ball kurz cross oder longline. Da das Ziel der Einheit das Öffnen des Platzes ist, soll A weit mehr Bälle kurz cross als longline spielen. Spielt er doch die Linie entlang, geht es gleich um drei Punkte. Spielt er nämlich einen Longline-Winner oder erzwingt mit dem Longline-Ball einen Punkt, so zählt das dreifach. Spielt B den Ball zurück oder A macht mit dem Longline-Ball den Fehler, so erhält B drei Punkte.

Spielt A kurz cross, so hat auch Spieler B zwei Optionen: B kann entweder einen kurzen Gegencross spielen oder lang und longline. Danach wird der Punkt ohne Vorgaben frei ausgespielt. Die Eröffnungsschläge sollen mit Topspin gespielt werden.

Ziel

Training des Kurz-cross-Vorhandballes sowie der Konter auf diesen Schlag.

Varianten

- Der Punkt wird nach dem Longline-Ball frei ausgespielt.
- Spieler B kann bereits mit seinem ersten Schlag frei wählen, wohin er spielt.
- Gleiches Spiel auf der Rückhandseite.

Bei beiden beschriebenen Übungsformen geht es um die gezielte taktische Anwendung der vorab beschriebenen Ausnutzung der Platzgeometrie. Ziel ist es, weite Laufwege zu kreieren und die Bälle im richtigen Moment einzusetzen.

– KAPITEL 18 –

Länge – aber wieso? Und warum auch kurze Bälle Erfolg bringen können

TENNIS-FACTS ....

Ca. 80 % der Schläge werden im Profitennis hinter die T-Linie gespielt, ca. 30 % ins hintere Viertel des Platzes

Länge – aber wieso? Und warum auch kurze Bälle Erfolg bringen können

Schlaglänge – Vor- und Nachteile

Jeder von uns hat von seinem Trainer oder anderen Spielern sicher schon Sätze gehört, wie: „Dir hat die Länge in deinen Schlägen gefehlt“, „Versuche, den Ball vor allem lang zu spielen“, „Sorg dafür, dass dein Gegner zu kurz kommt“ etc.

Aber weshalb ist es so wichtig, den Ball lang, also nah an der Grundlinie zu platzieren?

Zunächst einmal ist anzumerken, dass ein langer Ball (sofern man ihn technisch beherrscht) eigentlich kaum Nachteile bringt. Vorteile hingegen sind:

- Die Distanz zum Gegner wird größer. Platzierst du den Ball einen Meter vor der Grundlinie, kann dein Gegenspieler den Ball kaum im Feld schlagen (es sei denn als Volley oder Halbvolley, was aber beides technisch sehr anspruchsvoll ist und zudem ein gutes Auge erfordert). Ist die Distanz größer, ist auch die Strecke, die der Ball zurücklegen muss, weiter, und du hast bei gleicher Schlaggeschwindigkeit deines Gegenübers mehr Zeit zu reagieren. Kürzere Bälle hingegen kann der Gegner oftmals innerhalb des Platzes schlagen.
- Im Idealfall weicht der Kontrahent nach hinten aus und lässt sich deutlich hinter die Grundlinie fallen. Dies hat zur Folge, dass die Distanz zu deiner Spielfeldhälfte größer wird, das heißt, der Ball ist länger in der Luft und du hast noch mehr Reaktionszeit. Auch ist es weit hinter der Grundlinie deutlich schwieriger, nah an die Seitenlinie zu spielen.
- Umgekehrt muss ein langer Ball nicht zwingend in der Ecke sein. Auch ein langer Ball durch die Mitte ist gut, da er dem Gegner keinen Winkel bietet. Dies wäre dann allerdings ein neutraler Ball.
- Spielst du einen flachen, langen Ball ist dieser fast immer sehr druckvoll.
- Spielst du den Ball höher mit viel Topspin, so springt er sehr hoch ab und ist oftmals für den Gegner schwierig zu nehmen. Außerdem fliegt er verhältnismäßig hoch übers Netz und wird nicht in selbigem landen.

Wie gesagt gibt es in der Theorie erst mal kaum Nachteile bei langen Bällen. Es stellt sich natürlich die Frage, wieso nicht jeder Spieler versucht, den Ball unmittelbar vor der Grundlinie zu platzieren.

Wieso spielen die Topprofis nicht immer 20 cm vor die Grundlinie? Naja, schlussendlich hängt das eben auch immer vom Schlag des Gegners ab. Einen langsamen, angenehm abspringenden Ball kurz vor die Grundlinie zu setzen ist für einen technisch gut ausgebildeten Spieler nicht weiter schwierig. Musst du aber einen tiefen Slice deines Rivalen vom Boden kratzen, und dies eventuell noch aus vollem Lauf, so ist das dann schon eine andere Situation. Gleiches gilt für einen aggressiv hoch abspringenden Ball, den du in Schulterhöhe schlagen musst. Und beispielsweise gut platzierte, harte Aufschläge so lange zu returnieren, ist natürlich auch extrem schwierig.

Das Ziel eines jeden Spielers ist es eben auch, zu verhindern, dass du als Gegner so viel Länge in deine Schläge bringst und ihn somit auf Distanz halten kannst. Dazu gleich mehr. Aber welche weiteren Schwierigkeiten/Nachteile gibt es bei langen Bällen?

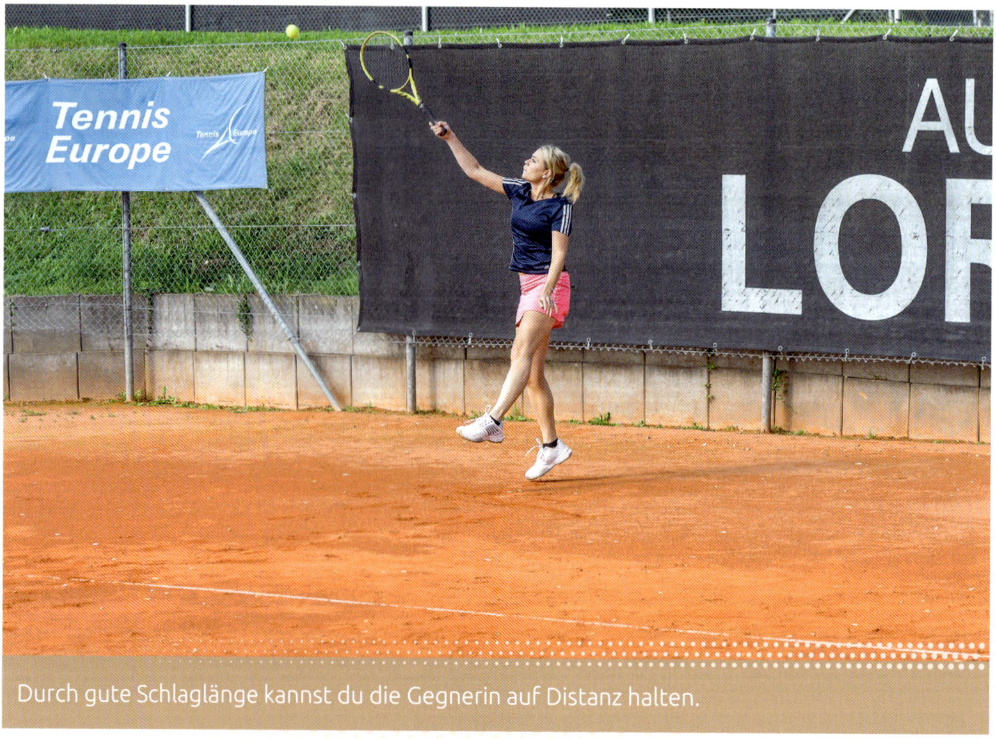

Durch gute Schlaglänge kannst du die Gegnerin auf Distanz halten.

- Es ist grundsätzlich technisch anspruchsvoll, den Ball zwei Meter oder weniger vor die Grundlinie zu spielen, denn wenn du ein bisschen zu viel Schwung und Kraft gibst, kann der Ball auch leicht hinter der Grundlinie landen.
- Noch schwieriger ist es, den Ball lang und gleichzeitig flach zu spielen. Wir alle kennen die drei Fehlerquellen, den Ball nämlich ins Seitenaus, ins Längenaus oder ins Netz zu schlagen. Gehst du mit deinen Schlägen nah an die Grundlinie, besteht immer die Gefahr, dass der Ball auch zu lange fliegt, spielst du zusätzlich noch flach und aggressiv, besteht auch noch die Gefahr, dass der Ball eben zu tief fliegt und im Netz landet. Du hast also gleich zwei mögliche Fehlerquellen in einem langen, flachen Schlag. Deshalb ist es ratsam, gerade wenn du hinter der Grundlinie stehst, den Ball mit etwas mehr Spin zu spielen und zumindest einen guten halben Meter Sicherheitsabstand zum Netz einzuhalten. Der Ball sollte sich, wenn er über das Netz fliegt, also mindestens eineinhalb Meter über dem Boden befinden.
- Ein letzter kleiner Nachteil ist, dass ein langer Ball keinen großen Winkel hat, also den Gegner nicht wirklich aus dem Feld treibt.

Abschließend sei festzuhalten, dass lange Bälle technisch schwierig zu spielen sind. Hierbei rede ich nicht von einem langen Ball, das bekommen die meisten Spieler hin. Aber einen Ball konstant fünf-, sechs-, siebenmal in Folge, auch aus defensiven Situationen heraus, ein bis zwei Meter vor der Grundlinie zu platzieren, ist für die meisten Spieler eine sehr anspruchsvolle Aufgabe. Probiere dies mit deinen Mannschaftskollegen oder Trainingspartnern ruhig einmal aus. Hierzu kannst du die Übungen am Ende des Kapitels austesten.

Mein Gegner spielt sehr lange – was ist zu tun?

Nun erhalten die meisten Spieler von ihren Trainern die Information: „Versuche, den Ball lang zu spielen." Was ist zu tun, wenn dies deinem Gegner nun aber tatsächlich ausgezeichnet gelingt? Welche Konsequenzen ergeben sich für dich? Welche Möglichkeiten hast du nun? Zunächst kommt es natürlich wieder auf dein technisches Repertoire und die Qualität der Schläge des Gegners an. Grundsätzlich gibt es zwei beziehungsweise drei Möglichkeiten:

- Den Ball ausspringen lassen. Das bedeutet, du lässt den Ball springen und bewegst dich (wenn möglich schon deutlich vor dem ersten Aufsprung) nach hinten und schlägst den Ball nach dem Kulminationspunkt (im Fallen). Das ist technisch mit Sicherheit die einfachste Möglichkeit. Ist der Schlag deines Gegners ein schneller, flacher Ball oder ein hoher Topspin, wirst du den Ball aber drei bis sechs Meter hinter der Grundlinie schlagen müssen. In dieser Position wirst du allerdings nicht die Möglichkeit haben, einen Winner zu schlagen, und es wird schwierig sein, wirklich Druck aufzubauen. Das Hauptziel sollte sein, einen neutralen, langen Schlag zu spielen. Du solltest dann eine Zielfläche hinter dem Aufschlagfeld deines Gegners anvisieren. Vermeiden solltest du Netzfehler und auch Fehler ins Seitenaus. Dadurch, dass der Ball ohnehin so lange in der Luft sein wird und dein Kontrahent daher viel Zeit haben wird zu erkennen, wohin der Ball fliegen wird, und auch sich entsprechend dorthin zu bewegen, bringt dir ein Ball auf die Seitenlinie verhältnismäßig wenig. Visiere wie gesagt die Grundlinie an und nicht die Seitenlinie. Ausnahme: Der Gegner geht ans Netz. Spielt der Gegner einen unterschnittenen oder gechippten Ball oder auch einen sehr langsamen Topspin, so macht es das Ganze deutlich einfacher. Denn nun kannst du den Ball auch ausspringen lassen, wirst aber maximal bis drei Meter hinter der Grundlinie stehen. Aus einer Position auf oder knapp hinter der Grundlinie kannst du natürlich deutlich aggressiver agieren, das heißt, du kannst schneller und flacher und auch näher an die Seitenlinie spielen.

- Den Ball vor dem Kulminationspunkt (im Steigen) nehmen. Je nachdem wie lange der Ball deines Gegners kommt, kannst du diesen direkt nach dem Aufsprung als Halbvolley (technisch extrem anspruchsvoll) oder etwas später zwischen Hüft- und Schulterhöhe (technisch ebenfalls anspruchsvoll, aber einfacher als der Halbvolley) annehmen. Beide Schlagvariationen müssen offensiv gespielt werden. Der Halbvolley bietet sich an, wenn der Gegner wirklich kurz vor die Grundlinie spielt, zum Beispiel direkt auf die Grundlinie oder auch einen Meter davor. Hierbei ist es wichtig, den Ball nicht nur zu blocken, sondern trotzdem aktiv mit geringer Ausholbewegung zu schlagen. Bei einem kürzeren Ball musst du dem Ball entgegengehen, wenn du ihn als Halbvolley spielen willst, was grundsätzlich auch gut ist, wiederum aber ein gutes Auge und eine gute Antizipation erfordert. Diesen Ball, den Halbvolley an der Grundlinie, hat Federer in den letzten Jahren nahezu perfektioniert. Vor allem bei seinem achtzehnten Grand-Slam-Titel in Australien ließ er sich eigentlich nie zurückdrängen und hat immer sehr offensiv auf der Grundlinie oder im Feld agiert und unzählige aggressive Halbvolleys kurz vor der Grundlinie gespielt. Dadurch konnte er seine Gegner unglaublich unter Druck setzen und ihnen sein Spiel aufzwingen. Variante zwei, den Ball zwischen Hüft- und Schulterhöhe im Steigen zu nehmen, ist eigentlich nur sinnvoll, wenn der Ball nicht direkt an der Grundlinie ist. Ist er weniger als einen Meter vor der Grundlinie würde ich zu diesem Schlag nicht raten. Bei dieser Aktion ist unabdinglich, eine flache Flugkurve und den Ball relativ gerade mit wenig Drall zu spielen. Am besten ist es, den Ball etwas höher zu nehmen, eher in Schulter- als in Hüfthöhe, wobei der Ball auf keinen Fall über Schulterhöhe sein sollte. Hierbei ist auch die Entschlossenheit wichtig. Diesen Ball, den du im Steigen nimmst, musst du immer mit aller Konsequenz spielen – aggressiv und auf keinen Fall halbherzig.

Ist der Ball also sehr lang und du möchtest nicht zurückweichen, sondern offensiv agieren, bietet sich der durchgezogene Halbvolley von der Grundlinie an. Ist er etwas kürzer, kannst du diesem entgegengehen und den Ball vor dem Kulminationspunkt im Steigen schlagen.

- Möglichkeit drei ist, den Ball direkt als Topspinvolley aus der Luft zu nehmen. Dies funktioniert aber nur bei einem hohen, langsamen Ball, und auch hier brauchst du wiederum eine sehr gute Antizipation und auch die entsprechenden technischen Fähigkeiten und Mut, um diesen voll durchzuziehen. Der Topspinvolley ist ähnlich wie der im Steigen gespielte Schlag ein extrem offensiver, aggressiver und technisch sehr anspruchsvoller Schlag. Bist du unsicher, wird dir der Schlag mit Sicherheit misslingen.

Fazit

Entscheidest du dich, den Ballwechsel eher defensiv/neutral fortzuführen, so weiche nach hinten aus, um dir Zeit zu verschaffen, und spiele den Ball höher, mit mehr Topspin und etwas zentraler. Das bedeutet natürlich nicht, dass du den Ball genau in die Mitte spielen sollst, aber vermeide hier unbedingt Fehler ins Seitenaus. Möchtest du offensiv auf die langen Bälle deines Gegners agieren, so versuche, den Ball vor dem Kulminationspunkt zu schlagen (oder aus der Luft), und schlage schnell und relativ flach und auch eher an die Seitenlinie. Mit diesem Schlag möchtest du ja Druck aufbauen.

Welche Schläge kann ich ausschließen?

Lässt sich dein Rivale weit nach hinten fallen, so sind Stoppbälle und kurz cross gespielte Bälle eigentlich auszuschließen. Beide Bälle sind aus einer solchen Position technisch sehr schwierig und nicht sinnvoll. Zudem hast du durch die längere Flugkurve deutlich mehr Zeit zu reagieren. Vor allem schnelle gerade Schläge sind von weit hinter der

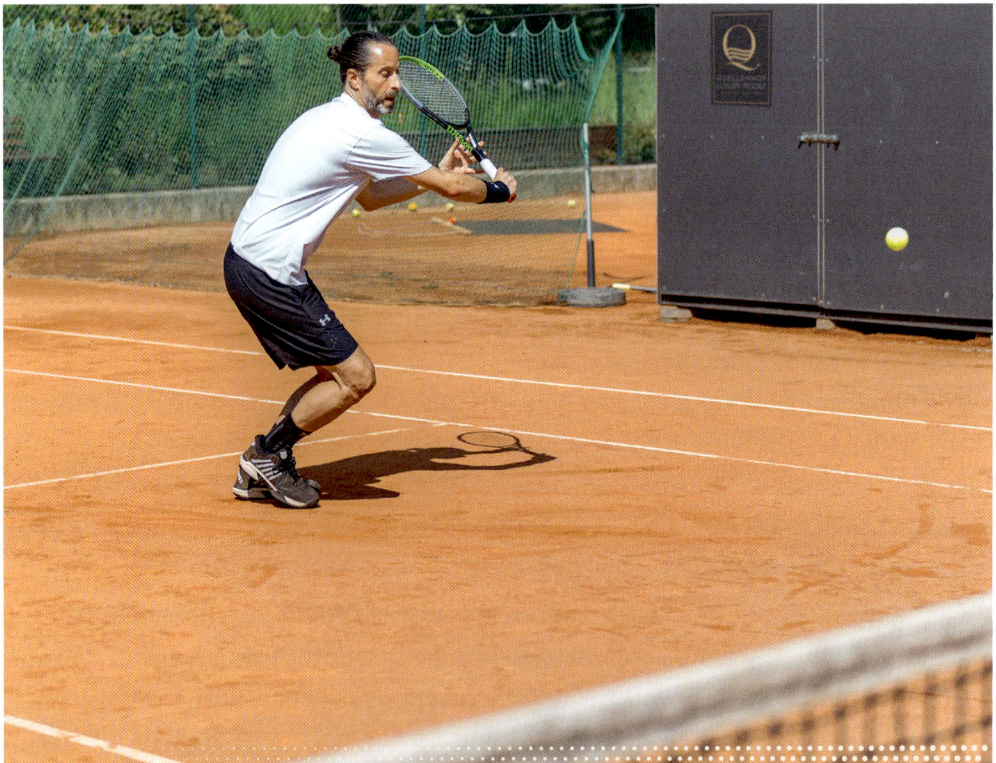

Hat dein Ball nicht genügend Schlaglänge, kann der Gegenspieler angreifen.

Grundlinie eher weniger sinnvoll und diese haben nicht die Wirkung, als wenn man sie innerhalb des Feldes spielt. Schnelle Zuschlagbewegung ja, aber die Zuschlaggeschwindigkeit sollte unbedingt in Topspin umgewandelt werden. Spielt dein Gegenüber weit hinter der Grundlinie flache, harte Schläge und schlägt dir den ein oder anderen Winner um die Ohren, akzeptiere dies. Die Fehler werden kommen. Denn taktisch klug ist dies nicht.

Nimmt der Gegner die Bälle früh im Steigen, so wird er mit weniger Topspin agieren und du musst mit harten, geraden Schlägen rechnen. Auch ist es gut möglich, einen Stopp- oder Kurz-cross-Ball zu spielen. Technisch ist das frühzeitige Treffen der Bälle auf lange Schläge viel anspruchsvoller, allerdings für den Gegner auch weit schwieriger zu lesen. Ausschließen kannst du in diesem Fall hohe Topspinbälle. Niemand versucht, einen langen Ball früh anzunehmen, um dann einen Ball mit hoher Flugkurve zu spielen.

Du merkst schon, dass es viel unangenehmer ist, wenn dein Gegner den Ball früh annimmt, denn er hat viel mehr Möglichkeiten und ist deshalb schwieriger zu lesen. Dazu später mehr. Also solltest du selbst auch darauf achten und trainieren, die Bälle im Steigen, nah an der Grundlinie oder sogar im Feld zu schlagen.

Wie kannst du auch mit kurzen Bällen erfolgreich sein?

Die Schlaglänge ist zwar auf jedem Leistungslevel ein probates Mittel, allerdings kannst du auch mit kurzen Bällen gut zu Punkten kommen. Und dabei rede ich jetzt nicht von Kurzcross-Bällen und Stopps, denn diese sind wieder ein Fall für sich, sondern von bewusst gespielten tiefen, kurzen Bällen. Ich nenne dies auch „dem Gegner eine Falle stellen". Denn der Ball lädt auf den ersten Blick dazu ein, einen direkten Punkt zu erzielen oder richtig Druck aufzubauen, was aber in der Regel dann mit einem Fehler endet. Was ist zu beachten?

Ein kurzer, hoher oder halbhoher Ball ins Aufschlagfeld oder knapp dahinter ist mit Sicherheit ein Eigentor. Das Gegenüber hat Zeit, weil der Ball schon aus rein physikalischer Sicht nicht schnell sein kann, und kann den Ball in angenehmer Höhe schlagen. Anders sieht es aus, wenn du einen tiefen, kurzen Slice spielst. Dieser wird bei entsprechender technischer Durchführung flach abspringen. Dein Rivale muss sich ins Feld bewegen, kann den Ball aber eigentlich nicht so schnell spielen, weil er ihn im Idealfall sehr tief nehmen muss. Er muss den Ball also anheben. Prinzipiell gibt es vier Möglichkeiten für deinen Kontrahenten, den Ball nun zu spielen:

- Er versucht trotz des flachen Absprungs und ungünstigen Winkels (das Netz ist im Verhältnis höher, als wenn er auf der Grundlinie steht) einen schnellen, relativ geraden Ball. Dies ist die offensive Variante.
- Er spielt einen Gegenslice. Dies ist hingegen ein eher defensiver Ball.
- Er geht unter den Ball und gibt Spin auf den Ball. Dies bremst den Ball auch stark ab und wird dich nicht in Gefahr bringen, wenn der Ball nicht ausgezeichnet an die Seitenlinie platziert wird.
- Option vier ist ein Stoppball. Auf diesen musst du unbedingt vorbereitet sein.

Am besten für dich ist in der Regel Variante eins. Zwar werden ihm dann ein paar tolle Winner und einige erzwungene Punkte gelingen, aber er wird auch viel mehr Fehler produzieren. Er tappt sozusagen in die ihm gestellte Falle.

Zieht er jedoch nicht voll und gerade durch, so wirst du mehr Zeit haben. Denn sowohl der Slice als auch der Topspin verlieren durch den Schnitt an Tempo. Was nun? Dein Gegner befindet sich nun in einer recht ungünstigen Position im Niemandsland zwischen Grundlinie und T-Linie. Er hat nun zwei Möglichkeiten, entweder er geht nach vorne, was in der Regel die bessere der beiden Möglichkeiten ist, oder er bleibt hinten. Mit dieser Option beschäftigen wir uns jetzt. Denn nun kannst du selbst mit einem langen, harten Schlag die Initiative übernehmen. Er wird zurücklaufen und vielleicht sogar aus der Balance kommen. Jedenfalls ist es immer ungünstig, im Zurücklaufen einen scharfen Ball anzunehmen. Geht er hingegen ans Netz (vorzugsweise mit dem Slice), bietet sich eher ein Ball in die Beine deines Kontrahenten oder ein harter Schlag an, je nachdem wie auch sein Angriffsball sein wird. Macht dies dein Gegner häufiger und ist damit erfolgreich, so darfst du diesen Spielzug (also den kurzen Ball) nicht mehr spielen.

Dieser eben beschriebene Spielzug ist an sich super. Er birgt allerdings auch einige Gefahren. Erstens ist er technisch kompliziert, denn du musst einen guten Slice beherrschen. Kommt dein Ball zu lang, ist es kein Vorteil mehr für dich, denn dein Gegenüber ist in einer guten Position. Noch schlimmer ist es, wenn dein Ball nicht flach genug springt (dein Gegner kann ihn in Hüfthöhe oder darüber schlagen), denn dann kann dein Kontrahent ihn eben doch sehr gerade und hart schlagen, denn er muss ihn kaum anheben. Entscheidend ist also, den Ball sowohl tief als auch kurz zu halten. Zweitens ist darauf zu achten, gegen wen du diese Bälle einsetzt. Geht dein Gegner gerne ans Netz und hat ein gutes und stabiles Netzspiel, ist dieser Spielzug gefährlich, denn er lädt ihn dazu ein, mit einem Gegenslice anzugreifen. Anders sieht es aus, wenn du auf große und schwerfällige Spieler triffst, die gerne mit viel Power agieren. Sie präferieren flache und kurze Bälle absolut nicht. Gegen diese Spielertypen wie John Isner, Milos Raonic, Tomas Berdych ist dieser Spielzug eine super Variation (Federer hat diese Kombination gegen diese drei Spieler immer wieder erfolgreich eingesetzt und hat eine super Bilanz gegen alle drei Spieler). Dieser tolle Spielzug sollte also am besten gegen die Spieler eingesetzt werden, die gerne mit viel Power agieren, aber nicht gerne zum Netz gehen.

Alternativ kann man den Ball auch gerade, weich und flach spielen. Eigentlich ist dies sogar noch besser, denn dieser Ball ist schwieriger zu lesen. Allerdings benötigt man ein sehr gutes Ballgefühl, vor allem wenn der Ball schnell kommt oder hoch abspringt. Auf ATP-Tour-Level setzen Gilles Simon und Bernard Tomic diese Bälle gerne ein. Gerade Simon hat Djokovic bei den Australian Open 2016 mit vielen kurzen, weichen Bällen durch die Mitte unglaublich geärgert und der „Djoker“, der sich zu diesem Zeitpunkt in Höchstform befand, fand kein probates Mittel dagegen, machte in diesem Match über 100 Fehler und gewann am Ende das Match erst nach 272 Spielminuten und in fünf Sätzen. Dies war sein schwierigstes Match auf dem Weg zum Titel in Australien 2016. Das Problem für das Gegenüber in diesem Fall ist, dass man alles selbst gestalten muss. Der weiche, kurze, eventuell noch mittig gespielte Ball gibt dem Gegner keine guten Winkel und er muss ihn anheben und das ganze Tempo selbst generieren. Das wiederum ist viel schwieriger, als einen schnellen Ball schnell zurückzuspielen. Es ist noch hervorzuheben, dass du sowohl beim Slice als auch beim weichen, geraden Ball den Folgeschlag schneller spielst und vor allem dann auch mit mehr Länge. Es ist nicht sinnvoll, nur kurze Bälle zu spielen. Länge und Tempo sollten also unbedingt variiert werden. Dies wäre ein klassisches Beispiel für den zuvor schon beleuchteten Tempowechsel.

Ich denke, diese Taktik, den Ball bewusst etwas kürzer und weicher, aber eben auch flach zu halten, wird oftmals unterschätzt. Gerade wenn man nicht auf höchstem Spielniveau agiert, sind solche Bälle sehr effektiv. Es zeigt sich aber auch auf dem absoluten Toplevel, dass die Spieler, die einerseits eine gute Länge haben, andererseits aber auch bewusst öfter mal kurze Bälle einstreuen, sehr erfolgreich sind. Nadal, Federer, Murray spielen immer wieder mal bewusst etwas kürzere, tiefere Slicebälle, zum einen um den Rhythmus des Gegners zu brechen, zum anderen aber auch als Kombination, um danach mit einem langen, harten Schlag Druck aufzubauen. Hat vor allem Nadal zu Beginn seiner Karriere kaum mit unterschnittenen Bällen agiert, so setzt er diese auf der Rückhand mittlerweile sehr regelmäßig taktisch klug ein.

Fazit

Lange Bälle sind fast immer vorteilhaft, allerdings auch mit Risiko behaftet (nämlich dass der Ball ins Längenaus segeln kann). Versuche selbst, den Gegner mit langen Bällen auf Distanz zu halten, baue gleichzeitig aber auch so viel Druck auf, dass er seine Schläge nicht kurz vor die Grundlinie spielen kann. Variiere auch die Länge und streue ab und an bewusst kurze Bälle ein, vor allem gegen große unbewegliche Spielertypen.

Praktische Übungen

Nun wieder einige Übungen, um das Ganze praktisch anzugehen:

Längenrhythmus

Ausführung

A und B spielen miteinander Bälle durch die Mitte oder auf dem halben Feld longline (dies bietet sich bei vier Spielern an). A und B versuchen, 15 Schläge in Folge zwischen Aufschlaglinie und Grundlinie zu platzieren. Sobald ein Fehler passiert, wird erneut von null angefangen zu zählen. Gelingt dies den beiden Spielern, so legen diese einen Meter hinter der Aufschlaglinie eine Linie mit Markierungen und führen die Übung erneut aus. So wird sich der Grundlinie genähert. Hierbei ist es unabdinglich, bei jedem Fehler, auch wenn dieser beim dreizehnten Ball passiert, wieder von vorne zu zählen anzufangen, denn nur so entstehen Souveränität und Sicherheit.

Ziel

Längenkontrolle, Längenrhythmus, Gefühl dafür bekommen, den Ball zwar weit, aber nicht zu weit zu schlagen, Annahme langer Bälle des Gegners.

Varianten

- Es wird cross hinter die Aufschlaglinie gespielt.
- Die Spieler müssen die Schläge immer im Wechsel spielen. A spielt zunächst Vorhand, mit seinem zweiten Schlag muss er Rückhand spielen, der dritte Schlag von A ist wiederum Vorhand. Dasselbe macht auch B.
- Spieler A spielt Topspin, Spieler B spielt Slice. Oder beide Spieler spielen Topspin. Oder beide Spieler spielen Slice. Hier sollte der Kreativität keine Grenzen gesetzt sein.
- Einen Meter hinter der Grundlinie wird eine Linie markiert. Die Spieler dürfen sich nicht hinter die Linie bewegen. Dies zwingt sie dazu, die Bälle im Steigen zu spielen und auch bei entsprechender Länge zu Halbvolleys auf der Grundlinie. Die Bälle sollen nach wie vor hinter die T-Linie gespielt werden.
- Ein bis zwei Meter über dem Netz wird ein Band (hier empfiehlt sich das Vario-Band) gespannt. Die Spieler dürfen den Ball nur flacher als das Band spielen. Das Spieltempo wird sich schlagartig erhöhen. Die Höhe hängt natürlich auch vom Spiellevel der Spieler ab. Auch hier muss wieder hinter die T-Linie gespielt werden.

Selbstverständlich kannst du die Varianten auch kombinieren. Wichtig ist hierbei immer, dass es dem Spiellevel entsprechend angepasst sein sollte. Der Schwierigkeitsgrad muss herausfordernd sein, aber mit Übung machbar.

Länge auf Punkte

Ausführung

Im Prinzip ist es dasselbe Spiel wie in Übung eins, nur werden jetzt Punkte gezählt. A und B spielen Punkte gegeneinander aus. Der Ball muss immer hinter die Aufschlaglinie gespielt werden. Es werden Punkte bis elf gespielt. Nach jedem Elfer-Satz bekommt der Sieger ein Handicap. Der Verlierer des Satzes bekommt dann im nächsten Satz ein kleineres Feld. Es wird mit Linienmarkierungen eine Linie einen Meter hinter der T-Linie gelegt. Der Sieger muss nun dahinter spielen, der Verlierer „nur" hinter die T-Linie. Das Spielfeld des jeweiligen Verlierers wird nach jedem Durchgang etwas kleiner gemacht. So hat der Gewinner eine neue Herausforderung und muss noch genauer spielen. Wichtig ist aber, dass die Ballwechsel nicht zu kurz werden. Es ist nicht sinnvoll, ein Spielfeld zu wählen, in das die Spieler mehr oder weniger nur noch zufällig treffen.

Ziel

Dieselben Ziele wie bei Übung eins, nur dass jetzt gegeneinander gespielt wird und du vermutlich öfter auch mal schlechter zum Ball stehen wirst.

Varianten

- Spieler A darf auf der Rückhand nur mit Slice agieren.
- Beide Spieler dürfen auf der Rückhand nur mit Slice agieren.
- Einen Meter hinter der Grundlinie wird eine Linie markiert. Die Spieler dürfen sich nicht hinter die Linie bewegen. Tut dies einer der beiden Spieler doch, verliert er automatisch den Punkt.
- Ein bis zwei Meter über dem Netz wird ein Band (hier empfiehlt sich das Vario-Band) gespannt. Die Spieler dürfen den Ball nur flacher als das Band spielen. Spielt einer der Spieler höher, hat er automatisch den Punkt verloren.
- Spieler A spielt alle Bälle über das Band, Spieler B spielt alles flacher.
- Spieler A kann bestimmen, wie gespielt wird. Spielt er hoch, muss B auch hoch spielen. Spielt A niedrig, muss auch B flach spielen. Dasselbe funktioniert auch mit Slice und Topspin. Spieler B muss immer dieselbe (oder gegenteilige) Schlagart wie Spieler A spielen.

Bei allen Varianten muss natürlich immer hinter die Aufschlaglinie gespielt werden. Diese Grundregel ändert sich bei dieser Übung nie. Die Varianten können beliebig kombiniert werden.

Eine Falle stellen

Ausführung

Dies ist ein relativ freies Spiel. Spieler A kann agieren, wie es ihm beliebt. Spieler B hat die Aufgabe, immer wieder Tempo aus dem Spiel zu nehmen, indem er kurze und tiefe Bälle spielt. Beide Spieler sollen keine Stopps spielen. Der Punkt wird ansonsten vollkommen frei ausgespielt und die Punkte werden bis elf gezählt.

Ziel

Ziel der Übung ist es, ein Gefühl dafür zu bekommen, wie man sich verhalten sollte, wenn der Gegner einem ein Ei im Bereich der T-Linie ablegt und auch, im Falle von B, wie der Gegner darauf reagieren wird. Wie bereits beschrieben, wird dies nicht gegen alle Gegenspieler klappen. Manche Spieler werden dir die Bälle um die Ohren hauen, andere werden zum Netz stürmen und dort ihre Punkte machen. Aber es wird auch viele Spieler geben, die mit diesen Bällen nicht klarkommen, einfach weil sie diese nicht gewohnt sind. Auch hier musst du aber wiederum herausfinden, ob dir selbst so ein Spiel überhaupt liegt, und auch in einem Match musst du erkennen, ob dein Gegner mit diesen Bällen Probleme haben wird. Aber Probieren geht bekanntlich über Studieren. Also einfach mal versuchen.

Varianten

- Spielt B einen kurzen Slice, muss A mit einem Gegenslice angreifen und ans Netz aufrücken.
- Spielt B einen kurzen Slice, darf A den Ball so spielen, wie er möchte, aber er soll sich danach wieder zur Grundlinie zurückbewegen.
- Kommt der kurze Ball von B, darf A keinen unterschnittenen Ball spielen, sondern muss einen Topspinball oder einen geraden Schlag spielen.

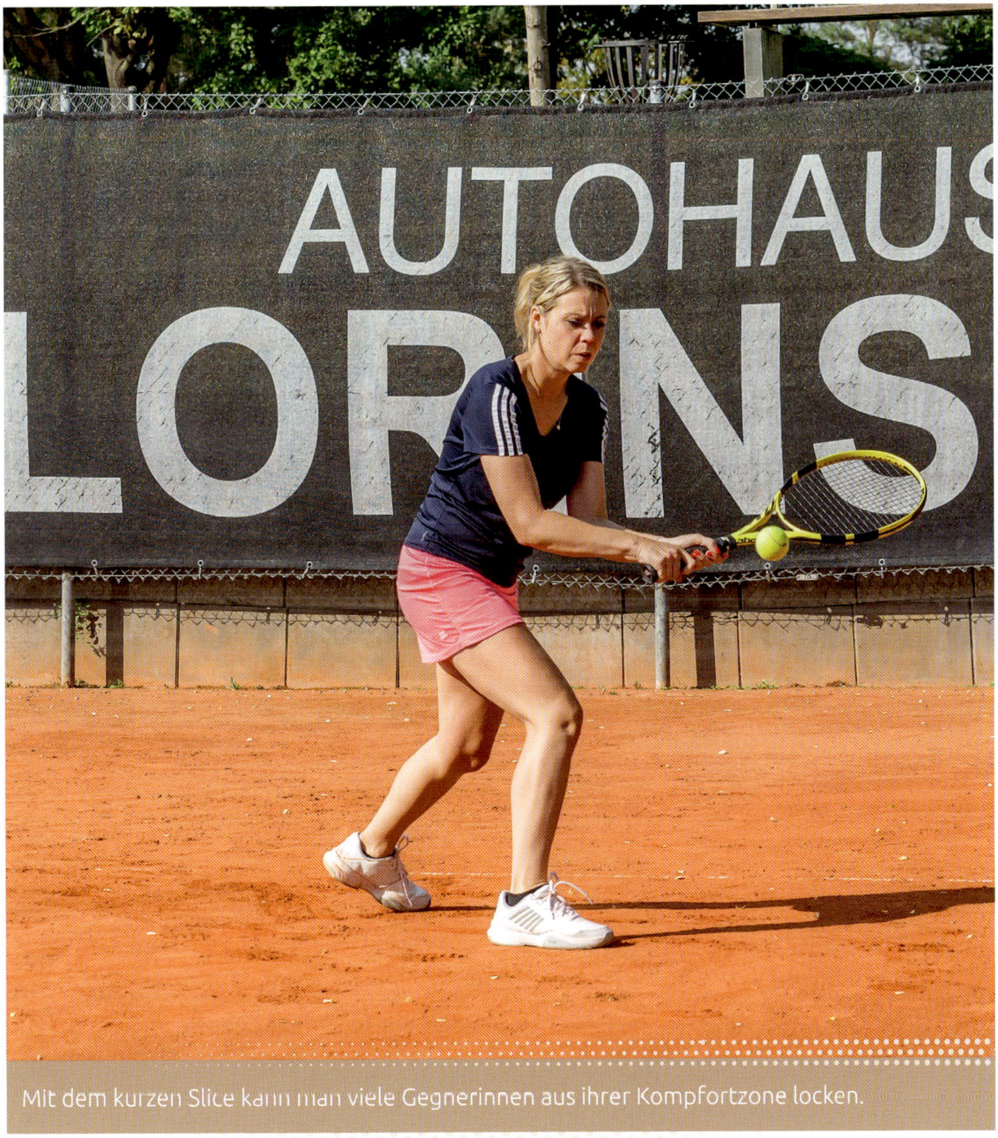

Mit dem kurzen Slice kann man viele Gegnerinnen aus ihrer Kompfortzone locken.

– KAPITEL 19 –

Höhe

TENNIS-FACTS ....

55 cm über das Netz – durchschnittliche Höhe der Rückhandschläge von Roger Federer bei den Australian Open 2017

Höhe

Für mich ist die Höhe einer der am meisten unterschätzten Faktoren im Tennis. Die wenigsten Spieler beschäftigen sich wirklich damit – und leider auch nur wenige Trainer. Grundsätzlich gibt es zwei Arten der Höhe im Tennis, die man beachten sollte: zum einen die Höhe, mit der der Ball über das Netz fliegt, zum anderen aber auch in welcher Höhe man selbst, vor allem aber der Gegner den Ball schlägt und trifft. Damit beschäftigen wir uns als Erstes.

Höhe des Treffpunktes

Was ist für dich selbst am angenehmsten? Einen Ball weit über Schulterhöhe zu schlagen? Einen Ball wenige Zentimeter über dem Boden wegkratzen zu müssen oder den Ball in Hüfthöhe zu schlagen? Sicher hast du dich für die letzte Option entschieden. Fast jeder Spieler schlägt den Ball gerne zwischen Hüfthöhe und Brustkorb. Ein bisschen darüber und darunter ist es auch noch absolut in Ordnung. Kannst du den Ball also zwischen Kniehöhe und Schulterhöhe annehmen, solltest du zumindest mit der Höhe des Treffpunktes keine Probleme haben. Ein Hauptgrund dafür ist, dass sich der Schläger näher am Körperschwerpunkt befindet.

Wie aber sieht es aus, wenn du den Ball sehr tief nehmen musst, zum Beispiel nach einem niedrigen Slice? Nun musst du unterhalb der Knie schlagen. Du musst deinen Körperschwerpunkt nach unten verlagern, in die Knie gehen. Du kannst auch nicht so gerade schlagen, sondern musst den Ball anheben, damit dieser über das Netz fliegt. Das bedeutet in diesem Fall, dass du mehr Spin auf den Ball bekommen musst, was wiederum weniger Geschwindigkeit bedeutet.

Der zweite Fall ist der des hohen Treffpunktes, in oder über Schulterhöhe. Auch dies ist oftmals äußerst schwierig – vor allem dann, wenn du hinter der Grundlinie stehst. Das ist einer der Erfolgsfaktoren von Rafael Nadal. Dieser zwingt seine Gegner mit seinen hoch abspringenden Schlägen, die Bälle immer wieder in oder über Schulterhöhe zu schlagen, was für seine Kontrahenten auch extrem kraftaufwendig ist. Ziel beider Taktiken, also sowohl des tiefen Treffpunktes unter Kniehöhe als auch des hohen Treffpunktes über Schulterhöhe, ist es, den Gegner nicht in seiner Wohlfühlzone um die Hüfthöhe anzuspielen. Denn dort kann jeder Spieler tolle Schläge fabrizieren. Wenn du es nun noch schaffst, dies zu variieren, mal tief, mal hoch, mal schnell, wird es sehr schwierig für deinen Gegner, einen guten Rhythmus zu bekommen.

Nun stellen sich natürlich wieder die üblichen Fragen

- Wie kannst du den Gegner so anspielen?
- Bei welchen Kontrahenten, auf welchen Belägen ist dies sinnvoll?
- Gibt es bei diesen Taktiken auch Nachteile?

Wie kannst du den Gegner so anspielen?

Um den Ball tief zu halten, benutzt du am besten einen Slice. Dies ist sicher die schwierigere Variante, als den Gegner den Ball über Schulterhöhe spielen zu lassen. Denn der Slice muss technisch wirklich gut sein und muss sehr flach über das Netz fliegen. Die zweite Variante, den Gegner zu zwingen, den Ball über der Schulter zu schlagen, funktioniert eigentlich nur mit einem hohen oder mittelhohen, aggressiven Topspinball, beim Aufschlag natürlich auch mit einem Kickaufschlag. Hierbei ist es von der technisch-athletischen Seite her wichtig, den Ball unbedingt dynamisch zu ziehen. Der Schläger soll dabei explosiv und steil nach oben, aber unbedingt auch nach vorne gezogen werden.

Bei welchen Kontrahenten und auf welchen Belägen ist dies sinnvoll?

Auch hier gilt: Nicht bei jedem Gegner wird dies funktionieren. Es gibt Spieler, die sind anfällig für tiefe Bälle, andere eher für hohe, wiederum andere haben mit beiden keine Probleme und reagieren eher negativ auf Geschwindigkeit. Es ist natürlich nie ein Nachteil, den Ball weg vom Körperschwerpunkt, zwischen Hüft- und Schulterhöhe zu spielen, aber es gibt eben anfälligere Spieler und weniger anfällige. Nach meinen Erfahrungen haben oft Spieler, die extreme Griffe wie den Westerngriff benutzen und dadurch mit viel Topspin agieren, Probleme mit tiefen Bällen, weil sie schlechter unter den Ball kommen. Auch gegen Spieler, die sehr gerade und hart schlagen, sind flache Slicebälle eine Option, denn dann muss der Ball von deinem Rivalen erst wieder angehoben werden. Am besten wirken die tiefen Bälle, vor allem gegen große, unbewegliche Spieler, denn ihr Körperschwerpunkt ist um einiges höher als der kleinerer oder durchschnittlich großer Spieler. Ein John Isner muss viel mehr arbeiten, um unter den Ball zu kommen, als zum Beispiel ein David Ferrer oder Kei Nishikori, denen diese Bälle wenig anhaben können, weil ihr

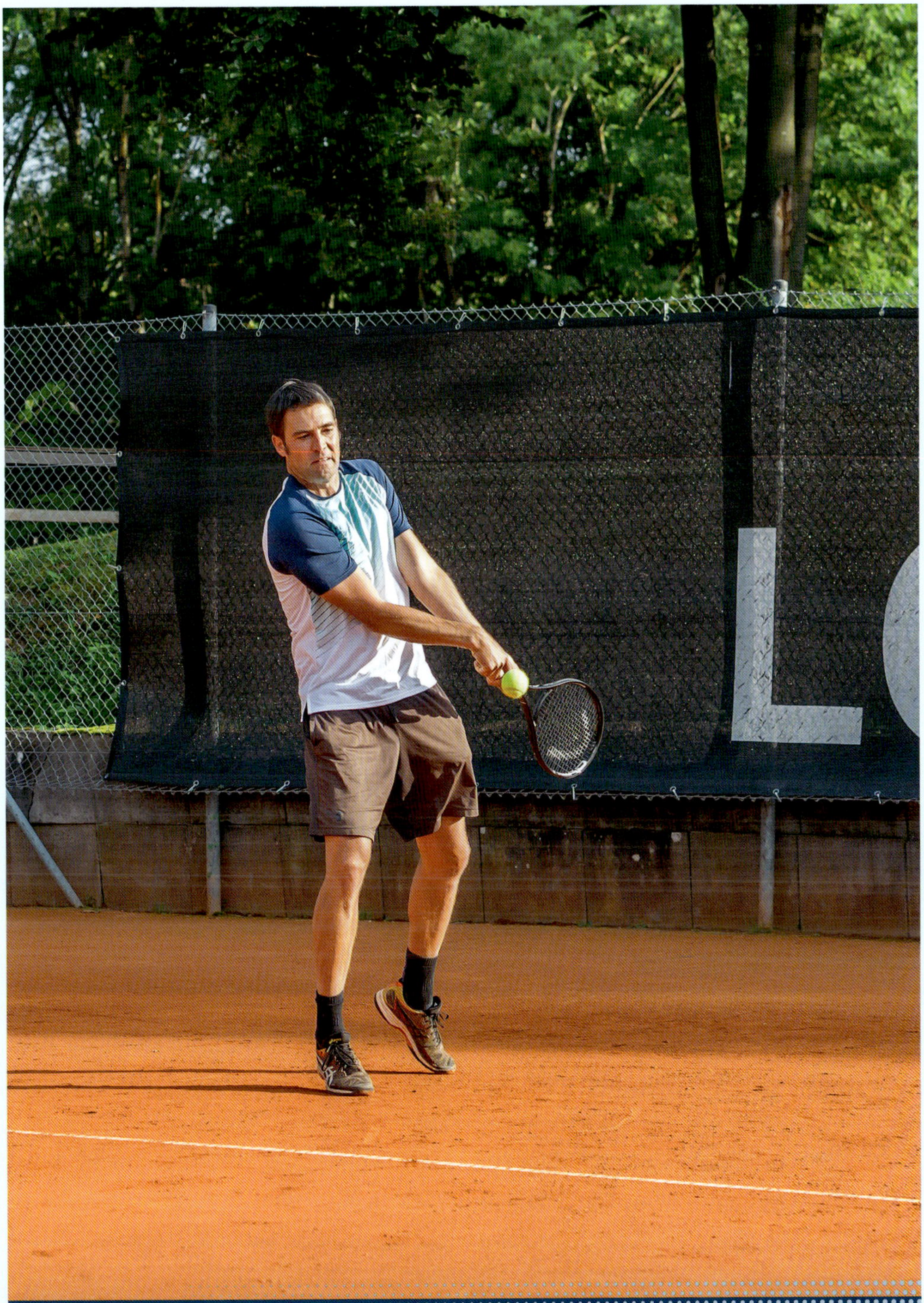

Bälle in Hüfthöhe stellen die wenigsten Spieler vor Probleme.

Körperschwerpunkt eben viel tiefer liegt als bei Isner. Bälle über Schulterhöhe sind für Spieler mit einhändiger Rückhand und auch für Spieler, die sehr gerade spielen, oft unangenehm. Gerade gegen Spieler, die sehr schnörkellos, gerade und schnell spielen, solltest du die Höhe des Absprungs variieren. Diese Spielertypen lieben nichts mehr als Tempo und Schläge in angenehmer Höhe. Und natürlich auch gegen kleine Spieler, denn da ist es umgekehrt wie bei den tiefen Slicebällen. Gegen Riesen wie Karlovic oder Isner ist es fast unmöglich, den Ball so zu spielen, dass diese ihn über Schulterhöhe schlagen müssen, gegen kleine Spieler jedoch ist selbst ein halbhoch abspringender Ball oft ausreichend. Die guten kleineren Spieler versuchen, dies natürlich zu umgehen, indem sie die Bälle früh und im Steigen nehmen.

Erinnern wir uns ans Kapitel „Verschiedene Platzbeläge und deren Wirkung". Auch hier haben die Schnelligkeit der Plätze und das Absprungverhalten eine zentrale Rolle gespielt. Auf einem schnellen Teppichuntergrund oder einem Rasenplatz ergeben hohe Topspinbälle und Kickaufschläge eher wenig Sinn, denn der Belag schluckt deren Wirkung. Besser sind hier schnörkellose Schläge oder tiefe Slicebälle. Es ist schwierig bis unmöglich, den Gegner über Schulterhöhe zu erwischen, wesentlich einfacher ist es, ihn zu tiefen Bällen zu zwingen. Umgekehrt ist es auf einem trockenen Sandplatz schwierig, mit Slice zu agieren. Hier haben Topspinbälle natürlich die beste Wirkung. Hier kannst du den Gegner mit hohen oder halbhohen Topspinschlägen verhältnismäßig leicht über Schulterhöhe anspielen, dafür ist es wesentlich komplexer, ihn zu tiefen Bällen zu zwingen.

Gibt es bei diesen Taktiken auch Nachteile?

Wie bei fast allem im Leben gibt es hier auch Nachteile. Möchtest du, dass der Ball flach wegspringt, musst du diesen auch flach übers Netz spielen, das heißt, die Gefahr eines zu tiefen Balles ins Netz ist gegeben. Dein Ziel, dass der Gegner einen Ball unterhalb der Knie spielen muss, erreichst du am besten mit dem Slice, das haben wir schon gelernt. Setzt du diesen jedoch einen Tick zu hoch an, ist es fast immer eine Einladung für deinen Rivalen, richtig Druck zu machen, denn er kann den Ball in Hüfthöhe oder knapp darüber schlagen und der Slice wird nicht giftig, sondern langsam sein. Es ist technisch also sehr anspruchsvoll, den Ball so zu spielen, dass er weder im Netz landet noch zu hoch abspringt.

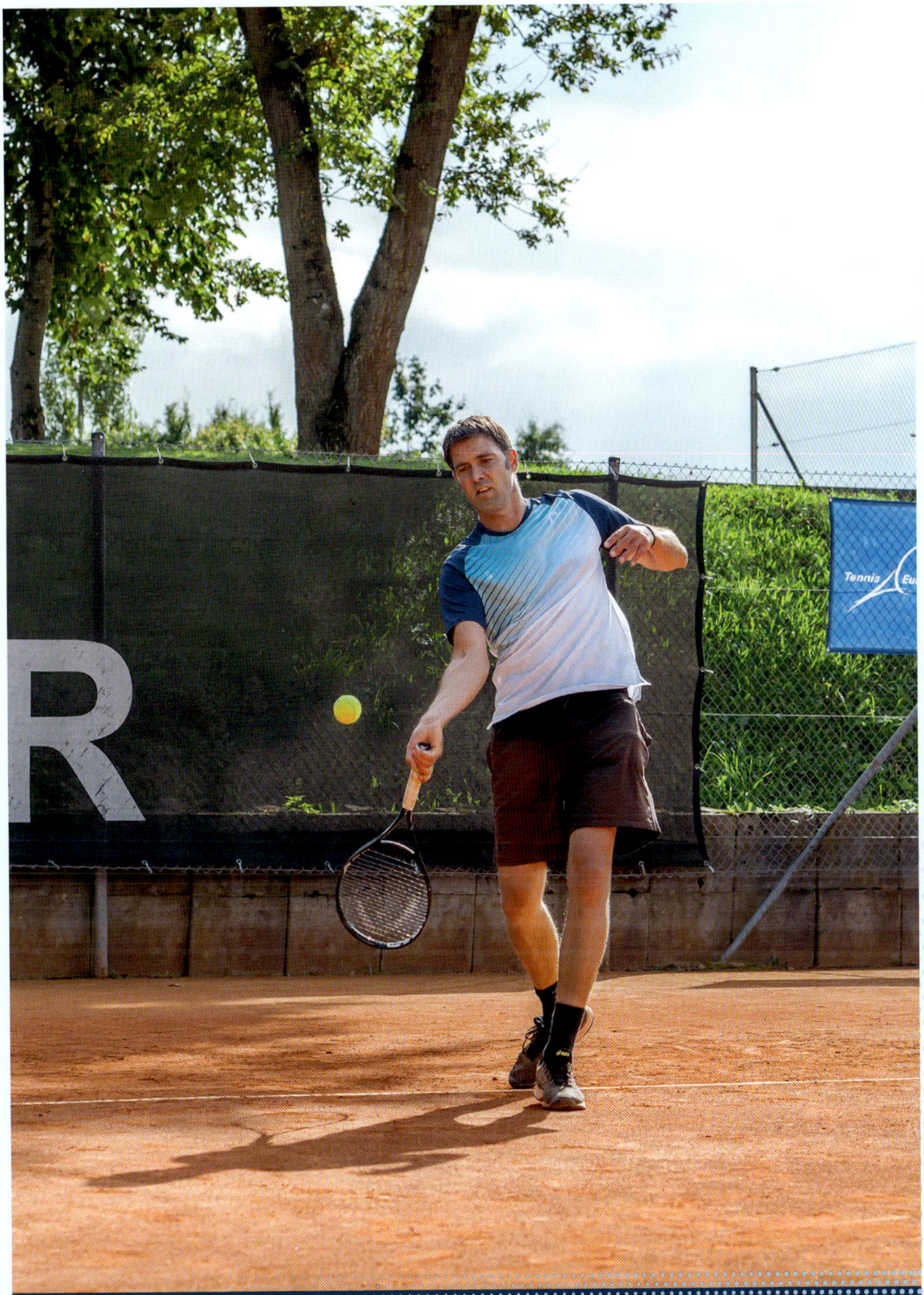

Man sollte auch den Bodenbelag in die taktisch-strategischen Überlegungen mit einbeziehen.

Möchtest du den Ball so spielen, dass dein Gegner ihn hoch annehmen muss, im Idealfall oberhalb der Schulter, wirst du eine etwas höhere Flugkurve mit viel Topspin spielen müssen. Vorteil hierbei ist natürlich ganz klar, dass dein Ball nicht ins Netz fliegen wird. Damit hast du eine Fehlerquelle schon ausgeschlossen. Ein weiterer großer Vorteil dieses Schlages liegt im Topspin. Durch die starke Rotation und die gekrümmte Flugkurve ist der Ball sehr gut zu kontrollieren. Der große Nachteil des hohen oder mittelhohen Topspins ist es, dass der Ball länger in der Luft ist als ein gerader Schlag. Mit diesem Ball wirst du mit hoher Wahrscheinlichkeit keinen Winner erzielen und bist darauf angewiesen, dass dein Kontrahent irgendwann zu kurz kommt oder dass er einen Fehler begeht. Sowohl der tiefe Slice als auch der hoch abspringende Topspin sind natürlich Schläge, die eher neutral sind und auf den Punktaufbau ausgerichtet sind. Gerade diejenigen Bälle, die der Gegner weit über Schulterhöhe schlagen muss, solltest du langfristig betrachten. Ich vergleiche dies ganz gerne mit dem berühmten Wassertropfen, der den Stein aushöhlt: „Steter Tropfen höhlt den Stein." Übertragen auf den hohen Topspin, der vorzugsweise auf die Schwachstelle des Gegners gespielt wird, bedeutet es, dass dies dem Gegner anfangs nicht so sehr zusetzt. Der Stein ist ja zu Beginn auch noch intakt. Aber je länger das Match dauert, desto ermüdender ist diese Spielweise. Die Konzentration baut mit Fortdauer des Matches ab, es werden sich mehr Fehler einschleichen, dein Gegenüber wird ein bisschen müde und sich dadurch etwas schlechter zum Ball bewegen. Dies sind alles Kleinigkeiten, die sich aber summieren werden. Denn wenn du gegen einen Spieler, der dich mit hoch abspringenden Topspinbällen bearbeitet, gewinnen willst, musst du entweder mitspielen und auch diese Bälle schlagen (dann aber besser als dein Rivale) oder aber du musst versuchen, die Bälle früh und im Steigen zu nehmen. Letztere Taktik wird so lange gut funktionieren, solange du konzentriert bist und deine Beine fit sind. Stehst du nicht mehr gut zum Ball, wird die Fehlerquote nach oben schießen, deine Ballgeschwindigkeit wird nachlassen, was wiederum dem Topspinspieler entgegenkommen wird, da dieser dann nicht mehr so unter Druck steht und sich selbst besser zum Ball positionieren kann.

Kommen wir nun zum zweiten Themenkomplex dieses Kapitels, nämlich wie hoch der Ball über das Netz fliegen sollte und welche Konsequenzen das haben kann.

Die Höhe des Ballfluges über das Netz

Dies ist für mich im Tennis einer der am meisten unterschätzten Faktoren. Hierzu muss ich kurz ausholen. Vor einigen Jahren habe ich mir recht viele Badenliga-, Bundesliga-, ITF Future- und auch ATP-Matches angesehen. Was dabei natürlich auffällt ist, dass die Geschwindigkeit der Bälle um ein Vielfaches höher ist als auf Klublevel, ebenso, dass eigentlich alle Spieler verhältnismäßig flach über das Netz spielen. Das müssen wir allerdings kurz relativieren: Flach bedeutet für mich in dem Fall nicht, dass die Bälle mit einem Abstand von 20 cm übers Netz fliegen, sondern dass alle Bälle zumeist einen gewissen Sicherheitsabstand zum Netz haben, sie fliegen aber, sofern die Spieler nicht arg in Bedrängnis sind und einigermaßen gut zum Ball stehen, nie höher als eineinhalb Meter über das Netz, also zweieinhalb Meter über dem Boden. Die meisten Bälle dürften in einem Abstand von etwa einem halben Meter bis einem Meter über das Netz fliegen. Vergleicht man dies mit dem Klublevel, so fliegen dort die meisten Bälle mit mehr als einem Meter Abstand über das Netz, teilweise deutlich darüber. Auch fällt vor allem auf Klublevel auf, dass in wichtigen Spielsituationen sehr hoch über das Netz gespielt wird. Jetzt sagst du: „Nein, das kann nicht sein. Kaum ein Ball von mir fliegt mehr als einen, eineinhalb Meter über das Netz." Teste dies unbedingt aus. Dazu musst du ein Band (hier empfehle ich das Vario-Band) in gewünschter Höhe über das Netz spannen. Ich habe dies mit sehr vielen Spielern aller Leistungsstärken (LK 1, Deutsche Rangliste 100–200 bis hin zu LK 23) ausprobiert und die wenigsten sind in der Lage, den Ball solide (fünf bis zehn Schläge am Stück) flach (nicht höher als einen Meter über dem Netz) und trotzdem lang (hinter die T-Linie) zu spielen. Die meisten sind extrem verärgert, wenn man ihnen ihre Defizite aufzeigt, und fühlen sich in ihrer Komfortzone, wenn sie den Ball zweieinhalb Meter übers Netz spielen dürfen, viel wohler. Du wirst selbst überrascht sein, wie hoch deine Bälle oft fliegen. Aber keine Sorge, dies kann man super trainieren, wenn man dazu gewillt ist.

Der Vorteil der höher gespielten Bälle liegt natürlich auf der Hand. Es landen weniger Bälle im Netz. Auch ist es mit einem höher gespielten Ball mit mehr Topspin einfacher, den Ball mit Länge zu spielen. Aber der große Nachteil ist, dass man mit hohen Bällen keine Geschwindigkeit generieren kann. Sämtliche harten Schläge werden flach gespielt und dies ist auch der Grund, wieso professionelle Spieler und semiprofessionelle Spieler verhältnismäßig niedrig über das Netz spielen. Mit verhältnismäßig niedrig meine ich jetzt nicht, dass diese jeden Ball mit einem Abstand von 20 cm über das Netz spielen. Die wenigsten Bälle werden so flach gespielt, denn dabei ist das Risiko, einen Netzfehler zu begehen, doch arg hoch. Aber versuche doch mal, einen Ball zwei Meter über das Netz zu schlagen und mit diesem eine hohe Geschwindigkeit zu generieren. Und dann versuchst du, einen harten, flachen Ball zu spielen, am besten noch mit einem Geschwindigkeitsmessgerät. Du wirst sofort Riesenunterschiede sehen.

Die Statistiken der ATP- und WTA-Tour belegen, dass das Tennis immer schneller wird. Die Geschwindigkeit in allen Bereichen steigt an, dies betrifft sowohl die Spitzengeschwindigkeiten als auch die durchschnittlichen Geschwindigkeiten. Unter anderem wurde kürzlich Federers Rückhand genauer unter die Lupe genommen. Viele Experten sind der Meinung, dass die Erfolge, die Federer im Frühjahr 2017 erzielt hat, vor allem auf seine verbesserte und aggressivere Rückhand zurückzuführen seien. Was aber hat sich verändert? Und zwar hat Federer die durchschnittliche Höhe seiner Rückhandschläge von 65 cm über dem Netz auf 55 cm über dem Netz reduziert, bei gleicher Zuschlaggeschwindigkeit, aber die Ballgeschwindigkeit um 9 km/h von 111 km/h auf 120 km/h erhöht. Dies sind natürlich jetzt Nuancen, zehn Zentimeter hier, neun Stundenkilometer dort. Aber diese Kleinigkeiten machen in der Endabrechnung einen großen Unterschied aus.

Nun haben wir gleich im ersten Kapitel gesagt, dass es nicht unbedingt immer sinnvoll ist, die Taktiken und Strategien der Profis zu übernehmen. Solltest du jetzt auch versuchen, den Ball immer 55 cm übers Netz zu spielen wie Federer, wenn du gut zum Ball stehst? Dies hängt natürlich zuallererst von deiner Spielstärke, deinem Spielstil und deiner Technik ab. Natürlich bringt es nichts, den Ball flach zu halten und keine Länge und Power in die Bälle zu bekommen. Flache Schläge ja, aber unbedingt mit hoher Geschwindigkeit. Spielst du flach und langsam, ist das natürlich ein Eigentor.

Nun können die meisten Liga- und Turnierspieler schon flach und hart schlagen. Das Problem ist natürlich die Kontrolle. Es bringt nichts, den Ball hart zu schlagen und zu versuchen, flach zu spielen, und jeder zweite Ball landet im Netz bzw. geht hinten ins Aus, weil du eben doch leicht in die Rücklage kommst. Denn das ist von der technischen Seite das Problem. In der Theorie klingt das alles super und wenn du dies nun liest, denkst du dir: „Na klar, das ist die Lösung." Aber auf dem Platz führen dann kleinste technische Unzulänglichkeiten dazu, dass der starke Ball etwas zu flach angesetzt wird und ins Netz geht, dass du in die Rücklage fällst oder die Schlagfläche öffnest, der Ball doch nicht so niedrig kommt und aufgrund seiner Geschwindigkeit ins Aus fliegt. Mit der Schlaghöhe ist es wie mit der Längenkontrolle und dem Spiel an die Seitenlinie. Ballgefühl und Technik sind dafür erforderlich. Für einen Topspieler ist es ein Leichtes, den Ball einen Meter vor die

Grundlinie zu setzen. Ebenso ist es für ihn keine Riesenherausforderung, den Ball nicht höher als einen Meter übers Netz zu spielen. Beides ist für den gewöhnlichen Klubspieler keine Selbstverständlichkeit. Genauso wie ich trainieren kann und muss, den Ball mit Länge zu schlagen, muss ich trainieren, flach und hart zu schlagen. Ich will jetzt auch auf keinen Fall hohe Topspinschläge verdammen. Diese haben ihre Berechtigung und bringen viele Vorteile mit sich. Aber Druck baut man vor allem auf, indem man den Gegner in Zeitnot bringt, und dazu benötigst du Schlaghärte. Und diese ist vor allem gepaart mit flachen Schlägen. Es ergibt natürlich auch keinen Sinn, jeden Ball flach und hart zu schlagen. Nun stellt sich die Frage: Wann schlägst du flach, wann eher ein bisschen höher?

Grundsätzlich gilt:

- Guter Stand zum Ball – eher niedriger.
- Schlag innerhalb des Feldes – eher flach.
- Offensive – eher tief.

Das bedeutet umgekehrt, dass du, wenn du einen schlechten Stand zum Ball hast, in die Defensive gerätst und weit hinter der Grundlinie schlagen musst, den Ball mit mehr Höhe versiehst. Dies hat auch noch einen weiteren großen Vorteil: Und zwar ist dein Ball länger in der Luft, wenn du höher spielst. Du hast also mehr Zeit, wieder in die optimale Position zu kommen. Daraus lässt sich auch eine meiner Taktikgrundregeln ableiten:

Je weiter hinten ich stehe, desto höher spiele ich den Ball übers Netz und desto weniger suche ich die Seitenlinien.

Drei bis vier Meter hinter der Grundlinie wirst du kaum einen Winner erzielen. Hier ist es nicht nötig, den Ball 50 cm übers Netz zu prügeln (eventuelle Ausnahme: Der Gegner kommt zum Netz oder ist in einer ungünstigen Position). Wichtiger hierbei ist die Schlaglänge. Und die bekommst du vor allem mit einer etwas höheren Flugkurve. Das bedeutet natürlich nicht, dass du jetzt einen Mondball zwölf Meter über das Netz spielen musst. Aber in dieser Position ist es keine Schande, zwei bis drei Meter über das Netz zu spielen. Dies hat zwei große Vorteile:

- Dein Ball geht nicht ins Netz.
- Du bekommst automatisch eine bessere Schlaglänge.

Wichtig ist trotzdem, den Ball mit einem schnellen Schwung und viel Topspin voll zu ziehen. Umgekehrt gilt natürlich, wenn du näher am Netz stehst und den Ball schlägst, spielst du flacher. Es ist nicht sinnvoll, einen Angriffsball im Halbfeld zwei Meter übers Netz zu spielen. Volleys werden zum Beispiel, mit Ausnahme des Volleylobs, auch ausnahmslos flach gespielt. Dies ist alles eigentlich auch vollkommen logisch. Das Ziel eines Grundschlages deutlich innerhalb des Feldes ist im Normalfall ein Winner oder dass du einen Punkt erzwingst. Jedenfalls willst du ihn stark unter Druck setzen und dies gelingt dir nicht mit einem hohen Schlag (denn dieser baut keinen Zeitdruck auf den Gegner auf). Gleiches gilt auch für den Volley. Mit diesem willst du den Ballwechsel sicher nicht in die Länge ziehen, nein, du möchtest mit dem ersten, spätestens zweiten Volley punkten.

Folgendes ist auch eine Veränderung des Profisports. Haben vor 35 Jahren die Spieler um Borg, Vilas, Wilander etc. vor allem auf Sand noch sehr hohe Topspinbälle gespielt, sind dabei mehrere Meter hinter der Grundlinie gestanden und haben vor allem auf die Fehler (teilweise minutenlang) gewartet, hat sich das Spiel heutzutage grundlegend gewandelt. Bereits die nächsten Generationen brachten mit Lendl, Courier, Agassi, Muster, Kafelnikov, Kuerten wesentlich aggressivere Sandplatzspieler heraus. Die Schlaggeschwindigkeit ist heute natürlich nochmals ein Vielfaches höher und das Material besser entwickelt, um sowohl schneller als auch kontrollierter zu spielen. Zusätzlich kommt noch die verbesserte Athletik der Spieler dazu. Willst du also als Profi erfolgreich sein oder irgendwann ein erfolgreicher Profi werden, musst du das Spiel selbst diktieren. Du bist derjenige, der den Druck aufbaut und die Ballwechsel bestimmt, vor allem bei eigenem Aufschlag. Dazu musst du eine offensive Position nah an der Grundlinie haben, musst Winner schlagen und den Gegner unter Druck setzen. Dies schaffen die Profispieler mit harten Schlägen. Harte Schläge sind flach. Grundsätzlich kann man nun sagen, je weiter ich vom Spiellevel nach unten gehe, desto höher wird der Ball über das Netz gespielt und desto weniger Geschwindigkeit wird generiert.

Bei einem Match zweier Zwölfjähriger könnte das Netz auch drei Meter hoch sein, denn zumeist wird der Ball vor allem hoch und weit gespielt. Die Kinder lassen sich dabei gerne weit hinter die Grundlinie fallen und spielen wieder eine hohe Parabel. Dies ist teilweise auch sicher sinnvoll. Die Frage ist, ob es das Hauptziel des Zwölfjährigen ist, mit zwölf Jahren, vielleicht auch 13 oder 14 Jahren erfolgreich zu sein, oder ob er als Aktiver erfolgreich sein will! Denn mit dieser Taktik und langen Ballwechseln, wenig

Fehlern, aber auch wenigen Winnern wird er als Aktiver auf vernünftigem Level nicht bestehen können. Ich selbst halte viel von einer nachhaltigen Entwicklung, also Kinder bereits frühzeitig in das Schema des Erwachsenenspiels hineinzupressen, auch wenn wahrscheinlich dadurch weit mehr Matches verloren werden als mit dem typischen Kindertennis. Aber die Kinder lernen dadurch, aggressiv zu spielen, Mut zum Risiko, die Bälle früh zu nehmen, flach zu spielen, hart zu spielen, was ihnen langfristig Erfolge sichern wird. Wie gesagt, ich würde als Trainer die Erfolge (oder Misserfolge) und auch die Ranglistenpositionen in diesem Alter nicht so stark bewerten, sondern mehr auf die spielerische, technische und taktische Entwicklung achten. Leider ist für die meisten Eltern und auch die Verbände immer noch die Rangliste das Nonplusultra. Die besten von der Rangliste werden gefördert. Punkt.

Anders verhält es sich bei den Senioren. Auch hier wird das Spiel langsamer. Legen die Kinder, je älter sie werden, an Kräften zu, bauen die Senioren mit fortschreitendem Alter natürlich ab. Das Spiel wird taktischer, Fehler und Winner werden weniger. Hier ergibt es nicht viel Sinn, auf nachhaltige Entwicklung Wert zu legen. Auch hier wird die Flugkurve in der Regel höher, weil das Tempo langsamer wird. Dennoch rate ich hier, vor allem im Training, auch schnelle und flache Bälle zu spielen und zu trainieren.

Fazit

Die Höhe wird oftmals unterschätzt. Variiere die Höhe, in der dein Gegner den Ball treffen soll. Lass ihn Schläge über Schulterhöhe und Schläge unter Kniehöhe schlagen. Variiere die Höhe deiner Schläge, um ihm keinen Rhythmus zu geben.

Willst du Druck aufbauen, versuche flach und hart zu spielen. Trainiere dies gezielt. Gerätst du in die Defensive, ist es keine Schande, den Ball höher zu spielen. Dadurch verschaffst du dir sogar Zeit, weil der Ball länger in der Luft ist, was in der Defensive immer ein großer Vorteil ist.

Je höher das Spiellevel ist, desto wichtiger ist es, selbst offensiv zu sein, und desto flacher und vor allem härter werden die Bälle geschlagen. Und nochmal: Flach bedeutet nicht, den Ball 20 cm übers Netz zu schlagen, sondern mit Sicherheitsabstand und Spin eine gute Flugkurve zu generieren.

Praktische Übungen

Die nachfolgenden Übungen behandeln hohe und vor allem flache Schläge und sollen die Spieler in die entsprechenden Situationen zwingen.

Flache Schläge

Ausführung

Es werden Bälle cross auf Schlagrhythmus gespielt. Es wird ohne Punkte gespielt. Der Ball darf das Netz nicht höher als eineinhalb Meter überqueren, soll aber unbedingt länger als die Aufschlaglinie gespielt werden. Um die Höhe über dem Netz zu gewährleisten, wird ein Band eineinhalb Meter über dem Netz gespannt. Es soll mit Topspin oder auch gerade gespielt werden .

Ziel

Das Ziel dieser Übung ist es, lange kontrollierte Bälle mit immer gleicher Flugkurve zu spielen und so ein Gefühl für Höhe, Länge und Geschwindigkeit zu bekommen.

Varianten

- Bälle werden longline statt cross gespielt.
- Es kann ein Hosenträger oder ein halber Hosenträger gespielt werden. Die Höhe der Schläge bleibt gleich.
- Ein Spieler spielt nur Slice, der andere nur Topspin.
- Es wird um Punkte gespielt.
- Die Länge kann variieren, das heißt, die Bälle müssen zum Beispiel noch länger gespielt werden.
- Bei entsprechender Spielstärke und Kontrolle kann man auch die Höhe noch weiter reglementieren, das heißt, das Seil/Band wird zum Beispiel nur noch einen Meter oder weniger über dem Netz gespannt.

Flache Schläge gegen mittelhohe oder hohe Schläge

Ausführung

Diesmal wird das Band etwas niedriger gespannt. Ich empfehle einen knappen Meter. Spieler A spielt hohe und trotzdem möglichst aggressive Topspinbälle. Spieler B versucht, diese im Steigen zu nehmen und diese flach und hart zu schlagen. Stopps von B oder kurze Slicebälle sind im Übrigen verboten.

Ziel

Nun haben wir für beide Spieler unterschiedliche Ziele. Spieler A, der etwas höher spielt, versucht, mit seinem Topspin Spieler B so anzuspielen, dass dieser die Bälle unangenehm über Schulterhöhe schlagen muss. Für A ist der hohe und trotzdem schnelle Absprung und auch die Schlaglänge wichtig. Trotz allem muss A unbedingt versuchen, viel Kraft auf seinen Topspinball zu bekommen. Spieler B dagegen muss versuchen, die Bälle im Steigen zu nehmen und sich so zu bewegen, dass er diese eben nicht über Schulterhöhe schlagen muss. Sein Ziel ist es, die Bälle so hart und genau zu schlagen, dass A Stabilität verliert und schlecht zum Ball steht. Außerdem ist es Ziel von B, dass die Ballwechsel nicht zu lange dauern, da seine Aufgabe technisch weitaus schwieriger ist.

Varianten

- A spielt B nur in die Rückhandseite (Rückhandgefängnis à la Nadal).
- A darf die Bälle nur hinter die Aufschlaglinie setzen.
- Auch B muss länger als die Aufschlaglinie spielen.

Diese Übung simuliert nahezu perfekt, was wir die letzten Jahre im internationalen Herrentennis immer und immer wieder gesehen haben: einen Kampf der Systeme. Nadal spielte gegen Federer immer mittelhohe und dennoch äußerst aggressive Topspinbälle zur Rückhand und dieser fand in den seltensten Fällen Lösungen gegen dieses Spielsystem. Nadal zermürbte Federer mit dieser Taktik und je länger die Matches dauerten, desto mehr Vorteile lagen bei Nadal, weil Federer irgendwann nicht mehr so gut zum Ball stand und er dadurch mehr Bälle unsauber traf und einen Tick weniger Geschwindigkeit generieren konnte. Dann kam Djokovic 2011 in Fahrt. Gegen ihn wirkte Nadals Spiel nicht mehr. Djokovic nahm Nadals Topspinbälle vor allem mit der Rückhand sehr früh und scheute sich auch nicht, seine Rückhand gegen Nadals „heavy" Topspinvorhand einzusetzen. Nadal wiederum fand selbst auf Sand zuweilen nicht die richtige Lösung, auf

Hardcourt sogar überhaupt nicht (mit Ausnahme des US Open-Finales 2013). Gegen Federer wiederum spielte Djokovic auch häufiger mittelhohe, aggressive Bälle mit viel Topspin in Federers Rückhand und nagelte diesen dort fest. Durch seine Variabilität konnte Djokovic das Welttennis zwischen 2011 und Mitte 2016 auf allen Belägen dominieren. Inzwischen hat Federer Lösungen gefunden, wie er mit den hohen, aggressiven Topspinbällen seiner Hauptkonkurrenten umgehen kann. Und zwar indem er noch zwingender, aggressiver, entschlossener und eben auch flacher spielt und sich überhaupt nicht mehr von der Grundlinie zurückdrängen lässt. Mit dieser Taktik konnte er seinen früheren Angstgegner Nadal im Jahr 2017 viermal in vier Matches teilweise klar besiegen. Aber wir können davon ausgehen, dass auch Nadal sich nun wieder etwas überlegen wird.

Fakt ist, jeder Spieler hat sein eigenes System. Mancher Spieler beherrscht verschiedene Systeme und jeder versucht, mit seinem Spiel Druck aufzubauen. Aber Fakt ist eben auch, dass die Bälle heutzutage härter geschlagen werden, dass die Schläger mehr Geschwindigkeit generieren und die Spieler höhere Schlägerkopfgeschwindigkeiten erzielen. Sie spielen auch flacher als die Generationen um Borg & Co. und später auch die Sandplatzgenerationen um Brugera, Muster, Moya, Kuerten, Corretja, Gaudio, Coria, Costa, Ferrero etc. Auch wird auf allen Belägen inzwischen ähnlicher gespielt als früher, was viele Experten auch bemängeln. War es in der Vergangenheit fast unmöglich, alle vier Grand-Slam-Turniere zu gewinnen, so haben die großen Champions Federer, Djokovic und Nadal ihren Karriere Grand Slam vervollständigt. Es gibt inzwischen kaum mehr reine Spezialisten, die nur auf einem Bodenbelag erfolgreich spielen können. Wimbledon kann man inzwischen sehr wohl auch mit ausdauerndem Grundlinienspiel gewinnen, was Spieler wie Djokovic, Murray oder Nadal bewiesen haben.

– KAPITEL 20 –

Der Stopp – der etwas andere Schlag

........................TENNIS-FACTS

Nur 1 % bis 2 % aller Schläge aus dem Ballwechsel sind Stopps

Der Stopp – der etwas andere Schlag

Im letzten Kapitel haben wir lange und kurze Bälle behandelt. Den Stopp dabei aber etwas ausgeklammert, nun möchte ich mich mit diesem tollen Schlag näher beschäftigen. Der Stopp zählt natürlich auch zu den kurzen Bällen. Ist aber wohl der ultimative kurze Ball, denn der Gegner kann danach nicht mehr zurück zur Grundlinie (jedenfalls ergibt dies absolut keinen Sinn). Der Stopp führt in der Regel zu einem recht schnellen Ende des Ballwechsels. Der Stoppball ist, wie schon beschrieben, kein gewöhnlicher Schlag. Er bietet viele Möglichkeiten, darf aber nicht zu oft eingesetzt werden und man muss den richtigen Zeitpunkt abpassen. Außerdem gibt es Gegner, die mit diesem Schlag nicht klarkommen, während der Stopp gegen andere wiederum zum Eigentor werden kann. Der Stopp ist ein offensiver Schlag mit dem Ziel, den Ballwechsel direkt (Winner, Forced Winner) oder indirekt (erfolgreicher Passierschlag oder Lob mit dem Folgeschlag) zu beenden. Anders als Vorhandwinner, Aufschlagwinner oder Schmetterball, die fast immer auf brachiale Weise den Punkt beenden, ist der Stopp ein weicher, gefühlvoller, „smarter“ Ball. Man benötigt keinen hohen Kraftaufwand.

Auf die technische Durchführung des Stopps möchte ich auch noch kurz eingehen. Der Stopp sollte auf jeden Fall mit Unterschnitt gespielt werden. Dies ist den meisten Spielern noch klar. Fragt man sie allerdings nach der optimalen Flugkurve, hört man meist kontroverse Meinungen. Der Großteil der Spieler vertritt die Ansicht, der Ball solle auf jeden Fall eine flache Flugkurve haben. Dies ist aber beim Stopp zumeist suboptimal. Besser ist es, wenn der Ball im Bogen fliegt, denn nur so kann er direkt hinter das Netz fallen und im Idealfall, nämlich wenn er mit Rückwärtsdrall gespielt ist, nach dem Aufsprung zur Seite oder gar Richtung Netz springen. Aus physikalischer Sicht ist es unmöglich, einen Stopp von der Grundlinie zu spielen, der eine niedrige Flugbahn hat und trotzdem extrem kurz kommt. Deshalb sollte der Ball in einem leichten Bogen fliegen. Des Weiteren ist es, wie schon erwähnt, wichtig, dass der Ball mit Unterschnitt gespielt wird. Idealerweise sollte er Seitwärts- bzw. Rückwärtsdrall haben.

Neben der technischen Ausführung spielt aber die taktische Komponente eine ebenso wichtige Rolle. Spielt man den Stopp nämlich im falschen Moment, kann er sich zum Eigentor entwickeln. Gerade auf hohem Niveau und in den oberen Spielklassen sind Stopps sehr riskant, weil die Spieler meist sehr fit und schnell sind und häufig auch über

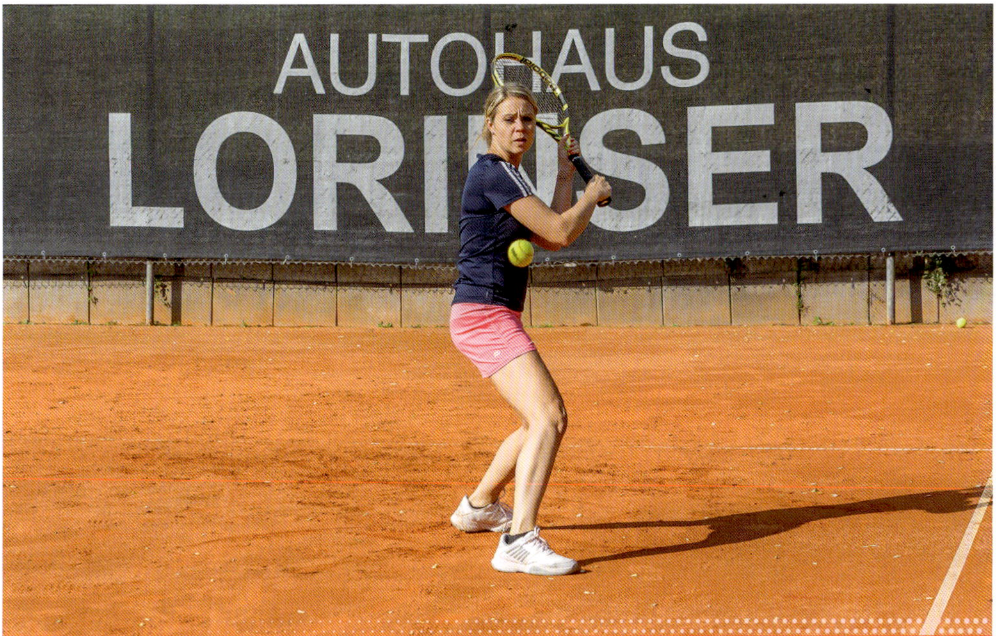

Ein Stopp wird meistens mit Unterschnitt gespielt.

eine ausgezeichnete Antizipation verfügen. In niedrigeren Spielklassen kann der Stopp jedoch eine echte Waffe sein, da viele Spieler sich schwertun, schnell genug nach vorne zum Ball zu laufen. Häufig stimmt dann der Abstand zum Ball nicht. Ein weiterer Faktor ist die veränderte Distanz: Wenn man den Stopp erlaufen hat, steht man nämlich näher am Netz und muss den Ball oftmals weicher spielen. Diese Kraftdosierung kann viele Tennisspieler vor große technische und koordinative Probleme stellen, vor allem dann, wenn sie sehr schnell zum Ball laufen müssen. Folgende Fragen drängen sich nun auf:

Wann und wie kann ich den Stopp spielen?

- Je weiter vorne ich bin, desto eher kann ich den Stopp spielen.
- Ebenso sollte ich nicht außerhalb des Spielfeldes stehen (Ausnahmen bestätigen jedoch die Regel), wenn ich einen Stopp ansetzen will.
- Ich muss den Gegner beachten, je weiter hinten er steht, desto eher bietet sich der Stopp an.
- Außerdem sollte der Stopp überraschend kommen. Dieser Schlag lebt vom Überraschungsmoment.

- Ich sollte in einer offensiven Position sein und nicht unbedingt schnell zum Ball laufen müssen.
- Der Gegner sollte den Stopp nicht zentral erlaufen können.
- Variiere die Richtung des Stopps und setze diesen auch mal gegen die Laufrichtung ein, um den Rhythmus des Gegners zu brechen.
- Wenn der Gegner nicht gut auf den Beinen ist, ist ein Stopp sehr wirkungsvoll.

Dies sind die Grundlagen, wann ich den Stopp einsetzen kann. Ich will noch kurz ein paar Worte zum einen oder anderen Punkt sagen:

- Je weiter vorne ich bin, desto eher kann ich den Stopp spielen. Dies sollte eigentlich klar sein. Befinde ich mich in Höhe des Aufschlagfelds, also ca. sechs Meter weg vom Netz, ist es erstens einfacher, den Ball wirklich kurz zu setzen, und zum anderen ist der Ball kürzer in der Luft, als wenn ich ihn zum Beispiel zwei Meter hinter der Grundlinie spiele, was wiederum dem Gegner weniger Reaktionszeit gibt.
- Ebenso sollte ich nicht außerhalb des Spielfeldes stehen (auch seitlich): Hier gibt es zwar manche Ausnahmen und manchmal kann dies schon sinnvoll sein. Aber auch hier sind die Distanz und der Winkel sowie die eigene Position wieder das entscheidende Kriterium. Angenommen, du spielst denselben Stopp auch in Höhe der T-Linie auf der Doppellinie stehend. Spielst du nun den Longline-Stopp, so fliegt dieser von außen nach innen. Der Gegner muss nicht so weit laufen, weil der Ball Richtung Platzmitte abspringt. Außerdem befindest du dich dann in einer sehr schlechten Position. Wird dein Stopp kein Winner und dein Gegner kommt noch an den Ball, so ist die komplette andere Spielfeldhälfte verwaist und er muss den Ball nur cross ablegen. Spielst du den Ball cross, kannst du das Feld zwar etwas einfacher abdecken und dein Ball geht aufgrund des Winkels nach außen weg (längere Laufstrecke des Gegners), aber dein Ball ist viel länger in der Luft als der Longline-Ball und dein Gegner hat dadurch mehr Zeit. Ich rate daher, Stopps immer nur innerhalb des Feldes anzusetzen. Wie gesagt: Ausnahmen bestätigen die Regel.
- Ich muss den Gegner beachten: Je weiter hinten er steht, desto eher bietet sich der Stopp an. Das ist natürlich vollkommen klar, selbsterklärend sozusagen. Denn wenn der Gegner weit hinten steht, hat er einen weiten Weg zum Netz.
- Außerdem sollte der Stopp überraschend kommen. Dies ist ein ganz wichtiger Punkt, vielleicht sogar der wichtigste. Denn selbst wenn dein Gegenüber deutlich hinter dem Spielfeld steht, aber schon losläuft, bevor du überhaupt geschlagen hast, weil

er weiß, dass du einen Stopp spielen wirst, so wird er sich wahrscheinlich, wenn der Ball den Schläger verlässt, schon auf Grundlinienhöhe befinden und hat vor allem schon Laufgeschwindigkeit aufgenommen. Er wird den Ball trotz seiner vermeintlich schlechten Position erreichen. Deshalb musst du deinen Gegner immer im Unklaren lassen, wann der Stopp kommt. Dieser Schlag wird eigentlich immer mit Unterschnitt gespielt und zumeist mit einer kurzen Ausholbewegung. Hier hast du nun zwei Möglichkeiten, deinen Stopp zu verdecken. Erstens du täuschst einen überrissenen Schlag an, wechselst im letzten Moment die Griffhaltung, gehst unter den Ball und hebst den Ball mit Unterschnitt kurz hinter das Netz. Die zweite Möglichkeit besteht darin, dass du einen Slice antäuschst und dann den Stopp spielst. Allerdings musst du dann den Slice aber auch des Öfteren lang setzen. Und auch dies ist eine Option, die ich selbst gerne ziehe: einen Stopp antäuschen (kurze Ausholbewegung und Unterschnitt) und dann den Ball aber doch lang als Slice spielen. Fällt dein Gegner auf diese Finte rein und rennt schon nach vorne, hast du ihn mit diesem „Fake Shot" komplett auf dem falschen Fuß erwischt. Dies funktioniert vor allem mit der Vorhand ganz gut.

- Ich sollte in einer offensiven Position sein: Bin ich offensiv, ist mein Gegner defensiv und rechnet oft mit einem harten Schlag, sodass er eine Position eher weiter hinter der Grundlinie einnimmt. Das sind gute Voraussetzungen für einen Stopp. Bin ich jedoch selbst defensiv, ist mein Kontrahent offensiv und vermutlich schon auf dem Sprung nach vorne, denn er will ja meinen nächsten Ball attackieren. Dies hingegen ist eine absolut ungünstige Bedingung für einen Stopp.
- Der Gegner sollte den Ball nicht zentral erlaufen können. Ideal ist selbstverständlich, wenn er den Stopp gar nicht mehr erlaufen kann. Wenn er ihn aber bekommt, ist es wichtig, dass er den Ball weit außen, idealerweise gar im Doppelkorridor schlagen muss. Zum einen ist der Laufweg weiter (zumindest wenn er mittig startet oder sogar aus der anderen Ecke), zum anderen kannst du hier (vorausgesetzt, er schlägt den Ball nur knapp über dem Boden) einen langen Longline-Ball ausschließen. Ihm bieten sich somit nur zwei bis drei Möglichkeiten: lang cross (dies ist technisch aber sehr anspruchsvoll, gerade aus vollem Lauf), Longline-Gegenstopp oder – der wahrscheinlichste Ball – Kurz-cross-Gegenstopp. Somit kannst du auf jeden Fall einen kurzen Ball erwarten und dich auf diesen schon vorbereiten, indem du dich in der Nähe des Aufschlagfeldes positionierst. Spielst du den Stopp mittig und der Gegner kann ihn zentral erlaufen, kann er in jedem Fall schräg spielen und auch ist das Netz mittig natürlich niedriger, was in diesem Fall eine entscheidende Rolle spielen kann. Zum anderen ist der Gegner nun auch in einer Position, in der er das Feld nicht mehr gut abdecken kann, und du

kannst den Ball in die freie Ecke platzieren. Steht er mittiger, kann er hingegen das Feld super abdecken.
- Variiere die Richtung. Stopps gegen die Laufrichtung sind oftmals besonders effektiv, weil sie den Gegner aus der Balance bringen.
- Der Rhythmus des Gegners wird gebrochen: Stopps sorgen immer für Variation und beenden fast immer die Punkte innerhalb der nächsten zwei bis drei Schläge. Hat dein Gegner wunderschöne präzise Grundschläge, kannst du mit Stopps versuchen, ihn aus dem Rhythmus zu bringen. Das wird nicht immer funktionieren, aber einen Versuch ist es wert.
- Der letzte Punkt, „wenn der Gegner nicht schnell auf den Beinen ist", spricht eigentlich auch für sich. Gegen langsame Gegenspieler sind Stopps immer ein probates Mittel zum Erfolg.

Nun weißt du, wie du den Stopp taktisch sinnvoll einsetzen kannst. Es kann aber auch sein, dass du gegen einen Gegner spielst, der dich mit diesen Schlägen an den Rand der Verzweiflung bringt. Mir ist das selbst vor einigen Jahren so ergangen. Mein Gegner hat damals sehr gut aufgeschlagen, hat den zweiten Schlag dann immer früh genommen und Druck gemacht. Allerdings war jeder zweite Schlag ein für mich unerreichbarer Stopp. Gut, manche konnte ich noch erlaufen, war aber so spät dran, dass ich nur noch wenige Optionen hatte, die mein kluger Kontrahent immer antizipierte. Dem Ball in die freie Ecke konnte ich nur noch nachschauen, was noch frustrierender war, als den Stopp nicht zu erlaufen. Dasselbe hat er auch in meinen Aufschlagspielen gemacht. Seine Stopps konnte ich nicht oder erst sehr spät erkennen, und diese waren auch einfach fantastisch gesetzt. Es waren bereits eineinhalb Sätze vorüber und ich lag deutlich hinten, als ich begann (mit dem Mut der Verzweiflung), wesentlich aggressiver zu spielen. Ich versuchte, mit mehr Länge zu spielen, und bin mehr Risiken eingegangen. Und da nahm das Spiel dann seine Wende. Mein Gegenüber spielte dann die Stopps wesentlich schlechter und im weiteren Verlauf des Matches auch immer weniger. Ich hatte ihn seiner besten Waffe beraubt und konnte das Spiel noch gewinnen.

Was ist zu tun, wenn dein Gegner dich mit guten Stopps ärgert? Zugegeben, es gibt nicht immer eine Lösung. Aber prinzipiell musst du natürlich schauen, dass du deinen Gegner nicht in Positionen lässt, in denen er gute Stopps spielen kann. Halte ihn hinter der Grundlinie und lass ihn keine Bälle im Feld spielen. Versuche, das Spiel selbst zu bestimmen und ihn in die Defensive zu drängen. Denk daran, Stopps sind nur in offensiven oder neutralen Positionen sinnvoll. Ich habe das ja schon einmal erklärt: Es ist wichtig, so zu spielen, dass der Gegner seine Stärken nicht entfalten kann. Es bringt nichts, die tollen Stopps deines Rivalen zu bewundern oder sich über die eigene Langsamkeit oder Ähnliches aufzuregen. Was du brauchst, ist eine Lösung, um zu verhindern, dass dein Kontrahent seine gefürchteten Stoppbälle immer und immer wieder spielt. Und die Lösung kann da nur lauten: aggressiv und lang spielen.

Fazit

- Spiele Stopps gelegentlich, um dein Spiel zu variieren, aber übertreibe es nicht, denn sonst kann sich dein Gegner darauf einstellen.
- Warte den richtigen Zeitpunkt ab. Dieser ist, wenn du dich innerhalb des Spielfeldes befindest (je näher am Netz desto besser), dein Gegner hinter der Grundlinie steht und vor allem nicht mit einem Stopp rechnet. Noch mal: Beim Stopp ist vor allem der Zeitpunkt, wann du ihn anbringst, entscheidend.
- Verhindere Stopps deines Gegenübers mit langen, aggressiven Schlägen.
- Variiere die Richtung. Oftmals sind gerade Stopps gegen die Laufrichtung besonders effektiv.

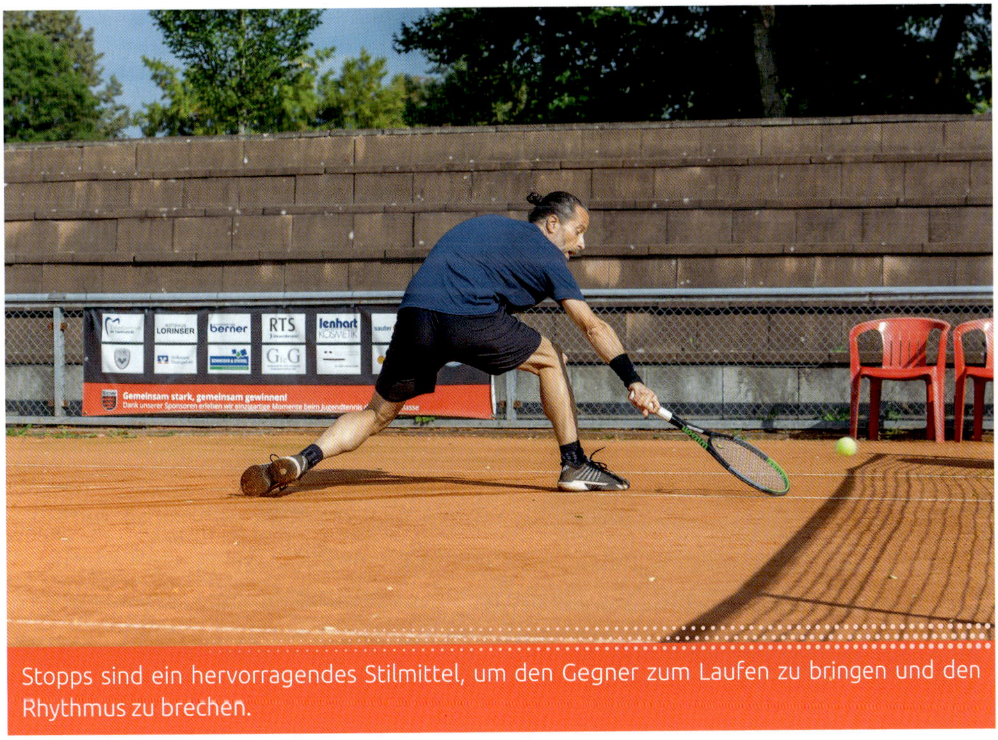

Stopps sind ein hervorragendes Stilmittel, um den Gegner zum Laufen zu bringen und den Rhythmus zu brechen.

Nun wieder ein paar Übungen, um das eben in der Theorie Erläuterte auch auf dem Platz zu versuchen:

Mini-Tennis extrem

Ausführung

Die Spieler A und B spielen Punkte auf die gesamte Breite des Feldes (ohne Doppelkorridor) aus. Die Länge des Spielfeldes beträgt jedoch auf jeder Seite nur einen Meter. Das Anspiel des Trainers erfolgt von Hand mittels eines Netzrollers. Es dürfen keine Volleys gespielt werden.

Ziel

Feingefühl bekommen (vor allem für den Gegenstopp), spielorientierte Anwendung der Technik in einer Spielsituation, Seitwärtsdrall entwickeln (insbesondere die longline gespielten Bälle sind bei dieser Übung fast nur mit Seitwärtsdrall effektiv).

Varianten

- Volley wird erlaubt.
- Anspiel von unten und cross.
- Spielform als Hosenträger.

Stopp aus dem Spiel

Ausführung

Die Spieler A und B spielen Rückhand cross bzw. Vorhand inside-out auf dem halben Platz. Beide Spieler müssen mindestens einen Schlag cross spielen. Ab dann haben sie die Möglichkeit, mit einem in ein Zielfeld longline gespielten Stopp zu punkten bzw. den Punkt zu eröffnen. Erzielt der Spieler mit dem Stopp einen direkten Punkt, erhält er vier Punkte. Macht er mit dem Stoppversuch einen Fehler, so bekommt der Kontrahent zwei Punkte. Passiert ein Fehler, bevor der Stopp gespielt wurde bzw. wird der Stopp erlaufen und der Ballwechsel offen ausgespielt, geht es um einen Punkt.

Ziel

Spielorientiertes Training des Stopps und wie man einen Stopp kontern kann.

Varianten

- Dasselbe Spiel Vorhand cross.
- Auch Cross-Stopp möglich.

– KAPITEL 21 –

Shot-Selection

........................TENNIS-FACTS

60 % der Vorhand Gewinnschläge wurden bei den Australian Open 2018 nach Feld A geschlagen

Shot-Selection

Darum geht es auf den verbleibenden Seiten. Shot-Selection oder auch Schlagauswahl genannt. Es werden immer Taktiken gegen die verschiedenen Spieltypen genannt, wie zum Beispiel „die Ballwand", „der Kanonenaufschläger", „der Angriffsspieler", „der Allrounder" etc. Aber wie genau du auf einzelne Schläge reagieren sollst, wird zumeist nicht erläutert. An dieser Stelle kommen dann wieder die Verfechter der „Theorie", dass Tennis zu komplex sei, überhaupt jeder Spieler sei anders und was gegen diesen Spieler funktioniere, klappe gegen jenen ohnehin nicht. Das ist sicher alles richtig und man braucht für die richtige Schlagauswahl im richtigen Moment gegen den entsprechenden Gegner auch das richtige Gefühl, genauso wie du Gefühl brauchst, um eine harte Vorhand in die Ecke zu knallen. Aber es gibt immer Optionen, die besser sind als andere, und Schläge, die du ausschließen musst, weil sie keinen Sinn ergeben. In den nachfolgenden Kapiteln werde ich dir verschiedene Spielsituationen vorstellen und präsentieren. Ich werde dir die Möglichkeiten aufzeigen, die meiner Meinung nach am meisten Sinn ergeben, und Schläge nennen, die eher unklug sind beziehungsweise eher geringe Erfolgschancen haben.

Beginnen werden wir beim Thema Shot-Selection mit der Spieleröffnung. Auch hier noch kurz ein paar Worte dazu:

Die Spieleröffnung ist aus Sicht des Aufschlägers zunächst einmal vergleichbar mit einer Standardsituation im Fußball. Bei einem Freistoß oder einer Ecke hat die ausführende Mannschaft viele verschiedene Optionen (direkter Freistoß, kurze Ecke, Flanke auf den ersten Pfosten [damit ein Spieler eventuell verlängern kann], in die Mitte, auf den zweiten Pfosten, in den 16-m-Raum etc.), die natürlich auch von der technischen Güte des ausführenden Schützen, der gegnerischen Abwehr, der Kreativität des Teams beziehungsweise des Trainers abhängen. Fakt ist aber, dass das Überraschungsmoment und die Auswahl beim angreifenden Team liegen und dies ein klarer Vorteil ist. Ich denke, auch wenn ich kein Experte im Fußball bin, dass es auch hier noch viel mehr Potenzial gibt, diese Standardsituationen weiter zu perfektionieren. Ähnliches gilt für den Tennissport. Die Besten nutzen diese Möglichkeiten natürlich schon recht gut aus. Aber gerade die Turnier- und Ligaspieler sind hier oft noch viel zu unkreativ. Zumeist wird der erste Aufschlag durchgezogen und der zweite mit Slice oder Kick serviert. Um wirkliche Variation beim Aufschlag zu finden, muss man schon tief in den Profibereich eintauchen. Und auch da habe ich dann oft nur den Aufschlag, der variiert wird. Federer hat zum Beispiel nach seinem Wimbledonsieg 2017 folgende Aussagen getroffen:

„Wenn du nicht vollieren kannst, gehst du auch nicht ans Netz. Fast jeder Spieler, gegen den ich hier spielte, praktiziert kein Serve-and-Volley. Es erschreckt mich, dass auf diesem Niveau zu sehen."

„Ich schaue die Statistik an – egal in welcher Runde – und sehe, dass mein Gegner nur zwei Prozent Serve-and-Volley spielt, was großartig ist für mich."

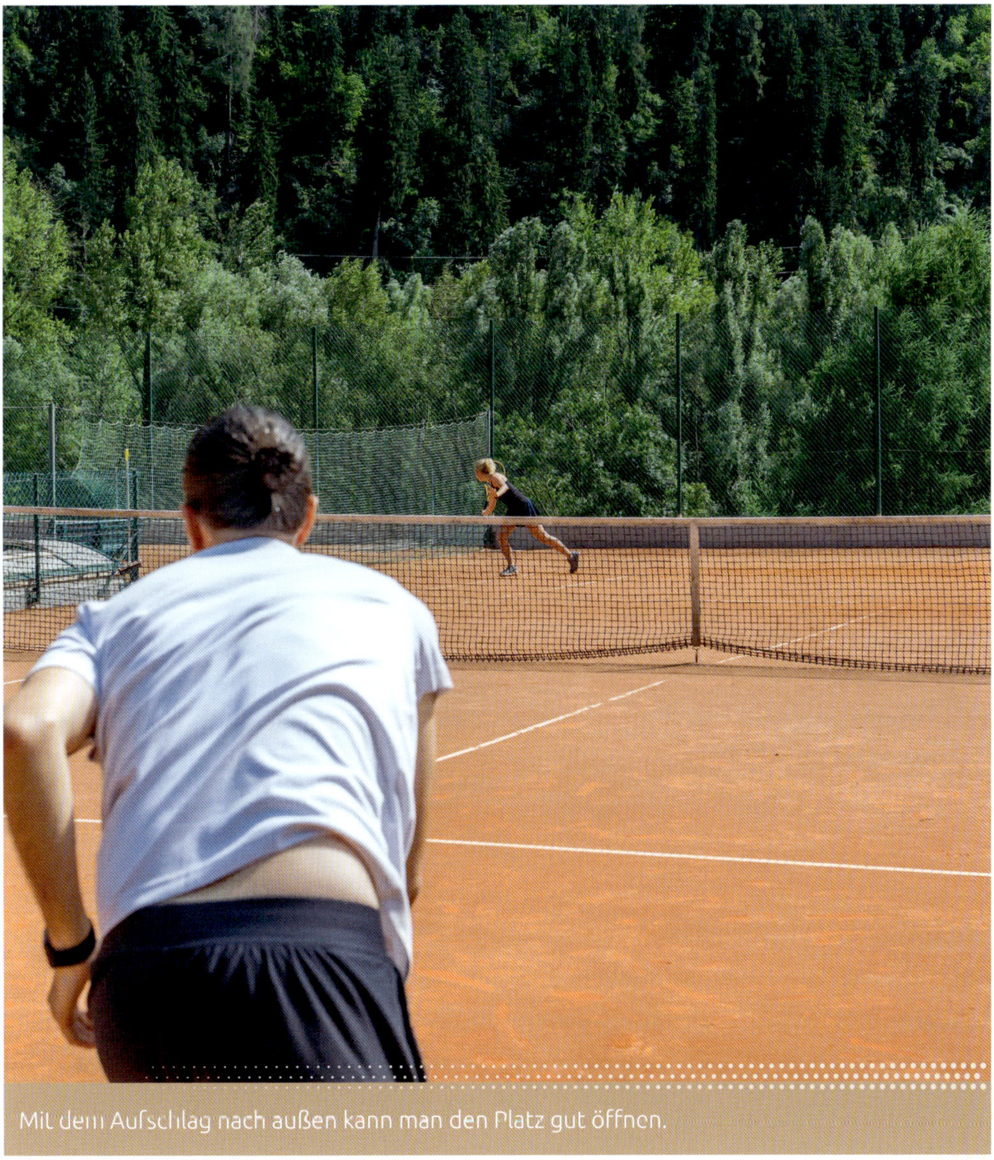

Mit dem Aufschlag nach außen kann man den Platz gut öffnen.

Besonders Aussage zwei zeigt natürlich auf, dass sich die Spieler eventuell selbst Chancen berauben. Warum ist dies für Federer großartig? Ganz einfach, denn er kann eine Serve-and-Volley-Aktion seines Kontrahenten praktisch ausschließen und steht bei seinem Return nicht so unter Druck. Er muss den Ball nicht zwingend flach spielen, ein gut gechippter langer Return zur Grundlinie ist dann ausreichend und er ist drin im Ballwechsel. Die taktische Finesse Serve-and-Volley kann er ausschließen und das ist ein großer Vorteil. Man kann dies mit den Fragen bei „Wer wird Millionär" vergleichen. Wenn ich die richtige Antwort der vier Multiple-Choice-Lösungen nicht kenne, aber kann zwei davon ausschließen, weil ich weiß, dass diese falsch sind, muss ich nur noch zwischen zwei Antworten wählen, was meine Chancen drastisch erhöht.

Weiß Federer, dass zum Beispiel Cilic im Finale nicht Serve-and-Volley spielen wird, kann er dies ausschließen. Weiß er dann noch, wenn er mit dem Return lang genug zu dessen Rückhand kommt, dass Cilic dann nicht zu seiner Vorhand spielen wird, so kann er auch diese Option ausschließen. Und langsam, wenn man diese Dinge beachtet, weiß man oft bereits im Voraus, welche Bälle der Gegner wahrscheinlich spielen wird, beziehungsweise man weiß sicher, was nicht kommen wird!

Ich bin überrascht, dass es im Tennis nicht schon, ähnlich wie im Schach, klar definierte Eröffnungsstrategien gibt (in der Einleitung habe ich dies schon kurz angerissen). Wahrscheinlich gibt es sie schon, nur hat sich wohl noch niemand die Mühe gemacht, diese aufzuschreiben, diesen ähnlich wie beim Schach auch Namen zu geben, sodass jeder Trainer weiß, bei Variante XY ist mein Schüler anfällig, das trainieren wir jetzt. Variante AB beherrscht er selbst hingegen sehr gut und kann diese auch in Drucksituationen anwenden. Ich habe mir erlaubt, sämtliche sinnvollen Varianten der ersten beiden Schläge des Servers zusammenzufassen und diesen in Anlehnung daran Namen zu geben, welche Spieler diese Varianten häufig gespielt haben. Hierbei habe ich mich auf die taktischen Varianten beschränkt.

Des Weiteren werden in der Folge natürlich auch noch andere Spielsituationen dargestellt und analysiert. Hierbei sind vor allem drei Dinge wichtig: der ankommende Ball des Gegners, die Position, in der ich diesen schlagen kann/werde, und auch natürlich die Position des Gegners. Außerdem kommt noch nach dem Schlag der vierte Punkt hinzu: die eigene Platzabdeckung. Zunächst folgt aber eine genaue Beschreibung der Spieleröffnung, bevor wir in die Shot-Selection, beginnend mit dem Aufschlag, einsteigen.

– KAPITEL 22 –

Spieleröffnung

TENNIS-FACTS

Zu rund 90 % gewinnt der Spieler das Match, der häufiger die Spieleröffnung gewinnt (die kurzen Ballwechsel 0-4 Schläge)

Spieleröffnung

Wie allgemein bekannt, ist der Aufschlag im Tennis der einzige Schlag, auf den der Gegner keinen Einfluss hat. Diese Standardsituation wird im modernen Tennis immer wichtiger, genauso wie der Schlag des Gegners, der Return, immer wichtiger wird. Diese beiden Schläge entscheiden, ob ich den Ballwechsel kontrollieren kann oder den Ballwechsel aus einer defensiven beziehungsweise neutralen Position bestreiten muss. Und im modernen Tennis wird es eben immer wichtiger, selbst das Spiel zu bestimmen. Du musst, zumindest im Spitzentennis, die Ballwechsel selbst bestimmen und deinen Gegner zum Fehler zwingen. Und dies beginnt eben mit dem Aufschlag und auch der Entschärfung des Aufschlages. Im Übrigen sind nach O'Shannessy 70 % der Ballwechsel im Profitennis kürzer als fünf Schläge. 50 % der Ballwechsel sind gar nur zwei Schläge lang, das heißt, der Punkt wird direkt durch einen Aufschlag entschieden (Ass, Aufschlagwinner, Returnfehler, Doppelfehler), dies geschieht bei 33 %, oder endet mit dem Return. Der dritte Schlag (der zweite des Aufschlägers) wird dann entweder nicht erreicht oder verschlagen. Dies geschieht demnach bei 17 %. Diese Zahlen sollte man sich vor allem auch beim Training immer wieder vor Augen führen.

Noch mal: Schlaganzahl im Profitennis

- null bis ein Schlag (Aufschlagass, Aufschlagwinner, Returnfehler, Doppelfehler): 33 %
- genau zwei Schläge (Returnwinner, Fehler mit erstem Schlag nach dem Return): 17 %
- drei bis vier Schläge (Aufschlag + eins, Return + eins): 20 %
- fünf Schläge oder mehr: 30 %

Allerdings gibt es auch Zahlen von Philipp Born, nach denen nur 50 % der Ballwechsel nach vier Schlägen beendet sind. Nichtsdestotrotz ist die Wahrscheinlichkeit, direkt mit dem Aufschlag zu punkten, wesentlich höher (zumindest im Profibereich), als eine lange Rally zu gewinnen. Denn die besten Grundschläge und Volleys bringen nichts, wenn die Spieleröffnung anfällig ist. Man kann sich das wie beim Start eines 100-m-Sprinters vorstellen. Verschläft er diesen und hat nach dem Start schon zehn Meter Rückstand, sind seine Erfolgsaussichten extrem gering, vermutlich sogar nicht mal mehr vorhanden. Selbst wenn er die verbleibende Strecke schneller als die Konkurrenz zurücklegen sollte, wird er nicht mehr gewinnen. Starte also nicht mit einem Rückstand, sondern verbessere deine Spieleröffnung.

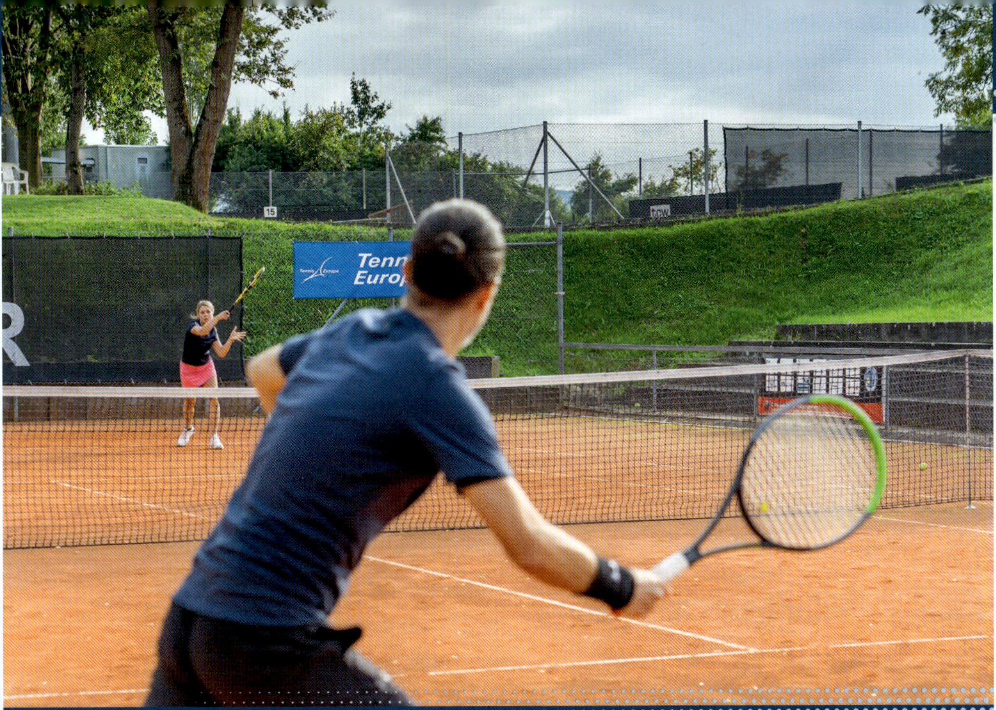

Ein guter Aufschlag muss nicht immer ein Ass sein. Hauptziel kann auch eine gute, offensive Position nach dem Aufschlag sein.

Nun zurück zum Aufschlag: Ein guter Aufschlag muss nicht immer zwingend ein Ass oder ein Aufschlagwinner sein. Vielmehr kommt es auf mein Ziel vor dem Aufschlag an und auch meine eigene Spielanlage im Allgemeinen. Für Spieler wie zum Beispiel Ivo Karlovic oder John Isner sind gute Aufschläge nur Asse oder Aufschlagwinner beziehungsweise Aufschläge, die dazu führen, dass mit dem Folgeschlag nach dem Return direkt gepunktet werden kann, weil der Return zu kurz und langsam ist. Geraten Aufschlagriesen also nach dem eigenen Aufschlag in eine relativ neutrale oder gar defensive Position, ist ihre Zielsetzung definitiv fehlgeschlagen. Im Ballwechsel sind Spieler wie Isner oder Karlovic zu unbeweglich und wollen längere Ballwechsel unbedingt vermeiden, da sie hier mit hoher Wahrscheinlichkeit den Ballwechsel verlieren werden. Auf der anderen Seite haben viele der Topspieler wie Djokovic oder Nadal zumeist eigentlich überhaupt nicht das Ziel, direkt mit dem Aufschlag zu punkten. Ihr Hauptziel ist es, einerseits eine hohe Quote beim ersten Aufschlag zu haben und andererseits sich selbst in eine gute Position zu bringen und den Gegner in eine eher schlechte Ausgangslage. Diese Spieler sind den meisten ihrer Gegenspieler aus dem Ballwechsel heraus ohnehin überlegen, kommen sie dann noch in eine offensive Position, aus der heraus sie den Ballwechsel kontrollieren können, geht der Punkt mit sehr hoher Wahrscheinlichkeit zu ihren Gunsten aus. Diese Spielertypen sind Meister darin, einen kleinen Vorteil schrittweise in immer größere Vorteile auszuweiten und so den Gegner früher oder später zum Fehler zu zwingen. Dies beginnt zumeist mit einem taktischen Aufschlag. Eindrucksvoll belegen dies zum Beispiel die Aufschlagstatistiken von Nadal bei den US Open 2017. Seine Gegner schlugen mehr Asse (29 durch Nadal zu 41 durch die Gegner), aber Nadal hat in fünf von sieben Matches mehr erste Aufschläge im Feld untergebracht (durchschnittlich 66 % gegenüber 63 %) und er gewann in allen Matches mehr Punkte sowohl mit dem ersten als auch mit dem zweiten Aufschlag. Vor allem mit dem zweiten Aufschlag war er mit 63 % gewonnener Punkte gegenüber 41 % seiner Gegner extrem erfolgreich und gerade in den Matches ab dem Viertelfinale (66 % zu 31 %). Dies zeigt klar, dass Nadal häufig einen taktischen Aufschlag gespielt hat, der ihn in eine gute Position innerhalb des Ballwechsels brachte, während seine Gegner, speziell Finalgegner Anderson, mit dem Aufschlag bedeutend mehr Risiko eingegangen sind. Bist du, wie Nadal, im Ballwechsel überlegen und verfügst über bessere Grundschläge als dein Gegenspieler, so ist es nicht nötig, hohes Risiko beim Aufschlag einzugehen. Stattdessen solltest du schauen, dass du eine hohe Prozentzahl an ersten Aufschlägen im Feld unterbringst. Bist du allerdings im Ballwechsel der schlechtere Spieler, so musst du natürlich mit dem Aufschlag (und auch mit dem Return) mehr machen, um lange Ballwechsel zu umgehen. Man entscheidet sich also zumeist zwischen einem taktischen Aufschlag und einem Aufschlag, der den direkten Punkt bringt bzw. zu einem Matt in zwei Zügen führt. Dies ist wie gesagt abhängig von der eigenen Spielanlage, aber natürlich auch der des Gegners. Ebenso gilt es, die äußeren Bedingungen mit einzubeziehen. Bei kaltem, regnerischem Wetter auf langsamem Sandplatz ist es natürlich viel schwieriger, Asse und Aufschlagwinner zu erzielen, als in einer schnellen Teppichhalle oder auf einem Rasenplatz. Im Übrigen ist es auch so, dass auf Sandplätzen häufiger der erste Aufschlag das Feld trifft als auf Hartplätzen. Die Top 20 der Spieler, die am häufigsten den Aufschlag im Feld unterbrachten, hatten auf Sand einen durchschnittlichen Wert von 71,25 % und auf Hartplatz 67,7 %.

Nun will ich die drei gängigen Aufschlagvarianten präsentieren sowie deren Vor- und Nachteile:

Gerader Aufschlag

Vorteile

- Hart, da er mit wenig Spin geschlagen wird. Die hohe Geschwindigkeit ist der Hauptgrund, wieso man gerade Aufschläge macht.
- Dadurch wenig Reaktionszeit für den Gegner.

- Gerade Aufschläge sind oft schwer zu lesen, da man diese mit gleichem Wurf zu allen Seiten spielen kann.
- Mit geraden Aufschlägen ist es am wahrscheinlichsten (aufgrund des hohen Tempos), ein Ass oder einen Aufschlagwinner zu erzielen.

Nachteile

- Der Ball kommt zwar hart an, aber weil er keinen Schnitt hat, ist er leicht für den Gegner zu berechnen. Geht der Aufschlag nicht in die Ecke oder direkt auf den Mann, sondern in die Nähe des Schlägers, ist der Return oft genauso schnell wie der Aufschlag und der gerade Serve entwickelt sich zum Eigentor.
- Aufgrund des fehlenden Spins schwieriger zu kontrollieren und schwieriger zu platzieren. Oftmals geringe Quote an Aufschlägen im Feld, wenn du gerade aufschlägst.
- Der Gegner kann das Tempo, wenn er voll trifft, gut mitnehmen. Da der Ball bereits schnell ankommt, muss der Gegner selbst kein Tempo generieren.
- Der Ball springt oftmals in angenehmer Höhe ab.

Sonstiges

- Auf schnellen Bodenbelägen (Teppich, Rasen) sind gerade Aufschläge am sinnvollsten.
- Gerade Aufschläge werden fast immer nur als erste Aufschläge gespielt. Einen zweiten Aufschlag gerade zu schlagen, ergibt wenig Sinn, denn dieser Aufschlag ist zu fehleranfällig.
- Steht der Gegner im Feld, sind gerade Aufschläge sehr sinnvoll, da der Gegner ohnehin schon wenig Reaktionszeit und durch die Härte noch weniger Zeit zu reagieren hat.

Sliceaufschlag

Vorteile

- Der Ball dreht sich zur Seite weg – entweder weg vom Spieler oder in den Spieler rein.
- Durch den Schnitt schwieriger zu berechnen.
- Der Ball springt (gerade auf schnellen Belägen wie Rasen oder Teppich) sehr flach ab.
- Auf der Einstandseite (als Rechtshänder) kannst du den Gegner sehr gut aus dem Feld treiben und einen großartigen Winkel generieren, auch mit wenig Tempo.
- Durch den Schnitt ist die Flugbahn gekrümmter als beim geraden Aufschlag. Dadurch ergibt sich eine höhere Aufschlagquote. Der Aufschlag ist auch einfacher zu platzieren. Er wird oftmals auch als zweiter Aufschlag eingesetzt.

Nachteile

- Weniger Tempo als beim geraden Aufschlag. Dadurch weniger direkte Punkte und weniger Asse.
- Der Sliceaufschlag ist bei den meisten Spielern leichter zu lesen als der gerade Aufschlag.
- Der Sliceaufschlag vom Rechtshänder ist gegen Rechtshänder schwieriger auf die Rückhand zu setzen, da er sich nach rechts aus Sicht des Returnspielers dreht.

Sonstiges

- Auf schnellen Bodenbelägen am effektivsten. Auf Sand einfacher zu returnieren, weil dieser den Schnitt nicht so gut annimmt.
- Als Rechtshänder ist dieser Aufschlag vor allem gegen Linkshänder und vorhandschwächere Spieler sinnvoll, weil er sich aus Sicht des Returnspielers nach rechts wegdreht. Alternativ kann man den Ball auch zur Rückhand (Rechtshänder) servieren und in den Mann reindrehen.
- Vor allem dann gut, wenn der Gegner weit hinten steht. Der Sliceaufschlag lebt vom Winkel und nicht von der Geschwindigkeit. Steht der Gegner nah an der Grundlinie, so verkürzt er den Winkel gut.

Kickaufschlag (Aufschlag mit Topspin)

Vorteile

- Ebenso wie der Sliceaufschlag schwer zu berechnen, da der Ball in die „verkehrte" Richtung springt, also nach dem Aufsprung nach rechts (aus Sicht des Aufschlägers [Rechtshänder]).
- Der Ball springt (wie auch ein Topspingrundschlag) sehr hoch ab.
- Wie beim Slice kannst du mit dem Kick das Feld auch gut öffnen. Vor allem auf der Vorteilseite kannst du den Gegenspieler weit nach außen auf seine Rückhand treiben.
- Durch den Schnitt ist die Flugbahn gekrümmter als beim geraden Aufschlag. In der Regel ist sie auch höher als beim Sliceaufschlag. Dies ergibt auch Sinn, denn je höher der Einfallswinkel, desto höher der Absprungwinkel. Dadurch entsteht eine höhere Aufschlagquote. Der Aufschlag ist auch einfacher zu platzieren und kann hervorragend als zweiter Aufschlag benutzt werden.

Nachteile

- Weniger Tempo als beim geraden Aufschlag und zumeist auch weniger Tempo als beim Sliceaufschlag (dafür aber höherer Absprung).
- Ebenfalls verhältnismäßig einfach zu lesen. Vor allem wenn die Spieler den Ball weit nach links werfen (was beim Kick oft der Fall ist).
- Der Kickaufschlag ist technisch der schwierigste Aufschlag. Die wenigsten Spieler beherrschen einen wirklich guten Kickaufschag, der nach rechts wegdriftet und trotzdem hoch und mit einigermaßen Geschwindigkeit abspringt.
- Umgekehrt wie der Sliceaufschlag ist der Kick schwieriger zur Vorhand zu setzen, da er nach rechts wegspringt.

Sonstiges

- Auf langsamen Bodenbelägen am effektivsten. Gerade auf Sand ein fantastischer Aufschlag, da er hier so richtig hoch abspringt und dieser Untergrund den Drall des Kickaufschlags besonders gut annimmt. Auf Teppich oder Rasen hingegen schluckt der Belag oft die Wirkung dieses Aufschlags. Regnet es und der Sandplatz ist feucht, springt der Ball leider nicht so hoch ab. Auch dann verpufft etwas die Wirkung des Kicks.
- Vor allem dann gut, wenn der Gegner weit hinten steht. Der Kickaufschlag generiert, und auch hier wieder die Parallele zum Slice (Einstandseite), auf der Vorteilseite einen sehr guten Winkel.

Der Einwurf

Der Einwurf ist natürlich ein Aufschlag, der im Leistungsbereich in der Regel überhaupt nicht vorkommt, dafür aber im Amateur- und Freizeitsport umso häufiger. Den Spielern ist er oft unangenehm, weil er natürlich undynamisch aussieht und sehr langsam ist. Oft wird er von Gegnern und Mitspielern verspottet, was den Einwerfern dann meist unangenehm ist. Aber der Einwurf bietet auch seine Vorteile und du solltest dir selbst die Frage stellen, ob es oftmals nicht besser wäre, lieber einen Einwurf zu machen als einen Doppelfehler.

Vorteile

- Der Einwurf ist normalerweise ein sehr sicherer Aufschlag und der „Einwerfer" macht wenige Doppelfehler. Das ist eigentlich der Hauptvorteil.
- Da der Einwurf sehr langsam ist, muss der Gegner selbst die Geschwindigkeit erzeugen.

- Wenn der Einwurf kurz und flach gespielt wird, steht das Gegenüber im Niemandsland und ist gezwungen, selbst etwas zu unternehmen.
- Der Einwurf setzt viele Spieler mental unter Druck, denn so einen „Einwurf" muss man dem anderen doch um die Ohren hauen. Viele Spieler wissen mit einem Einwurf ihres Kontrahenten überhaupt nichts anzufangen.
- Viele Spieler finden nicht das richtige Maß aus Druck und Kontrolle und überpowern ihre Returns häufig, was zu sehr vielen Fehlern führt.

Nachteile

- Der Aufschlag ist sehr langsam und es gibt Gegenspieler, die dies gnadenlos bestrafen und sehr viel Druck auf diesen Aufschlag erzeugen können.
- Mit einem Einwurf kannst du eigentlich keine Asse erzielen.
- Der Einwurf bringt dich in keine Vorteilsposition, was ja eigentlich das Ziel des Aufschlages sein sollte.

Am Ende noch eine kurze Geschichte zum Thema Einwurf. Und zwar habe ich vor Jahren eine Ü30-Mannschaft im Amateurbereich trainiert. Dort gab es auch einen Spieler, der einen extrem langsamen Einwurf als zweiten Aufschlag hatte. Dieser war jedoch eine regelrechte Waffe. Denn der erste Aufschlag des Spielers (sein Name war Mike) war wahnsinnig hart und die Gegner stellten sich regelmäßig an den Zaun, um dieses Brett returnieren zu können. Mikes Aufschlag kam jedoch höchstens einmal pro Satz – und dann kam er auch nicht mehr zurück. Dies war aber auch gar nicht der Plan. Denn sein Trick war, den zweiten Aufschlag direkt nach dem verschlagenen ersten Aufschlag zu spielen, und auch immer so kurz, dass die Gegner immens schnell nach vorne spurten mussten, um überhaupt noch Chancen zu haben, diesen zurückspielen zu können. Oftmals waren diese noch damit beschäftigt, dem ersten Aufschlaggeschoss auszuweichen, da kam schon der zweite geflogen. Natürlich hat sich kaum ein Gegner getraut, die geringe Zeitspanne zwischen erstem und zweitem Aufschlag zu bemängeln und von Mike zu fordern, er möge sich doch bitteschön mehr Zeit zwischen den Aufschlägen lassen. Und so sicherte sich Mike mit dieser genialen Taktik zahlreiche leichte Punkte mit seinem Einwurf.

Fazit

Alle drei (vier, wenn man den Einwurf dazurechnet) Aufschlagarten bieten ihre Vorteile, gegen jeden Gegner und auf jedem Belag ist ein anderer Aufschlag am wirkungsvollsten.

Am besten ist es natürlich, wenn du alle drei Aufschlagarten beherrschst und diese auch innerhalb eines Matches mischen kannst. Da der Aufschlag ja der einzige Schlag ist, den der Gegner nicht beeinflussen kann, ist es zwingend erforderlich, dass du hier einen Vorteil (zumindest keinen Nachteil) daraus ziehst. Den Aufschlag kann man nicht genug üben und trainieren und du brauchst nicht einmal einen Spielpartner. Häufig hört man die Geschichte von Ivo Karlovic (der Mann, der die meisten Asse aller Zeiten auf der ATP-Tour geschlagen hat), mit dem angeblich in seiner Jugend niemand trainieren wollte. Also ging Karlovic alleine auf den Tenniscourt und trainierte Aufschläge, zwei, drei, vier Stunden lang. Immer wieder Aufschläge, immer alleine. Ich würde sagen, dass Training hat sich für ihn ausgezahlt. Also ab auf den Platz und Aufschläge üben.

Noch mal zu den drei Aufschlagarten. Es ist zwingend erforderlich, dass du diese variierst und dir auch aneignest, Richtung, Geschwindigkeit und Spin zu mixen, und vielleicht einen Ballwurf, der nicht gleich darauf schließen lässt, welcher Aufschlag denn nun kommt. Früher hat man gesagt, für den geraden Aufschlag wirft man auf die Zwölf-Uhr-Position, Sliceaufschlag auf die 13-Uhr-Position und für den Kick auf die Elf-Uhr-Position. Allerdings haben Federer und Djokovic schon sehr lange gezeigt, dass man mit ein und demselben Wurf alle drei Aufschlagarten spielen kann. Dies ist technisch natürlich extrem schwierig und auch anatomisch nicht für jeden machbar, denn man muss in der Schulter sehr beweglich sein und viel über das Handgelenk steuern.

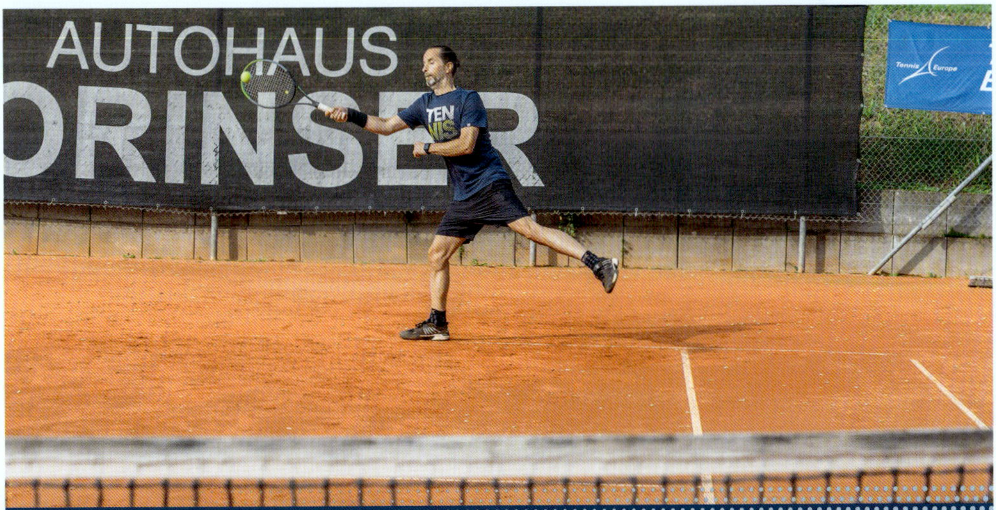

Der Vorteil harter Aufschläge ist, dass der Gegner wenig Reaktionszeit hat

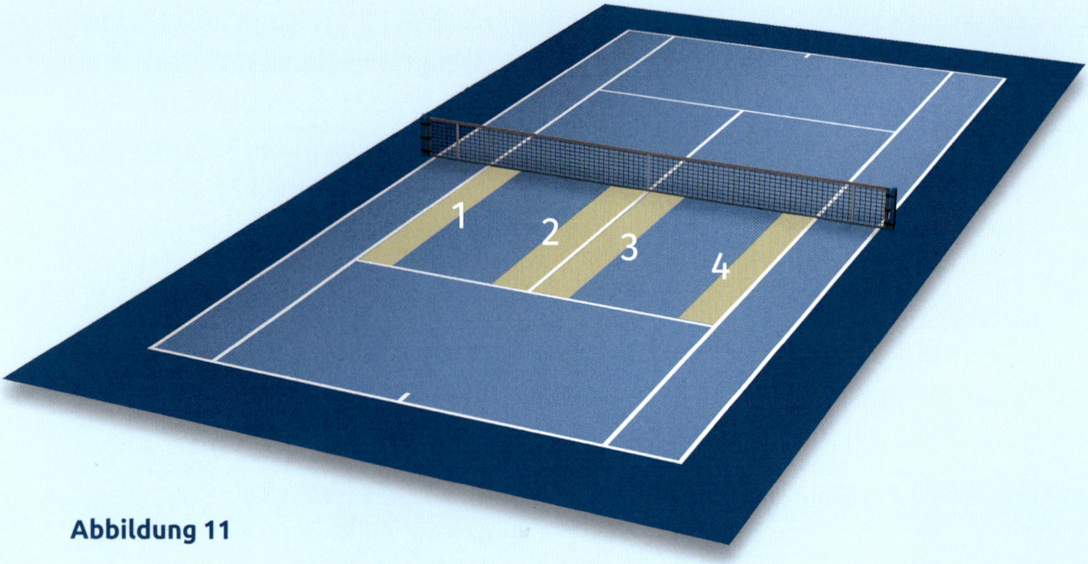

Abbildung 11

Praktische Übungen

Die nachfolgenden Übungen behandeln diesmal nur den Aufschlag, und man kann sie größtenteils alleine ohne Partner trainieren.

Vier Felder

Ausführung

Du markierst das Aufschlagfeld mit Linienmarkierungen: ein Feld (Größe abhängig von deiner Spielstärke) außen auf der Einstandseite, eins innen auf der Einstandseite, Feld drei innen auf der Vorteilseite, Feld vier außen auf der Vorteilseite. Nun schlägst du so lange auf, bis du jedes dieser Felder dreimal in Folge getroffen hast.

Ziel

Genauigkeit beim Aufschlag auf alle Aufschlagfelder.

Varianten

- Sechs statt vier Felder. Du nimmst den Aufschlag auf den Körper noch dazu.

- Du kannst auch acht Felder wählen. Du kannst hierbei zwei Körperfelder wählen, Körper-Vorhand und Körper-Rückhand. Die Felder sind je zwei Meter breit. Die Körperfelder wären dann für den zweiten Aufschlag.
- Im Moment, in dem du den Ball hochwirfst, sagt dein Trainer/Trainingspartner an, auf welches Feld du spielen sollst. Wichtig ist hierbei, dass der Ball die Hand schon verlassen haben muss. Pete Sampras' Jugendtrainer Fischer hat diese Übung immer mit dem jungen Sampras praktiziert.

Winkelaufschläge

Ausführung

Nun markierst du die Felder nicht mehr mit Linien, sondern mit einer Stange oder etwas Ähnlichem. Du stellst die Stange zum Beispiel an dem Punkt auf der Einstandseite auf, an dem sich Doppellinie und Grundlinie kreuzen. Nun versuchst du, den Aufschlag mit Slice oder auch gerade so nach außen zu setzen, dass dieser natürlich im Feld landet, aber aus deiner Sicht links an der Stange vorbeigeht. Klappt dies gut, sagen wir, du triffst sechs von zehn Aufschlägen, schiebst du die Stange weiter nach links, vielleicht 25 cm. Triffst du da wiederum sechs von zehn Aufschlägen, schiebst du die Stange wieder 25 cm weiter nach außen. Gelingt es dir partout nicht, schiebst du die Stange natürlich nach innen. Wichtig ist, der Serve muss im Feld landen und links an der Stange vorbeigehen. Dadurch wirst du die Qualität deines Aufschlags nach außen sehr schnell verbessern.

Ziel

Genauigkeit und Winkel beim Aufschlag. Besonders gegen Gegner, die weit hinten stehen, ist der Winkel von entscheidender Bedeutung.

Varianten

- Gleiches Spiel von der Vorteilseite. Du stellst die Stange auf den Punkt, an dem sich Doppellinie und Grundlinie kreuzen, und versuchst nun, rechts vorbeizukommen. Hierzu solltest du gerade oder mit Kick aufschlagen.
- Du stellst die Stange in die Mitte des Feldes, ungefähr einen Meter links der Mittelmarkierung aus deiner Sicht von der Einstandseite, und versuchst, rechts daran vorbei zu schlagen. Gleiches Spiel umgekehrt von der Vorteilseite.
- Mit zwei Stangen kannst du auch ein Feld mittig markieren und so einen Körperaufschlag simulieren.

Hohe Aufschläge

Ausführung

Du schlägst auf, vorzugsweise mit Kick, aber auch gerade möglich, sodass der Ball im Aufschlagfeld springt und dann direkt in den Zaun, die Mauer, die Wand fliegt. Triffst du wiederum sechs von zehn Aufschlägen, so markierst du im Zaun die Höhe (vielleicht 20 cm über dem Boden). Gleiches Spiel wieder. Gelingen dir wieder sechs von zehn Treffern, schiebst du die Höhenmarkierung weiter nach oben.

Ziel

Hoher Absprung des Balles, sodass der Gegner den Ball über Schulterhöhe annehmen muss.

Varianten

Kombination mit der Übung Winkelaufschläge. Das heißt, der Ball muss sowohl an der Stange vorbei als auch eine gewisse Höhe am Zaun erreichen.

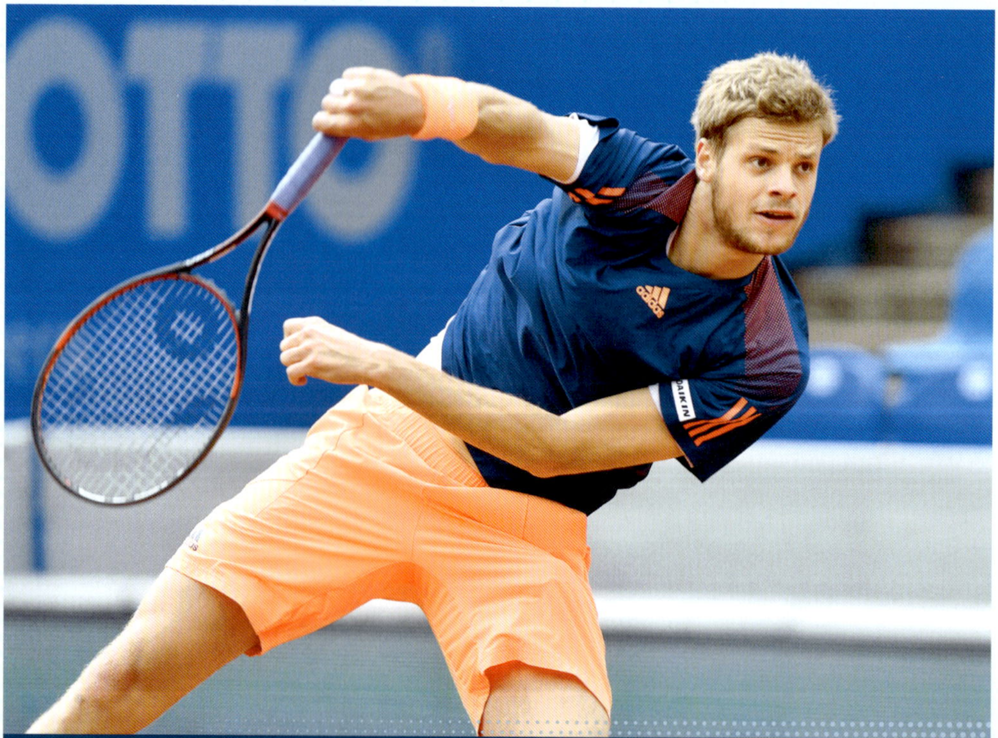

Mit dem Kickaufschlag kannst du den Gegner weit aus dem Feld treiben.

– KAPITEL 23 –

Eröffnungsstrategien – Vor- und Nachteile

TENNIS-FACTS

Über 60 % der Schläge nach dem Aufschlag sind Vorhandschläge

Eröffnungsstrategien – Vor- und Nachteile

Nun möchte ich dir wie versprochen die gängigen taktischen Aufschlagstrategien vorstellen. Aufschlag plus eins. Was versteht man darunter? Einen taktischen Aufschlag, der nicht zwingend auf ein Ass oder einen Servicewinner abzielt, sondern den aufschlagenden Spieler in eine Vorteilsposition bringt. Deshalb nehme ich hier die geraden Aufschläge aus. Denn gerade harte Aufschläge zielen fast immer auf einen direkten Aufschlagpunkt ab. Natürlich gelingt dies dann nicht immer. Aber du hast bereits gelernt, dass ein harter, gerader Aufschlag immer mit mehr Risiko verbunden ist als ein mit Effet geschlagener Aufschlag. Deshalb setzt du diesen ein, um Fehler zu erzwingen. Und diese Variante musst du unbedingt in deinem Repertoire haben. Direkte Aufschlagpunkte oder auch erzwungene Returnfehler erleichtern dir das Leben auf dem Tenniscourt enorm. Hier sollte also immer variiert werden, harte Aufschläge und taktische Varianten mischen. Taktische Varianten mit Slice oder Kick hingegen sorgen für eine höhere Prozentquote an Aufschlägen im Feld und führen aufgrund der niedrigeren Geschwindigkeit weniger häufig zum direkten Punkt. Dennoch sollte man diese geschickt einsetzen, auch als ersten Aufschlag, denn eine Vorteilsposition im Ballwechsel hat auch hohen Wert.

An dieser Stelle müssen wir kurz noch auf den dritten Schlag im Ballwechsel, den zweiten Schlag des Aufschlägers, den sogenannten ersten Folgeschlag, eingehen. Denn dieser ist für die erweiterte Spieleröffnung immens wichtig. Ich möchte hier aus einer Untersuchung von Philipp Born kurz einige Zahlen zum dritten Schlag vorstellen.

- 89 % aller dritten Schläge landeten im Feld, im Umkehrschluss wurden nur 11 % mit einem Fehler abgeschlossen. 89 % ist ein wirklich hoher Wert. Die Sieger der Matches spielten 4,3 % mehr dritte Schläge ins Feld als die Verlierer. Zieht man hierzu einen Vergleich zu den folgenden Schlägen vier bis acht, so werden davon nur 86,1 % ins Feld gespielt, was natürlich auch ein guter Wert ist.
- 7,1 % der dritten Schläge sind direkte Gewinnschläge. Bei den Schlägen vier bis acht sind es nur 5 %, die mit einem Winner beendet werden.
- 84,5 % der dritten Schläge werden hinter die T-Linie gespielt. Wieder der Vergleich zu den Schlägen vier bis acht: 79,3 % davon werden hinter die T-Linie gespielt.
- 76,4 % aller dritten Schläge landen nicht in der roten Zone. Bei den Schlägen vier bis acht landen 68,6 % außerhalb der roten Zone.
- 34 % aller dritten Schläge landen in den mittleren Zonen (rote Zone plus Verlängerung

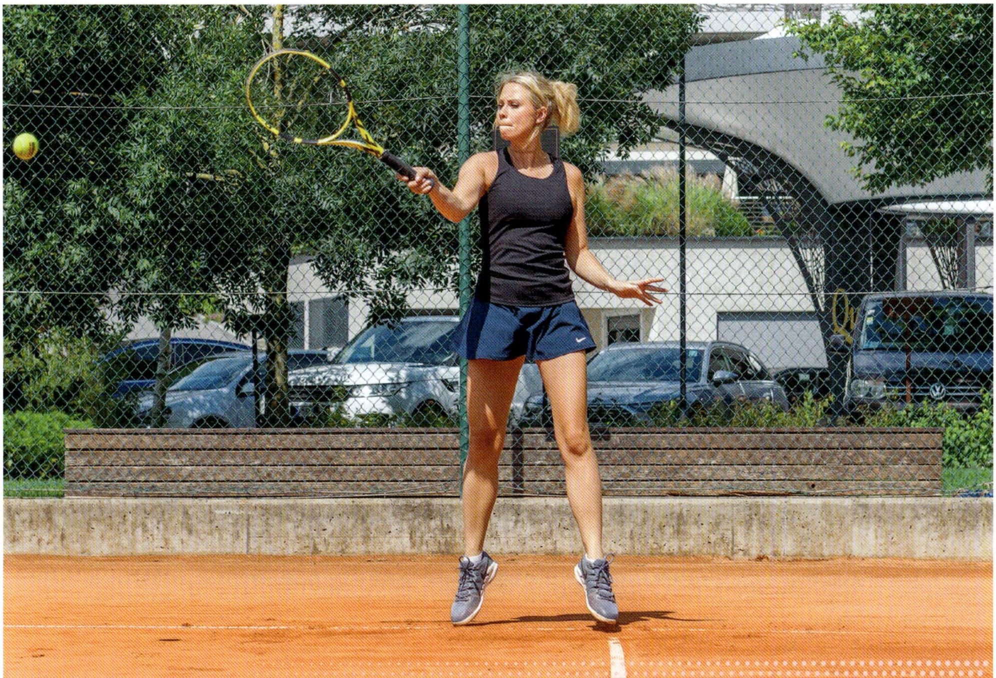

Im Profibereich werden extrem viele Schläge nach dem Aufschlag mit der Vorhand gespielt.

nach hinten). Bei den Schlägen vier bis acht sind es 44,2 %, die in den mittleren Zonen aufkommen.

- 62,3 % der gespielten Schläge nach dem Aufschlag sind Vorhandschläge, 34,1 % werden mit der Rückhand genommen. Die verbleibenden 3,6 % sind Stoppbälle, Lobs und natürlich Volleys. Zum Vergleich wieder die Schläge vier bis acht: Hier werden nur 47,9 % mit der Vorhand gespielt und immerhin 44,7 % mit der Rückhand.

Andere Zahlen von O'Shannessy belegen dies eindrucksvoll. So spielen die folgenden Spieler nach dem ersten Aufschlag überproportional häufig eine Vorhand:

- Del Potro: 87 % Vorhand nach dem ersten Aufschlag.
- Nadal: 85 % Vorhand nach dem erstem Aufschlag.
- Murray: 65 % (77 % nach ersten Aufschlägen) Vorhand nach dem Aufschlag, obwohl Murray eine sehr starke Rückhand hat.
- Djokovic: 68 % (76 % nach ersten Aufschlägen) nach dem Aufschlag, obwohl Djokovic eine ausgezeichnete Rückhand hat.

Fazit – Zahlen dritter Schlag

Nun stellt sich natürlich die Frage, was für eine Aussagekraft diese Zahlen für uns haben. Im Profitennis ist der Aufschläger nach dem Serve in einer klaren Vorteilsposition und dies nutzt der betreffende Spieler dann auch aus. Die dritten Schläge haben eine deutlich höhere Qualität als die Folgeschläge vier bis acht im Ballwechsel. Die Zahlen zu den Schlägen neun und mehr hat Born nicht mehr analysiert. Dies spielt aber auch nicht die ganz große Rolle, denn nach Born enden 80 % aller Ballwechsel nach acht Schlägen (nach O'Shannessy sogar 90 %). Aber es ist davon auszugehen, dass der Aufschläger seinen klaren Vorteil mehr und mehr verliert, je länger der Ballwechsel läuft. Im Profibereich der Männer herrscht die Meinung vor, dass „die Schockwelle des Aufschlages nach fünf bis sieben Schlägen abebbt" (Jan de Witt auf der A-Trainerfortbildung des DTB 2017 in Göttingen). Der Aufschläger muss also schauen, dass er den dritten Schlag mit sehr hoher Qualität setzt, um den Ballwechsel im Idealfall zu beenden beziehungsweise zumindest die Kontrolle über den Punkt zu behalten. Den Ball einfach nur zurückzuspielen ist im Leistungsbereich keine Lösung.

Jeder Wert der dritten Schläge ist besser als die der nachfolgenden Schläge. So werden prozentual weniger Fehler gemacht, mehr Winner geschlagen und die Schläge weisen eine höhere Präzision auf, sowohl was die Schlaglänge als auch was die Platzierung in die äußeren Zonen betrifft. Auch werden beim dritten Schlag mehr Bälle mit der stärkeren Vorhand gespielt als bei den Folgeschlägen. Dies zeigt uns klar, dass der Aufschläger, sollte der Ball zurückkommen, in einer Vorteilsposition ist. Und diese muss der Server konsequent ausnutzen. Deshalb ist es unabdingbar, den dritten Schlag in Verbindung mit dem Aufschlag konsequent zu trainieren, dies gilt natürlich auch für den Amateur- und Freizeitspieler. Bevor wir nun gleich zu den taktischen Varianten kommen, möchte ich noch kurz ein paar Worte zum Körperaufschlag verlieren. Dieser ist wohl einer der am meisten unterschätzten Aufschläge und lässt sich gerade als zweiter Aufschlag hervorragend einsetzen, vor allem dann wenn der Gegner den Aufschlag früh nehmen möchte. Der Body-Serve bietet einige Vorteile:

So muss der Gegner, wenn der Aufschlag vernünftig gesetzt ist, dem Ball ausweichen und sich weg vom Ball bewegen. Ein guter Körperaufschlag führt zwar so gut wie nie zu einem Ass, aber oft genug zu einem direkten Punkt und noch öfter zu einem schlechten Return, denn der Gegner trifft den Ball dann zu eng am Körper. Außerdem verringert dieser Aufschlag die Gefahr, einen Aufschlagfehler zu machen, denn man muss nur eine Linie anvisieren, nämlich die T-Linie. Beim Aufschlag durch die Mitte oder nach außen

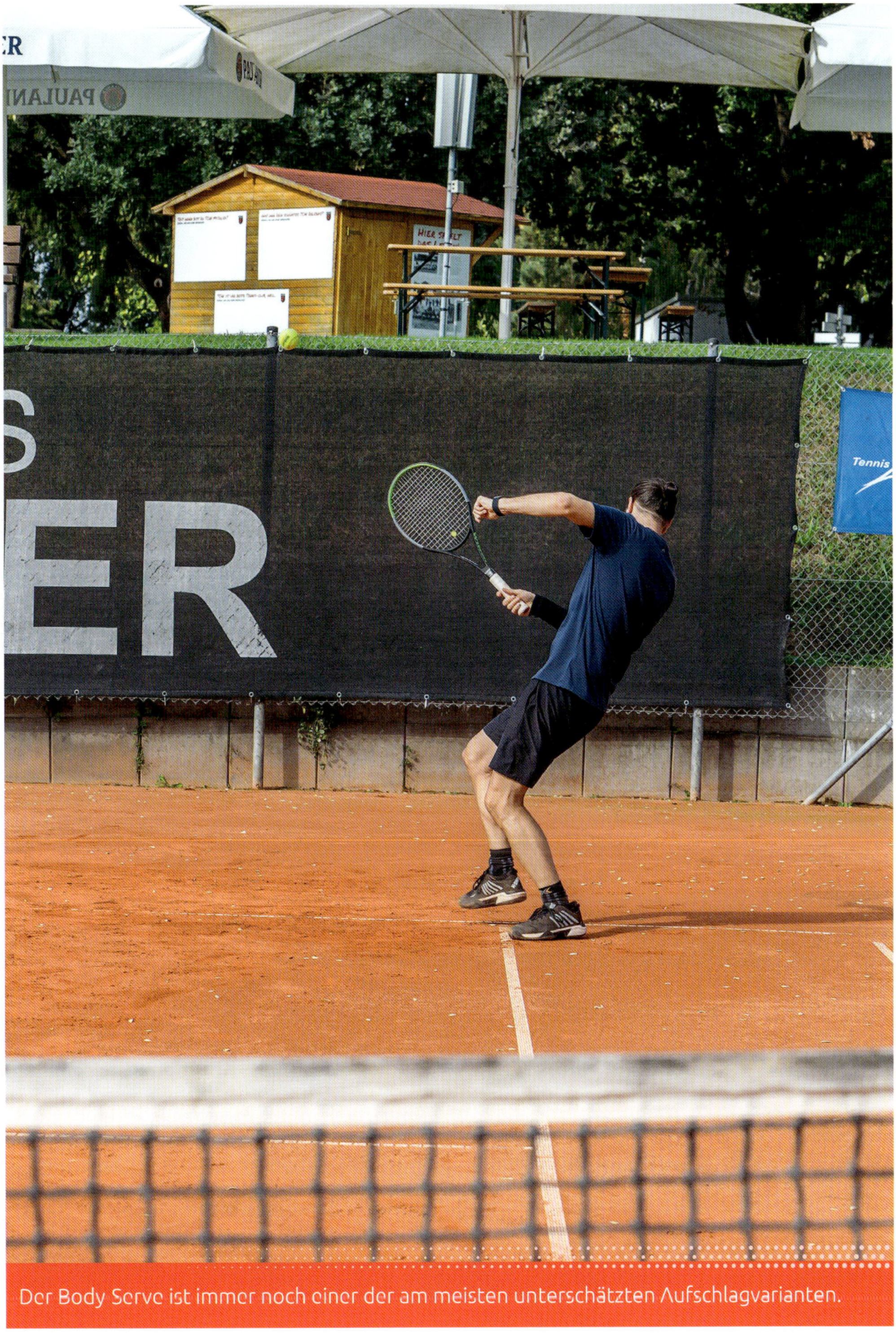

Der Body Serve ist immer noch einer der am meisten unterschätzten Aufschlagvarianten.

gibt es drei Fehlerquellen, nämlich Aufschlag ins Längenaus, ins Seitenaus und ins Netz. Beim Körperaufschlag sind es eben nur zwei, denn man muss schon sehr wenig Kontrolle haben, um einen in die Mitte gezielten Aufschlag seitlich ins Aus zu setzen. Die Streuung würde dann mehr als zwei Meter betragen. Noch zu beachten ist, dass der Körperaufschlag besonders gegen große Spieler wirksam ist.

Nun kommen wir zu den taktischen Varianten. Im Übrigen gehen wir immer vom Rechtshänder aus, der auch gegen einen Rechtshänder spielt. Uns allen ist klar, dass Linkshändereröffnungen oft sehr unangenehm sind. Aber dies würde dann doch den Rahmen sprengen.

Taktische Aufschlagspielzüge von der Vorteilseite

Erste „spanische" Eröffnung

Der aufschlagende Akteur spielt von der Vorteilseite einen hoch abspringenden Kickaufschlag zur Rückhandseite mit viel Winkel. Dieser Aufschlag treibt den Gegner im Idealfall weit nach außen. Der Return erfolgt aus taktischer Sicht im Normalfall in die Mitte oder crosscourt. Der Server umläuft seine Rückhand und spielt die Vorhand inside-out, um den Gegner weiter auf der Rückhand unter Druck zu setzen. Dieses ist eine typische Eröffnung der spanischen Sandplatzspezialisten und diese Eröffnung zielt darauf ab, vom Beginn des Ballwechsels die eigenen Stärken gegen die Schwächen des Gegners einzusetzen. Der Spieler bewegt sich gleich nach dem Aufschlag leicht versetzt in die Rückhandecke, um die Rückhand besser umlaufen und seine starke Vorhand einsetzen zu können. Diese spielt er dann vorzugsweise nicht zur Grundlinie, sondern setzt sie bewusst etwas kürzer, um seinen Gegner seitlich außerhalb des Feldes zu halten.

Ziel

Das Ziel dieser Eröffnung ist es, den Gegner entweder zum Fehler zu zwingen oder dass dieser zumindest einen kürzeren Ball spielt. Dabei ist es sekundär, wie lange dies dauert. Du möchtest vor allem möglichst häufig deine starke Vorhand gegen die schwächere Rückhand deines Gegners einsetzen – im Idealfall so, dass er sich nicht mehr richtig positionieren kann, sich schnell zum Ball bewegen muss und die Balance verliert oder nicht den richtigen Abstand zum Ball hat.

Mögliche Lösungen des Returnspielers

Nun gibt es natürlich einige Abhängigkeiten und erst mal einige Dinge, die du ausschließen kannst. Zunächst einmal ist wichtig, wo dein Gegner den Return spielt: früh, im Steigen auf oder vor der Grundlinie (Position Plus dies werde ich gleich im Kapitel „Return" erläutern) oder doch eher drei bis vier Meter dahinter (Position Minus). Auch dies hängt natürlich von der Qualität des Absprungs, des Dralls, der Präzision und der Platzierung deines Aufschlages ab. Dies müssen wir nun auch näher beleuchten:

Wird er deinen Aufschlag im aufsteigenden Ast schlagen, so muss er zwingend offensiv agieren, denn er ist nach dem Return in einer räumlich gesehen sehr schlechten Position und wird die Vorhandseite nicht mehr abdecken können, wenn ein schneller Ball in diese kommt. Er muss den Ball also hart, gerade und flach spielen. Seine Strategie zielt also in diesem Fall auf einen kurzen Punkt ab. Return plus eins oder Return plus zwei. Wird er

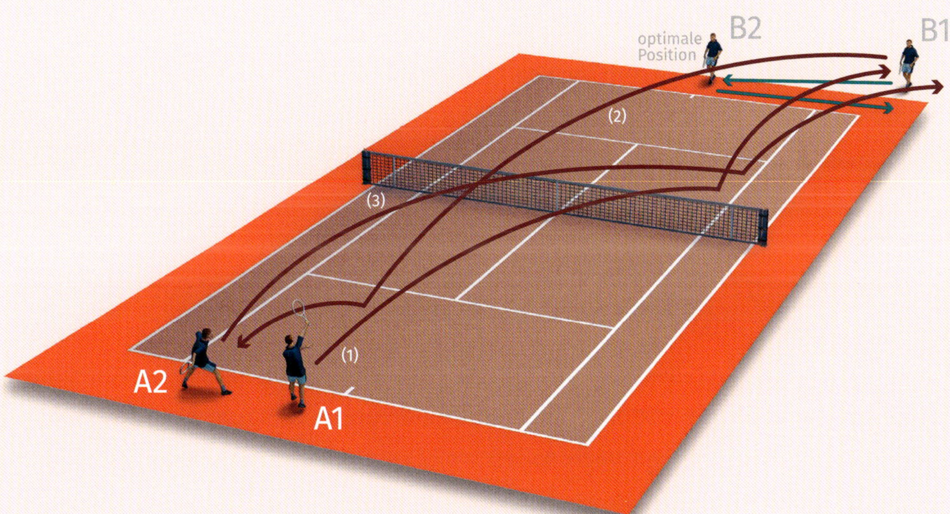

Abbildung 12 – erste spanische Eröffnung

mit diesem Spielzug erfolgreich sein, wird er ihn beibehalten. Wird er zu viele Returnfehler machen oder seine Returns nicht offensiv genug bringen, auf gut Deutsch, er verliert mehr Punkte als erwartet, wird er seine Position verändern und nach hinten gehen. Den Kickaufschlag drei bis vier Meter hinter der Grundlinie in der Minus-Position anzunehmen, ist die klassische Strategie, die momentan auch vom Großteil der Topspieler praktiziert wird (zumindest auf Sand). Gehen wir davon aus, dass dies dein Gegenüber tun wird, so kannst du dich darauf einstellen, dass er cross oder mittig returnieren wird. Weshalb? Ganz einfach, spielt er einen Return von weit außerhalb des Einzelfeldes und dazu noch weit hinter der Grundlinie, ist ein Longline-Winner höchst risikoreich. Diese Situation kann man mit einem Schuss aus 35 Meter Entfernung zum Tor im Fußball vergleichen. Der Schuss kann durchaus ins Tor gehen, aber die Wahrscheinlichkeit ist extrem gering. Bei so einem Sonntagsschuss muss schon alles stimmen. Und genauso sieht es eben beim Longline-Return auf den Kickaufschlag weit hinter der Grundlinie aus, der zumeist auch noch in oder über Schulterhöhe geschlagen werden muss. Sicher ist dies als Überraschung mal ganz gut, aber dauerhaft ist dies nicht sinnvoll. Welches aber ist der beste Return auf diesen Aufschlag? Am wichtigsten hierbei ist die Schlaglänge, nämlich kurz vor die Grundlinie. Am zweitwichtigsten ist, den Gegner wenn möglich doch noch auf der Rückhand anzuspielen. Zumeist werden die Returns dann auch etwas höher und mit mehr Topspin versehen. Wieso etwas höher? Aus zwei Gründen: Erstens ist es ballistisch gesehen einfacher und mit weniger Kraftaufwand möglich, den Ball in die Nähe der Grundlinie zu spielen. Zweitens verschafft dies dem Returnspieler mehr Zeit, sich wieder in die optimale Position zu bewegen.

Beläge/Spieltypen

Diese Spieleröffnung ergibt natürlich in der Halle auf Teppich oder auf Rasen eher wenig bis gar keinen Sinn. Am besten und erfolgreichsten ist dieser Spielzug natürlich auf dem Sandplatz, mit Abstrichen auch auf Hartplatz. Auch ist es nicht für alle Spieler sinnvoll und auch nicht gegen jeden Gegner. Du musst einen guten Kickaufschlag beherrschen, der den Gegner vor allem weit nach außen treibt. Und deine Vorhand muss vor allem auch aus der Rückhandseite ein wirklich gefährlicher Schlag sein. Dieser Beginn des Punktes baut auf einer starken Vorhand auf und ist auf Sandplätzen der am häufigsten praktizierte Spielzug.

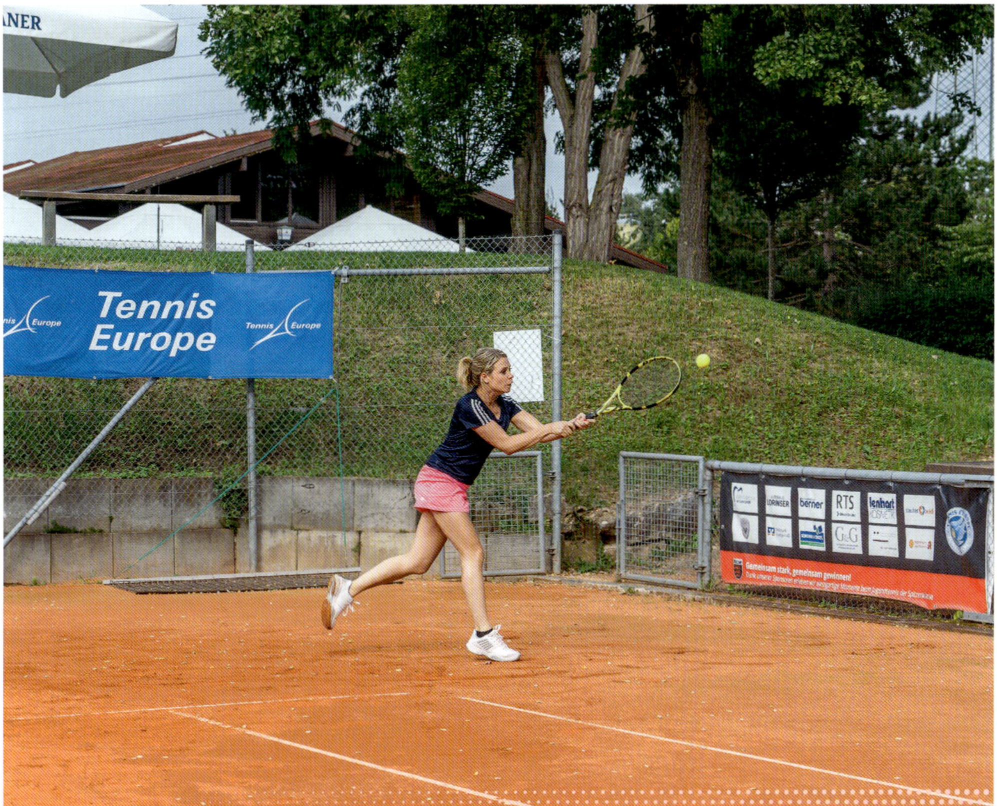

Bei den spanischen Eröffnungen treibt der Kickaufschlag deine Rivalin weit nach außen.

Fazit

Die erste „spanische“ Eröffnung wird vor allem auf Sandplätzen gespielt und ist ein taktischer Spielzug, der mit einem strategischen Aufschlag nach außen beginnt. Der Longline-Return kann vernachlässigt werden, weshalb der Spieler sich gleich in die Rückhandecke orientiert, um seine starke Vorhand gegen die Rückhand des Konkurrenten einzusetzen – mit dem Ziel, diesen zum Fehler oder zu einem kurzen Ball zu zwingen.

Zweite „spanische“ Eröffnung

Ähnlich der ersten „spanischen“ Eröffnung wird wieder mit dem Kickaufschlag nach außen begonnen. Auch wird die Rückhand wieder umlaufen, um die Vorhand einzusetzen, diesmal aber nicht inside-out, sondern inside-in.

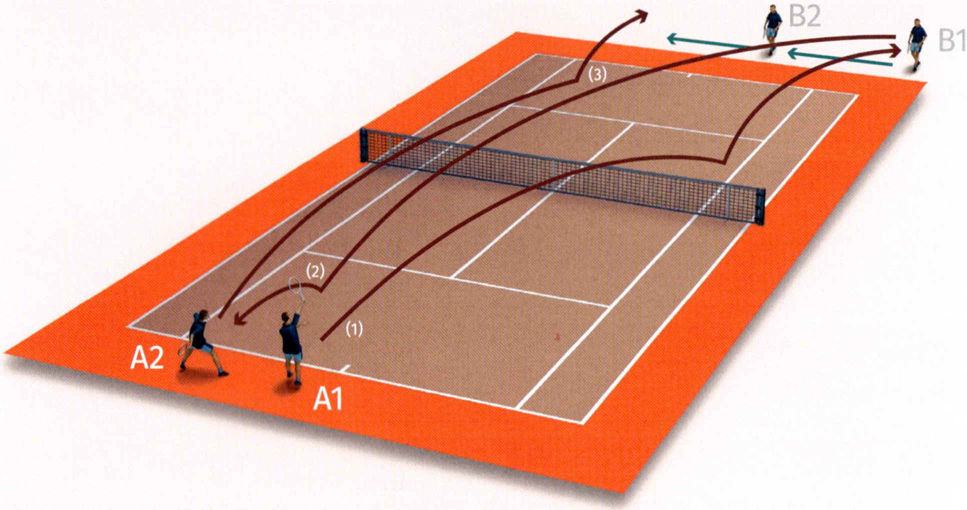

Abbildung 13 – zweite spanische Eröffnung

Ziel

Das Ziel des Aufschlägers ist diesmal kein langer Ballwechsel, sondern ein Matt in zwei, spätestens drei Zügen. Mit dem ersten Schlag nach dem Aufschlag möchtest du den Winner in die freie, offene Vorhandseite deines Rivalen schlagen oder ihn zumindest deutlich unter Druck setzen. Von diesem Spielzug ist abzuraten, wenn der Return sehr lang ist oder sehr cross gesetzt wird. Dann bietet sich der Inside-out mehr an, denn die Gefahr beim Inside-in ist, dass du selbst ausgekontert wirst. Auch ist es wichtig, dass dein Aufschlag den Gegner wirklich weit nach außen drückt und er einen langen Laufweg zur anderen Seite hat.

Lösungen des Returnspielers

Wie bei der ersten „spanischen" Eröffnung versucht dieser vor allem, Länge in seinen Return zu bekommen und den Longline zu vermeiden. Natürlich weiß der Returnspieler nicht, ob du nun inside-out oder inside-in spielen wirst. An dieser Stelle müssen wir auch noch auf den Folgeschlag des Returnspielers eingehen. Du treibst ihn mit einem extremen Kick ja nach außen, er returniert cross oder mittig und du setzt den Ball ins freie Feld. Ist er nun rechtzeitig am Ball und kann noch gut ziehen, kann er in eine klare Vorteilsposition gelangen, indem er den Ball mit der Vorhand scharf cross setzt. Dies gilt es unbedingt und unter allen Umständen zu vermeiden! Wenn dein Gegner noch an den Ball kommt, darf er auf keinen Fall mehr die Möglichkeit haben, einen scharfen Cross-Ball zu spielen, denn sonst hat sich die zweite „spanische" Eröffnung zum Eigentor entwickelt.

Beläge/Spieltypen

Auch dieser Spielzug wird wieder hauptsächlich auf Sand und eventuell noch auf Hartplatz gespielt. Allerdings wird die zweite „spanische" Eröffnung nun nicht mehr ausschließlich von den ausdauernden Sandwühlern praktiziert, sondern auch von offensiven Allroundern oder sogar als taktische Variation von guten Aufschlägern. Raonic und Isner zum Beispiel wenden diesen Spielzug regelmäßig auf Sand an. Denn ihr Kickaufschlag ist herausragend und es ist eigentlich fast unmöglich, Aufschläge dieser Spieler innerhalb des Feldes zu schlagen. Mit ihrem fantastischen Kick können sie ihre Gegner fast bis auf die Tribüne schicken. Das Feld ist nun weit offen und diese Spielertypen können einen scharfen Ball ins freie Feld schlagen. So weit natürlich die Theorie, in der Praxis gelingt es aber manchen Spielern dann auch, den Ball mit viel Topspin kurz vor die Grundlinie zu setzen, was dann natürlich einen harten und platzierten Schlag sehr schwierig macht. Dennoch ist dieser lange Return auf einen hohen, weit nach außen tragenden Aufschlag eine technische Meisterleistung, die der Großteil der Spieler eben doch nicht beherrscht.

Fazit

Die zweite „spanische" Eröffnung ist natürlich die ideale Ergänzung und Variation zur ersten. Sie ist prinzipiell natürlich die deutlich offensivere Variante, weshalb gerade auch starke Aufschläger sie wiederum als Variante zu geraden Aufschlägen verwenden. Im Prinzip gibt es bei den „spanischen" Eröffnungen sogar noch die Möglichkeit, bei einem kurzen Ball einen Stopp zu spielen, denn der Gegner befindet sich ja weit hinter der Grundlinie.

Die Pat-Rafter-Eröffnung

Rafters Eröffnung ist prinzipiell die perfekte Ergänzung zu den beiden „spanischen" Eröffnungen. Ich habe sie nach der ehemaligen australischen Nummer eins benannt. Rafter hat diesen Spielzug seine gesamte Karriere hindurch sehr erfolgreich praktiziert.

Anders als die beiden „spanischen" Eröffnungen wartet der Spieler nun nicht mehr an der Grundlinie, sondern setzt dem ebenfalls mit Kick nach außen geschlagenen Ball sofort nach und geht ans Netz, um in die freie Ecke zu vollieren.

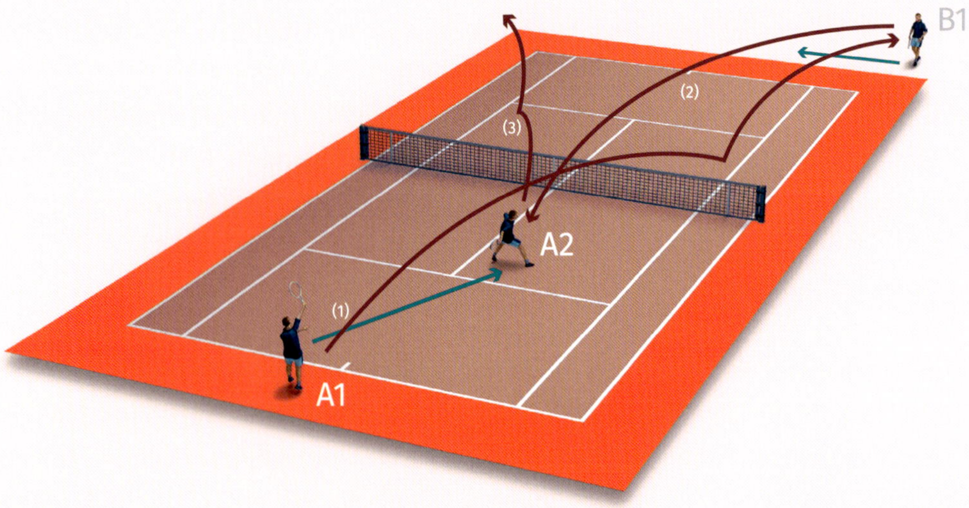

Abbildung 14 – Pat-Rafter-Eröffnung

Ziel

Das Ziel Rafters war natürlich, seine Stärken am Netz ins Spiel zu bringen und den Punkt mit einem Volley zu beenden. Allerdings muss man sagen, dass der Gegner sich darauf gut einstellen konnte, denn Rafter kam ja nach jedem Serve zum Netz gerannt. Natürlich hatte er verschiedene Aufschlagarten und variierte auch die Art der Platzierung. Aber die Gegner wussten, Rafter wird seiner Angabe zum Netz folgen. Dies wiederum würde ich jetzt nicht unbedingt empfehlen, denn darauf können sich die Gegner einstellen. Aber jener Spielzug sollte immer wieder mal durchgeführt werden, ein- bis zweimal pro Aufschlagspiel. Dann sollte er vielleicht wieder zwei Aufschlagspiele gar nicht und in einem durchgängig gemacht werden – im richtigen Moment eben. Dies macht es dann für den Returnspieler extrem schwierig, sich auf dein Spiel einzustellen. Denn er weiß ja nie, was kommt. Er ist gezwungen, flacher zu returnieren, denn ein hoher Return kann einfach abvolliert werden. Das Hauptziel dieses Spielzuges in Kombination mit den beiden „spanischen" Eröffnungen ist, den Returnspieler völlig im Ungewissen zu lassen, was da kommen mag. Diese Eröffnungsvariante, sofern man sie anders als Rafter nicht andauernd spielt, lebt vor allem von der Überraschung.

Lösungen des Returnspielers

Zunächst einmal stellt sich für den Returnspieler natürlich das Problem (das Plus des Servers), dass er wahrscheinlich mit dieser Variante gar nicht rechnet. Spielt der Aufschläger diesen Spielzug aber nicht mehr zum ersten Mal, so hat der returnierende Spieler natürlich schon eine Ahnung, dass der Server zum Netz stürmen könnte, und wird diesen aus den Augenwinkeln genau beobachten. Dies hat für den Aufschläger wiederum den Vorteil, dass der Returner dem Rückschlag vielleicht nicht 100 % seiner Aufmerksamkeit widmet. Erkennt der Rückschläger nun, dass sein Konkurrent zum Netz stürmt, ist natürlich in diesem Fall der Longline-Return der beste Return, weil er von außen (über das Seitenaus) nach innen geschlagen wird. Das Problem dieses Spielzuges ist, wenn der Returner sieht, dass du als Aufschläger nach vorne kommst, er einfach sehr viele gute Möglichkeiten hat, denn er hat fantastische Winkel. Sieht er dies, muss dein Aufschlag wirklich exzellent sein und den Returnspieler sehr stark unter Druck setzen. Aber wie gesagt, für mich ist diese Aufschlagkombination nur in Verbindung mit den „spanischen" Eröffnungen sinnvoll.

Beläge/Spieltypen

Vorzugsweise auf Sand, aber auch auf allen anderen Belägen sinnvoll. Grundsätzlich sollte der Aufschläger neben einem guten Kickaufschlag natürlich auch einen soliden Volley beherrschen, denn es ist zwingend erforderlich, diesen sicher und souverän (vorzugsweise relativ kurz) ins geöffnete Feld zu spielen. Kannst du dann auch noch improvisieren und dich auch an unvorhergesehene Situationen am Netz anpassen, wirst du mit diesem Spielzug sicher erfolgreich sein.

Fazit

Von einer dauerhaften Nutzung dieses Spielzuges würde ich eher abraten. Die Pat-Rafter-Eröffnung lebt vor allem vom Überraschungsmoment, sodass der Returnspieler mit einer der beiden „spanischen" Eröffnungen rechnet (oder auch mit einem harten Aufschlag bzw. einem Serve durch die Mitte) und den Ball vor allem versucht, lang und cross oder mittig zurückzuspielen. Diesen Return kannst du mit einem soliden Volley leicht verwandeln. Hinzu kommt noch, dass der Returner dann wohl versuchen wird, etwas aggressiver zu returnieren, was wiederum den „spanischen" Eröffnungen zugutekommt.

Weitere Eröffnungen von der Vorteilseite

Es ist natürlich unbedingt wichtig, den Aufschlag zu variieren. Schlägst du nur mit Kick nach außen auf, wird sich dein Gegner darauf einstellen. Deshalb solltest du selbstverständlich den Kick mit Sliceaufschlägen und geraden Aufschlägen mixen. Abhängig ist dies natürlich auch immer von der Position deines Gegners wie auch seinen Stärken und Schwächen. Die oben ausführlich beschriebenen Eröffnungen mit dem Kick sind wie gesagt taktische Eröffnungen. Ein gerader Aufschlag dagegen ist risikoreicher und die Wahrscheinlichkeit, dass dieser Aufschlag misslingt, ist höher. Wenn er aber kommt und auch noch platziert ist, dann wiederum ist die Aussicht hoch, auch direkt den Punkt zu gewinnen oder zumindest einen schwachen, ungenauen, eventuell kurzen Return des Gegners zu bekommen. Deshalb empfehle ich unbedingt, regelmäßig gerade, harte Aufschläge einzustreuen.

Body-Serve

Wie der Name schon sagt, wird dieser Aufschlag direkt auf den Mann/die Frau geschlagen, natürlich mit Aufsprung im Aufschlagfeld. Grundvoraussetzung hierbei ist natürlich eine hohe Geschwindigkeit, gepaart mit Genauigkeit und eventuell auch Schnitt.

Ziel

Ziel ist es, den returnierenden Spieler so anzuspielen, dass er den Ball nicht mehr seitlich vom Körper schlagen kann, sondern diesem ausweichen und dadurch den Ball zu eng am Körper spielen muss, idealerweise diesen auch spät trifft und die Balance verliert. Für die Ass-Statistik ist dieser Aufschlag sicher unbrauchbar, denn viele Asse erzielst du damit nicht. Allerdings passiert häufig ein erzwungener Returnfehler und noch häufiger ist der Return nicht druckvoll genug und du kannst mit dem nächsten Schlag punkten. Dieser Aufschlag ist wirklich klasse. Anders als bei den Eröffnungen mit Kick kann man einen gezielten Return nun einerseits nicht mehr ausschließen, denn der Body-Serve kann theoretisch auf alle Positionen returniert werden. Taktisch unsinnig ist hierbei nichts. Andererseits ist es so, wenn du den Aufschlag wirklich gut triffst und mit Power direkt in den Mann schießt, wird kein druckvoller Return kommen, sondern eher ein

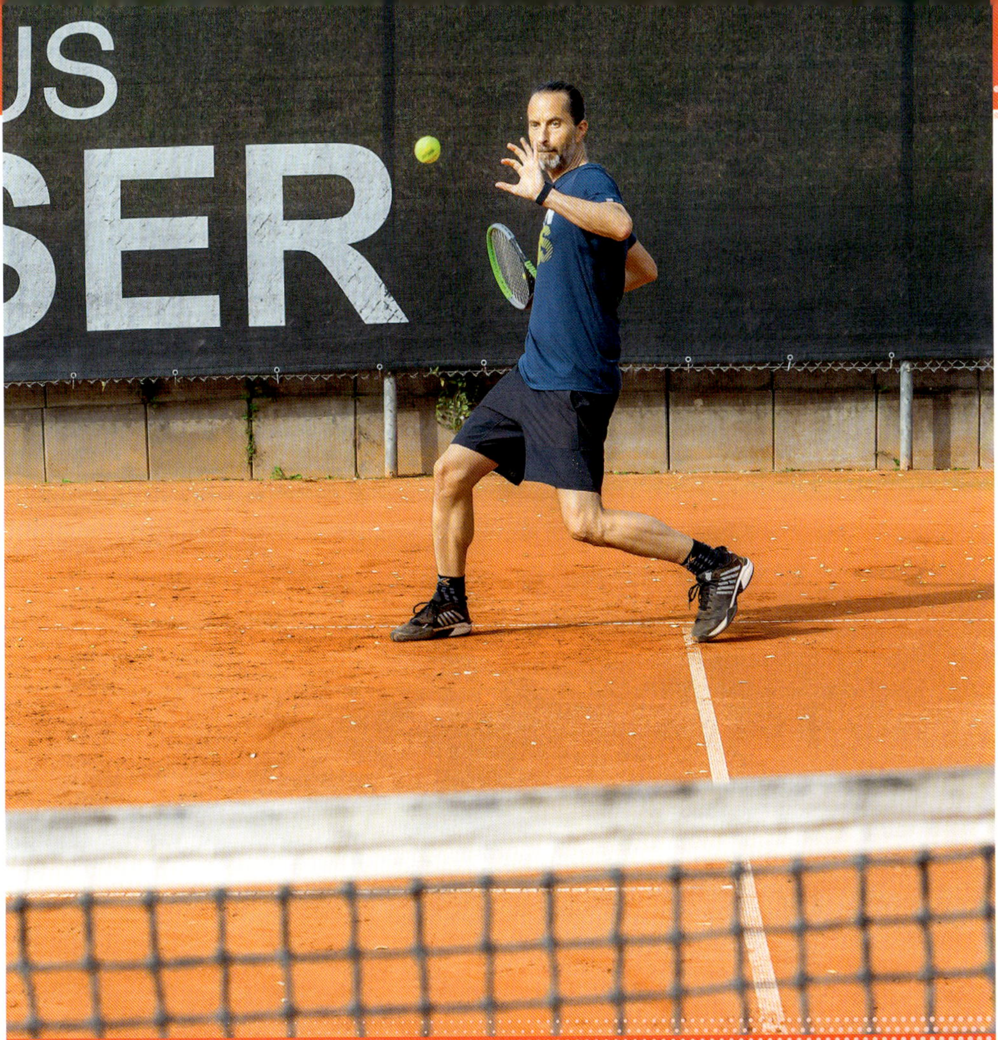

Direkte Returnfehler werden oftmals mit harten ersten Aufschlägen erzwungen. Aber Vorsicht, schnell geht die Quote erster Aufschläge in den Keller.

Notreturn, den du relativ leicht abräumen kannst. Nun stellst du dir natürlich die Frage, warum dieser Aufschlag so selten gespielt wird. Häufig ist dies auch ein technisches Problem, denn er muss wirklich sehr genau sein. Geht der Aufschlag nicht auf die Körpermitte des Returnspielers, sondern 40 bis 60 cm weiter nach rechts oder links, so hat dieser ihn exakt auf dem Schläger und kann fantastisch returnieren. Auch kann man diesen Aufschlag nur spielen, wenn der Returner den Ball im Feld, auf der Grundlinie oder zumindest knapp dahinter spielt (Position Plus oder Null). Steht er drei bis vier Meter hinter der Grundlinie, wird der Ball so weit abgebremst, dass der Returner verhältnismäßig einfach ausweichen kann. Hier bieten sich dann gerade Aufschläge auf die Ecken oder die beiden „spanischen" Varianten, gepaart mit der Pat-Rafter-Kombination, gut an. Auch Slice durch die Mitte ist dann natürlich eine Option.

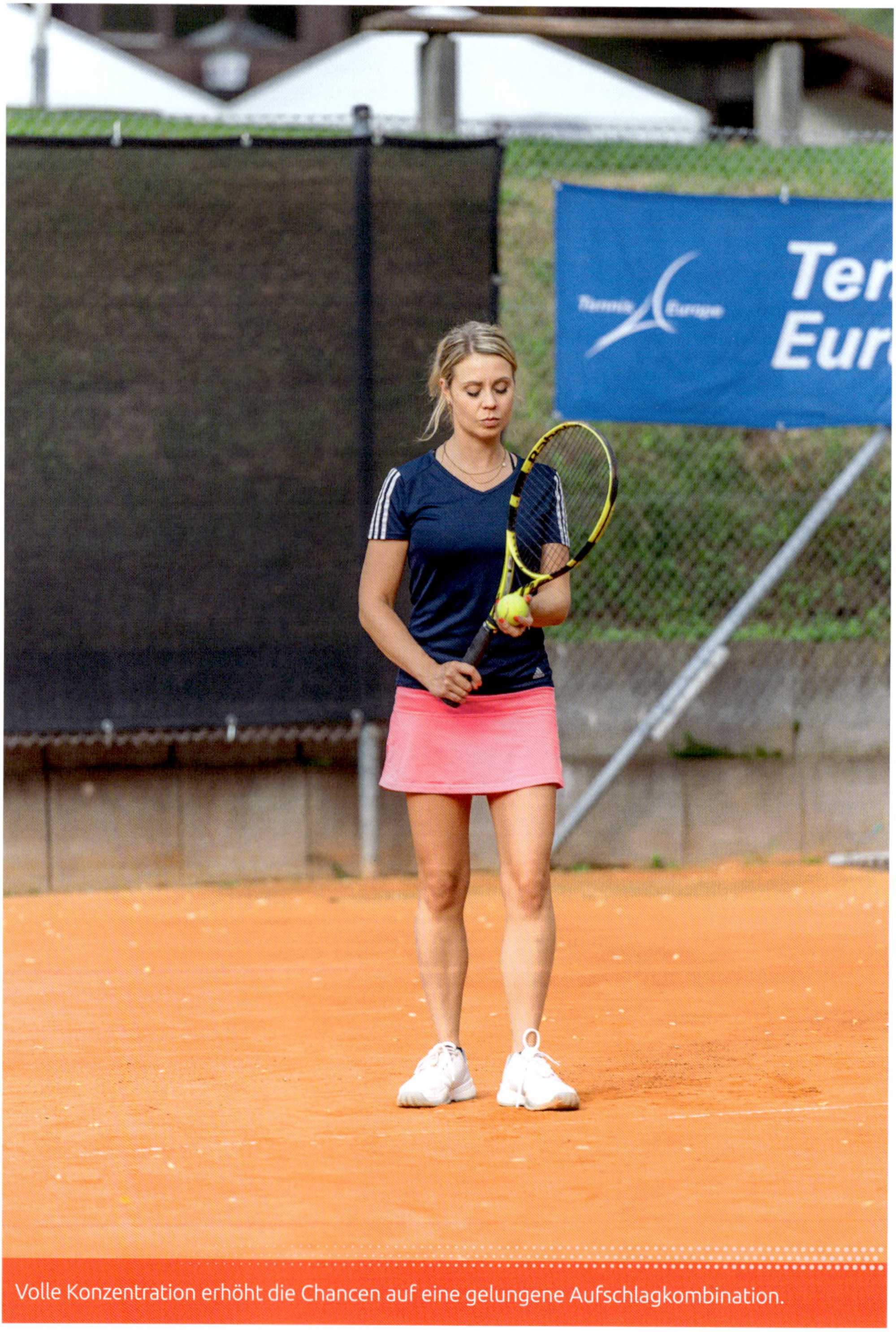

Volle Konzentration erhöht die Chancen auf eine gelungene Aufschlagkombination.

Lösungen des Returnspielers

Gerät der Rückschläger immer wieder durch Aufschläge in den Körper in Bedrängnis, so wird er seine Position weiter nach hinten verschieben. Dies ist die einfachste und sinnvollste Lösung. Der Nachteil dieser Lösung ist natürlich, dass der Server bessere Winkel hat und der Return eine längere Distanz zum Server hat, was diesem bei gleicher Returngeschwindigkeit mehr Zeit verschafft. Prinzipiell ist es natürlich als Returnspieler immer vorteilhaft, den Ball früh zu schlagen. Denken wir an die besten Returnspieler, Borg, Conners, Agassi, Hewitt, Djokovic und Murray. Keiner dieser Spieler hat die Aufschläge weit hinter der Grundlinie angenommen. Teilweise standen sie bei zweiten Aufschlägen zwei bis drei Meter im Feld. Natürlich stehen in der heutigen Zeit Murray und Djokovic, sofern sie gegen Isner, Raonic oder Karlovic antreten, schon weiter hinter der Grundlinie. Aber sobald kein Kanonenaufschläger kommt, halten auch sie die Grundlinie. Grundvoraussetzungen hierfür sind natürlich eine herausragende Antizipationsfähigkeit und fantastische Reflexe und Reaktionen, gepaart mit ganz kurzen Ausholbewegungen. Wie gesagt, es ist eigentlich immer sinnvoll, den Ball früh zu nehmen, allerdings braucht man dazu eben auch die oben beschriebenen Fähigkeiten. Habe ich diese nicht oder nur bedingt, muss ich meine Position eben auch nach hinten verschieben.

Beläge/Spieltypen

Der Körperaufschlag ist auf schnellen Bodenbelägen am sinnvollsten, denn auf diesen Belägen werden die Returns früher geschlagen und der Aufschlag springt schneller vom Boden ab, was dem Returner noch weniger Zeit gibt. Der Body-Serve ist gegen große Spieler am sinnvollsten, da sie lange Hebel haben und unbeweglicher sind als kleine Spieler. Der zweite Aufschlag wird auch häufig in Richtung Körper gespielt, allerdings vermute ich, dass der Hauptgrund dabei ist, den Ball nicht seitlich ins Aus setzen zu wollen. Meiner Meinung nach ist dies eine technische Angelegenheit der Topspieler, die oft auch einfach nicht das Selbstvertrauen in die eigenen Fähigkeiten haben, den Ball mit dem zweiten Serve nah an die Seitenlinie zu platzieren. Eine Ausnahme ist hier Federer und war früher Sampras, die mit ihren zweiten Aufschlägen oft auch sehr nahe an die Seitenlinie spielen. Ich plädiere hier auch, gerade bei starken Spielern, für mehr Mut, auch mit dem zweiten Aufschlag hinsichtlich der Platzierung näher an die Linien zu gehen.

Fazit

Der Body-Serve sollte dann gespielt werden, wenn dein Gegner versucht, den Ball früh anzunehmen. Auch gegen große, unbewegliche Spieler ist diese Eröffnung gut spielbar.

Wichtig ist die Genauigkeit, denn weicht der Aufschlag ab, so landet er oft direkt auf dem Schläger und entwickelt sich so zum Eigentor. Auch die Geschwindigkeit ist entscheidend, denn der Gegner darf wenig Zeit haben zu reagieren und auszuweichen.

Sliceaufschlag durch die Mitte

Der Sliceaufschlag von der Vorteilseite durch die Mitte dreht sich weg vom Gegner, sodass dieser im Idealfall weit zur Mitte laufen muss.

Ziel

Auch hier ist das Ziel eigentlich nicht vorrangig der direkte Punkt, sondern eine höhere Prozentzahl an ersten Aufschlägen, gepaart mit einem defensiven Return. Der Aufschlag ist natürlich langsamer als der gerade Aufschlag, was dem Gegner mehr Reaktionszeit verschafft. Die beiden Pluspunkte dieses Aufschlages bestehen darin, dass dieser sich vom Gegner gesehen wegdreht und er sich langmachen muss und natürlich durch den Schnitt eine höhere Aufschlagquote. Auch hier gilt wieder, dass dieser Aufschlag nicht zwingend zum direkten Punkt führen muss (wird natürlich auch gerne genommen), sondern dir die Kontrolle über den Ballwechsel ermöglichen soll, zum Beispiel indem du deine Vorhand ins Spiel bringst.

Lösungen des Returnspielers

Hier gibt es wenige Schläge, die du wirklich ausschließen kannst. Ein kurzer Cross-Schlag ergibt für deinen Kontrahenten aus der Mitte raus natürlich wenig Sinn. Ansonsten kann er alle Schläge spielen, wenn er früh genug am Ball ist. Ist er hingegen spät am Ball und trifft den Ball nicht vor dem Körper, kannst du einen Return zu deiner Vorhandseite eigentlich ausschließen. In dem Fall ist es für deinen Rivalen eigentlich nur noch möglich, in die Rückhand oder zur Mitte zu kommen.

Beläge/Spieltypen

Am wirkungsvollsten ist dieser Aufschlag auf einem schnellen Untergrund wie Rasen oder Teppich, auf dem die Bälle auch noch schnell abspringen. Grundsätzlich ist er aber auch auf Hardcourt gut spielbar, auf Sand teilweise auch brauchbar, aber da benötigt der Ball schon mehr Geschwindigkeit, weil der Sandplatz das „Durchrutschen" des Sliceaufschlages verhindert. Am effektivsten ist dieser Aufschlag natürlich gegen Linkshänder, weil er zu deren Rückhand geht. Auch gegen kleinere Spieler kann der Aufschlag wirklich gut sein, weil diese eine geringere Reichweite haben.

Varianten des Sliceaufschlages durch die Mitte

Hier möchte ich das Ganze nicht so ausführlich gestalten wie bei den Kickaufschlägen nach außen, einfach deshalb, weil es hier für den Returner mehr Optionen gibt.

Die „australische" Eröffnung

Die alten australischen Serve-and-Volley-Spieler der 1970er und 1980er Jahre haben diesen Aufschlag häufig eingesetzt, vor allem auf Rasen, und sind diesem dann oft auch zum Netz gefolgt. Die „australische" Eröffnung ist eben der Sliceaufschlag durch die Mitte mit anschließendem Volley. Diesen Volley kannst du sowohl in die Vorhand- als auch in die Rückhandecke des Gegners setzen, wobei ich häufiger den Volley in die Rückhandecke wählen würde. Denn dein Gegenspieler muss die Richtung wechseln und zumeist ist die Rückhand der schwächere Schlag. Diese Eröffnung ergibt vor allem in Kombination mit der Pat-Rafter-Eröffnung Sinn, falls du häufiger Serve-and-Volley praktizieren möchtest. Äußerst wichtig ist hier die Variation beim Aufschlag.

Ein weiterer großer Vorteil dieses Angriffsspielzuges ist, dass dein Gegner keine guten Winkel für den Return hat. Es ist, vor allem wenn man regelmäßig Serve-and-Volley spielt, sinnvoller, auf den Körper oder durch die Mitte zu servieren als nach außen, eben wegen des mangelnden Winkels des Returnspielers. Auch gut für dich als Server ist, dass der Sliceaufschlag etwas langsamer ist als der gerade Aufschlag, denn das gibt dir mehr Zeit, nach vorne zu gehen. Du wirst den ersten Volley ein bis zwei Meter weiter vorne spielen können, was zweifelsohne ein großes Plus ist.

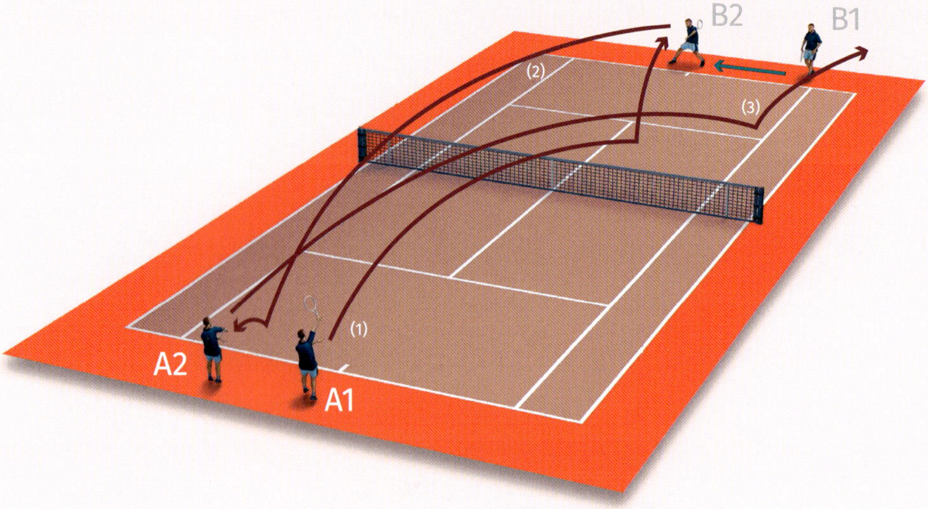

Abbildung 15 – Murray-Eröffnung

Murray-Eröffnung

Auch hier steht der Sliceaufschlag in die Mitte wieder am Anfang der Rally. Murray hat diesen Spielzug vor allem zu Beginn seiner Karriere sehr häufig gespielt, setzt ihn aber heute auch noch oft ein, denn er bringt seine Stärken perfekt zur Geltung. Und zwar spielt er den Slice-Serve durch die Mitte, der Gegner ist spät am Ball und returniert in Murrays starke Rückhand, dieser wiederum spielt die Rückhand mit Tempo cross und setzt seinen Gegenspieler auf dessen schwächerer Rückhandseite fest. Spielt der Gegner dagegen mittig, setzt er die Vorhand ein und hat mit dieser die Optionen, ebenfalls die Rückhand des Gegners zu bearbeiten oder scharf in die Vorhandecke zu spielen. Alternativ kannst du bei einem schwachen Return in die Rückhand, sofern dir dies liegt, auch die Rückhand umlaufen und Vorhand inside-out spielen. Je nach Länge des Returns kannst du dann nach deinem zweiten Schlag auch angreifen und zum Netz vorrücken.

Fazit

Bei den Eröffnungen mit dem Slice durch die Mitte hat der Returnspieler, sofern er rechtzeitig am Ball ist, viele Möglichkeiten. Entscheidend ist, dass du so aufschlägst, dass er einen späten Treffpunkt hat und sich strecken muss, denn dann wird der Ball mittig oder zur Rückhand kommen. Der Sliceaufschlag bietet sich für Serve-and-Volley an („australische" Eröffnung) oder auch um die Rückhand des Gegners freizuspielen (Murray-Eröffnung).

Gesamtfazit – Aufschläge von der Vorteilseite

Neben den geraden Aufschlägen, die natürlich mehr Risiko beinhalten und eher auf den direkten Punkt abzielen, gibt es verschiedene taktische Aufschlagsspielzüge. Vor allem die Aufschläge mit Kick nach außen bieten gerade auf Sandplatz viele Optionen und du kannst einige Returns ausschließen. Der Sliceaufschlag wiederum und der Body-Serve sind in der Halle und auf schnellen Belägen gute Alternativen zu schnellen geraden Aufschlägen. Wichtig ist natürlich auch, die Richtung des Aufschlages immer wieder zu variieren, genauso wie den Spin und das Tempo. Das Gegenüber darf nie wissen, was kommt.

Taktische Aufschlagspielzüge von der Einstandseite

Genauso wie wir von der Vorteilseite vorgegangen sind, werden wir nun die Einstandseite beleuchten. Beginnen werden wir mit dem Spielzug, der am häufigsten im Profisport gespielt wird. Ich nenne ihn …

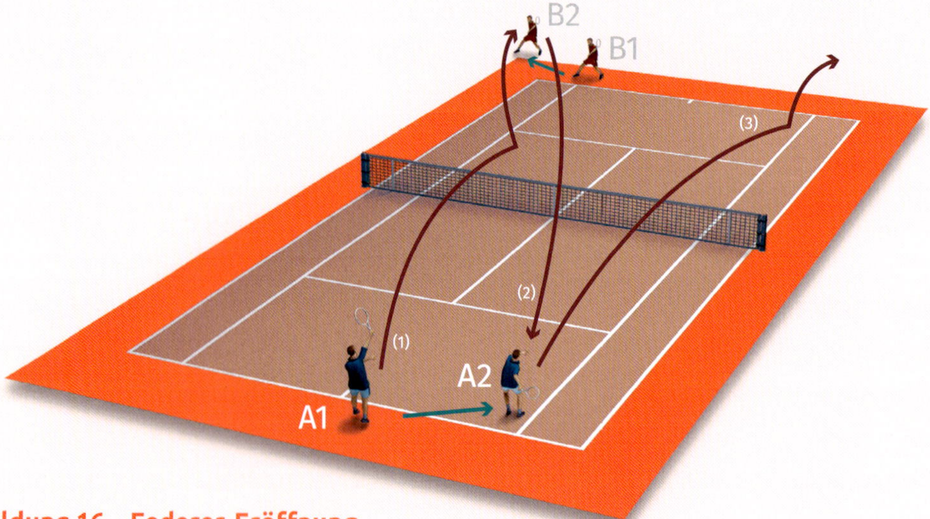

Abbildung 16 – Federer-Eröffnung

Federer-Eröffnung

Zugegeben, jede Menge Spieler beginnen ihr Spiel mit dieser Kombination. Trotzdem habe ich mich für Federer als Namenspaten entschieden. Ich habe diese Kombination sehr viele Male in seiner Karriere gesehen. Und zwar ist die Federer-Eröffnung die, bei der der Aufschlag mit Slice weit nach außen gespielt wird, sodass der Gegner aus dem Platz getrieben wird. Der Folgeschlag folgt dann in die freie Rückhandecke des Gegners, entweder Vorhand longline oder Vorhand inside-out oder Rückhand cross.

Ziel

Diese Eröffnung weist gewisse Parallelen zur zweiten „spanischen" Eröffnung auf. Man versucht, den Gegner mit dem Aufschlag weit aus dem Feld zu treiben, um dann mit dem nächsten Schlag in die freie Ecke zu punkten. Allerdings ist es so, dass nun ein Winner oder erzwungener Punkt mit dem Folgeschlag nicht unbedingt erforderlich ist (was aber trotzdem das Ziel sein sollte). Denn eine Rückhand aus dem Lauf ist viel schwieriger als eine Vorhand aus dem Lauf. Als wichtig empfinde ich auch noch, und auch da ist Maestro Federer wieder ein super Beispiel, den Ball früh, nahe an der Grundlinie oder im Feld zu schlagen, da man dem Gegner damit wirklich viel Zeit nimmt. Auch hier musst du wieder sehr aufmerksam sein und deinen Gegenspieler genau beobachten. Ist er nämlich bei seinem zweiten Schlag (dem Schlag nach dem Return) spät am Ball und kann nur noch defensiv spielen, kannst du gleich nach vorne rücken. Äußerst wichtig ist, den Weg nach vorne schon anzutreten, bevor der Gegner geschlagen hat. Diese Aufschlagkombination hat noch einen weiteren Vorteil (der aber auch ein Nachteil sein kann). Und zwar schlägst du in der Regel auf die stärkere Vorhandseite auf, was natürlich zu einem starken Return führen kann. Das ist der Nachteil. Der große Vorteil aber ist, dass du damit die schwächere Rückhandseite komplett freigespielt hast und diese somit gleich innerhalb des Ballwechsels bearbeiten kannst. Dies ist ein Fehler, der ja oft gemacht wird, dass nämlich zu viel auf die vermeintliche Schwachstelle gespielt wird. Oft ist es eine gute Lösung (gerade auch innerhalb der Rallys), einen gezielten Schlag in die gute Seite des Gegenspielers zu spielen und dann zu versuchen, den Ball in der schwächeren Seite zu platzieren. Viele Spieler agieren auf ihrer schwächeren Seite nämlich recht gut, wenn sie stehen, haben allerdings große Probleme, wenn sie diesen Schlag aus der Bewegung spielen müssen. Und die Federer-Eröffnung ist prädestiniert dafür, für eine aus dem Lauf geschlagene Rückhand zu sorgen.

Lösungen des Returnspielers

Auch hier bietet sich für den Returner wieder an, den Ball früh zu nehmen und damit den Winkel zu verkürzen. In einem solchen Fall musst du vermehrt Körperaufschlage einstreuen. Die Federer-Eröffnung bietet sich vor allem dann an, wenn der Gegner eine Position hinter der Grundlinie einnimmt. Je weiter du den Aufschlag nach außen bringst (je weiter außen dein Kontrahent den Vorhand-Return schlagen muss), desto unwahrscheinlicher und risikoreicher wird der Longline-Return. Macht dies dein Gegner doch und du kannst dich zum Ball stellen, hast du gigantische Winkel zu seiner Rückhand. Schlägt er den einen oder anderen Winner longline, so ist dies auch in Ordnung. Es werden auch mehr Fehler folgen, denn der Longline-Return, wenn du ihn wirklich weit nach außen treibst, ist sehr schwer, zumindest wenn dieser qualitativ gut sein soll. Bleibt wie bei den „spanischen" Eröffnungen der Return zur Mitte und der Cross-Return. Beide Schläge solltest du mit der Vorhand nehmen. Spielt dein Gegner tatsächlich einen extremen Cross-Return nach außen, kannst du alternativ auch die Vorhand cross gegen den Fuß ziehen.

Beläge/Spieltypen

Ich finde, diesen Spielzug kann man auf allen Platzbelägen gut spielen. Die Statistik zeigt auch, dass dies der am häufigsten vorkommende Spielzug im Profibereich ist. Am besten gefällt mir der Sliceaufschlag nach außen jedoch auf Teppich, Rasen und eben Belägen, auf denen der Ball flach und vor allem schnell abspringt. Äußerst effektiv ist dieser Aufschlag natürlich gegen Linkshänder. Jedoch geht dann der Folgeschlag in die vermeintlich bessere Vorhandseite des Linkshänders. Da musst du eventuell umstrukturieren und auch häufiger gegen den Fuß spielen oder auch mal nach vorne kommen. Schlägst du gut auf und behältst das Kommando auch nach dem Serve, so ist die Federer-Eröffnung gegen vorhandstarke Spieler sehr wirksam.

Fazit

Dieser Spielzug wird wirklich oft praktiziert. Mit dem Aufschlag nach außen öffnest du den Platz und kannst den Ball in die freie Ecke platzieren. Noch dazu in die oftmals schwächere Seite deines Gegners. Treibt dein Aufschlag den Gegner weit aus dem Feld, so kannst du mögliche Longline-Returns vernachlässigen. Wichtig ist noch, den Ball nach dem Return möglichst früh zu nehmen, um dem Gegner Zeit zu rauben.

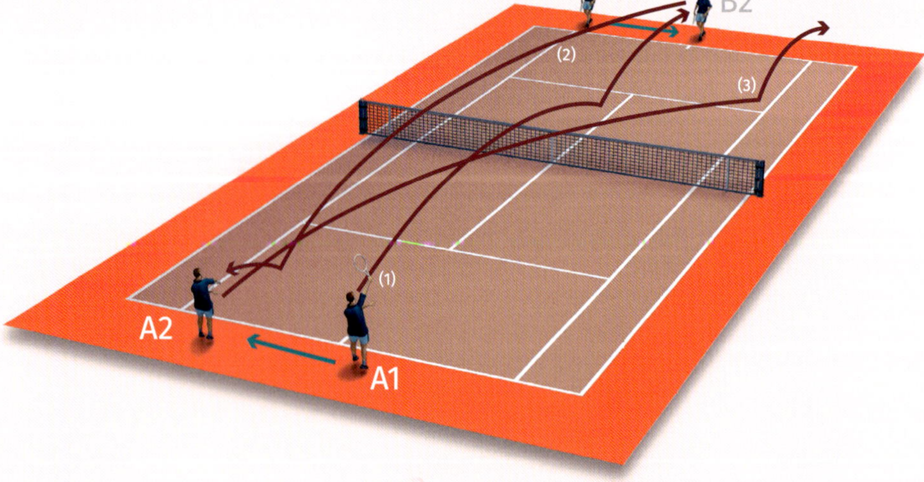

Abbildung 17 – Die doppelte Rückhand-Eröffnung

Die doppelte Rückhand-Eröffnung

Die doppelte Rückhand-Eröffnung ist eine Spieleinleitung, die häufig von Spielern aus Südeuropa (vor allem Spanien, aber auch Italien) und Südamerika (Argentinien, Brasilien) eingesetzt wird. Grundlage ist auch wieder der hohe Kickaufschlag zur Rückhandseite des Gegenspielers von der Einstandseite durch die Mitte. Danach wird, je nach Returnqualität, vorzugsweise die Vorhand gegen die Rückhand des Kontrahenten eingesetzt.

Ziel

Ziel ist es, ähnlich wie bei der ersten „spanischen" Eröffnung, die Rückhand des Gegners zu bearbeiten, wenn möglich mit der eigenen Vorhand. Zwar wird man den Gegenspieler nicht so sehr in die Defensive bekommen (zumindest wenn ein langer Return kommt), als wenn man den Platz durch einen Aufschlag nach außen öffnet, aber wenn du den zweiten Schlag gut in die Rückhand platzierst, ist es trotz allem sehr wahrscheinlich, dass dein Rivale seine Rückhand nicht umlaufen kann. Das erste Ziel dieser Eröffnung ist es, den Aufschlag auf der schwachen Seite des Gegners zu platzieren, um eventuell auch einen kurzen oder langsamen Return zu provozieren.

Lösungen des Returnspielers

Ein Vorteil des Aufschlages durch die Mitte ist, dass er dem Gegner wenig Winkel gibt, der Nachteil hingegen, dass der Gegner schnell in eine recht gute Position zur Platzabdeckung kommt. Die meisten Gegner werden einen mittigen Return spielen oder versuchen, den Ball in deine Rückhandecke zu setzen. Den Rückhandreturn inside-out kannst du, denke ich, fast ausschließen, denn dieser ist sehr schwierig und wird selten trainiert. Zudem geht der Inside-out-Return mit der Rückhand ja zu deiner Vorhand. Noch schwieriger ist diese Inside-out-Rückhand, wenn dein Kickaufschlag sehr hoch abspringt und der Gegner diesen über Schulterhöhe schlagen muss. Eigentlich ergibt dieser Return nur dann Sinn, wenn er den Aufschläger richtig unter Druck setzt. Es gibt noch eine weitere Lösung für den Returner, sofern dein Aufschlag nicht genau genug oder auch zu schwach ist, nämlich die Rückhand zu umlaufen. Dies ist ein für den Aufschläger gefährliches Szenario, denn nun kann der Rückschläger früh im Ballwechsel das Kommando übernehmen. Wie kannst du das nun als Aufschläger am besten verhindern? Und zwar indem du immer wieder mal nach außen zur Vorhand aufschlägst (unbedingt diesen Aufschlag aber mit demselben Ballwurf machen wie den Aufschlag zur Mitte, dein Gegner darf diesen Aufschlag nicht lesen können). Diese Variation macht das Umlaufen der Rückhand sehr schwierig, weil du ihn immer wieder mal auf dem falschen Fuß erwischen wirst. Eine weitere Option des Returnspielers ist es, den Ball im Aufsteigen und früh zu nehmen. Ausschließen kannst du dann einen hohen Return. Dein Gegner hat die Möglichkeit, sehr offensiv zu agieren oder den Ball mit dem Slice ins Feld zu chippen, was die defensivere Variante wäre. Ausschließen kannst du dann einen langsamen, mit Topspin gespielten Ball. Ist er mit einem dieser Spielzüge erfolgreich, solltest du vermehrt versuchen, den Körperaufschlag zu wählen.

Beläge/Spieltypen

Natürlich ist die doppelte Rückhand-Eröffnung wieder eine typische Sandplatzeröffnung. Der Ball soll hoch abspringen und dem Gegner nicht erlauben, dass er einen offensiven Return spielt. Du sollst von Anfang an die Kontrolle über die Rally haben. In der Halle könnte man das Ganze mit dem Sliceaufschlag durch die Mitte lösen, allerdings wäre das dann eine etwas andere Situation. Diese Aufschlag-Folgeschlag-Kombination ist für Spieler sinnvoll, die lange Ballwechsel nicht scheuen, den Punkt aber von Anfang an kontrollieren wollen. Es ist natürlich bei entsprechender Aufschlagqualität und auch entsprechender Qualität des Folgeschlages möglich, den Punkt auch mit dem zweiten Schlag zu beenden, aber die Eröffnung geht eher von einer Rally aus.

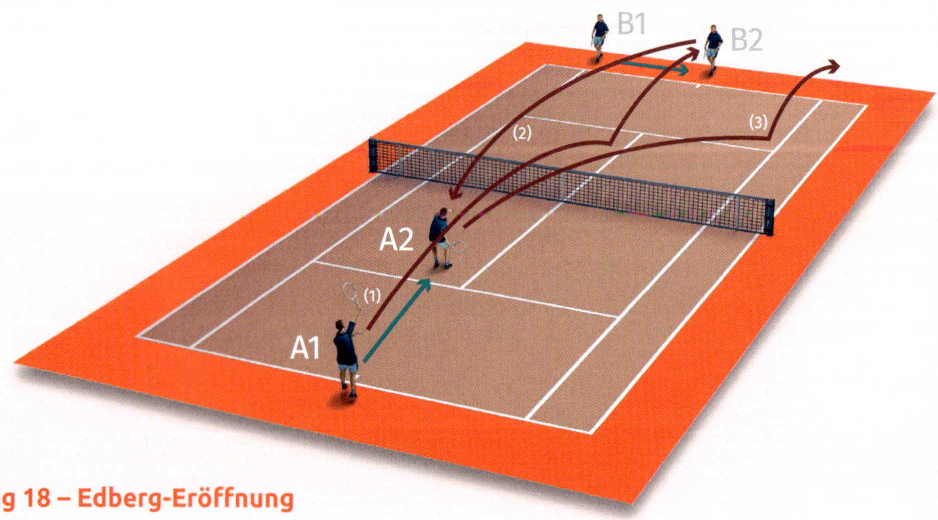

Abbildung 18 – Edberg-Eröffnung

Fazit

Die doppelte Rückhand-Eröffnung zielt weder darauf ab, den Punkt direkt zu gewinnen, noch auf ein Matt in zwei Zügen, sondern eher darauf, den Ballwechsel klug aufzubauen und diesen von Anfang an im Griff zu haben. Sie soll einen offensiven Return des Gegners ausschließen und deine Stärken gegen die Schwächen des Gegners zum Einsatz bringen. Ganz wichtig ist bei der doppelten Rückhand-Eröffnung, dass du unbedingt auch deinen Aufschlag variierst und auch nach außen zur Vorhand des Rückschlägers aufschlägst, denn sonst läufst du Gefahr, dass dein Gegner sich auf deinen Aufschlag einstellt und seine Rückhand umläuft.

Edberg-Eröffnung

Sie ist eigentlich das Pendant zur „australischen" Eröffnung. Möglich sind hier sowohl der Sliceaufschlag (würde ich auf schnellen Belägen wie Teppich und Rasen empfehlen) als auch der Kickaufschlag (würde ich auf Sand empfehlen) durch die Mitte mit anschließendem Vorrücken zum Netz. Edberg hat hier immer eher mit dem Kick agiert.

Ziel

Ziel ist es, den Gegner mit einem Serve-and-Volley-Angriff unter Druck zu setzen oder mit einem gelegentlichen Angriff zu überraschen. Edberg ist eigentlich nach jedem Aufschlag ans Netz gestürmt. Davon würde ich wie bei der Pat-Rafter-Eröffnung abraten, denn dann kann dein Kontrahent sich gut darauf einstellen und wird dir den Ball in die Füße spielen. Dieser Spielzug ist vor allem dann anzuraten, wenn dein Gegenspieler häufiger defensiv und eventuell auch etwas höher returniert. Der Kickaufschlag bietet den Vorteil, dass du aufgrund der geringeren Geschwindigkeit näher zum Netz kommen kannst (Nachteil: Dein Gegner hat mehr Zeit zu reagieren und sich zu positionieren) und dass durch den Aufschlag in die Mitte dein Rivale auch weniger Winkel hat. Ob du den Volley nun zur Vorhand oder Rückhand setzt, ist relativ egal. Hier kommt es auf Stärken und Schwächen deines Gegenspielers an und in welche Seite du mehr Vertrauen hast. Die Platzierung des Volleys sollte auch unbedingt variiert werden. Der Vorteil, wenn du zur Rückhand vollierst, ist, dass der Kontrahent quasi eine doppelte Rückhand spielen muss. Rückhandreturn und dann Rückhandpassierball. Spielst du den Volley zur Vorhandseite, muss dein Gegner eventuell einen Richtungswechsel vollziehen, falls er beim Return aus dem Gleichgewicht kommt.

Lösungen des Returnspielers

Auch hier musst du zunächst feststellen, ob dein Gegner den Return früh nimmt oder eher hinter der Grundlinie steht. Nimmt er ihn früh, ist der Return natürlich schneller bei dir und du musst den Volley weiter hinten spielen. Allerdings hat der Returner dann auch weniger Reaktionszeit und muss den Ball wahrscheinlich auch sehr hoch (über der Schulter) spielen. Nimmt er ihn hinter der Grundlinie an, hat er mehr Reaktionszeit, aber du hast auch mehr Zeit, nach vorne zu kommen, kannst den Volley weiter vorne spielen und auch das Feld besser abdecken. In einem solchen Fall ist die Wahrscheinlichkeit hoch, dass dein Gegner dir den Return in die Füße spielen wird. Du musst also mit tiefen Volleys rechnen. Dies wird er aber nur dann machen, wenn er sich auf diesen Spielzug einstellen kann und vorbereitet ist. Ideal finde ich diese Kombination, wenn der Gegner weit hinten steht und du Aufschlag-Volley nur zweimal bis dreimal im Satz spielst.

Beläge/Spieltypen

Eigentlich kannst du diesen Spielzug auf allen Bodenbelägen anwenden. Auf Sandplatz ist er mit Kick am effektivsten. In der Halle auf Teppich würde ich zum Slice raten. Auf Hartbelägen oder Granulat sind beide Aufschlagarten effektiv. Am besten funktioniert dieser Spielzug gegen Spieler, die Schwächen beim Rückhandreturn haben und diesen eher defensiv und etwas höher spielen. Auch ist es sinnvoll, falls du lange Ballwechsel umgehen möchtest.

Fazit

Auch diese Kombination ist als Überraschung am brauchbarsten und sollte unbedingt zu deinem Repertoire gehören. Wie oft du diesen Spielzug anbringen kannst, hängt von der Returnqualität des Gegners auf dessen Rückhandseite ab und auch von deiner Aufschlag- und Volleystärke.

Gesamtfazit – taktische Spieleröffnungen

Wie zu Beginn schon erläutert, müssen wir zwischen Aufschlägen unterscheiden, die auf den direkten Punkt zielen, und jenen, die den Punkt vorbereiten sollen beziehungsweise den Aufschläger in eine Vorteilsposition bringen sollen. Letzteres sind die taktischen Varianten. Leider spielen die meisten Spieler hier zu unüberlegt und konzentrieren sich nur auf ihren Aufschlag und sind dadurch oft nicht darauf vorbereitet, was sie mit dem Schlag nach dem Return (erster Folgeschlag des Aufschlägers) anfangen sollen. Genauso wie du bei der Vorhand- und Rückhandtechnik Automatismen brauchst, benötigst du auch bei vielen taktischen Gesichtspunkten Automatismen. Das heißt zum Beispiel, dass du, wenn du den Aufschlag nach außen von der Einstandseite schlägst, automatisch deinen nächsten Schlag in der Rückhandecke des Gegners platzierst (Federer-Eröffnung). Die taktischen Varianten kannst du sowohl als ersten als auch als zweiten Aufschlag einsetzen. Der Vorteil beim ersten Aufschlag, im Vergleich zu geraden ersten Aufschlägen, ist vor allem, dass du eine höhere Prozentzahl an Aufschlägen im Feld unterbringst. Das Paradebeispiel für solche Spieleröffnungen sind oft die klassischen Sandplatzspieler aus Südeuropa und Südamerika, die auf eine hohe Quote an ersten Aufschlägen großen Wert legen. Dies beweisen auch die Aufschlagstatistiken der ATP. So sind von den Top 20 der Spieler, die in ihrer Karriere die höchsten Aufschlagquoten (Prozentzahl an ersten Aufschlägen im Feld) erzielten, 14 aus Südeuropa und Südamerika. 17 der Top 20 Spieler sind klassische Sandplatzspezialisten, die ihre größten Erfolge auf Sandplatz feiern konnten und diesen Belag bevorzugten. Gerade der Sandplatzspieler schlechthin der letzten Dekade, Rafael Nadal, ist hierfür ein super Beispiel: Mit einer Aufschlagquote von durchschnittlich 69 % im Verlauf seiner Karriere und 71 % auf Sand ist er in dieser Statistik der aktuellen Spielergeneration führend. Sein Hauptziel ist nicht der direkte Aufschlagpunkt, sondern die Kontrolle über den Ballwechsel.

Neben dem Vorteil höherer Aufschlagquoten bieten taktische Aufschläge beim ersten Aufschlag oft auch noch den Vorteil, dass sie schwieriger offensiv zu returnieren sind. Gerade Aufschläge haben zwar mächtig Tempo, gehen diese aber direkt in den Schläger des Gegners, so kann dieser mit einem Block wunderbar das Tempo mitnehmen und ohne große Eigenenergie einen harten Schlag generieren. Der vermeintlich harte Aufschlag wird zum Eigentor. Bei einem Slice- und Kickaufschlag ist dies nicht so ohne Weiteres möglich. Der Returner muss aktiv viel mehr selbst machen. Bitte verstehe mich hier nicht falsch. Ich will auf keinen Fall sagen, dass harte und gerade Aufschläge keinen Sinn ergeben, sondern eben auch die Fallstricke dieser Variante aufzeigen. Ich möchte dir jetzt nicht raten, jeden ersten Aufschlag als Kick- oder Sliceaufschlag zu spielen – auf gar keinen Fall. Aber du solltest eben auch nicht jeden ersten Aufschlag voll und gerade durchziehen. Die Mischung macht's – mal zwei gerade erste Aufschläge durch die Mitte, dann einen mit Kick nach außen, einen Aufschlag in den Körper, einen Kick durch die Mitte, einen geraden Aufschlag nach außen. Dein Gegner darf nie wissen, welchen Aufschlag du als Nächstes spielst. Klappt ein Aufschlag besonders gut und dein Gegenüber hat mit diesem Probleme, so spricht nichts dagegen, diesen Aufschlag wieder und wieder zu spielen. Vor allem sind taktische Spielzüge auch mit dem zweiten Aufschlag sinnvoll. Dazu benötigst du aber Sicherheit und Selbstvertrauen bei deinem zweiten Aufschlag. Zu viele Spieler begnügen sich damit, den zweiten Aufschlag einfach nur ins Feld zu spielen. Manche unterscheiden zwar noch, ob sie zur Vorhand oder Rückhand des Gegners aufschlagen, aber das war's dann auch schon. Bitte begnüge dich nicht damit. Überlege dir genau, wie du deinen Aufschlag spielen möchtest, und vor allem auch, was du mit dem nächsten Schlag anstellen willst. Wenn du das nicht beherrschst, aber Ehrgeiz hast, hilft nur eins. Nämlich üben, bis es klappt.

Neben dem Aufschlag ist aber unbedingt auch der Folgeschlag von äußerster Wichtigkeit. Zumeist kommt ja der Return zurück und dann ist es zwingend erforderlich, mit dem ersten Folgeschlag nachzusetzen und den Druck aufrechtzuerhalten oder weiter auszubauen. Bei den Profis der Weltspitze fällt auf, dass sie diesen Schlag extrem präzise und mit sehr hoher Qualität schlagen. Die dritten Schläge haben in allen Bereichen eine höhere Qualität als die nachfolgenden Schläge der Rallys. Hier sind zwei Dinge von äußerster Wichtigkeit: nämlich keinen Fehler zu machen (laut Untersuchung von Born treffen die Profis der Weltspitze neun von zehn dritten Schlägen ins Feld) und den Ball nahe an die Seitenlinie in die äußeren Zonen zu platzieren, um den Druck weiter auszubauen. Genauso wichtig ist es auch, seinen stärkeren Grundschlag überproportional häufig einzusetzen.

Du kannst bei manchen Aufschlägen, vorwiegend den Serves nach außen, manche Returns vernachlässigen oder teilweise ganz ausschließen, was dir einen Vorteil sichern sollte. Entscheidest du dich für Serve-and-Volley, so sind, sofern du dies dauerhaft machst, Aufschläge in den Körper oder zur Mitte am effektivsten, denn dann hat dein Gegenspieler weniger Winkel. Spielst du aber sporadisch und überraschend Serve-and-Volley, sind Aufschläge nach außen ebenfalls eine super Lösung, denn der Gegner rechnet ja nicht damit, dass du am Netz auftauchst und wird wahrscheinlich nicht longline spielen. Den Volley hingegen musst du dann nur noch in der freien Ecke platzieren.

– KAPITEL 24 –

First Serve Rating

.......................*TENNIS-FACTS*

First Serve Rating Zverev im Jahr 2020: 68,36

(Altes First Serve Rating: 52,36)

First Serve Rating

Vor einiger Zeit habe ich auf der Website der ATP einen Artikel zum ersten Aufschlag gelesen. Es ging darum, die Prozentzahl an ersten Aufschlägen im Feld und die Gewinnquote des ersten Aufschlages zu verbinden. Denn es bringt dem Spieler wenig, wenn er zwar viele erste Aufschläge im Feld hat, aber damit wenige Punkte erzielt. Genauso kennen wir alle diese Spieler, die auf jeden ersten Aufschlag voll draufhauen, aber gefühlt nur einen von zehn treffen. Ein guter erster Aufschlag kommt häufig, und der Spieler punktet damit oft. Das Problem ist, dass die Werte getrennt voneinander betrachtet werden. Hier setzt ein Artikel von Craig O'Shannessy an und führt die Prozentzahl erster Aufschläge im Feld und die Gewinnquote des ersten Aufschlags zusammen zum sogenannten First Serve Rating. Dieses errechnet sich folgendermaßen:

Prozentzahl erster Aufschläge im Feld * Gewinnquote mit dem ersten Aufschlag / 100

Beispiel

Spieler XY trifft 60 % seiner ersten Aufschläge ins Feld und punktet damit zu 80 %. Er hätte somit ein First Serve Rating von 48, was B+ entsprechen würde (siehe Tabelle 1).

First Serve Rating ALT	Klassifizierung
60+	A++
55–59,9	A+
50–54,9	A
45–49,9	B+
40–44,9	B
35–39,9	C
30–34,9	D
29,9 und tiefer	F

Tabelle 1 First Serve Rating ALT

Je höher der Wert, desto besser das First Serve Rating. Allerdings hat das First Serve Rating eine große Schwäche: Es gewichtet nämlich die Prozentzahl an ersten Aufschlägen im Spielfeld zu stark und die Gewinnquote wiederum zu schwach. Hierzu möchte ich zunächst ein weiteres fiktives Beispiel geben:

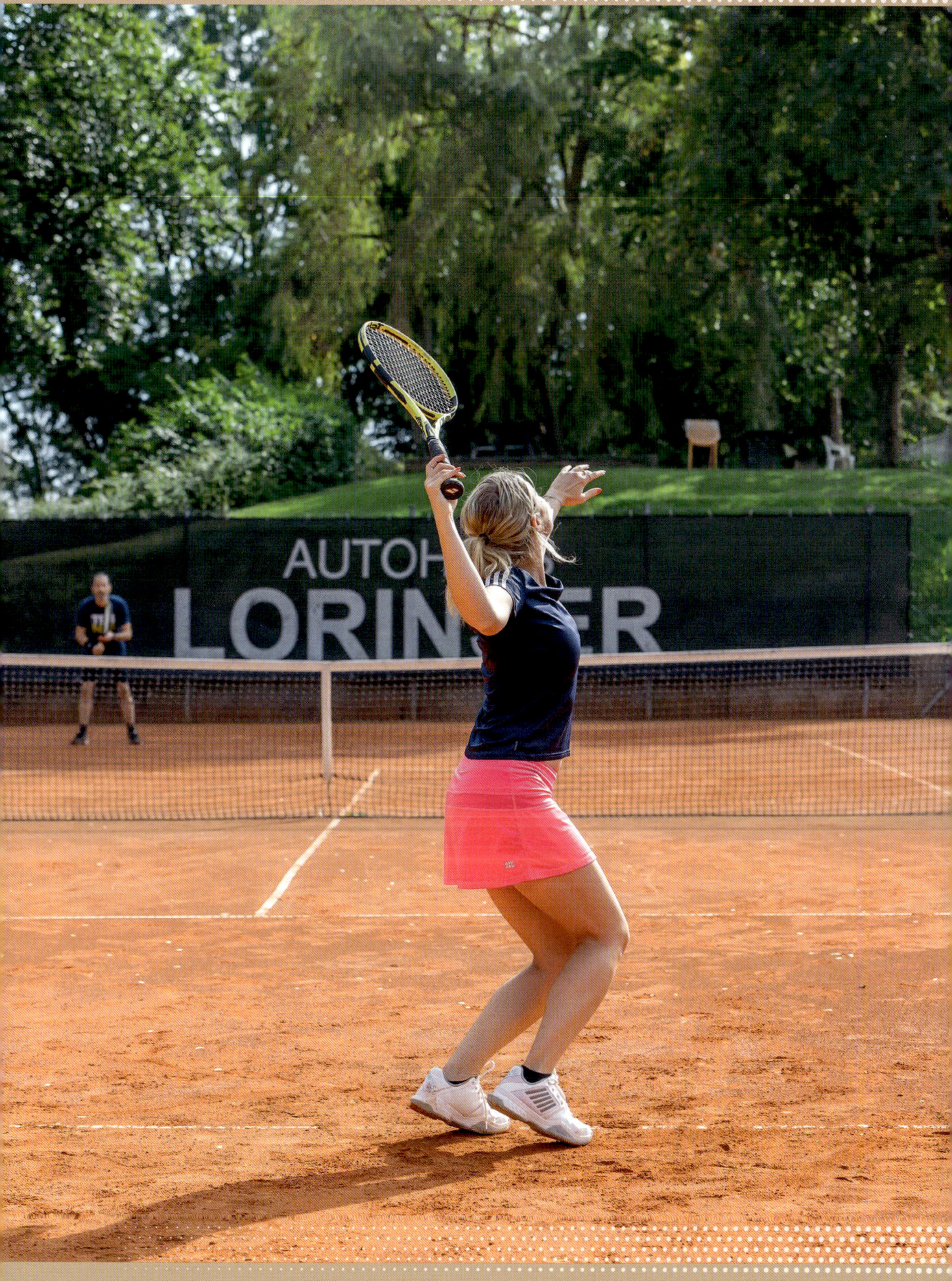

Eine hohe Quote an ersten Aufschlägen im Feld bringt wenig, wenn die Punktausbeute mit dem ersten Aufschlag gering ist.

Spieler XY trifft im nächsten Match nun 100 % seiner ersten Aufschläge ins Feld, punktet aber nur noch zu 50 %. Er benötigt also nie den zweiten Aufschlag und gewinnt 50 von 100 ausgespielten Punkten. Hingegen trifft Spieler Z nur 50 % seiner ersten Aufschläge ins Feld, aber Z punktet, wenn sein erster Aufschlag kommt, zu 100 %. Er erzielt also ebenfalls 50 Punkte, hat aber bei den 50 Aufschlagfehlern mit dem ersten Aufschlag noch einen zweiten Versuch, den Punkt zu gewinnen. Beide Spieler hätten eine First

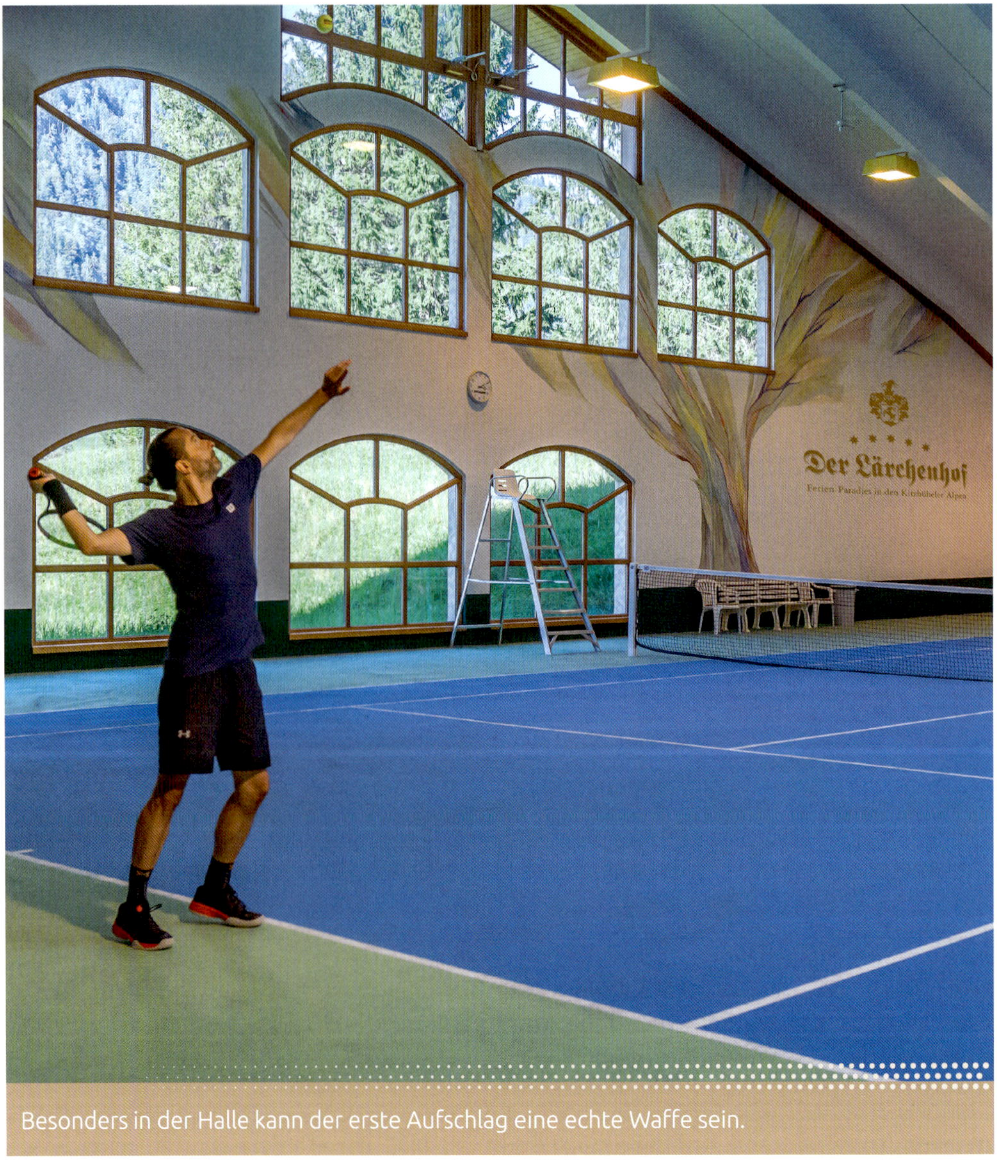

Besonders in der Halle kann der erste Aufschlag eine echte Waffe sein.

Serve Rate von 50, was A entsprechen würde. Beide würden von 100 Aufschlägen mit dem ersten Aufschlag 50 Punkte erzielen. Allerdings hätte Z noch 50-mal die Chance, mit dem zweiten Aufschlag zu punkten. XY hätte diese Chance nicht. Der Aufschlag von Z wäre somit effektiver. Wie könnte man das First Serve Rating (das zweifelsohne eine gute Idee ist) aber verbessern? Und zwar so, indem man die Prozentzahl der ersten Aufschläge im Spielfeld weniger stark gewichtet. Hierfür müssen wir den zweiten Aufschlag fiktiv mit einbeziehen. Wir gehen davon aus, dass jeder Spieler mit dem zweiten Aufschlag zu genau 50 % punktet. Die neue Berechnung ist etwas komplizierter, dafür aber effektiver. Zunächst nehmen wir das alte First Serve Rating. Dies wäre bei beiden Spielern 50. Nun nehmen wir die Differenz zwischen 100 % und der Prozentzahl erster Aufschläge im Feld und teilen diese Differenz durch zwei (50 %) und addieren diesen Wert zum alten First Serve Rating dazu. Nun haben wir ein neues verbessertes First Serve Rating, das die Gewinnquote stärker mit einbezieht.

XY: 100 * 50 / 100 = **50** (altes First Serve Rating) => 50 + (100-100) / 2 = **50 (neues First Serve Rating)**
Z: 50 * 100 / 100 = **50** (altes First Serve Rating) => 50 + (100-50) / 2 = **75 (neues First Serve Rating)**

First Serve Rating NEU	Klassifizierung
80+	A+++
75–79,9	A++
70–74,9	A+
65-69,9	A
60–64,9	B+
55–59,9	B
50–54,9	C
45–49,9	D
44,9 und tiefer	F

Tabelle 2 First Serve Rating NEU

Dass dies sinnvoll ist, belegen auch die Daten der beiden von mir analysierten Turniere, nämlich bei den ATP Finals 2020 sowie dem Turnier in Wien 2020. Bei den ATP Finals in London gewann zu 87 % der Spieler, der eine höhere Gewinnquote beim ersten

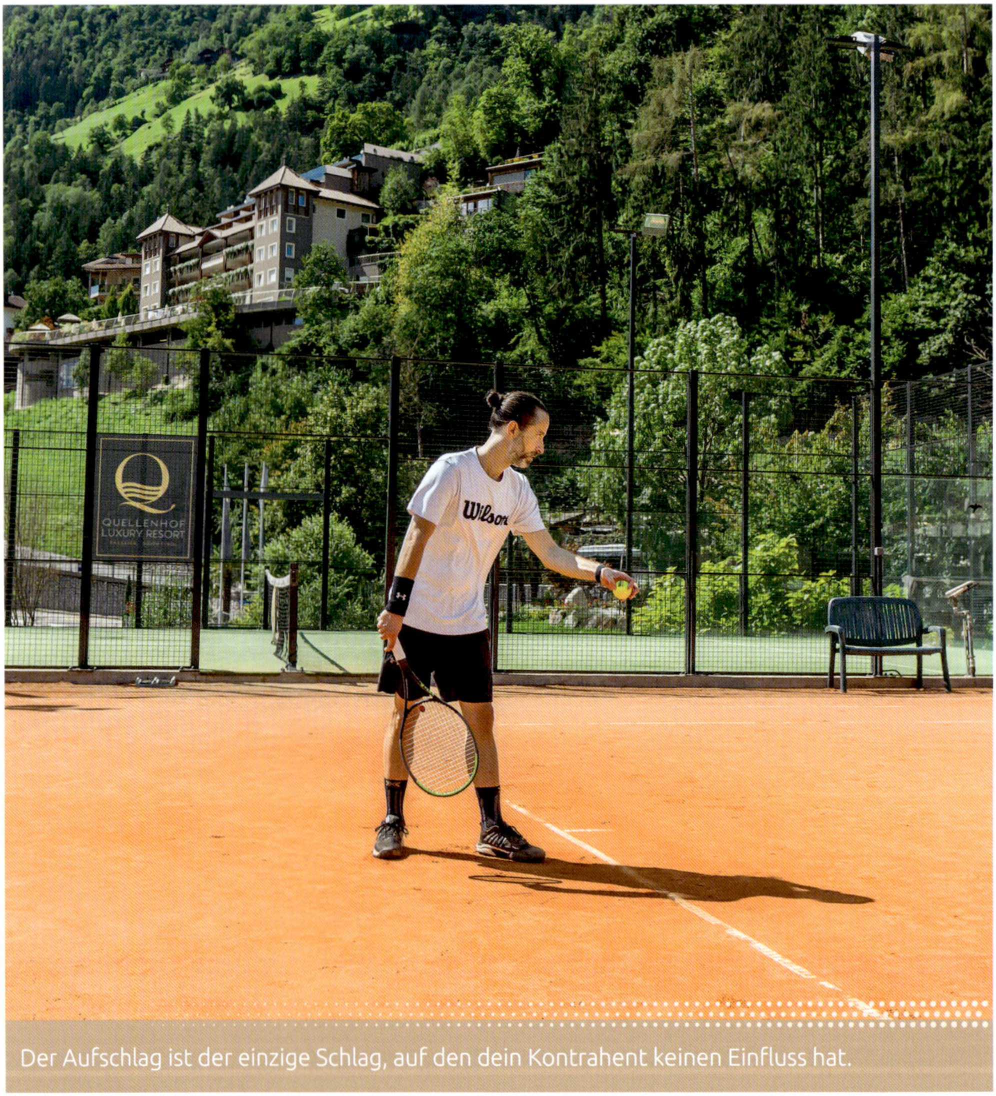

Der Aufschlag ist der einzige Schlag, auf den dein Kontrahent keinen Einfluss hat.

Aufschlag hatte. Zwar hatten die Sieger auch eine höhere Quote mit dem ersten Aufschlag, allerdings gewann der Spieler, der mehr erste Aufschläge im Feld hatte, lediglich zu 60 % das Match. Auch ist die Abweichung bei der ersten Aufschlagquote geringer als die Gewinnquote mit dem ersten Aufschlag. Im Durchschnitt kam der erste Aufschlag zu 66 %. Die Sieger waren mit 67,33 % leicht über dem Durchschnitt, die Verlierer mit 64,53 % leicht darunter. Die Differenz ist mit 2,8 % überschaubar. Allerdings punkteten die Sieger zu 78,90 % mit dem ersten Aufschlag und die Verlierer nur zu 72 %. Dies ist eine Differenz von fast 7 %. Betrachten wir nun das auch von Craig O'Shannessy untersuchte Turnier in Wien. Auch hier sehen die Zahlen ähnlich aus. Zwar hatten die Sieger der Matches in zwei von drei Fällen mehr erste Aufschläge im Spielfeld, aber die Abweichung lag im Durchschnitt in Wien gerade mal bei 1,7 % (Sieger 62 % erste Aufschläge im Feld, Verlierer 60,3 % erste Aufschläge im Feld). Hingegen punkteten die Sieger beim ersten Aufschlag nun sogar mit einer Differenz von 11,9 % häufiger (80,9 % Sieger, 69 % Verlierer). Und in Wien verließ zu über 90 Prozent (93 %) derjenige Spieler als Sieger das Spielfeld, der häufiger mit dem ersten Aufschlag punkten konnte. Interessant ist, dass die Gesamtpunktzahl, mit der die Spieler (Sieger und Verlierer zusammengenommen) mit dem ersten Aufschlag punkteten, sowohl in Wien als auch bei den ATP Finals bei exakt 75 % lag.

Kommen wir noch mal kurz zum First Serve Rating zurück. Um auf diesem Level wie in Wien und London erfolgreich Matches zu bestreiten, ist ein First Serve Rating von A (mindestens ein Wert von 65) erforderlich. Bei den ATP Finals in London gab es kein einziges Match, in dem der Sieger einen Wert von unter 65 erreichte. In Wien waren es dagegen lediglich vier Matches, in denen ein Spieler unter dem 65er Wert lag und trotzdem noch das Match gewinnen konnte. Und in diesen vier Matches hatte der Sieger dennoch noch ein höheres First Serve Rating als der Verlierer.

Was bedeutet dies nun für dich als Spieler? Natürlich ist die Situation im Profisport eine etwas andere als im Amateurbereich. Dennoch solltest du als Spieler mit dem ersten Aufschlag häufiger punkten als mit dem zweiten Service. Die Frage, die sich immer stellt, ist die, wie viel Risiko du mit dem ersten Aufschlag eingehen solltest. Du solltest auf jeden Fall die Hälfte deiner ersten Aufschläge ins Feld bringen, noch besser ist natürlich ein Wert über 60 %. Jedoch ist dies nur die halbe Miete. Noch wichtiger ist die Effektivität des ersten Aufschlages, nämlich dass du mit diesem häufig punktest. Du solltest jetzt nicht erwarten (wie bei den Profis), eine Gewinnquote von 75 % bis 80 % mit dem ersten Aufschlag zu erzielen, aber dein erster Aufschlag sollte dir auf jeden Fall deutlich mehr Punkte einbringen als dein zweiter Aufschlag. Genaue Werte hierfür anzugeben ist schwierig, denn das Spektrum im Amateurbereich ist groß, und gerade im Jugendbereich U12 oder U14 ist der Aufschlag aufgrund der körperlichen Voraussetzungen oftmals kein Vorteil. Aber auch in anderen Altersbereichen ist dies sehr abhängig vom Spielniveau. Unabhängig davon ist das First Serve Rating in allen Spielbereichen und Altersklassen ein sinnvolles statistisches Tool, um gezielt am eigenen Aufschlagspiel zu arbeiten.

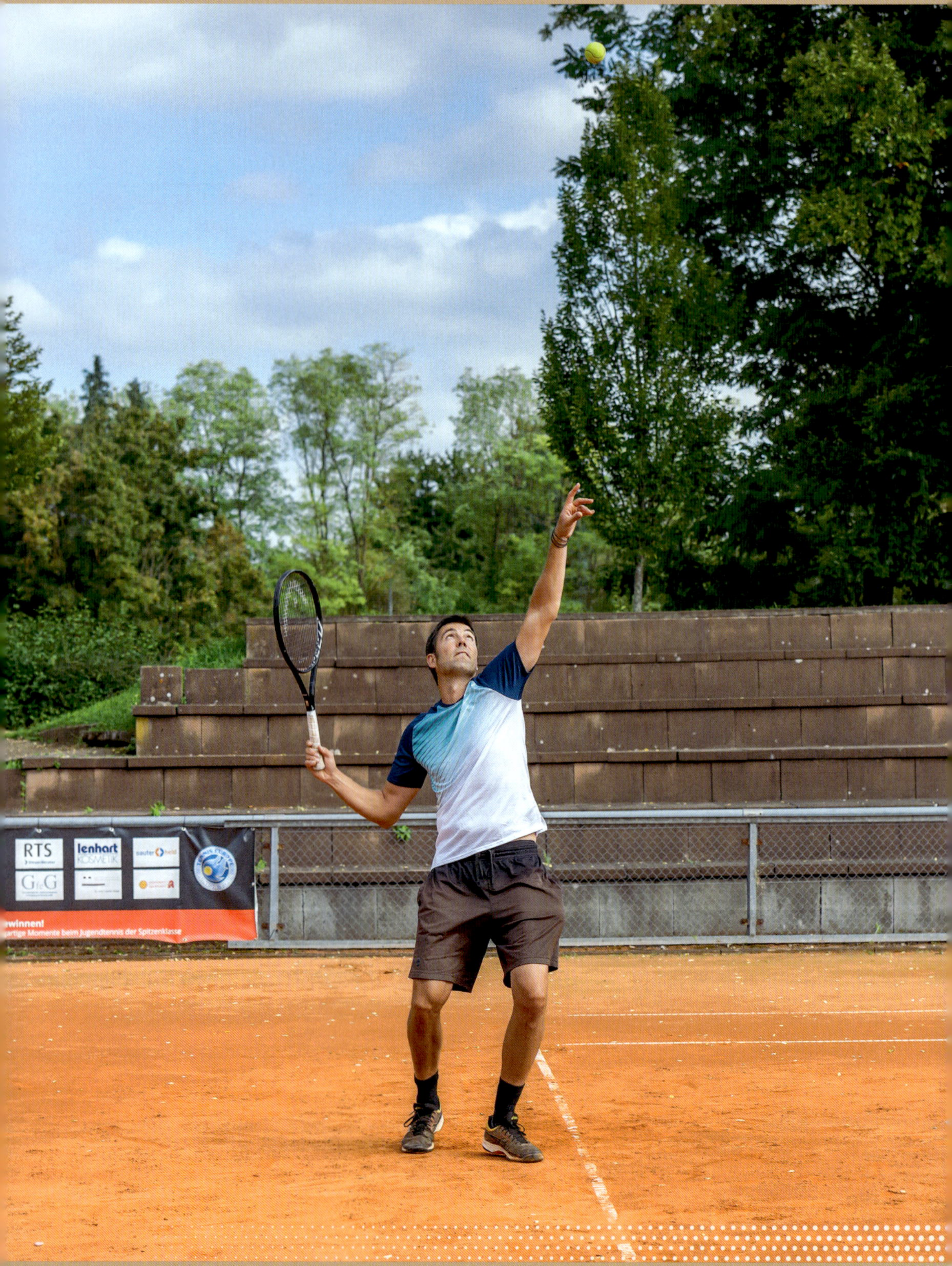

Mit dem ersten Aufschlag solltest du die Kontrolle über den Ballwechsel gewinnen.

Fazit

Das First Serve Rating dient rein der Beurteilung des ersten Aufschlages. Der zweite Aufschlag wird hierbei komplett vernachlässigt. Das First Serve Rating stellt eine Verbindung zwischen Aufschlagquote und Qualität der im Feld befindlichen Aufschläge her. Eine vernünftige Quote an ersten Aufschlägen im Feld ist wichtig. Um erfolgreich in den eigenen Aufschlagspielen zu sein, sollte man einen Wert von mindestens 50 %, besser 60 % an ersten Aufschlägen im Feld haben. Noch wichtiger ist allerdings die Effektivität des ersten Aufschlages, nämlich den Punkt zu gewinnen, wenn man den ersten Aufschlag ins Spielfeld getroffen hat. Eine hohe Quote an ersten Aufschlägen im Feld bringt wenig, wenn man danach prozentual wenige Punkte gewinnt. Wer mehr als drei von vier ersten Aufschlägen mit einem Punkt abschließt, fährt wirklich gut. Alles unter 75 % ist auf höchstem Profilevel der Männer fast schon zu wenig. Auf Profilevel sollten die Spieler, um erfolgreich zu sein, ein First Serve Rating von 65 oder mehr anstreben. Aber auch auf Amateurlevel dürfte die Verbindung zwischen Aufschlagquote und Aufschlagqualität eine wichtige Rolle spielen.

Übung zum First Serve Rating

Ausführung

Aufschläger A und Returnspieler B spielen Punkte gegeneinander aus. A hat genau 20 Aufschläge (zehn von der Einstandseite und zehn von der Vorteilseite). Nur A kann Punkte gewinnen. Für jeden Aufschlagfehler erhält A einen Punkt. Für jeden real gewonnenen Punkt erhält A zwei Punkte. Kommt der erste Aufschlag und A verliert den Punkt, erhält er keinen Punkt. B kann keine Punkte gewinnen, sondern nur Punkte von A verhindern.

Beispiel

A trifft zehn von 20 Aufschlägen ins Feld. Dann hat er zehn Punkte durch seine Aufschlagfehler erzielt. Mit den zehn Aufschlägen, die er ins Feld trifft, erzielt er acht Punkte. Zweimal konnte B den Punktgewinn von A verhindern. Somit hat A 26 Punkte erreicht, nämlich 10+2*8

Nun ist Spieler B als Aufschläger an der Reihe. B trifft zwölf Aufschläge und punktet damit neunmal. Somit hätte B acht Punkte (für die acht Aufschläge, die er verschlagen hat) plus 18 Punkte (2*9). Damit hätte B auch 26 Punkte gemacht.

Nimmt man den Wert nun mal 2,5, hat man automatisch auch das First Serve Rating. Diese Übung sollte unbedingt mit Trainer oder einer Person gespielt werden, die die Punkte und vor allem die Anzahl der Aufschläge mitzählt, denn für die Spieler ist das oftmals schwierig und führt zu Verwirrungen.

Ziel

Das Ziel ist, ein Gefühl dafür zu bekommen, wie effektiv der eigene erste Aufschlag ist. Ein weiteres Ziel ist auch, zu bemerken, inwieweit der erste Aufschlag erfolgreich ist und auch wie oft er überhaupt ins Feld kommt. Du solltest bei dieser Übung vor allem auch mit Tempo servieren. Das Ziel bei dieser Übung ist keinesfalls, möglichst viele Aufschläge ins Feld zu bekommen, sondern den Aufschlag maximal effektiv zu schlagen. Natürlich solltest du, falls du von zehn Aufschlägen nur einen oder zwei triffst, vielleicht etwas mehr Schnitt geben, um deine Quote anzupassen, aber dennoch unbedingt aggressiv bleiben.

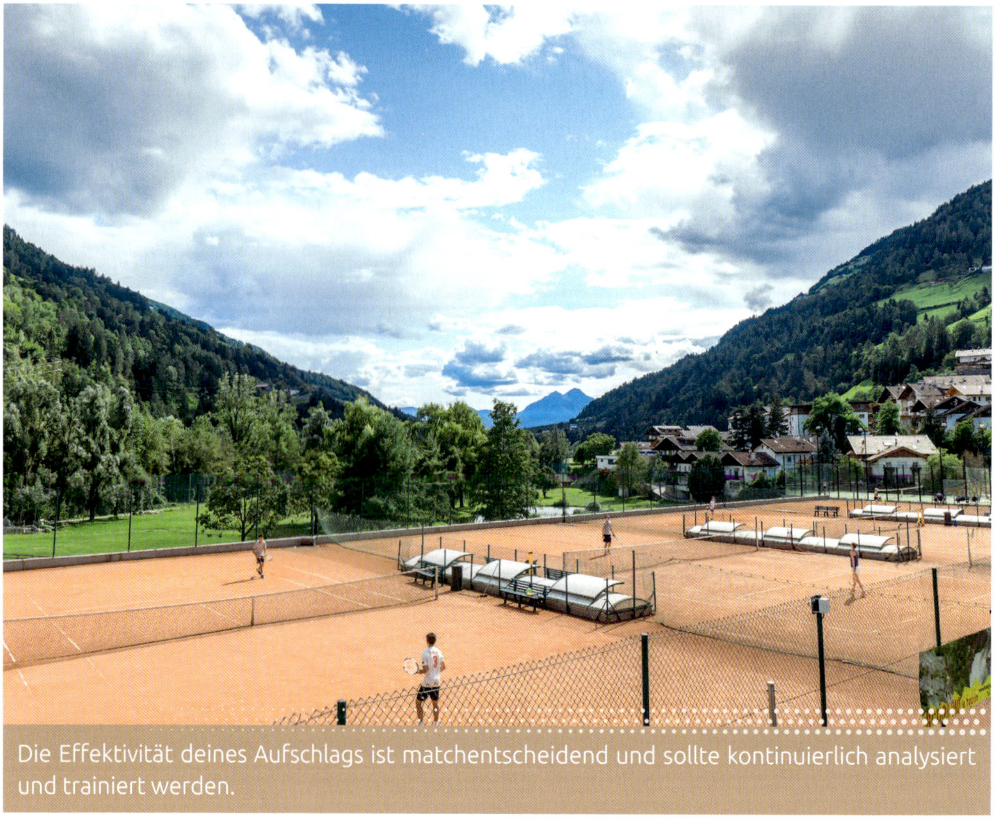

Die Effektivität deines Aufschlags ist matchentscheidend und sollte kontinuierlich analysiert und trainiert werden.

– KAPITEL 25 –

Return – der unterschätzte Schlag

TENNIS-FACTS

Länge der Ballwechsel bei den Australian Open 2015:

1 Schlag – 29,5 %

3 Schläge – 15,4 %

2 Schläge – 9,5 %

5 Schläge – 8,6 %

4 Schläge – 7,5 %

6 Schläge – 5,3 %

7 Schläge – 4,7 %

8 Schläge – 3,1 %

0 Schläge (Doppelfehler) – 2,7 %

9 Schläge – 2,3 %

Return – der unterschätzte Schlag

Nachdem wir nun zuletzt unseren Fokus auf den Aufschlag im Kapitel „Spieleröffnung" und den dritten Schlag im Kapitel „Eröffnungsstrategien – Vor- und Nachteile" gelegt haben, werden wir nun zum zweiten Schlag des Ballwechsels kommen, dem Return. Der Return ist der wohl am meisten unterschätzte Schlag im Tennis und speziell im Profibereich (vor allem bei den Herren) der wichtigste Ball. Ich werde gleich anhand einiger Zahlen darlegen, wieso der Return so eine immens hohe Bedeutung hat. Zunächst aber nochmal kurz zum Klubtennis:

Wie läuft in der Regel ein Training ab? Es wird sich eingeschlagen, es werden Bälle mit der Vorhand cross auf Rhythmus geschlagen, dasselbe Spiel mit der Rückhand. Manchmal werden Bewegungsabläufe optimiert, es werden Volleys und Schmetterbälle gespielt. Zumeist werden am Schluss sogar noch Aufschläge trainiert. Der Return wird oftmals überhaupt nicht geübt. Ich habe in vielen Klubs gespielt und in manch anderen trainiert. Einige Spieler in diesen Klubs haben überhaupt NIE mit Aufschlag gespielt. Ihre Aussagen waren dann in etwa folgendermaßen: „Ja, in der schnellen Halle kommen dann ja gar keine Ballwechsel zustande." Oder: „Da bekomme ich einen ganz schlechten Rhythmus, weil das dann immer alles so lange dauert." Oder: „Da spielen wir lieber Elfer aus der Hand." Und dann haben sich jene Spieler immer gewundert, wieso sie dann beim Mannschaftsspiel am Sonntag gegen Gegner verloren haben, denen sie innerhalb der Rally eigentlich klar überlegen waren. Dann gibt es noch jene Spieler, die zwar auch alle Übungen ohne Aufschlag spielen, aber zumindest dann noch Aufschläge gesondert trainieren. Das ist zwar schon besser, reicht aber bei Weitem nicht aus. Ich habe festgestellt, je höher das Spielniveau der Spieler ist, desto häufiger spielen sie um Punkte mit Aufschlag oder machen Spielübungen mit Aufschlag und Return. Denn jeder Punkt beginnt mit diesen beiden Schlägen. Im Übrigen ist der Return auch ein ganz eigener Schlag. Man kann nicht sagen, wenn man einen guten Vorhandgrundschlag hat, dass man automatisch auch einen guten Vorhand-Return besitzt. Natürlich erleichtert die gute Technik der Grundschläge auch die Returns. Nur ist der Return eben doch ein eigener Schlag, weil er oftmals geblockt wird und teilweise mit sehr kurzen Ausholbewegungen einhergeht.

Nun will ich anhand einiger Daten aufzeigen, welche Bedeutung der Return hat. Die Experten sind sich längst einig, dass die Spieleröffnung, Aufschlag, Return, der Folgeschlag auf den Aufschlag (zweiter Schlag des Aufschlägers) und der Folgeschlag auf den

Return (zweiter Schlag des Returnspielers) immense Bedeutung haben. Zu 91 % gewinnt derjenige Spieler das Match, der mehr als die Hälfte der Punkte mit null bis vier Schlägen gewinnt. Wir gehen immer davon aus, dass die langen Ballwechsel die Matches entscheiden, aber das ist falsch. Ich war selbst skeptisch und habe deshalb einige Spiele ausgewertet. Es stimmt tatsächlich, dass in der Regel der Spieler das Match gewinnt, der die erweiterte Spieleröffnung häufiger für sich entscheidet. Nun kann man natürlich sagen, dass der Aufschlag das Spiel einleitet und mindestens genauso wichtig ist wie der Return. Aber jeder in der Weltspitze hat einen verhältnismäßig guten Aufschlag. Aber nicht alle Spieler haben einen guten Return. Hier möchte ich kurz einen Blick auf die noch aktiven Spieler werfen, die prozentual die meisten Aufschlagspiele in ihrer Karriere gewonnen haben und als die besten Aufschläger gelten. Dies sind Karlovic (92 % aller Serve-Games gewonnen), Isner (91,4 %) und Raonic (90,9 %). Betrachten wir hingegen die Gegenseite, nämlich die besten Returnspieler, so haben mit Nadal (33,3 % aller Return-Games gewonnen), Djokovic (32,2 %) und Murray (32,0 %) drei der sogenannten Big Four hier die Nase vorn. Es ist deutlich zu erkennen, dass die besten Returnspieler erfolgreicher sind als die besten Aufschläger. Dies beweisen auch andere Statistiken.

Wer stets sein Aufschlagspiel gewinnt, verhindert eine Niederlage. Erst der Gewinn eines Returnspiels ermöglicht den Matchgewinn.

Was ist nun aber beim Return zu beachten und was können wir von den Top-Returnspielern lernen? Zunächst einmal natürlich die technische Komponente mit kurzer Ausholbewegung und Split-Step. Taktisch gesehen kann man aber auch einige Dinge in den Fokus rücken: Das erste Ziel ist, den Vorteil des Aufschlägers auszumerzen. Dies bezieht sich jetzt wieder vorrangig auf den Leistungssport. Hier ist der Aufschlag ein klarer Vorteil. Das Hauptziel der Profis ist es nicht, einen Returnwinner zu erzielen (die Wahrscheinlichkeit liegt je nach Bodenbelag zwischen zwei und vier Prozent), sondern in eine neutrale 50 : 50-Position zu kommen und dem Gegner möglichst wenige freie Punkte zu überlassen. Wichtig ist vor allem auch die Position, von der du returnierst. Hier gibt es unterschiedliche Ansatzpunkte. Du kannst den Return früh nehmen, innerhalb des Feldes, wie früher Agassi. Heutzutage nehmen Spieler wie Murray, Djokovic und Federer die Bälle auch eher früh. Eine Returnposition vor der Grundlinie wird als Position Plus bezeichnet. Im Gegensatz dazu steht Position Minus. Diese Minus-Position (Plus und Minus hat im Übrigen nichts mit gut oder schlecht zu tun) wird von Spielern wie Del Potro, Wawrinka oder Nadal favorisiert, die tendenziell gerne weiter hinter der Grundlinie den Ball annehmen. Von der Minus-Position sprechen wir, wenn der Return mehr als zwei Meter hinter der Grundlinie angenommen wird. Sowohl die Minus- als auch die Plus-Position sind in Ordnung. Zwischen diesen beiden Positionen, nämlich in Höhe der Grundlinie bis gut zwei Meter dahinter, sprechen wir von der Position Null.

Nadal ist, betrachtet an den Zahlen in seiner Karriere, der beste Returnspieler, wenn man alle Beläge berücksichtigt. Allerdings ist dies vor allem seinem unfassbaren (Return-)Spiel auf Sandplatz geschuldet. Dort nämlich gewinnt Nadal unglaubliche 42,7 % aller Returnspiele – ein einmaliger Wert. Auf Hartplatz ist Nadal lediglich die Nummer fünf der Bestenliste der aktuellen Spielergeneration und auf Rasen gar nur die Nummer 15. Aus diesen Zahlen lässt sich ableiten, dass auf Sand eine defensivere Position weiter hinter der Grundlinie erfolgversprechender beim Return ist und auf schnelleren Belägen sollte man den Ball eher in der Plus- oder Null-Position annehmen. Empfehlen würde ich aber, die Position unbedingt zu verändern und alle drei Positionen zu trainieren. Man sieht das auch an den Topspielern, dass sie je nach Gegner Position Minus, Null oder Plus spielen. Oft wird dies sogar innerhalb der Matches oder während eines Satzes geändert. Viele Spieler nehmen den ersten Aufschlag in Position Null an und den zweiten in der Plus-Position.

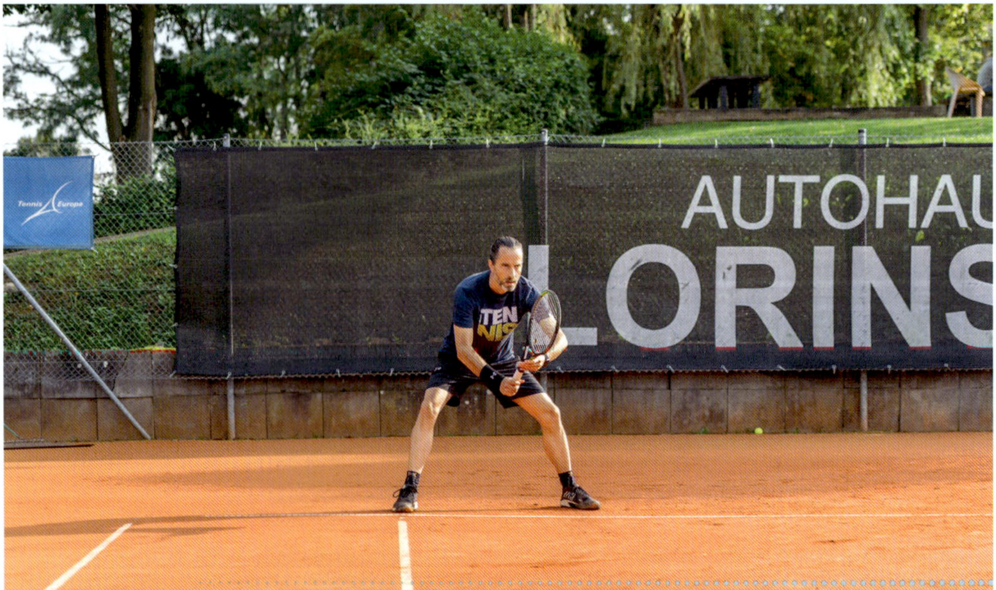

Ein tiefer Schwerpunkt und der Split-Step im richtigen Moment sind die Grundvoraussetzungen für einen gelungenen Return.

Welche Vor- und Nachteile bieten die Positionen nun aber?

Returnposition Plus

- Dies ist eine offensive Position. Ähnlich wie in einer Rally nimmst du dem Gegner Zeit, denn durch die Distanzverkürzung ist der Ball schneller bei ihm. Du solltest den Return unbedingt flach und schnell spielen. Die Ausnahme ist ein gechippter Slice, den Federer zum Beispiel gerne spielt und den früher Sampras, Edberg und Rafter oft eingesetzt haben. Aber auch dieser sollte flach sein. Wichtig ist auch deine Entschlossenheit. Du bist offensiv und darfst nicht zögern oder zaudern.
- Die Reaktionszeit ist geringer, als wenn du in Position Null oder sogar Minus returnierst. Deshalb ist es noch wichtiger, eine kleine und kompakte Ausholbewegung durchzuführen oder den Ball zu blocken. Für große Bewegungsumfänge ist keine Zeit. Auch hohe Bedeutung hat die Beinarbeit mit Split-Step, denn so bist du agiler in alle Richtungen und verbesserst deine Reaktion.
- Je früher du den Return annimmst, desto intuitiver wirst du agieren. Da du wenig Zeit zu reagieren hast, kommt es auf die Reflexe an. Du hast keine Zeit zum Nachdenken.
- Die Returnposition innerhalb des Platzes kann den Gegner gewaltig unter Druck setzen. Denn ist sein Aufschlag nicht gut genug, wirst du dies bestrafen. Auch musst du selbst das Tempo nicht generieren, sondern kannst mit dem Tempo des gegnerischen Aufschlages spielen und dieses mitnehmen.
- Du nimmst dem Gegner den Winkel für den Aufschlag.
- Kommt der Aufschlag nach außen und du musst dich nach außen bewegen, so wirst du aus Zeitnot Schwierigkeiten bekommen, die andere Platzhälfte abzudecken, und dein Return muss zwingend sein, sodass dein Gegenspieler Probleme hat, in die andere Ecke zu schlagen.
- Das Risiko, eigene Fehler zu machen, steigt gewaltig an – eben weil die Aufschläge sehr schnell kommen können und du wenig Zeit hast, zu reagieren und dich zu positionieren.
- Vor allem bei zweiten Aufschlägen ist es ratsam, seine Position nach vorne zu verschieben und den Return früh zu nehmen. Auch auf schnellen Untergründen ist dies sinnvoll. Grundsätzlich gilt: Je langsamer der Belag ist, desto weiter hinten sollte man sich positionieren. Was jetzt nicht heißen soll, dass du den Ball auf Teppich zwei Meter im Feld spielen musst und auf Sand vier Meter dahinter. Schlussendlich musst du selbst ein Gefühl dafür entwickeln, wo du den Return annimmst.

Returnpostion Minus

Eigentlich gilt dasselbe wie bei der Position Plus, nur umgekehrt.

- Defensive Position. Dein Ball wird durch die Distanzerweiterung länger in der Luft sein. Das bedeutet, dass sowohl du selbst als auch dein Gegenspieler mehr Zeit haben, euch zu positionieren.
- Es ist möglich, den Ball sowohl hoch als auch flach zu spielen. Ich rate jedoch zu einer etwas höheren Flugkurve. Wichtig ist vor allem die Länge des Schlages. Aus dieser Position weit hinten musst du zwingend mit deinem Ball hinter die T-Linie kommen, am besten ins hintere Drittel des Feldes.
- Du hast mehr Zeit zu reagieren und eventuell sogar Zeit nachzudenken, wohin und wie du deinen Schlag setzen möchtest. Du hast Zeit für aufwendigere Ausholbewegungen und auch mehr Zeit, den Griff zu wechseln. Den Return aus der Minus-Position kann man am ehesten mit einem normalen Grundschlag vergleichen.
- Du benötigst mehr Eigenenergie, um den Ball zu beschleunigen. Der Aufschlag verliert an Tempo, nachdem er gesprungen ist und je weiter hinten du diesen annimmst, desto weniger Speed hat der Ball. Du musst nun selbst durch eine schnelle Zuschlagbewegung für Geschwindigkeit sorgen. Zumeist returnieren die Spieler weit hinten, die eher größere Ausholbewegungen haben und vor allem auch den Ball gut beschleunigen können (Nadal, Del Potro, Monfils, Wawrinka, Kohlschreiber).
- Deine Positionierung setzt deinen Gegner eher weniger unter Druck, da dein Ball zu lange in der Luft sein wird. Es wird schwieriger für dich sein, schwache Aufschläge zu bestrafen.
- Dein Kontrahent bekommt für seinen Aufschlag viel bessere Winkel. Hier sind schnelle Beine gefragt, um diese abzudecken.
- Gerade auf Sand finde ich die Position etwas weiter hinten ganz gut. Aber auch hier solltest du beim zweiten Aufschlag versuchen, näher zur Grundlinie aufzurücken.

Returnposition Null

- Dies ist natürlich die neutralste Position, um zu returnieren. Die meisten ersten Aufschläge werden in der Weltspitze aus dieser Position returniert, vor allem auf Hartplatz.
- Aus dieser Position ist es am einfachsten, nach dem Return wieder das Spielfeld abzudecken.

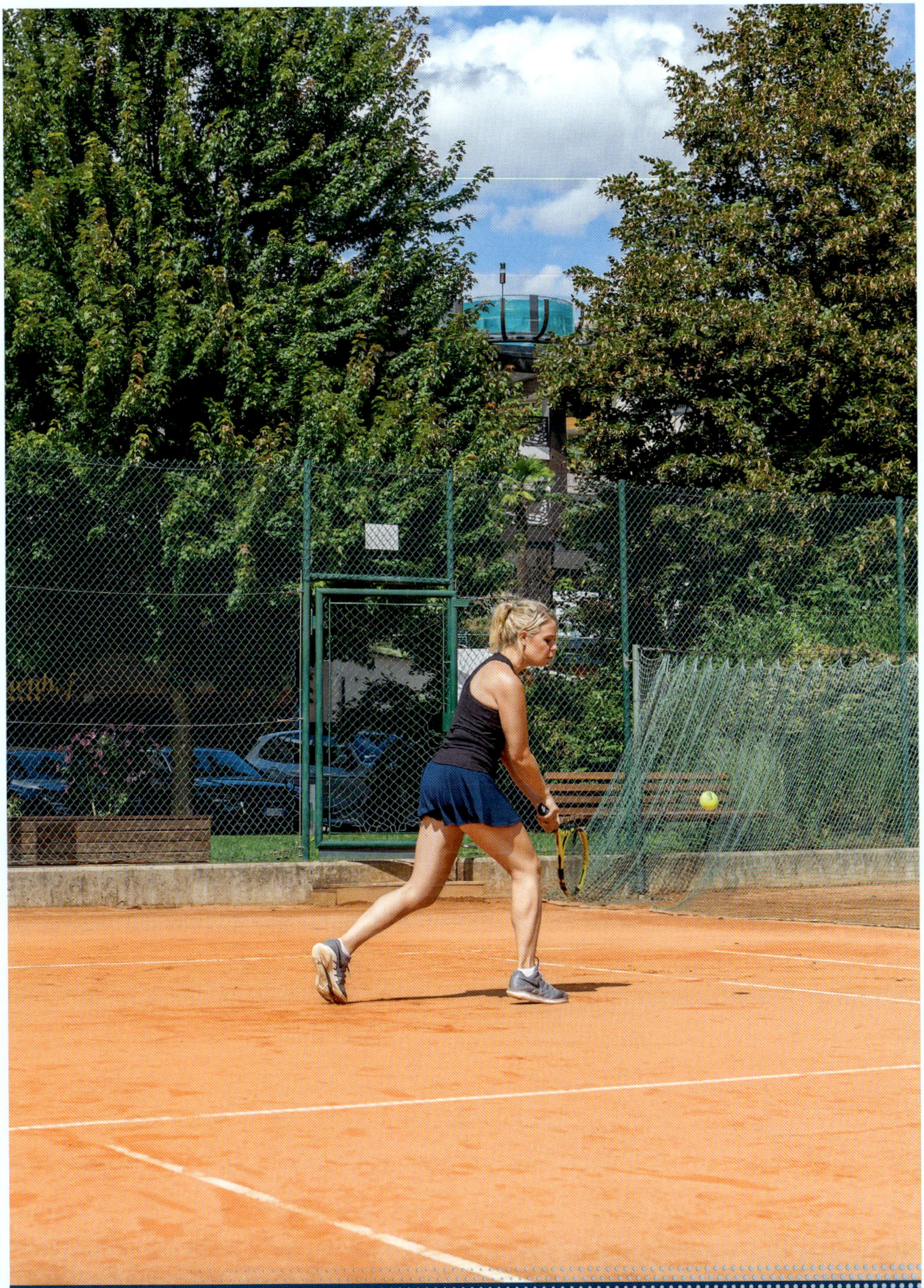

Offensive Spielerinnen wählen häufig die Position Plus, um die Gegnerin direkt mit dem Return unter Druck zu setzen.

Fazit – Returnposition

Wo du deinen Return annimmst, hängt natürlich stark von deiner Individualität ab. Hast du große Ausholbewegungen, solltest du nicht unbedingt – wie Agassi früher oder heute Murray und teilweise Federer (SABR – Sneak Attack by Roger) – versuchen, den Ball weit vor der Grundlinie anzunehmen. Dann ist die Minus-Position deutlich hinter der Grundlinie sicher besser oder auch die neutrale Position Null. Auch solltest du dir überlegen, wie offensiv du agieren möchtest und natürlich auch den Bodenbelag und den Gegner mit einbeziehen. Die Topspieler returnieren auch gegen Nishikori und Ferrer weiter vorne als gegen Karlovic, Isner oder Raonic. Aufschläge mit weit über 200 km/h in der Plus-Position anzunehmen ist Harakiri (die Reaktionszeit bei 200 km/h Aufschlaggeschwindigkeit beträgt zwischen 0,6 und 0,7 Sekunden). Aber auch an diesem Beispiel sieht man die taktischen Überlegungen der Profis und die Bedeutung der Returnposition. Gegen kleinere Spieler wie Ferrer und Nishikori, die ja innerhalb der Ballwechsel aufgrund ihrer Beinarbeit sehr stark sind, ist es unglaublich wichtig, von Beginn an zu versuchen Druck zu machen, und dies gelingt am besten, wenn man versucht, gleich aggressiv auf den Aufschlag zu gehen. Gegen Kanonenaufschläger à la Karlovic ist es das Hauptziel der Profis, in den Ballwechsel zu kommen, den Aufschlag zurückzuspielen (wenn möglich mit guter Schlaglänge) und dem Riesen auf der anderen Seite möglichst wenige direkte Aufschlagpunkte zu geben. Auch sieht man an den einzelnen Returnpositionen gut, welche Art von Spieler wir haben. Nadal, Warinka, Del Potro, Thiem agieren alle mit unglaublicher Power und haben wahnsinnig schnelle Zuschlagbewegungen, die aber dafür aufwendiger sind. Deshalb wählen diese Spieler eher die Position Null oder Minus. Auf der anderen Seite haben wir mit Federer, Murray, Djokovic, Nishikori Spieler, die kompakte und kürzere Ausholbewegungen haben, aber andererseits nicht diesen unglaublichen Zug wie Nadal & Co. Die Letztgenannten spielen vielmehr mit dem Tempo des gegnerischen Aufschlages. Auch hier musst du für dich selbst entdecken, welcher Typ du bist. Wenn du dich schwertust, die gelbe Filzkugel zu beschleunigen, aber dafür ein guter Techniker bist, solltest du den Ball eher früher annehmen. Ist deine Stärke eine dynamische, schnelle Zuschlagbewegung, so ist es nicht zwingend erforderlich, den Ball ganz früh anzunehmen.

Unbedingt raten würde ich dir, alle drei Returnpositionen zu trainieren, denn Flexibilität ist auch beim Return unglaublich wichtig. Auch Spieler wie Thiem und Nadal returnieren, wenn es taktisch erforderlich ist, den Ball früh und im Steigen. Und auf der anderen Seite passen Federer, Murray und Djokovic ihre Position auch an, wenn sie zum Beispiel gegen Spieler wie Isner oder Karlovic spielen. Eigentlich alle Topspieler sind Meister darin, sich an unterschiedliche Bedingungen (Wetter, Platzbeläge) und Gegner anzupassen.

Returnplatzierung

Die Platzierung des Returns ist ein ebenfalls wichtiger Baustein im Returnspiel. Am wichtigsten hierbei finde ich die Schlaglänge. Je länger, desto besser. Und das hat seine Gründe. Ein langer Return neutralisiert starke Aufschläge und gibt dir als Returnspieler Zeit, auf den ersten Folgeschlag des Servers zu reagieren. Außerdem stehen viele Aufschläger beim ersten Folgeschlag auf oder zumindest sehr nahe an der Grundlinie, weil sie oftmals mit dem Aufschlag ins Feld springen und dann nur ein bis zwei Schritte zurück machen. Returnierst du sehr lange, müssen diese den Ball fast als Halbvolley spielen. Der zweite wichtige Punkt ist die seitliche Platzierung. Hier sind mittige Returns nicht die schlechteste Lösung. Zum einen vermeidest du einen Fehler ins Seitenaus, zum anderen gibst du deinem Gegner keinen guten Winkel. Und streust du doch ein bis zwei Meter seitlich, so landet dein Ball immer noch im Feld und geht unbewusst sogar in die Ecke. Ich würde dir raten, die Bälle mittig hinter der roten Zone zu platzieren. Auch im Profibereich wird am meisten (ca. 80 % der Returns auf der ATP-Tour werden durch die Mitte gespielt) in die Mitte returniert und auch bei den professionellen Spielern ist eine gute Schlaglänge das Hauptziel, gerade auf erste Aufschläge.

Was aber sind die besten Alternativen zu den Returns in die Mitte? Kommt der Aufschlag aufs T-Kreuz, also nach innen, so kannst du eigentlich überall hin returnieren. Schlägt dein Gegenspieler von der Deuce-Seite zur Mitte auf, so ist der Return inside-out mit der Rückhand natürlich nicht jedermanns Sache und zudem spielst du deinem Kontrahenten zur Vorhand (wiederum hättest du bei diesem Return, der technisch sicher schwierig ist, das Überraschungsmoment auf deiner Seite). Aber prinzipiell machen aus taktischer Sicht alle Richtungen Sinn. Anders ist es, wenn der Aufschlag nach außen kommt. Je weiter außen du stehst, desto besser bietet sich der Return crosscourt an. Von einem Longline-Return würde ich eher abraten. Es gibt jedoch zwei Ausnahmen für den Longline-Return. Und zwar einerseits, um den Gegner zu überraschen. Dann musst du jedoch sehr zwingend spielen und fast schon auf einen Winner gehen, denn ansonsten bekommst du Probleme mit der Platzabdeckung. Zweitens kannst du einen sehr defensiven, hohen Return spielen. Dadurch, dass der Ball sehr lange in der Luft ist, hast du Zeit, dich wieder gut zu positionieren. Die Gefahr beim hohen Return ist natürlich, dass dein Rivale den Ball direkt als Volley aus der Luft nimmt und cross platziert. Eine dritte Ausnahme wäre der Spezialfall, wenn dein Gegner Serve-and-Volley spielt, denn dann ist der Longline-Return mehr als nur eine gute Option.

Hilfe – mein Gegner schlägt schwach auf

Was zunächst völlig paradox klingt, ist im Profi- und Leistungsbereich natürlich sehr selten. Aber im Klubtennis gibt es solche Fälle zuhauf. Spieler verfügen über einen extrem schwachen und langsamen Aufschlag und ihre Kontrahenten können daraus kein Kapital schlagen. Bei einem solchen Einwurf (dessen Vorzüge, aber auch Nachteile ich dir ja schon beim Kapitel „Eröffnungsstrategien – Vor- und Nachteile" erläutert habe) deines Gegenspielers gelten natürlich andere Regeln, als wenn dein Gegenüber einen „normalen" druckvollen Aufschlag hat. Diesen Aufschlag kannst du natürlich nicht in der Minus-Position annehmen, denn bis dahin ist der Ball längst dreimal aufgedopst. Selbst in Position Null musst du dem Ball wahrscheinlich noch entgegengehen, das heißt, du bist gezwungen, den Ball innerhalb des Feldes anzunehmen. Nun kommen die Schwierigkeiten. Eigentlich sollte dieser Einwurf ja ein Riesenvorteil für dich sein, ist es aber oftmals gar nicht. Ich habe häufig Spieler gesehen, die diesen Aufschlag auf Gedeih und Verderb attackieren wollten und dabei einen Fehler nach dem anderen produzierten. Der Einwerfer (Aufschläger) lacht sich dabei natürlich ins Fäustchen. Nach einiger Zeit setzt dann beim Returner ein Prozess des Umdenkens ein und er spielt den Return nur noch zurück. Auch dies ist der falsche Weg, denn dann steht der Returnspieler wieder mitten im Niemandsland und der Aufschläger kann mit einem langen, druckvollen Ball die Initiative übernehmen. Ganz wichtig ist es, den Aufschlag druckvoll zurückzuspielen, aber nicht unbedingt direkt auf den Winner zu gehen. Sieh den Aufschlagreturn als Angriffsschlag an. Visiere die Seitenlinie an und nicht wie bei einem herkömmlichen, aggressiven Aufschlag die Grundlinie. Und mach dir auch bewusst, dass es nichts Schlimmes ist, wenn dein Gegner seinen Aufschlag durchbringt. Denn häufig sehen es die Spieler als peinlich an, wenn jemand mit einem Einwurf daherkommt und sie schaffen es nicht, das Match klar und deutlich zu gewinnen. Es gibt genug Beispiele, in denen dies auch namhaften Profis so erging. Ivan Lendl als damalige Nummer eins der Weltrangliste ist 1989 im legendären Match gegen Michael Chang auch über dessen Mondbälle und Aufschläge von unten gestolpert. Wenn dies einer Nummer eins passieren kann, darf das auch dir passieren, dass du mit Einwürfen Probleme hast. Ich will noch ein weiteres Beispiel anführen, dass aufzeigt, dass es oftmals nicht einfach ist, leichte Aufschläge gewinnbringend zu verwandeln. Und zwar hat sich bei einem Challenger-Turnier im Jahr 2016

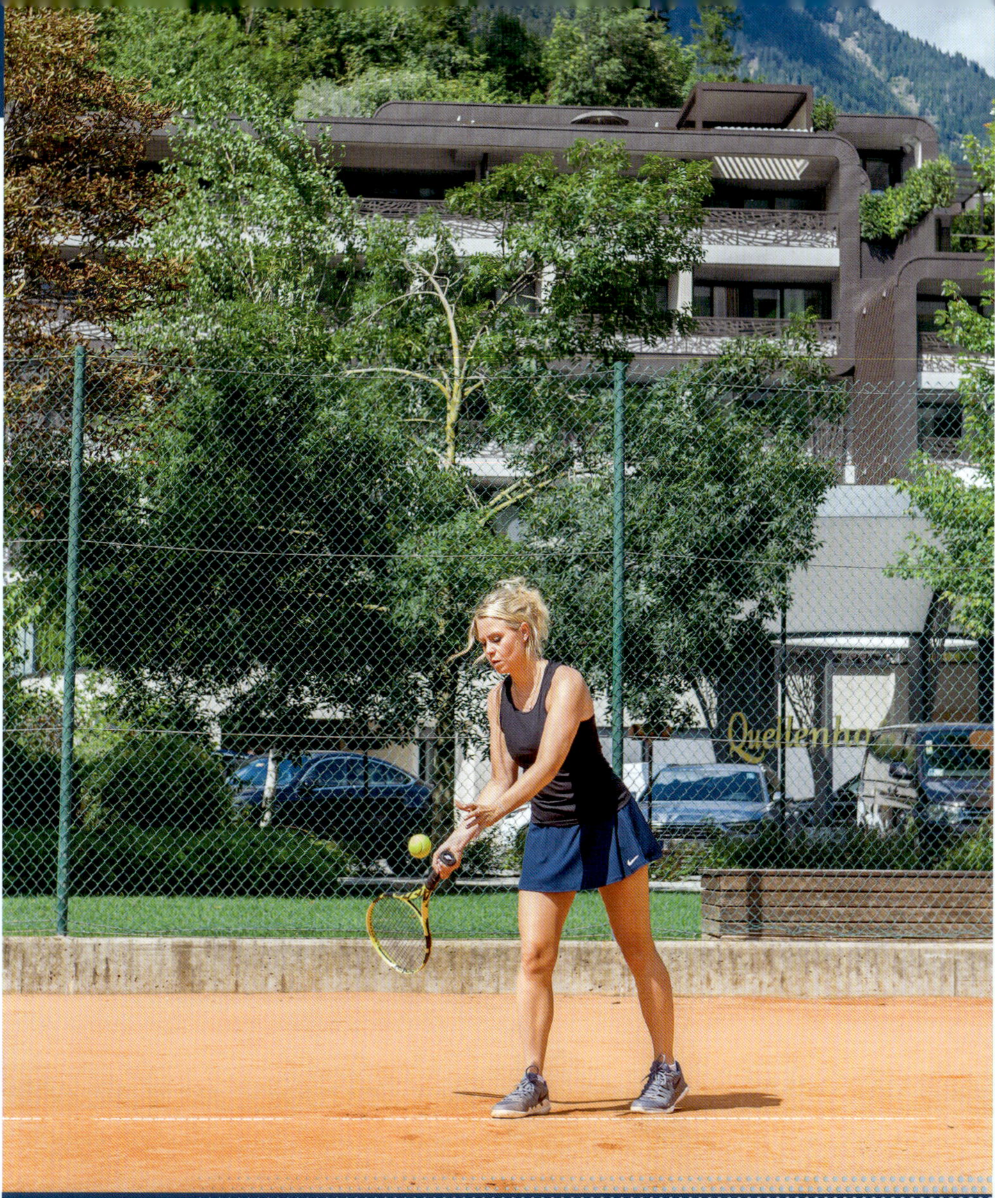

Der Aufschlag von unten wird mittlerweile sporadisch auch wieder bei den Profis eingesetzt.

der Spieler McDonald so verletzt, dass er ab vier beide im ersten Satz nur noch von unten aufschlagen konnte. Er konnte größtenteils seinen Aufschlag dennoch durchbringen und verlor am Ende nur knapp in drei Sätzen. Sein kanadischer Gegner Peter Polansky fand nämlich auch nicht die richtige Mischung, überpowerte oft und machte Fehler oder spielte nicht druckvoll genug und nutzte damit die Schwäche McDonalds nicht aus. Wichtig finde ich, die Einwürfe entschlossen zu attackieren, ohne blind draufzuprügeln. Genauso wichtig ist es, dem Ball entgegenzugehen und nicht zu warten, bis der Ball zu dir kommt. Spiele Prozenttennis!

Praktische Übungen

Kommen wir nun wieder zum praktischen Teil. Der Return ist zweifelsohne einer der bedeutendsten, wenn nicht gar der wichtigste Schlag im modernen Tennis. Leider hat er vor allem im Klubtennis noch nicht die Wertigkeit gefunden, die er eigentlich verdient. Nun möchte ich wieder Übungen vorstellen, die dir ein ordentliches Returntraining ermöglichen sollen.

Der Agassi-Return

Ausführung

Spieler A schlägt auf. Spieler B returniert. B positioniert sich zunächst direkt auf der T-Linie und versucht, den Aufschlag von A zu returnieren. Dies macht er ungefähr zwei bis drei Minuten. Danach verändert er seine Position und geht einen Meter zurück und returniert von dort auch zwei bis drei Minuten. Und wieder geht B einen Meter zurück. Dies wird so lange gemacht, bis er hinter der Grundlinie steht.

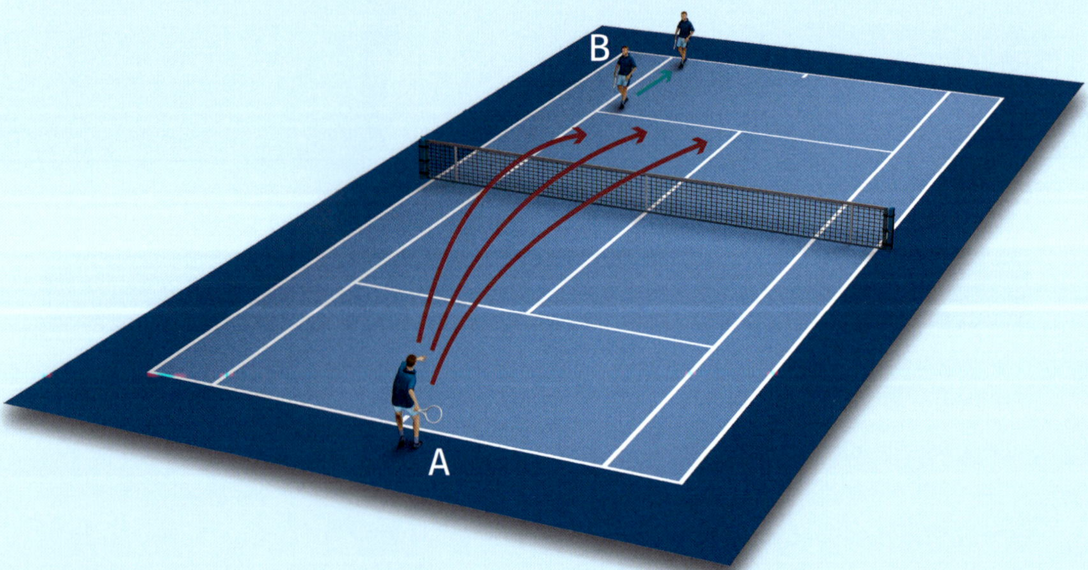

Abbildung 19 – Der Agassi-Return

Ziel

Das Ziel dieser Übung ist zunächst, die Reflexe zu schulen. Am Anfang ist es natürlich ungeheuer schwierig, die Aufschläge zu returnieren. Je weiter man aber nach hinten geht, desto einfacher wird es. Wichtig ist auch, dass der Aufschläger eine hohe Prozentzahl an Aufschlägen ins Feld bekommt, sodass B genug Returns schlagen kann. Ein weiteres Ziel ist natürlich das Returnieren aus unterschiedlichen Positionen.

Varianten

- Man startet hinten und arbeitet sich nach vorne.
- Aufschläger A schlägt immer nur zur Rückhand auf.
- Aufschläger A schlägt immer nur zur Vorhand auf.
- Aufschläger A versucht, in den Körper zu servieren.

Der differenzierte Return

Ausführung

Aufschläger A serviert nur mit Kick und Returnspieler B versucht, diesen so gut wie möglich zurückzuspielen. Auch hier sollten die drei verschiedenen Positionen trainiert werden: weit hinter der Grundlinie, auf der Grundlinie und auch innerhalb des Spielfeldes. Wichtig für B ist, dass er den Return nicht über Schulterhöhe schlägt.

Ziel

Ziel von B ist die Anpassung an den Kickaufschlag. Nimmt er diesen in der Plus-Position an, so soll er vor allem entschlossen und aggressiv agieren. Hinten in der Minus-Position soll B vor allem auf Schlaglänge achten. Das Ganze kann man dann auch um Punkte spielen, mit vorgegebener Position für B und eventuell auch mit Zielflächen (wenn zum Beispiel B weit hinter der Grundlinie returniert, zählt sein Return nur, wenn er selbst länger als die Aufschlaglinie spielt).

Varianten

- Statt Kick wird Slice gespielt oder auch gerade Aufschläge. Ich würde dazu raten, den Return auf alle drei Drallarten immer und immer wieder zu üben.
- Der Aufschlag wird nur zur Vorhand (Rückhand, Körper) gespielt. Dies soll für einen besseren Returnrhythmus sorgen.

- A hat nur einen Aufschlag. Jeder Aufschlagfehler ist direkt ein Punkt für B. Returner B soll offensiv auf den Return gehen und spätestens mit dem dritten Schlag den Punkt gewonnen haben. Dies soll einen aggressiven Return auf den zweiten Aufschlag simulieren und B soll hier mit aller Entschlossenheit zu Werke gehen.

Nun möchte ich noch kurz weitere Möglichkeiten eines Returntrainings vorstellen. Dies sind nun keine konkreten Übungen, sondern eher Anregungen, wie man das Returntraining variieren kann. Der Returner steht hier absolut im Mittelpunkt.

- Der Aufschläger A schlägt von zwei, drei oder vier Metern innerhalb des Feldes auf. Auch hier sollte er darauf achten, dass er viele Aufschläge trifft und dass die Returnsituation zum Tragen kommt. Durch die Distanzverkürzung hat der Returner weniger Reaktionszeit. Dies soll schnelle Aufschläge simulieren.

- Der Aufschläger A steht auf einer Erhöhung im Spielfeld. Dies soll den Aufschlag eines großen Spielers simulieren. Tomas Berdych hat dies einmal mit einem Sparringspartner vor einem Match gegen Ivo Karlovic gemacht. Sein Partner stand auf einem Tisch zwei bis drei Meter vor der Grundlinie und hat somit aus einer Höhe von rund dreieinhalb Meter aufgeschlagen. Denn es ist ja nicht einfach, einen Spieler zu finden, der aus Sphären wie Karlovic (2,11 m groß) aufschlägt. Durch den veränderten Winkel springen die Bälle Karlovics oder auch Isners unglaublich hoch ab. Berühmt ist das Zitat Roddicks bezüglich Karlovics Aufschlag: „Der serviert aus Baumhöhe." Diese Übung soll die Aufschläge aus großer Höhe und die veränderten Winkel simulieren.

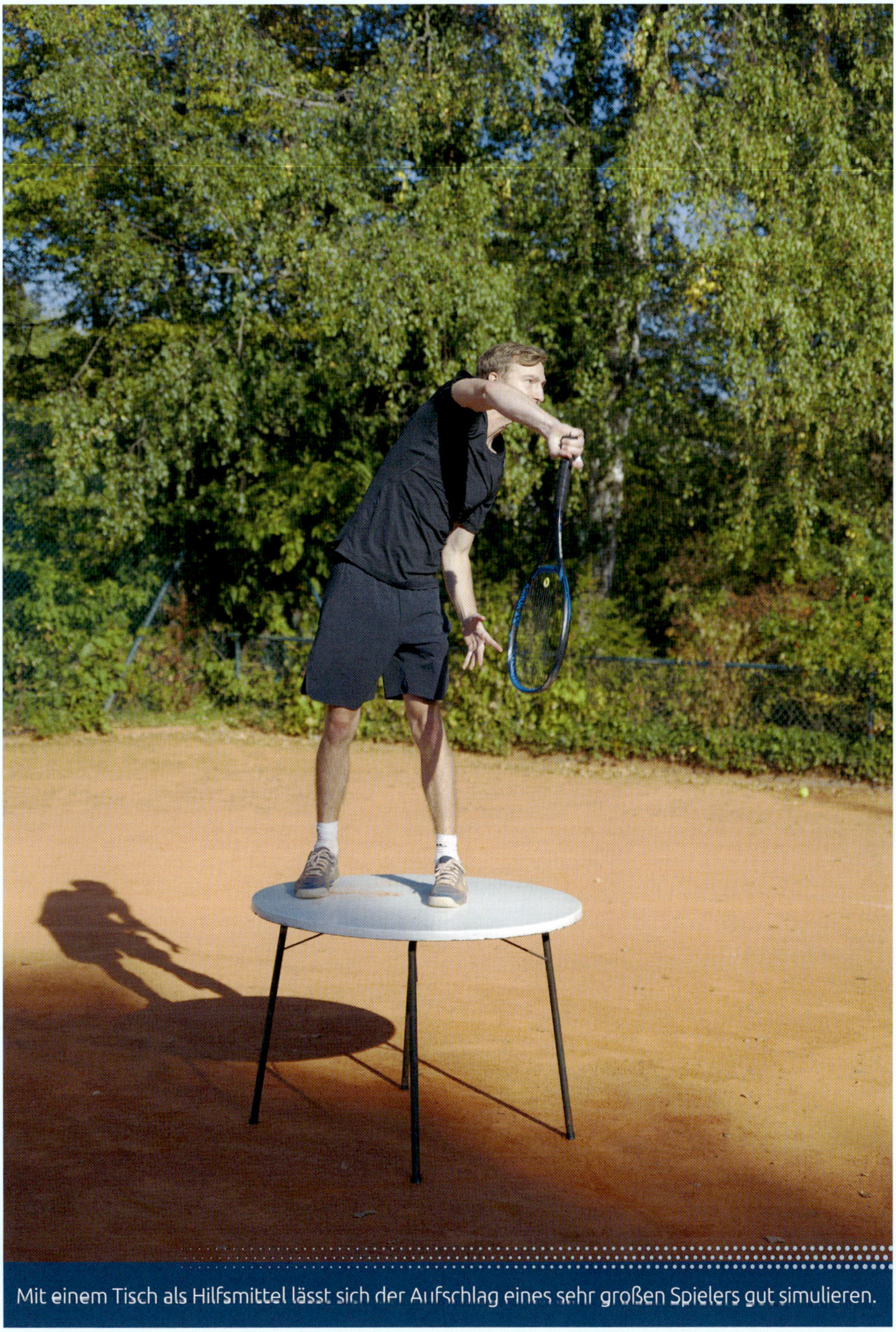

Mit einem Tisch als Hilfsmittel lässt sich der Aufschlag eines sehr großen Spielers gut simulieren.

– KAPITEL 26 –

Shot-Selection und Antizipation – verschiedene Optionen

TENNIS-FACTS

74 % der Rückhand Gewinnschläge bei den Australian Open 2018 wurden nach Feld A geschlagen

Shot-Selection und Antizipation – verschiedene Optionen

Mit dem Aufschlag plus Return plus Folgeschlag haben wir ja schon einige gängige Kombinationen beleuchtet. Dasselbe möchte ich nun auch anhand dreier häufig vorkommender Beispiele aus dem Ballwechsel tun und Schläge, die klug und durchdacht sind, und solche, die dem Gegner absolut in die Karten spielen, aufzeigen sowie sinnvolle Schlagkombinationen erläutern. Und natürlich möchte ich auch erklären, welche Schläge du bei deinem Gegenüber ausschließen kannst und mit welchen du rechnen kannst. Gerade der letzte Aspekt wird oft völlig verkannt. Hier können wir noch mal zu unseren Aufschlageröffnungen zurückgehen:

Da habe ich gesagt, falls dein Gegner den Kickaufschlag von der Vorteilseite weit hinter der Grundlinie und noch dazu seitlich weit außerhalb des Feldes annimmt, kannst du einen Rückhand-Longline-Return ausschließen! Spielt ihn dein Gegner doch und ihm gelingt damit ein Winner, soll er dies tun. Er kann es auch noch weitere Male tun. Langfristig jedoch wird er damit keinen Erfolg haben, denn das Chancenverhältnis aus Winkel, Flugbahn, Distanz und Position ist äußerst ungünstig. Aber im Tennis geht es darum, langfristig Erfolg zu haben und gute Chancenverhältnisse mit hoher Wahrscheinlichkeit zu spielen. Ähnlich verhält es sich auch bei den Grundschlägen und Volleys. Zu oft sehe ich Spieler, die aus abstrusen Positionen Winner versuchen. Spieler, die versuchen, aus vollem Lauf, ohne Stabilität und aus extrem defensiven Positionen weit hinter der Grundlinie Gewinnschläge anzubringen, statt sich mit einem hohen Verteidigungsball wieder ins Spiel zu bringen. Ich sehe Spieler, die Glücksbälle spielen, die physikalisch und von der jeweiligen Technik des Spielers her unmöglich erscheinen. Das Gegenüber jedoch realisiert nicht im Geringsten, dass dies langfristig nicht gutgehen kann, ärgert sich, wirft den Schläger und macht so wiederum sein eigenes Spiel kaputt. Auch hier ist es wichtig zu erkennen, dass dies ein Zufallsball war, oder auch mal zu akzeptieren, dass der Konkurrent schlichtweg einen starken Ball gespielt hat. Was gilt es bei der Shot-Selection und beim Antizipieren zu beachten? Vieles wurde natürlich schon erwähnt. Ich fasse dies aber nochmals kurz zusammen:

Die Möglichkeiten des jeweiligen Spielers. Je besser die Position deines Gegners ist, je einfacher sein Ball ist, desto schwieriger ist es für dich zu erahnen, wohin und mit welcher Schlagart er den Ball spielen wird. Hat er einen leichten Ball in Hüfthöhe auf der Mitte

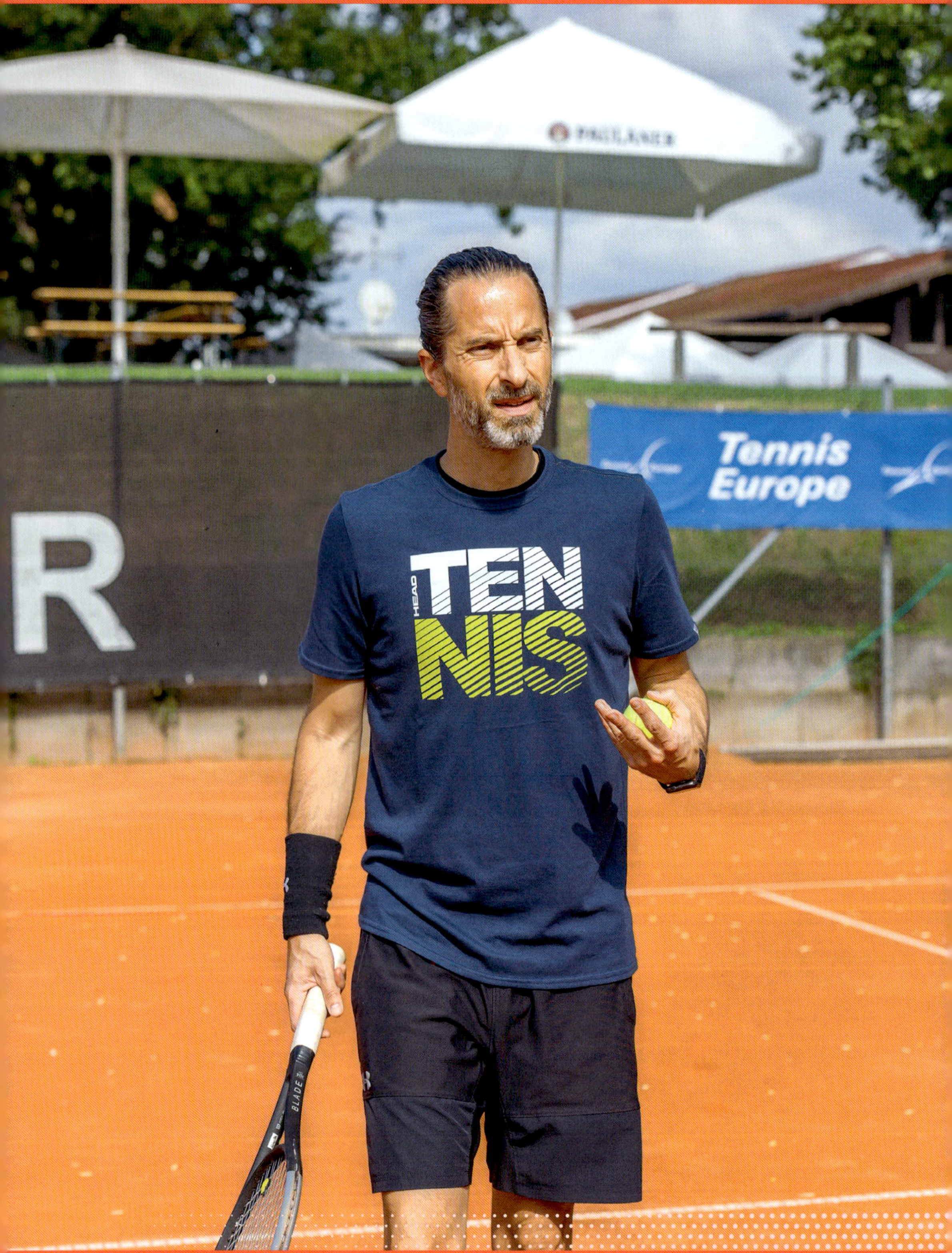

Du kannst die Schläge deines Gegners nicht immer antizipieren, aber du kannst manche Schläge ausschließen.

der T-Linie, wirst du wenig antizipieren können, denn dein Rivale hat alle Möglichkeiten. Natürlich weißt du, dass er vermutlich scharf und relativ flach spielen wird, aber diese Info bringt dir nichts. Er kann in die Mitte, in die Vorhand, in die Rückhand spielen, er kann einen Stopp in beide Ecken anbringen, er kann hoffen, dass du dich für eine Ecke entscheidest, verzögern und den Ball dann in der freien Ecke ablegen. Dir bleibt eigentlich nur die Möglichkeit zu spekulieren, wohin er spielen wird. Ich versuche mir in solch einem Fall immer vor Augen zu führen, wohin er die meisten dieser Bälle gespielt hat, und entscheide mich zumeist für diese Ecke oder ich täusche an und biete ihm eine Ecke an, mache diese dann aber im letzten Moment dicht. Das sind natürlich Taschenspielertricks, die mehr dazu dienen, den Gegner abzulenken. Die richtige Ecke herauszufinden ist in diesem Fall ein Glücksspiel. Anders sieht es aus, wenn dein Gegner zum Beispiel weit hinter der Grundlinie steht. Diese Position ist weitaus defensiver. Hier kannst du dann für gewöhnlich einen Stopp oder einen Kurz-cross-Ball ausschließen. Zumeist kommt aus solch einer Position auch kein Slice, es sei denn, dein Gegenüber ist sehr stark in der Defensive und kann nicht mehr durchziehen. Wenn er denn stark in der Defensive ist und einen Slice spielt, weißt du dann auch, dass kein starker Schlag kommen kann und du kannst schon zum Netz aufrücken, bevor er überhaupt geschlagen hat. Dies hat dann nämlich zur Folge, dass du zwei bis vier Meter näher am Netz bist und einen leichteren Volley erhältst. Dies waren jetzt Beispiele, was du antizipieren kannst.

Umgekehrt verhält es sich mit der Schlagauswahl. Je nach eigener Position, Zeit und Position des Gegners, Treffhöhe etc. hast du natürlich auch verschiedene Optionen. Nur die wenigsten Spieler treffen hier immer oder fast immer die richtige Entscheidung. Hier sehe ich oft Spieler, die nicht gut zum Ball stehen, sich mit einem defensiven Schlag befreien könnten, aber äußerst aggressiv und risikoreich agieren, oder eben umgekehrt, der Spieler könnte angreifen und Druck aufbauen, agiert aber zu verhalten. Natürlich ist dies auch wiederum abhängig vom Gegner. Aber solche Aktionen gilt es natürlich zu vermeiden.

- Je besser du zum Ball stehst, desto offensiver kannst du operieren.
- Je näher du zum Netz stehst, desto mehr kannst du den Ball an die Seitenlinie spielen und auch mal kurz hinters Netz.
- Stehst du weit hinten, vermeidest du unbedingt Netzfehler und Fehler ins Seitenaus, sondern suchst die Grundlinie und versuchst, den Ball möglichst lang zu spielen.
- Je tiefer der Ball ist, desto mehr musst du den Ball anheben, was wiederum zu Lasten der Geschwindigkeit geht.

- Spielst du den Ball hinter der Grundlinie und in oder über Schulterhöhe, so ist ein gerader, aggressiver Schlag nicht zu empfehlen (Beispiel Return auf den Kickaufschlag hinter der Grundlinie).

Spielsituation hoher Ball auf die Rückhand

Eine der Standardtaktiken, die oft empfohlen wird, lautet: „Spiel deinem Gegner den Ball lang und hoch auf die Rückhand."

Diese Situation und die Gefahren, Chancen und die Bälle, die wahrscheinlich kommen werden, und diejenigen, die wir ausschließen können, werden wir uns nun anschauen. Ich möchte diese Situation aus mehreren Blickwinkeln betrachten und dir für beide Fälle (du bist derjenige, der hoch auf der Rückhand angespielt wird/du versuchst, deinen Gegner hoch auf der Rückhand anzuspielen) versuchen, Lösungen anzubieten:

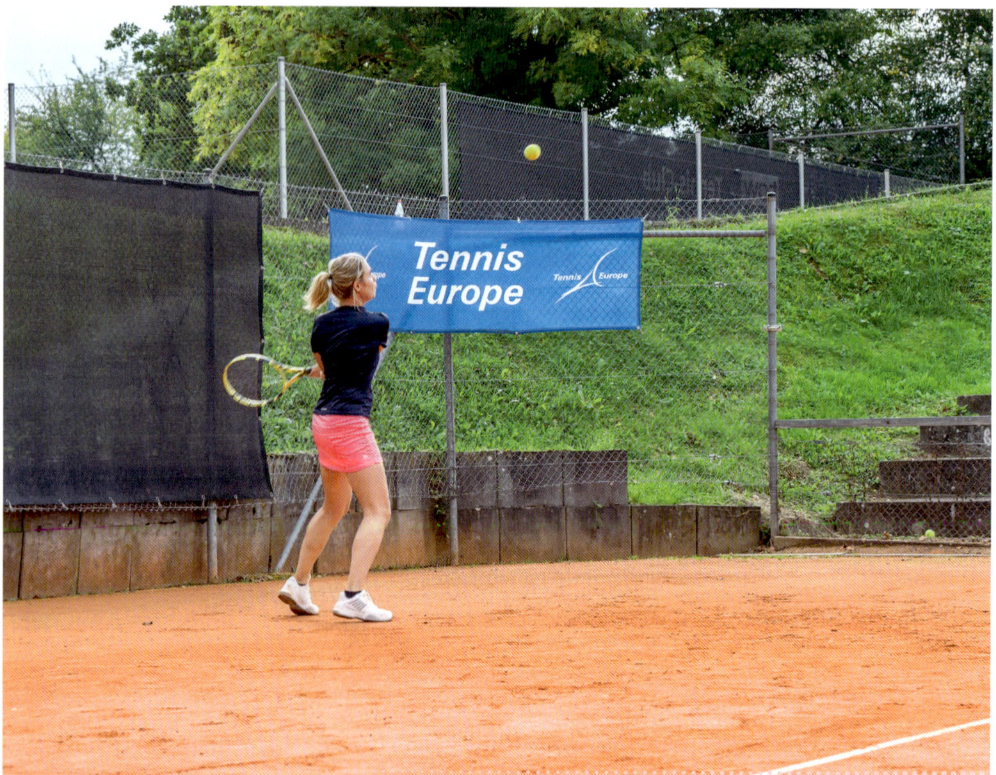

Der hohe Ball auf die Rückhand ist vor allem im Klubtennis eine beliebte Taktik.

Zunächst einmal ist es natürlich aus meiner Sicht so, dass ich erst die Möglichkeit haben muss, meinen Gegner hoch auf der Rückhand anzuspielen. Wendet dein Gegenüber also diese Taktik an, kannst du probieren, dies gar nicht erst zuzulassen. Dies ist nämlich meiner Meinung nach die beste Strategie, falls du mit diesen Bällen Probleme hast.

Wie kann dein Kontrahent dich so anspielen?

- Mit einem hohen Kickaufschlag. Dies ist sehr ungünstig, denn das kannst du nicht verhindern, sofern sein Aufschlag Qualität hat. Auf seinen Aufschlag hast du keinen Einfluss.
- Mit seiner Vorhand oder Rückhand aus dem Ballwechsel heraus. Und dies kannst du nun sehr wohl verhindern. Denn er kann diese Schläge nur dann mit Qualität spielen, wenn er hinter, auf oder knapp vor der Grundlinie schlagen kann. Und auch dann nur, wenn er einigermaßen gut zum Ball steht und der Ball nicht zu tief ist. Setzt du ihn also unter Druck, wird es ihm sehr schwerfallen, seine hohen Topspinbälle zu spielen. Gleiches gilt, wenn du einen flachen, etwas kürzeren Slice spielst oder wenn du den Ball kurz cross platzierst. Auch wird er nicht zu deiner Rückhand kommen, wenn du ihm weit in seine Vorhand spielst, idealerweise so, dass er seitlich außerhalb des Feldes schlagen muss. Dann kann er zwar einen Topspin spielen, aber er wird den Ball nicht bzw. nur sehr schwer auf deine Rückhand bekommen. Selbstverständlich bieten sich ihm dann andere Optionen. Wenn du weit auf seine Vorhand spielst, kann er natürlich zum Beispiel einen harten Ball cross in deine Vorhand spielen.
- Gelingt dir dies nicht, weil dein Gegner schon mit dem Kickaufschlag dich in eine eher defensive Position bekommt, musst du dir andere Lösungen überlegen. Der Ball kommt nun hoch zu deiner Rückhand. Nun kannst du versuchen, diesen im Aufsteigen zu nehmen. Aber dies ist technisch sehr anspruchsvoll und, vor allem wenn der Ball sehr lange kommt, auch nicht empfehlenswert. Kommt er kürzer und du bist technisch stark, so würde ich anraten, den Ball im Steigen zu schlagen. Die Vor- und Nachteile kennst du ja bereits.

  Gehst du nun zurück, um den Ball im abfallenden Ast und in angenehmerer Höhe zu schlagen, so empfiehlt sich unbedingt ein mittig oder cross geschlagener Ball mit viel Topspin und nicht zu flach. Warum? Folgende Schläge kannst du in diesem Fall ausschließen oder solltest sie nicht spielen:

- Slice. Dieses ist ein langsamer Schlag. Er ist lange in der Luft und der Gegner kann nach vorne aufrücken. Ein Slice muss ja unbedingt auch flach sein, und dies ist von einer Position drei bis vier Meter hinter der Grundlinie technisch sehr anspruchsvoll. Setzt dein Gegner dennoch zum Slice an (dies siehst du ja schon vor dem Schlag), kannst du schnell nach vorne aufrücken.
- Stopp. Je weiter hinten man steht, desto weniger Sinn machen Stopps. Ein Stopp in einer solchen Spielsituation wäre die schlechteste Wahl. Aber aufgepasst, wenn dein Rivale deinen Topspinball im Steigen nimmt, hat er durchaus diese Option!
- Rückhand longline. Diesen würde ich dir ab und zu als Überraschungsball empfehlen. Einfach, damit dein Gegner es sich nicht in seiner Rückhandseite bequem machen und die Rückhand umlaufen kann. Rein von geometrischen Gesichtspunkten aus ist dies natürlich keine gute Lösung, denn dein Ball ist kürzer in der Luft (wie der Cross-Ball), weil die Distanz geringer ist (siehe Abbildung 20) und wird somit schneller zurückkommen. Außerdem bietet sich deinem Gegner die Chance, die Vorhand mit Geschwindigkeit cross oder sogar kurz cross zu setzen, was bedeutet, dass du einen weiten Laufweg hast und in Zeitnot geraten wirst. Spielst du also einen Longline-Ball, so sollte es ein Winner sein oder deinen Gegner zumindest so weit unter Druck setzen, dass er in eine defensive Position gerät. Das wiederum bedeutet, dass du einen schnellen, harten, präzisen und riskanten Ball spielen musst. Spielst du diesen Ball nicht schnell, zum Beispiel hoch und mit viel Topspin, so verbessert sich deine Situation eigentlich nicht. Diese Variante ist deshalb nur zu Überraschungszwecken einzusetzen oder gegen Spieler, die auf der Vorhandseite Schwächen haben.

Ähnlich wie beim Return bei den „spanischen" Varianten sind hier die besten Bälle der Rückhand-Topspin cross oder mittig geschlagen mit mittelhoher bis hoher Flugkurve. Alternativ bietet sich auch noch der Kurz-cross-Rückhandball an, der aber wiederum mit höherer Gefahr verbunden ist, denn dieser Ball ist technisch anspruchsvoller und es entstehen mehr Fehler.

Die Bälle cross und mittig lang mit Topspin sind natürlich neutrale Bälle, die den Gegner nicht stark unter Druck setzen werden, aber die ihm, bei entsprechender Schlaglänge, auch nicht die Möglichkeit zum Angriff bieten werden. Es geht darum, die eigene Position hinter der Grundlinie wieder nach vorne zu verschieben, indem du den Gegner selbst weit nach hinten drängst und einen kürzeren, weniger druckvollen Ball erzwingst, den du dann selbst zu einem Angriffsschlag nutzen kann.

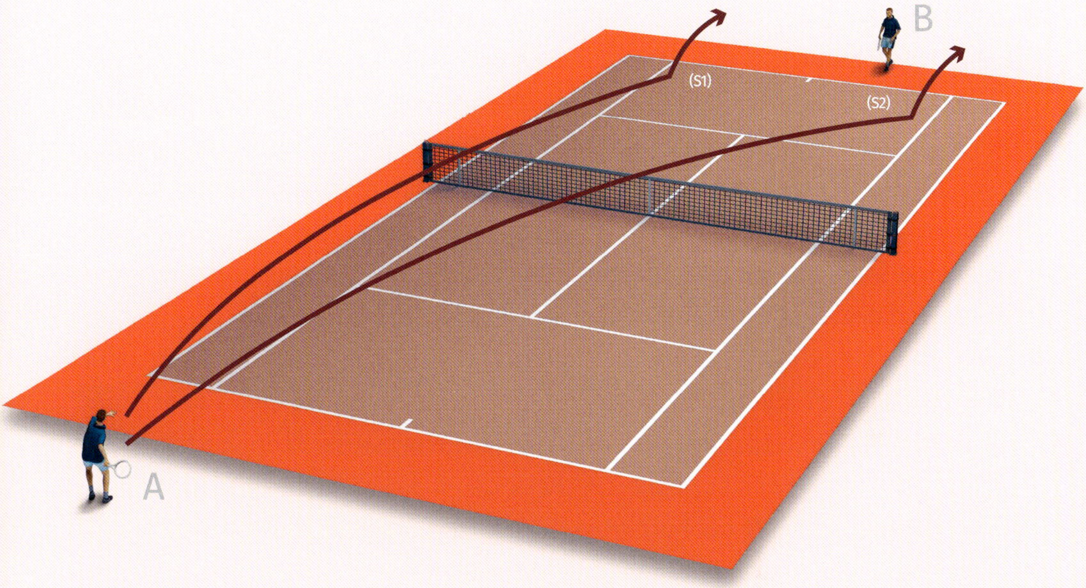

Abbildung 20

Spielsituation Stopp des Gegenübers

Auch dies ist eine häufige Problemstellung im Tennis: der Stopp! Ich habe bereits erläutert, dass je höher das Spiellevel ist, desto schwieriger ist es, mit dem Stopp zu punkten. Umgekehrt kann er aber auf Klublevel eine echte Waffe sein, selbst wenn dieser dann nicht zum direkten Punkt führt. Die häufigsten Fehler sind dann auch eine mangelhafte Schlagauswahl. Auch hier gibt es wieder verschiedene Möglichkeiten, was du tun kannst. Zunächst einmal hängt das aber auch vom Ball deines Gegenspielers ab. Wir gehen von einem Stopp aus, der nicht mittig kommt, sondern den du in der Nähe der Seitenaußenlinie zurückschlägst. Entscheidend für die Schlagauswahl nun ist vor allem die Höhe, in der du den Ball annimmst:

- Unter Kniehöhe: Du solltest keinen Topspinball spielen, sondern deinen Schläger ähnlich wie beim Volley halten und einen geschobenen Ball oder einen Slice spielen. Je nachdem wie nahe du nun am Netz stehst, ergeben sich folgende Möglichkeiten:
  - Gegenstopp longline. Je näher du dich am Netz befindest, desto verlockender und besser ist diese Möglichkeit. Dennoch ist dieser Ball der, den ich selbst in einer solchen Situation am wenigsten präferiere. Die Antwort ist recht simpel, denn viele Spieler versuchen diesen Ball und der Gegner rechnet häufig mit dieser Variante. Viele Spieler kann man lesen wie ein offenes Buch. Kommt der tiefe Stopp, spielen sie einen Gegenstopp longline. Natürlich solltest du diesen Ball aus Gründen der Variabilität schon ab und zu einbauen (das mache ich selbst auch) und vor allem dann, wenn dein Rivale tatsächlich an der Grundlinie verharrt.
  - Gegenstopp kurz cross. Dieser bietet sich natürlich auch an, wenn der Kontrahent hinten bleibt. Aber auch wenn er den Winkel verkürzt und schon am T oder sogar ganz nah am Netz steht, bietet dieser Ball noch Erfolgsaussichten. Auch hier gilt wieder: Ist der Stopp deines Gegners recht lange, ist dies nicht die beste Option, ist er dagegen sehr kurz, ist der Kurz-cross-Gegenstopp eine fantastische Lösung.
  - Geschobener oder gelupfter Ball longline. Auch dies ist kein schlechter Ball. Hierbei ist es wichtig, den Ball sehr lang zu spielen und nur wenn der Gegner auf jeden Fall schon im Feld steht. Am besten, wenn er sich im Niemandsland in Höhe des T-Felds befindet. Es ist ungemein wichtig, dem Gegner den Ball in den Rücken zu spielen, das bedeutet, der Gegner muss schräg nach hinten laufen, um den Ball zu schlagen. Allerdings musst du aufpassen, wenn du sehr nahe am Netz stehst. Dann ist es ratsam, einen anderen Ball zu probieren, denn dann musst du den Ball mit geöffneter Schlagfläche sehr stark anheben. Die Folgen sind, dass der Ball eine höhere Flugkurve hat und dadurch langsamer sein wird. Da wäre dann der Kurz-cross-Ball die bessere Alternative.
  - Geschobener oder gelupfter Ball cross. Dieser Ball ist dann am besten, wenn der Gegenspieler zwar im Feld steht, aber nicht zu weit. Steht er schon auf der Aufschlaglinie, so kann er diesen Ball noch relativ gut abfangen. Hier kannst du auch cross spielen, aber da solltest du den Ball in Richtung T-Linie setzen.
  - Ein letzter Punkt ist noch der gelupfte Lob ohne Topspin. Dieser ist dann am besten, wenn dein Gegner sehr nahe am Netz steht, denn dann kommst du mit einem flachen Ball nur schwer an ihm vorbei.

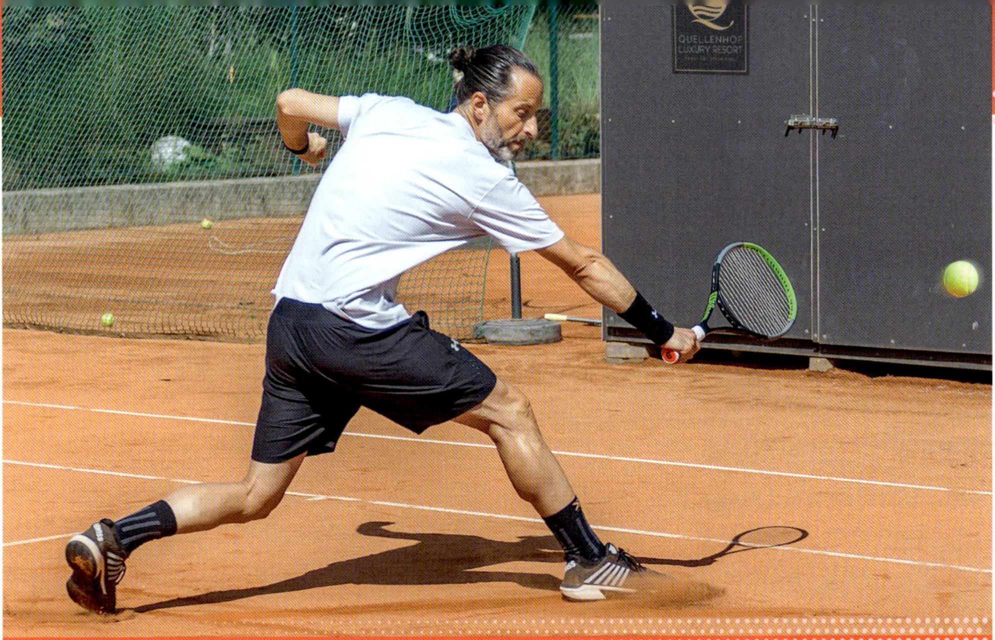

Entscheidend für die Schlagauswahl ist die Höhe, in der du den Ball schlagen kannst.

- Über Kniehöhe: Hier bietet sich ein Topspinball an. Ist der Ball zwischen Knie- und Hüfthöhe, kannst du den Ball auch noch schieben. Über Hüfthöhe würde ich auf alle Fälle zu einem überrissenen Ball raten.
  - Bist du sehr nahe am Netz und dein Gegner verharrt an der Grundlinie, hast du alle Optionen. Du kannst in alle Richtungen durchziehen. Ich würde den Ball dann aber etwas kürzer halten und vor allem cross in Richtung T-Linie zielen. Alternativ bieten sich auch Longline-Topspin oder, falls du das Gefühl hast, dein Kontrahent bewegt sich in eine Ecke, der Schlag durch die Mitte an. Und auch nicht zu vergessen ist der Gegenstopp. Hier musst du allerdings im letzten Moment noch den Griff ändern. Der Stopp erscheint mir hier auch die riskanteste Lösung, nichtsdestotrotz ist er eine Option. In einer solchen Spielsituation (Ball ist in angenehmer Höhe und du bist nahe am Netz) musst du eigentlich zu 100 % den Punkt gewinnen. Das heißt, du solltest das Risiko minimieren und trotzdem zwingend spielen.
  - Der Stopp deines Rivalen ist zu lang geraten und du kannst den Ball über Hüfthöhe schlagen, aber auch in Höhe der T-Linie. Dies ist eigentlich dann ein klassischer Angriffsball. Auch hier solltest du unbedingt ziehen und keinen geschobenen Ball spielen. Ein Gegenstopp ist eine Option, aber mit anderen Lösungen, wie Topspin cross oder longline und anschließendem Weg zum Netz, hast du bessere Erfolgsaussichten.

Fazit – Spielsituation Stopp des Gegners

Besonders häufig werden natürlich Fehler gemacht, wenn der Stopp kurz und gut kommt, man spät am Ball ist und den Ball sehr tief schlagen muss. Die häufigsten taktischen Fehlentscheidungen sind hier einerseits, dass der Spieler den Ball, den er unter Kniehöhe annehmen muss, versucht, mit Topspin zu spielen. Dies muss zwangsläufig zu mehr Fehlern führen. Auch ist es so, dass dieser Ball aus physikalischer Sicht longline gespielt sehr viel schwieriger ist. Deshalb werden die Bälle hier fast immer cross gespielt. Erlebe ich selbst, dass mein Stopp gut gelungen ist, und sehe, dass mein Kontrahent einen Topspin spielt (man sieht dies natürlich an seiner Griffhaltung), decke ich sofort cross ab und habe hier eine sehr hohe Erfolgsquote. Ein kleiner Tipp noch für diesen Fall: den Winkel dichtmachen und den Kurz-cross-Ball erwarten. Wird der Ball doch lang gespielt, kannst du mit einem Longline-Volley punkten. Andererseits ist der zweite Fehler, der gemacht wird, dass zu oft ein Gegenstopp longline gespielt wird. Dieser ist oftmals gut zu erahnen. Variiere hier und chippe den Ball mit einem Mittelgriff (Semi-Continentalgriff) des Öfteren auch mal lang nach hinten oder kurz cross. Wichtig hierbei ist die Position deines Gegners. Ist dieser weit hinten, ist der Gegenstopp selbstverständlich eine überragende Option. Je näher du selbst am Netz stehst, desto eher bietet sich der Stopp (longline oder kurz cross) an. Schaffst du es, so schnell am Ball zu sein, dass du diesen über Knie- oder gar Hüfthöhe schlagen kannst, solltest du auf jeden Fall ziehen und nur sporadisch einen Gegenstopp spielen. In der eben beschriebenen Situation sind deine Erfolgsaussichten wirklich ausgezeichnet. Wäge genau ab, wie viel Risiko du eingehen willst. Ein häufiger Fehler ist hierbei, dass die Spieler die vermeintlich leichten Bälle überpowern. Denk daran, dass die Distanz zur gegnerischen Grundlinie weit geringer ist, als wenn du einen Ball von Grundlinie zu Grundlinie schlägst (siehe Geometrie des Platzes).

Extremer Winkel deines Gegners

Diese Situation möchte ich nun mal etwas anders angehen. Und zwar möchte ich veranschaulichen, welche Konsequenzen hier eine taktische Fehlentscheidung haben kann. Wir gehen nun von einem extremen Kurz-cross-Ball deines Gegners aus. Diesen nimmst du weit außerhalb des Feldes in Höhe der Grundlinie. Dein Gegner bleibt an der Grundlinie stehen. Nun versuchst du, den Ball longline zu spielen. Auch hier gibt es verschiedene Optionen. Wir betrachten zunächst Option eins, den flachen schnellen Ball. Nachteile hierbei sind:

- Du spielst den Ball über die höchste Stelle des Netzes. Auch hier noch mal zur Erinnerung: Das Netz außen ist über 15 cm höher als in der Platzmitte.

- Du spielst den Ball von außen nach innen, dadurch ist dieser länger in der Luft (längere Wegstrecke), als wenn du in Höhe Seitenaußenlinie schlägst.
- Das Risiko des Schlages ist in der Regel gewaltig.
- Du hast einen sehr weiten Rückweg in die optimale Position (siehe Abbildung 21). Die Platzabdeckung ist für dich nun fast nicht mehr möglich, und dein Gegner kann mit einem durchschnittlichen Cross-Ball schon einen Winner erzielen.

Mit diesem Longline-Ball müsstest du einen Gewinnschlag setzen können oder aber zumindest so viel Druck aufbauen, dass dein Kontrahent nicht mehr kontrolliert cross spielen kann. Option zwei wäre hier ein hoher Topspinball. Auch hier gibt es Nachteile:

- Dein Gegner hat viel Zeit und du kannst ihn mit diesem Ball nicht unter Druck setzen.
- Das Risiko ist natürlich geringer als beim flachen Schlag, und dass das Netz außen höher ist, spielt keine Rolle, da du ja ohnehin eine hohe Flugkurve spielst.
- Die größte Gefahr und gleichzeitig die beste Möglichkeit für deinen Rivalen ist, wenn dieser deinen hohen Schlag direkt als Volley (Topspinvolley) annimmt und diesen cross ins freie Feld spielt, denn dann wirst du auch große Probleme mit der Platzabdeckung haben.

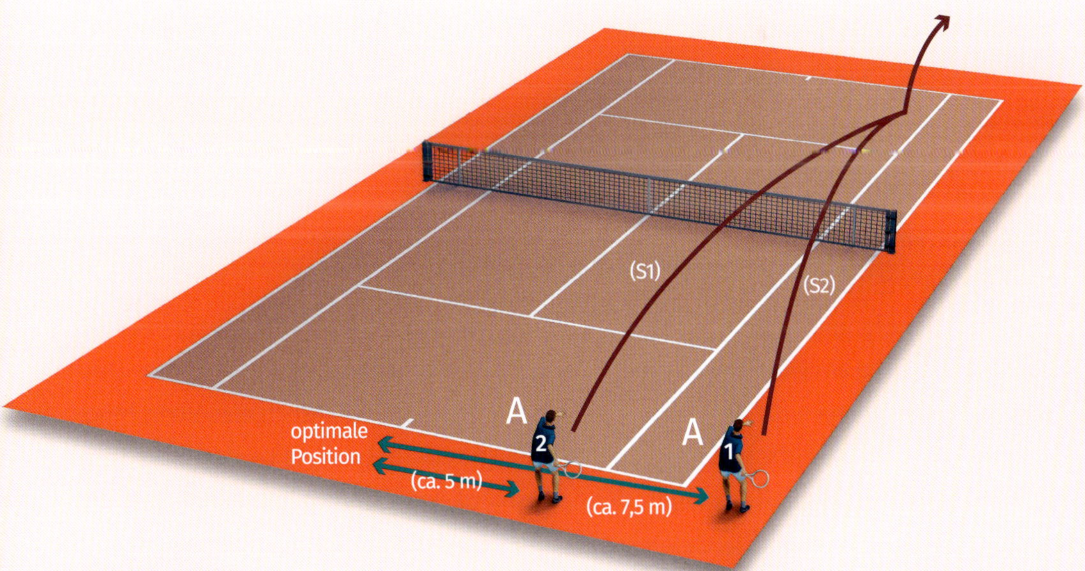

Abbildung 21

Beide Longline-Varianten sind nicht ideal und haben weit mehr Nach- als Vorteile. Trotzdem solltest du den flachen Longline sporadisch (aber wirklich selten) einstreuen, sodass dein Gegner sich nicht zu sehr auf andere Varianten einstellen kann. Mit diesem Longline-Ball gehst du dann auf einen Winner, denn spielt dein Gegner cross, wird dein Laufweg in der Regel zu weit sein. Je tiefer du den Ball annimmst und je weiter vorne du stehst, desto weniger solltest du longline spielen.

Was aber sind hier bessere Möglichkeiten?

- Der kurze Gegencross. Für mich aber auch nicht die beste Variante, weil der Ball lange in der Luft ist und deinem Gegenspieler wiederum gute Winkel eröffnet.
- Langer Ball durch die Mitte. Für mich ein guter Schlag, um wieder in die neutrale Position zu kommen. Dein Gegner bekommt keinen guten Winkel, und den Ball aus der Mitte scharf in die Rückhand zu spielen ist auch mit einem gewissen Risiko behaftet. Spielst du den Ball dann noch etwas höher, sagen wir mit mittelhoher Flugkurve, so hast du auch wieder mehr Zeit, zur Winkelhalbierenden zu kommen. Wichtig hierbei ist natürlich vor allem die Schlaglänge.
- Langer Ball cross. Diese wie auch die Variante lang in die Mitte halte ich für die beiden besten Optionen. Beim langen Ball cross jedoch hat dein Gegner gute Möglichkeiten, einen Winner longline zu spielen. Aber auch hier muss er den Ball scharf spielen, was wiederum nicht ungefährlich ist.

Alles aber ändert sich, wenn dein Gegner zum Netz kommt. Dieselbe Situation: Du spielst einen Ball von weit außen und dein Gegner ist am Netz. Denn nun ist der Longline-Ball wahrscheinlich die beste Option, denn der Ball fliegt ja von außen nach innen. In die Mitte zu spielen ist auch nicht sinnvoll, und der lange Cross wird von deinem Gegner auch leicht abgefangen. Kurz cross (wenn der Gegner weiter weg ist vom Netz) oder ein Lob (wenn er nahe am Netz steht) sind neben dem Longline die besten Varianten. Dasselbe gilt natürlich auch für die Rückhandseite. Dort hast du eigentlich dieselben Möglichkeiten. Als Zusatzoption kommt auf der Rückhand noch der Slice dazu, und der Longline-Ball ist wohl noch unklüger, denn du spielst auf die Vorhand deines Rivalen.

Fazit – extremer Winkel des Gegners

Du solltest Longline-Bälle in dieser Spielsituation nur sehr sporadisch einstreuen, da diese viele Nachteile beinhalten. Trotzdem solltest du diese zu Überraschungszwecken hin und wieder einsetzen. Die besten Chancen bietet der lange Ball cross und der lange Ball in die Mitte, da beide Bälle, vor allem wenn man sie nicht ganz flach spielt, lange in der Luft sein können und dir wiederum die Möglichkeit bieten, in eine gute Feldposition zu gelangen. Eine Alternative kann der Kurz-cross-Ball sein. Kommt dein Gegner zum Netz oder steht er schon dort, so ist der Longline-Ball wahrscheinlich (je nach Stand des Gegners) die beste Wahl. Alternativ bietet sich der Kurz-cross-Ball oder der Lob an.

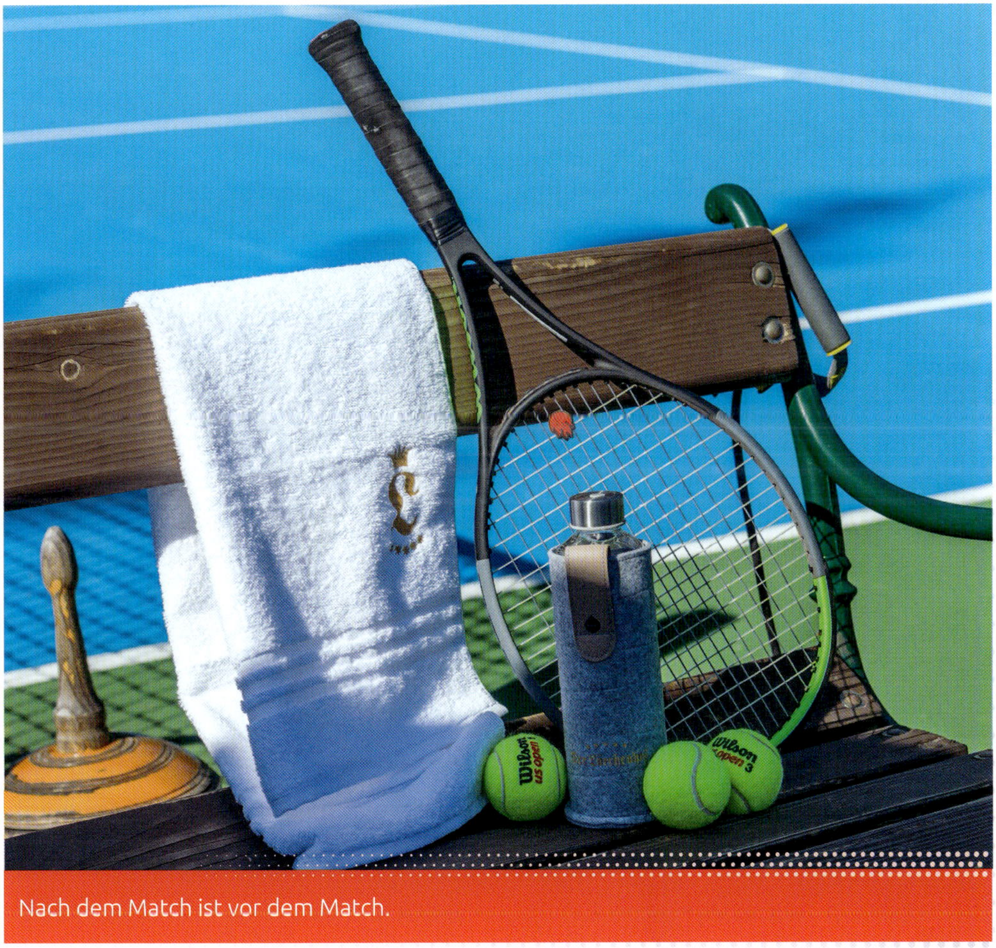

Nach dem Match ist vor dem Match.

– KAPITEL 27 –

Philipps Taktikregeln

TENNIS-FACTS ....

97,77 qm: Größe der eigenen Spielfeldhälfte

Philipps Taktikregeln

Sozusagen zum Abschluss und ein bisschen als Merkhilfe möchte ich dir noch in aller Kürze meine Taktikregeln präsentieren. Alle Regeln wurden bereits erläutert.

- Bearbeite die Schwächen deines Gegners konsequent. Ist dein Plan erfolgreich, so behalte diesen bei.
- Je weiter hinten ich stehe, desto höher spiele ich den Ball übers Netz und desto weniger suche ich die Seitenlinien, sondern eher die Grundlinie.
- Je näher ich mich zum Netz befinde, desto mehr suche ich die Seitenlinien und desto flacher spiele ich den Ball.
- Volleywinner werden immer eher kürzer gespielt, um die Winkel auszunutzen. Aber Ausnahmen bestätigen die Regel.
- Ein Angriffsball erfolgt in der Regel longline, ein Winner cross.
- Es sollte mehr cross als longline gespielt werden, da du mit dem Cross-Ball dein Spielfeld wieder besser abdecken kannst (mindestens im Verhältnis ⅔ zu ⅓).
- Es wird stets zur Winkelhalbierenden gelaufen.
- Warte nicht auf Fehler, sondern erzwinge den Punkt.
- Wenn du innerhalb des Feldes stehst, spiele stets deinen sichersten Schlag, den Schlag, zu dem du am meisten Vertrauen hast.
- In der Defensive sollte der Longline-Ball vermieden werden. Besser cross oder lang in die Mitte spielen. Ausnahmen: Überraschungsball und Passierball.
- Spiele so wenige Bälle wie möglich (einen, maximal zwei Bälle) innerhalb des Niemandslandes. Niemals drei Bälle oder mehr in dieser Zone.
- Spiele einfach und denke nicht zu oft um die Ecke – die erste Idee ist oft die beste.
- Ändere niemals deinen Spielplan, wenn dieser erfolgreich ist und du auf der Siegerstraße bist.

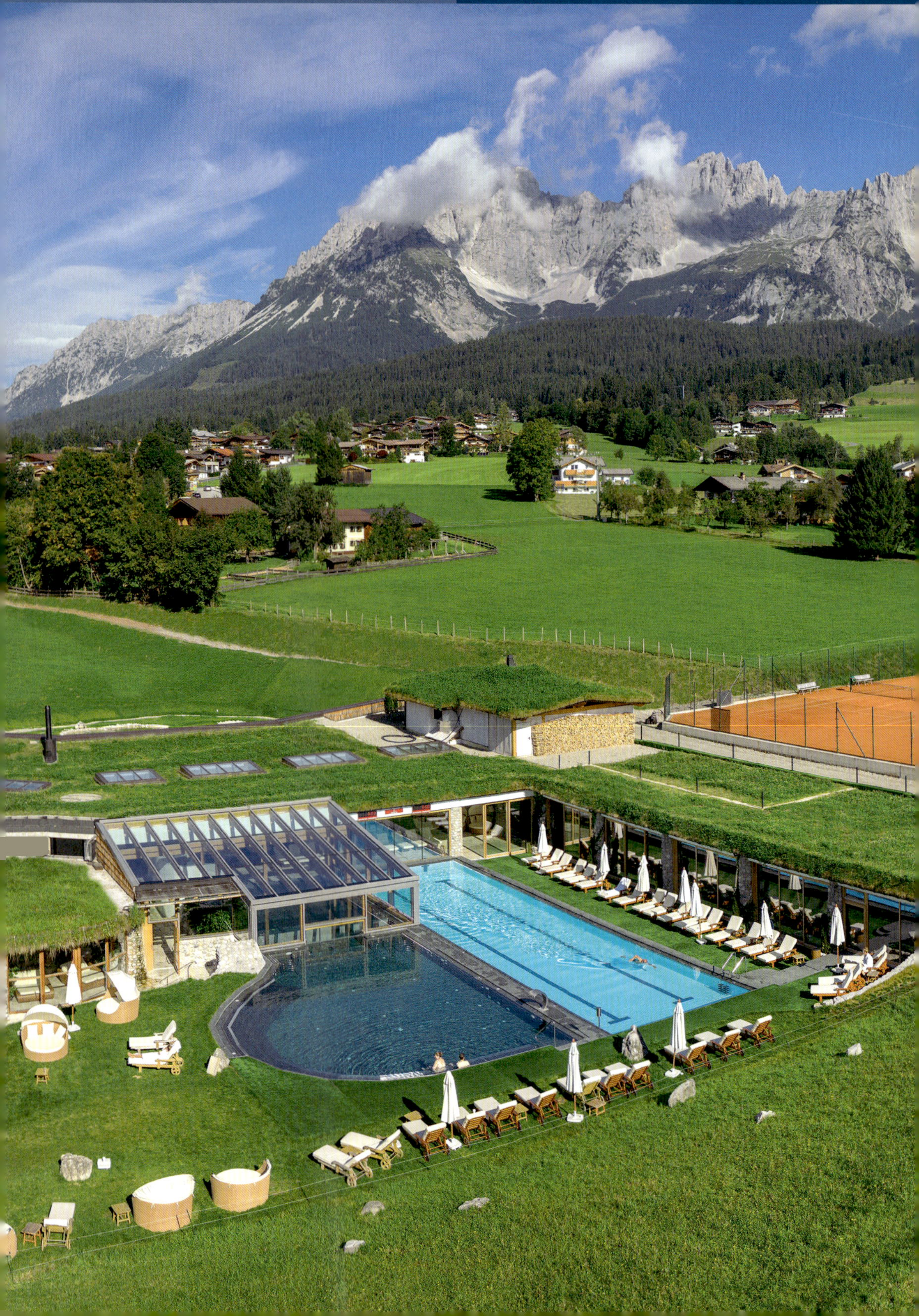

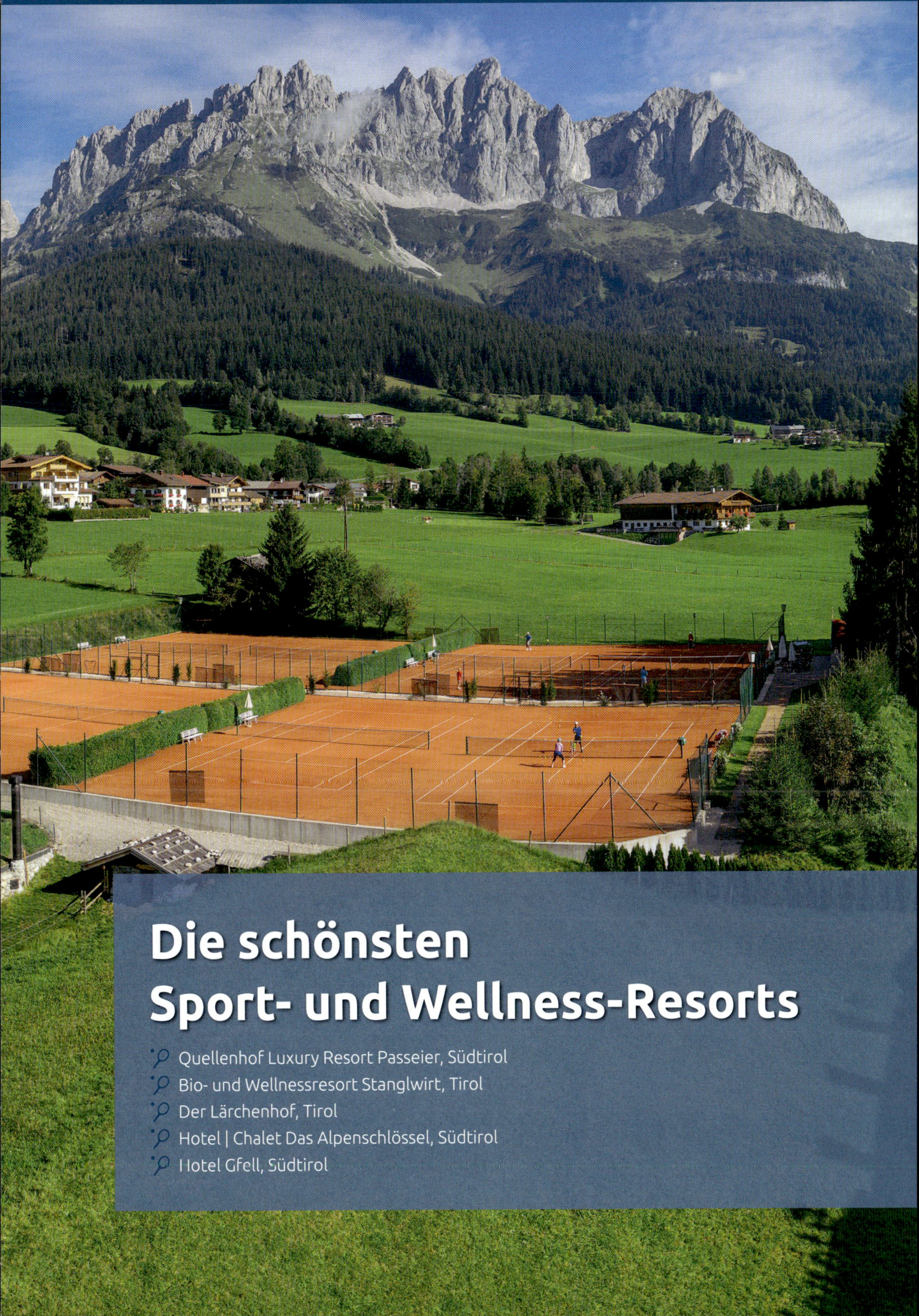

Die schönsten Sport- und Wellness-Resorts

- Quellenhof Luxury Resort Passeier, Südtirol
- Bio- und Wellnessresort Stanglwirt, Tirol
- Der Lärchenhof, Tirol
- Hotel | Chalet Das Alpenschlössel, Südtirol
- Hotel Gfell, Südtirol

Quellenhof Luxury Resort Passeier

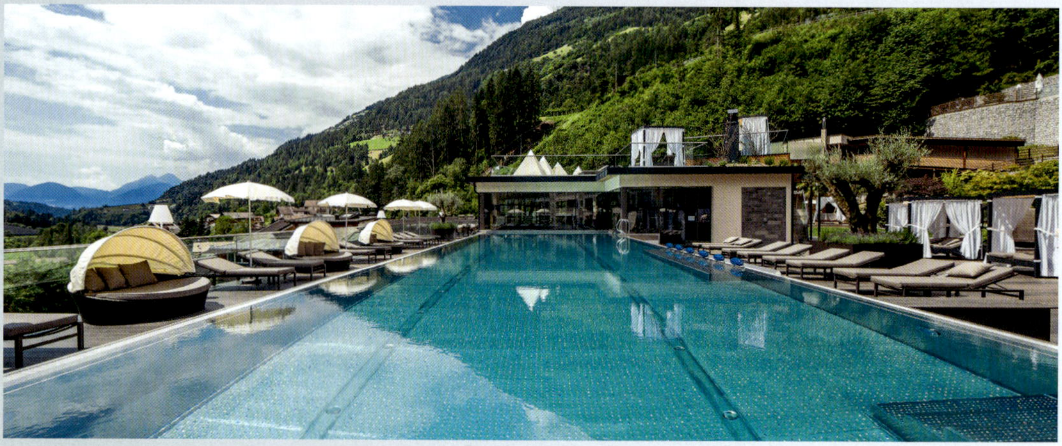

Idyllisch gelegen inmitten von Wiesen und Wäldern empfängt ein luxuriöses Spa-Hideaway und exklusives Sporthotel.

Quellenhof Luxury Resort Passeier
St. Martin bei Meran
Südtirol, Italien
Telefon +39 0473 645474
www.quellenhof.it

Idyllisch eingebettet zwischen Wiesen und Wälder, im wunderschönen Passeiertal liegt eines der attraktivsten und exklusivsten Ferienresorts der Alpen. Das Quellenhof Luxury Resort Passeier ist mehr als ein persönliches Hideaway einerseits, mehr als ein großzügiges, kunterbuntes Action-Paradies für Familien andererseits – es ist zudem ein Sporthotel, das höchsten Ansprüchen gerecht wird.

Tennisspieler jeden Leistungsniveaus finden im Quellenhof das Angebot, das ideal auf ihre Ansprüche zugeschnitten ist. Sieben Sandplätze befinden sich direkt am Resort, weitere vier Plätze liegen nur fünf Minuten entfernt. Wer intensiv die kommende Saison vorbereiten möchte, kann sich von der Tennis Academy Quellenhof das optimale Trainingskonzept erarbeiten lassen. Es basiert auf den neuesten Techniken in Theorie und Praxis, denn alle Trainer werden von Tomas Klimek ausgebildet, der sein profundes Wissen bei der renommierten ITA erworben hat. In gemeinsamen Trainingscamps profitieren davon

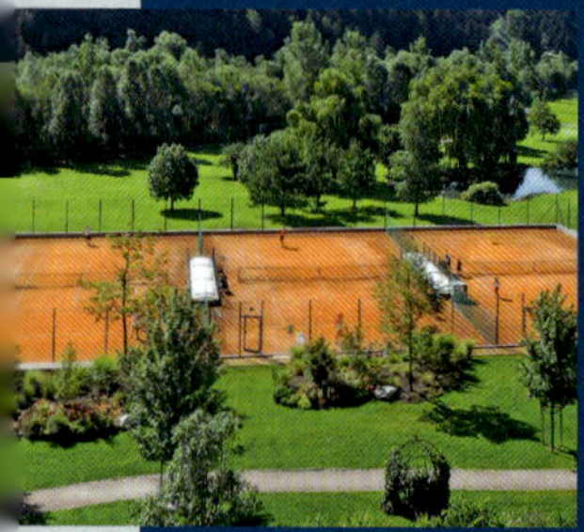

Tennis im Quellenhof

Insgesamt 7 gepflegte Sandplätze stehen den Gästen des Resorts zur Verfügung. Die professionelle Tennis Academy macht Spielern jeden Niveaus individuell auf sie zugeschnittene Angebote und bereitet auch komplette Mannschaften auf die neue Saison vor.

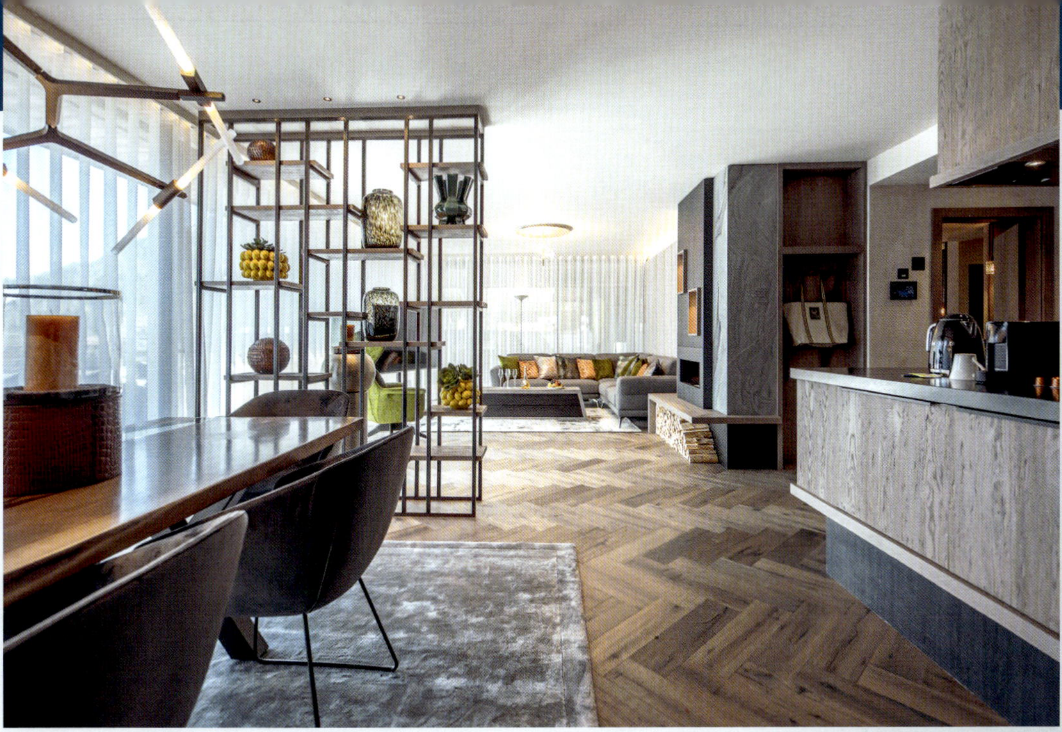

Stilvolle Doppelzimmer, Suiten und Chalets: die Materialien sind hochwertig, die Innenarchitektur ist spektakulär.

auch Mannschaften. Für die Trendsportarten Padel-Tennis, Beach-Tennis und Speedminton stehen eigene Plätze zur Verfügung.

Passionierte Golfer und potenzielle Golf-Fans spielen auf dem hoteleigenen 4-Loch-Golfplatz und trainieren auf der Driving Range mit 20, teilweise überdachten Abschlagplätzen. Bei schlechtem Wetter kann die Arbeit am Handicap auch im 3D-Indoor-Golfsimulator erfolgen. Auf mehreren Plätzen, etwa der nahe gelegenen Anlage Passeier.Meran, erhalten Gäste eine Green-fee-Ermäßigung.

Mit seiner Reitanlage hat sich das Quellenhof Resort auch zu einem Geheimtipp für Pferdeliebhaber entwickelt. Sie finden ein wahres Reiterparadies mit moderner Halle von internationalem Standard, mit Koppel, Gastboxen und Infrarotkabine für eigene Pferde, exzellent ausgebildeten Schulpferden im Unterricht, organsierten Ausritten sowie Ponyreiten für die Kleinsten.

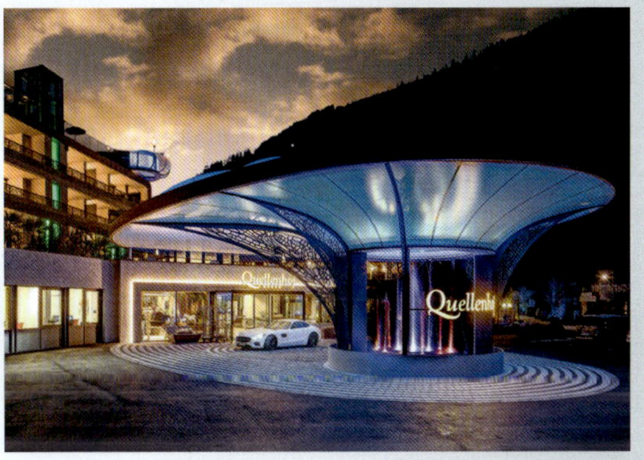

Willkommen im exklusiven Ambiente des Quellenhofs.

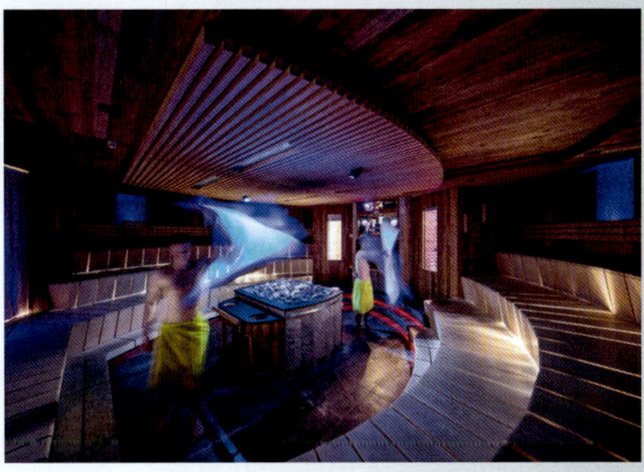

Die See-Event-Sauna mit Show-Aufgüssen ist preisgekrönt.

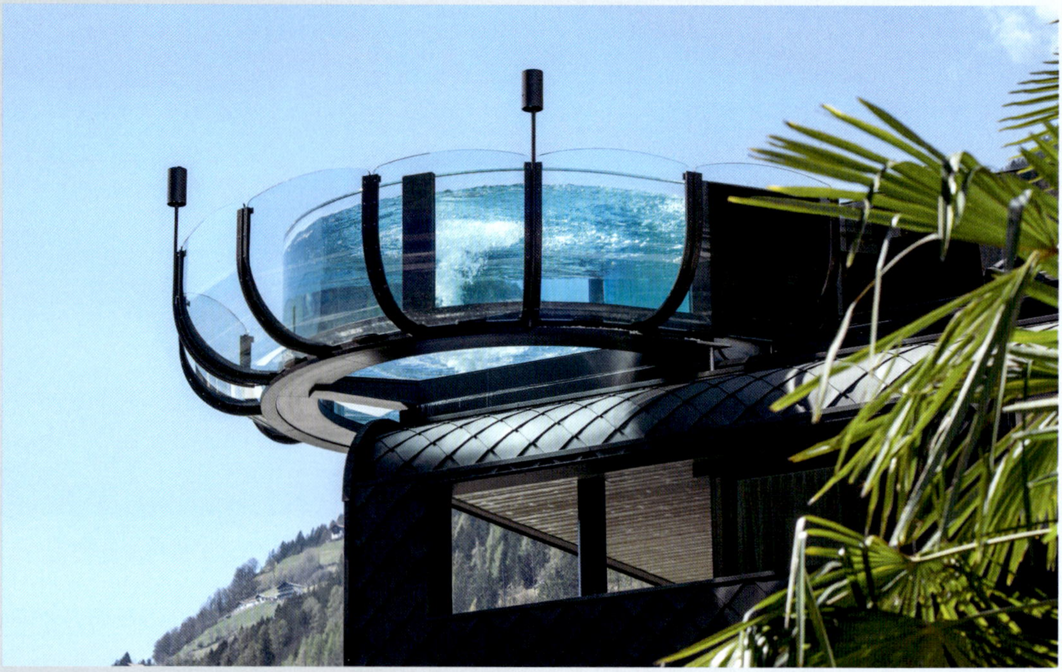

Neuer Instagram-Hotspot: Gläserner Rooftop-Infitinity-Pool

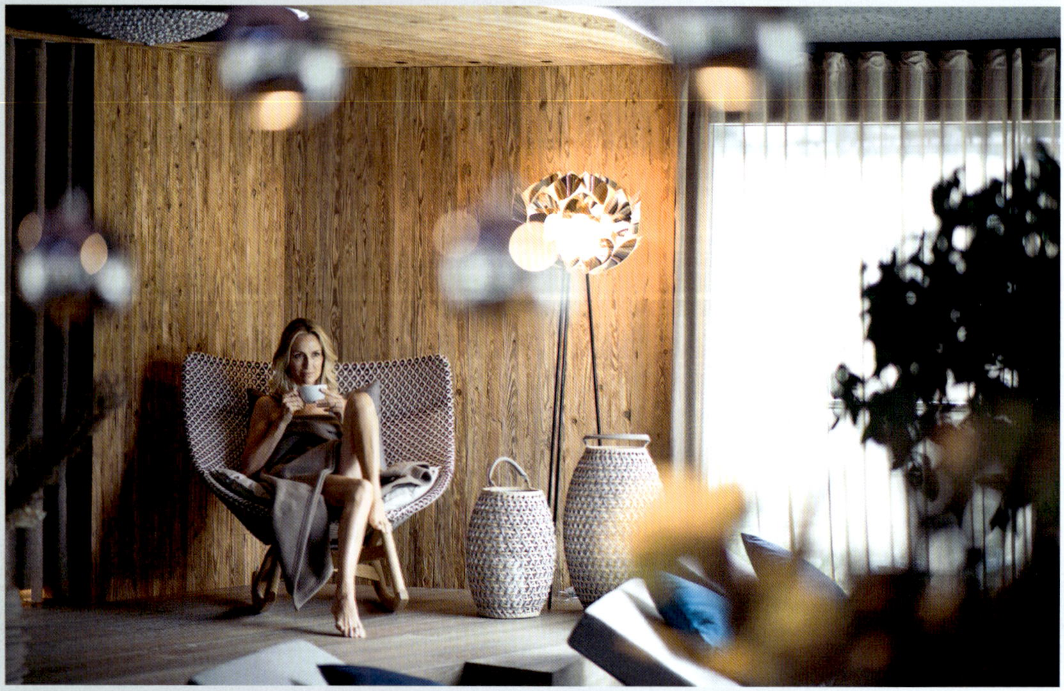

Innen und außen runden großzügige, stilvoll gestaltete Ruhebereiche das Wellness-Erlebnis ab.

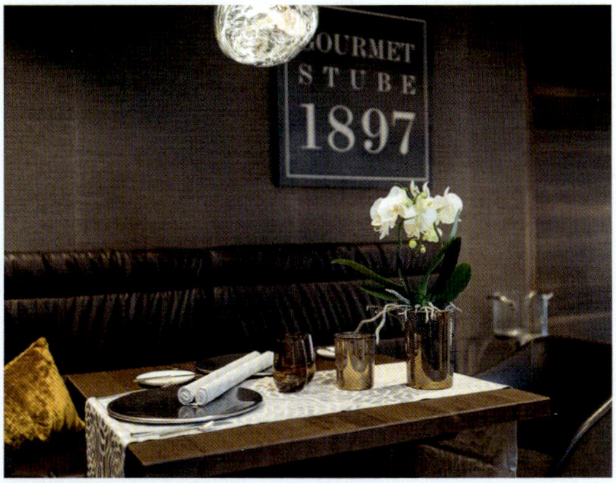

Ausgezeichnete Küche – vielfach prämiert.

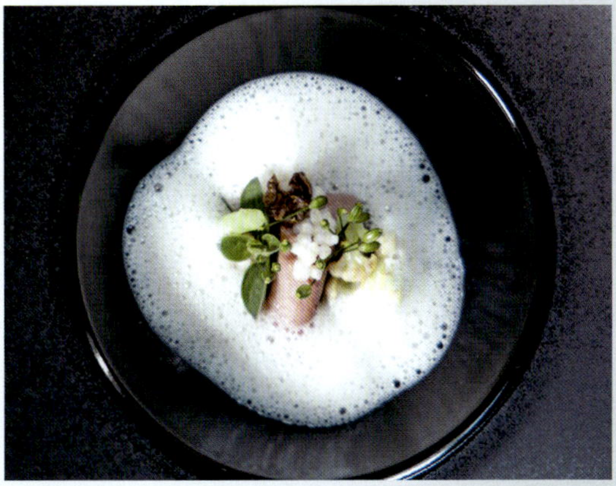

Die Kreationen werden Gourmet-Ansprüchen mehr als gerecht.

Nach dem Genuss dieser breiten Palette an Sportangeboten erholen sich die Gäste des Resorts in kuscheligen Doppelzimmern, luxuriösen Suiten oder exklusiven Chalets. Absolutes Highlight ist das Sky-Chalet mit steuerbarem Sky-Glasdach, privatem Pool, Fitnessraum und Sauna. Der Spa-Bereich für alle Gäste erfüllt auf 10.500 Quadratmetern sowohl die Bedürfnisse von Ruhesuchenden als auch von Familien – er trennt drei „adults only“– und eine Familienzone mit eigenem Saunadorf. Die Vielfalt ist wahrhaft einzigartig: 23 Saunen, darunter die preisgekrönte See-Event-Sauna, eine grandiose Wasserlandschaft mit 12 beheizten Pools und der spacige, gläserne Infinity-Pool des neuen Rooftop Spas, der sich zum neuen Instagram-Hotspot entwickelt. Im separaten Acqua Family Parc ist Toben ausdrücklich erlaubt, es gibt unter anderem eine 102-Meter-Rutsche, das Erlebnisfreibad und ein Kleinkinderbecken.

Familiengerecht ist nicht nur das Entspannungsangebot. Kindertennis-, Reit- und Kindergolfkurse wurden speziell für die Bedürfnisse der jüngsten Gäste entworfen, Jugendliche können eigene Sportcamps besuchen. Gemeinsam können Bikes oder e-Bikes des Hauses für Touren genutzt werden, und wenn die Eltern Freiraum suchen, betreut der Kinderclub den Nachwuchs professionell und mit begeisternden Ideen.

Es ist eine Selbstverständlichkeit, dass das Quellenhof Resort auch kulinarisch in einer Sonderklasse spielt. Gourmets genießen die Kreationen des Teams um Küchenchef Michael Mayr, vielfach sind sie von Restaurantführern ausgezeichnet worden. In den Weinkellern des Hauses lagern Köstlichkeiten, die den Genuss abrunden. Und auch in Südtirols erstem Teppanyaki-Restaurant (Japanisch) sind echte Meister am Werk.

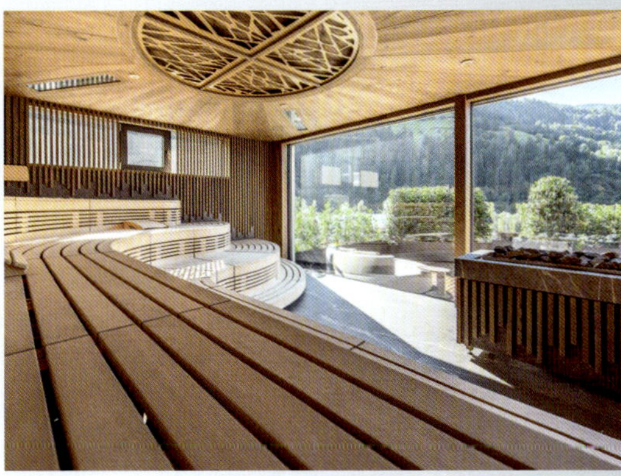

Panoramasauna mit grandiosem Blick in die Bergwelt.

Bio- und Wellnessresort Stanglwirt

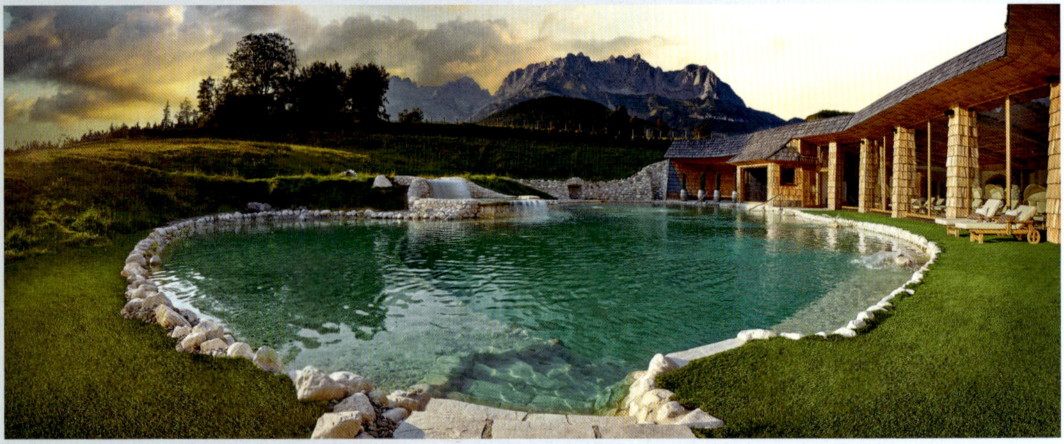

Hier ist die Natur weit mehr als grandiose Kulisse: Anlage, Architektur und Ausstattung harmonieren mit der Umgebung.

Stanglwirt

Bio- und Wellnessresort Stanglwirt
Going
Tirol, Österreich
Telefon +43(0)53 58 20 00
www.stanglwirt.com

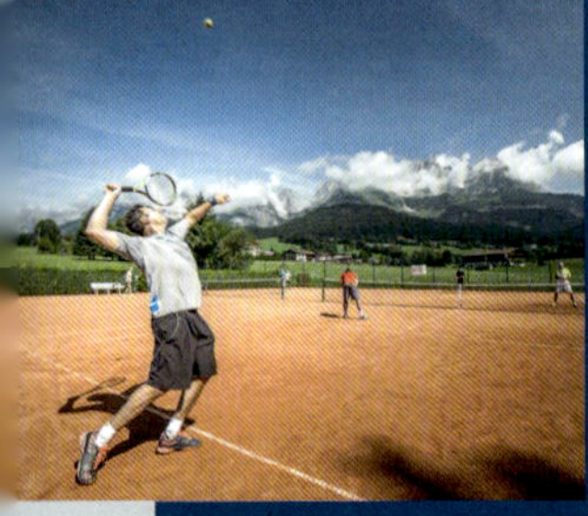

Tennis beim Stanglwirt

Seit mehreren Jahrzehnten in der Fachwelt bekannt: Die Tennisschule des Stanglwirts fördert Spieler jeden Niveaus. Sechs Hallenplätze mit Bross Line Granulat laden zum Training ein, von den acht Sandplätzen geht der Blick vor dem Aufschlag kurz zum Wilden Kaiser.

Lassen sich Ökologie und luxuriöse Wellness, Naturverbundenheit und sportiver Fünf-Sterne-Urlaub wirklich verbinden? Wenn irgendjemand den Beweis führt, dass dies möglich ist, dann ist es die Gastgeberfamilie Hauser mit ihrem berühmten Bio- und Wellnessresort Stanglwirt. Nicht nur die Lage zu Füßen des spektakulären Wilden Kaisers, unweit des charmanten Örtchens Going und mit dem Auto bequem erreichbar, zeichnet die Anlage aus. Hier ist ein einzigartiger Rückzugsort entstanden, den Wellnessurlauber und Sportler, Naturliebhaber und Genießer, Singles und Familien gleichermaßen schätzen. Der internationale Condé Nast Traveller zählt ihn zu den „30 Best Spa Resorts weltweit".

Das Design der 12.000 Quadratmeter großen Felsen-Wellnesswelten sucht seinesgleichen. Aus von Hand gesammelten Steinen der Umgebung hat „Stanglwirt" Balthasar Hauser mit viel Gespür ein zusammenhängendes Landschaftsbild nachempfunden. Insgesamt 750 Tonnen Fels sind überlegt gruppiert, aus verschlungenen Wegen, Höhlen

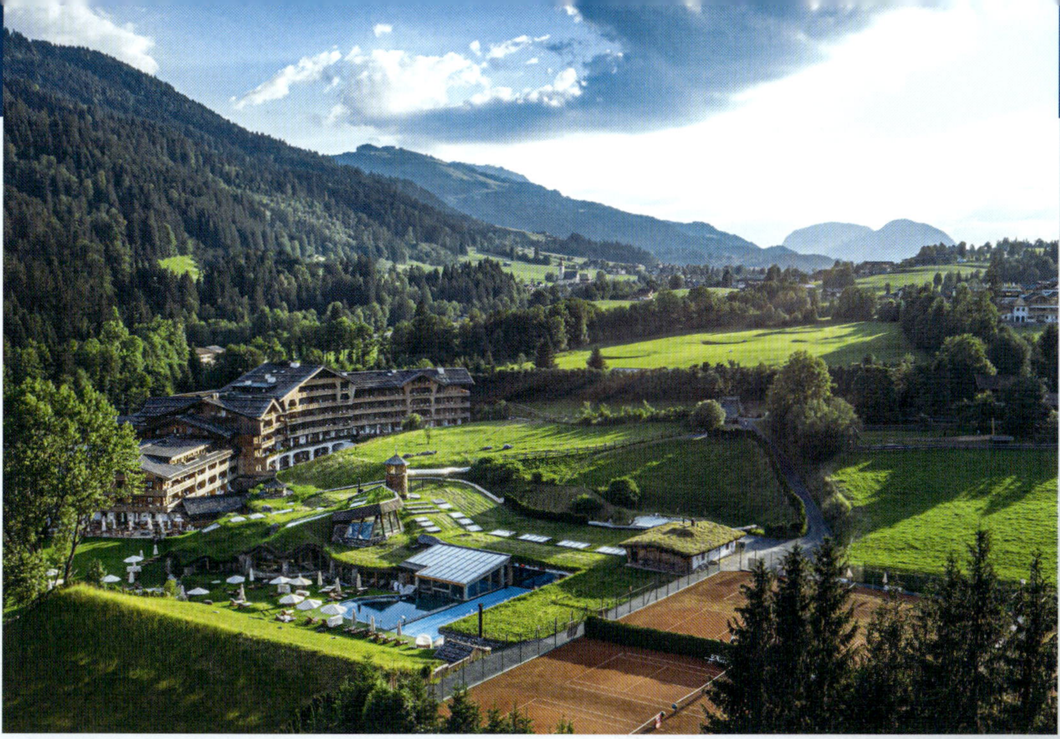

Ein Rückzugsort inmitten der Natur: Das Resort achtet auf Nachhaltigkeit und den Umgang mit den Ressourcen.

und Wasserfällen wurde ein Stück urtümliche Natur rekonstruiert – einzigartig. Große Fensterfronten verbinden die Schönheit innen und außen. Herzstück ist das Felsenbad mit In- und Outdoorpool, es gibt ein Meerwasser-Aquarium, einen Naturbadeteich, ein Sportschwimmbecken und den größten hoteleigenen Sole-Pool Europas. Die Saunalandschaft trennt zwei vielfältige Bereiche für Familien einerseits, für Ruhesuchende andererseits. 1.000 Quadratmeter Kinderwasserwelt stehen zudem den kleinsten Gästen zum Toben zur Verfügung. Auch das Stanglwirt-Spa nimmt die Idee der Naturverbundenheit auf und setzt Produkte einer veganen regionalen Kosmetiklinie ein.

Die Tenniscamps des Stanglwirts sind seit über 40 Jahren für ihr hohes Niveau weit bekannt. Die Trainer und Coaches der renommierten Peter Burwash International Tennisschule fördern das Spiel jeden Gastes individuell, gehen auf Technik, Taktik und Mentales ein. Sechs Hallenplätze und acht Sandplätze stehen den Gästen zum Training zur Verfügung.

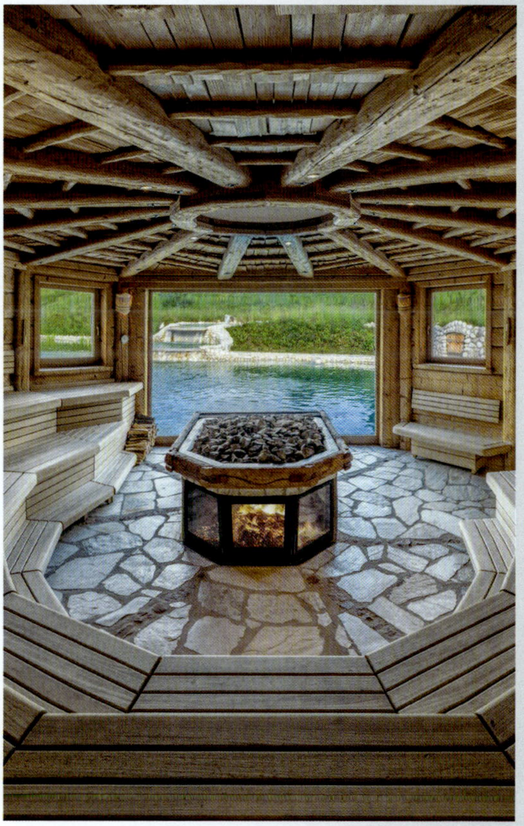

Spa und Wellness – eines der führenden Angebote weltweit.

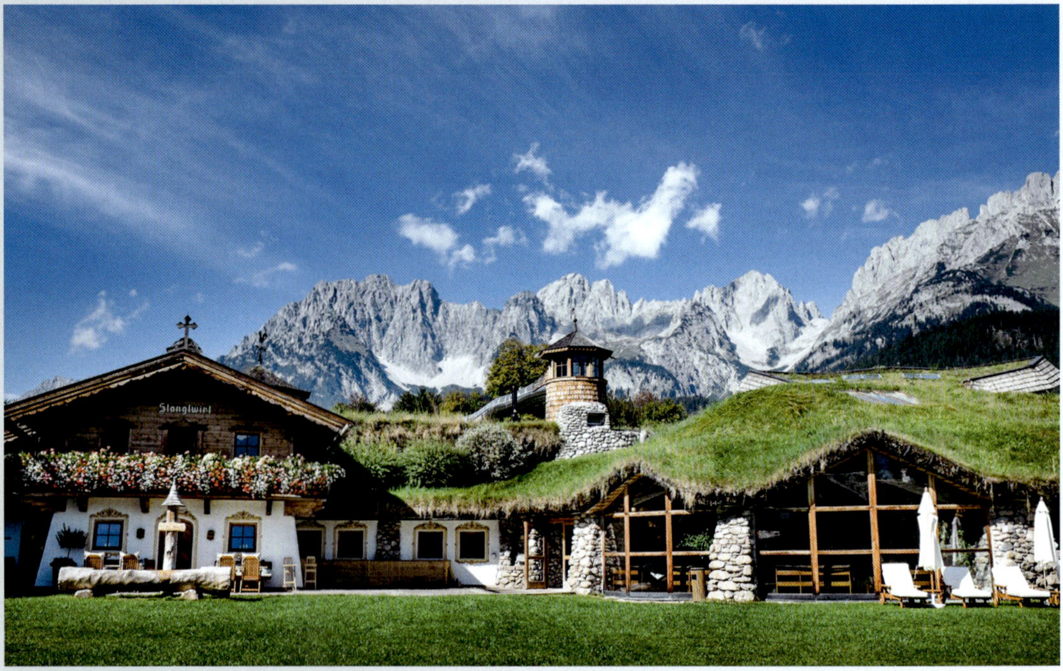

Auf den begrünten Dächern der Hotelanlage weiden auch mal die Schafe des eigenen Bio-Bauernhofs.

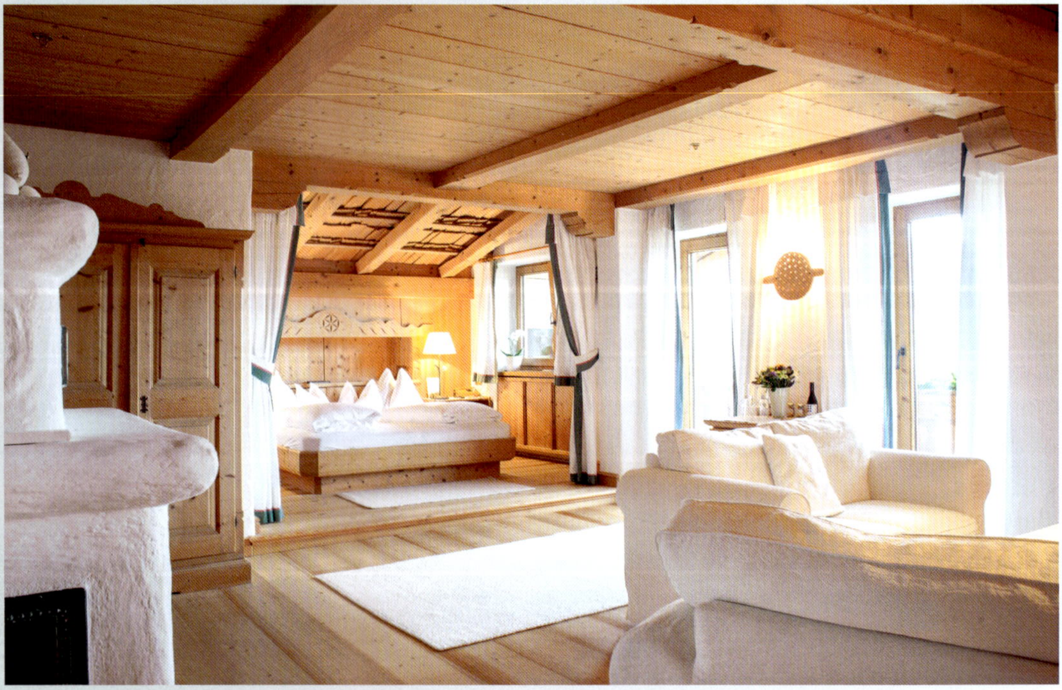

Hochwertige Naturmaterialien für bestes Raumklima: Massivholzmöbel aus heimischen Hölzern tragen dazu bei.

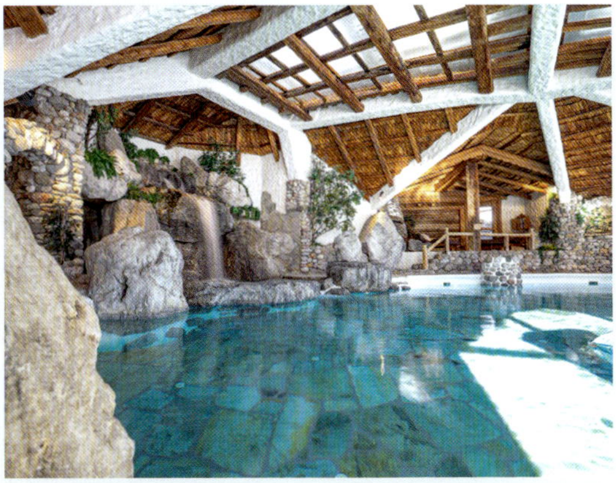

Felsen-Landschaft in den preisgekrönten Wellness-Welten.

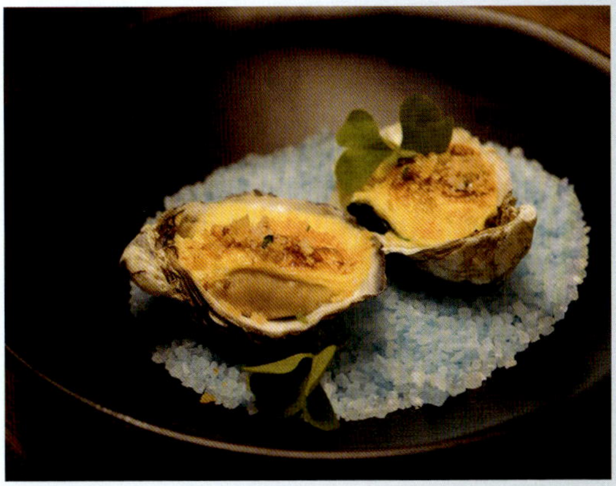

Gourmetküche aus feinsten Zutaten kreativ kombiniert.

Die Golfer unter den Urlaubern üben auf der hauseigenen Driving Range ihre Abschläge. Die Trainingsanlage der Golf Sport Academy Stanglwirt entspricht den internationalen PGA-Standards, hier wird speziell das kurze Spiel forciert. Für die weitere Arbeit am Handicap sind vom Stanglwirt aus 15 Golfplätze in 60 Fahrminuten erreichbar.

Ein besonderer Glanzpunkt des Resorts ist das hauseigene Lipizzanergestüt. Zur renommierten Zucht gehörten aktuell 24 reinrassige „Kaiser-Pferde". Die Reitschule mit einem Team aus Fachkräften macht Unterrichtsangebote für Anfänger und Fortgeschrittene. Viele weitere Tiere lernen die jüngeren Hotelgäste im Kinderbauernhof kennen, in dem ausgebildete Fachkräfte ein spannendes Ferienprogramm zusammenstellen. Arbeiten in der Tischlerei, Stallfütterungen und Kochkurse gehören dazu.

Gastronomisches Herzstück des Resorts ist der über 400 Jahre alte Gasthof Stanglwirt. Inzwischen Kult: Die Stube mit direktem Blick in den Kuhstall. Knarzige Holzdielen, urige Altholzwände und liebevoll arrangierte Details schaffen hier das stilvolle Ambiente für den Genuss der Tiroler Spezialitäten, die Küchenchef Thomas Ritzer und sein Team kreativ verfeinern. Am Abend lassen sie exquisite Gourmet-Menüs servieren, immer auf Basis unverfälschter Naturprodukte, mit vielfältigen Erzeugnissen vom eigenen Bio-Bauernhof. Hausgemachte Wurstwaren, der Stangl-Bio-Bergkäse, Roastbeef vom regionalen Black Angus Rind – auch hier, wie bei jedem Detail, bleibt das Haus der Überzeugung des „grünen Visionärs" Balthasar Hauser, seiner Familie und des Resort-Teams treu: Nachhaltiger Urlaub mit kleinstem ökologischen Fußabdruck kann vollendeter Genuss und Luxus sein.

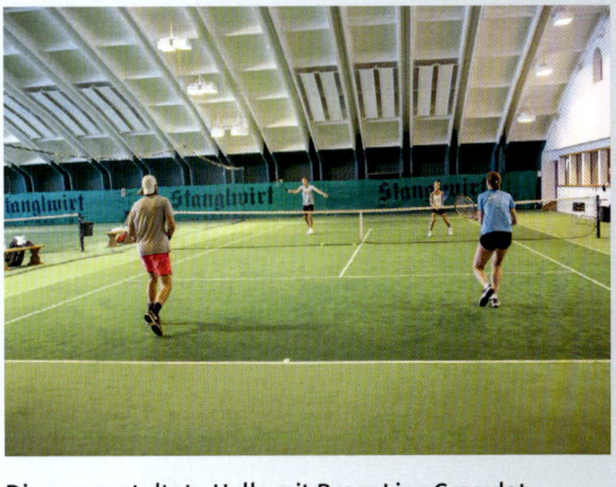

Die neu gestaltete Halle mit Bross Line Granulat.

Der Lärchenhof

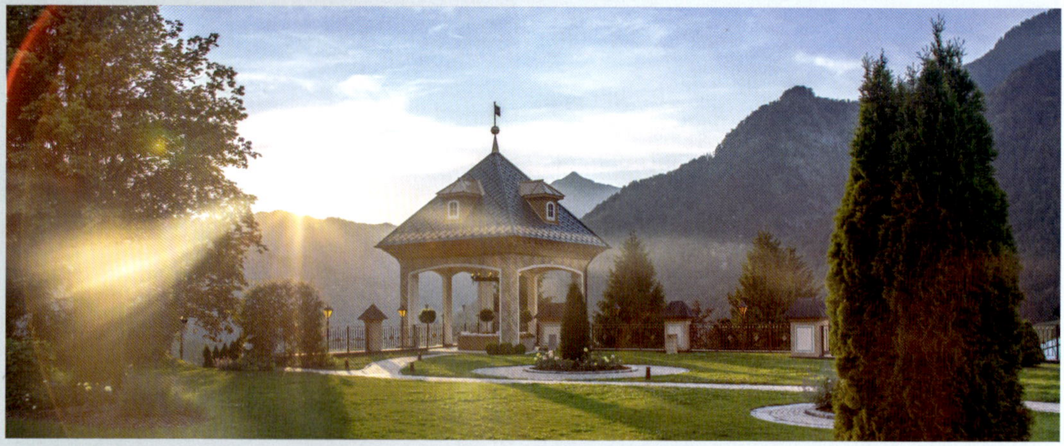

Magische Momente in einzigartiger Natur: Die Kitzbüheler Alpen umgeben den Lärchenhof.

Der Lärchenhof
Ferien-Paradies in den Kitzbüheler Alpen

Der Lärchenhof
Erpfendorf
Tirol, Österreich
www.laerchenhof-tirol.at

Der Fünf-Sterne-Hotelier und Inhaber Martin Unterrainer betont es gerne: „Tennis am Lärchenhof hat seit mehr als 40 Jahren Tradition – und darauf sind wir sehr stolz!“ Jetzt ist ihm für seine renommierte Tennisakademie ein weiterer Coup gelungen: Der ehemalige Profispieler und aktuelle Trainer von Philipp Kohlschreiber, Markus Hipfl, übernimmt die Leitung der neuen „Markus Hipfl Tennis Base“. Ob jung oder alt, Anfänger oder Profi, Hipfl und sein erstklassiges Team bieten die passgenauen Trainingsstunden und -kurse, die motivieren und fördern, Spaß machen und weiterbringen.

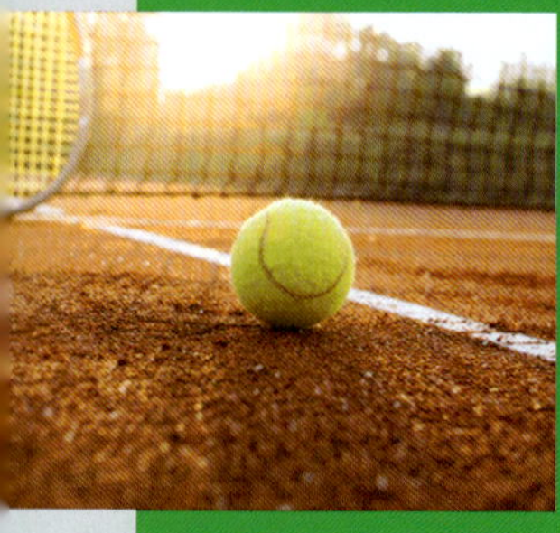

Markus Hipfl Tennis-Base

Die Tennisakademie des Lärchenhofs steht unter der Leitung des ehemaligen Tennisprofis Markus Hipfl. Er gibt sein Wissen mit Begeisterung und didaktischem Können weiter und führt ein motiviertes Team an Trainern. Davon profitieren Anfänger, ambitionierte Fortgeschrittene und Profis, jung und alt.

Dass die Tennisanlage auf höchstem Niveau und mit Profi-Knowhow gepflegt wird, sehen die Spieler unter den Gästen an vielen Details. Die insgesamt acht Plätze werden von Turnierspielern aller Spielklassen zur Saisonvorbereitung genutzt. Die drei Hallenplätze sind mit Gummigranulat belegt, zwei der fünf Freiplätze sind Truflex-Hard Courts, deren Dämpfungssystem die Gelenke schont. Umgeben von der wunderschönen Tiroler Bergwelt, mit direktem Blick

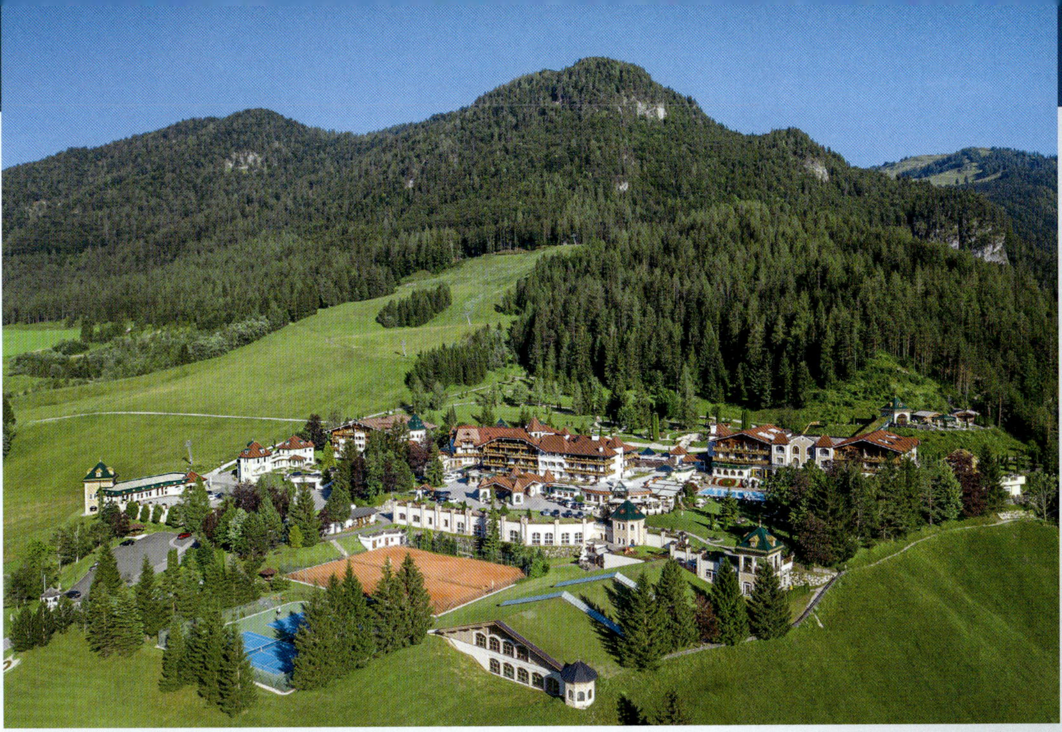

Der Lärchenhof ist eine eigene, bezaubernde Ferienwelt, in der die Gäste eine erholsame Auszeit genießen.

auf die Kitzbüheler Alpen, lenkt hier nichts von der Konzentration auf den perfekten Aufschlag ab.

Wer seinen sportlichen Ausgleich beim Golfen findet, spielt auf dem 9-Loch-Platz oder dem 6-Loch-Übungsplatz des Golf- & Countryclubs Lärchenhof, direkt am Hotel. Ein besonderes Highlight stellt der ebenfalls zum Lärchenhof gehörende 18-Loch-Platz Kaiserwinkl Golf Kössen-Lärchenhof dar, rund 15 Kilometer entfernt. Es ist eine Traumanlage des berühmten Golfarchitekten Don Harradine, die wunderschön in die Natur eingebettet liegt, mit nur sanften Steigungen, altem Baumbestand und anspruchsvollen Wasserhindernissen. Hotelgäste erhalten hier ermäßigte Green-Fees.

Damit ist das Aktiv-Angebot des Lärchenhofs noch nicht erschöpft. Ein Fitnessbereich von 400 Quadratmetern lädt zum Training ein, das engagierte Fitnessteam unterstützt individuell als Personal Trainer, beim E-Scan-Stoffwechseltest oder Fitness-Test. Bogenschießen, Golf-

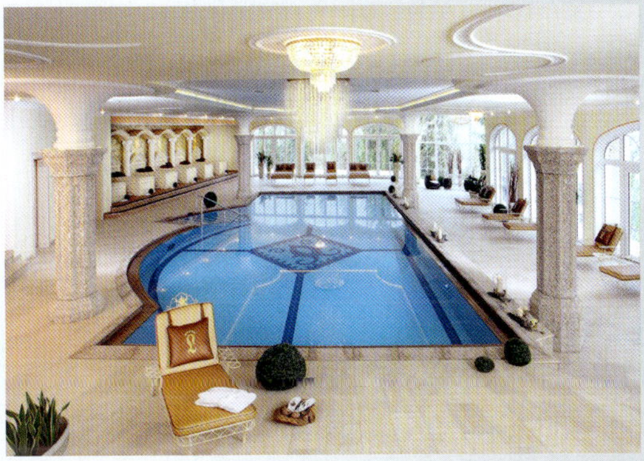

Wellness und Entspannung nach aktiven Urlaubstagen.

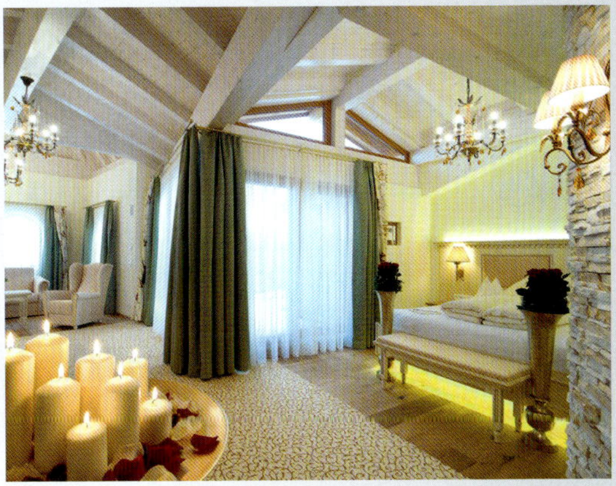

Kuschelige Zimmer und luxuriöse Suiten zum Kräftetanken.

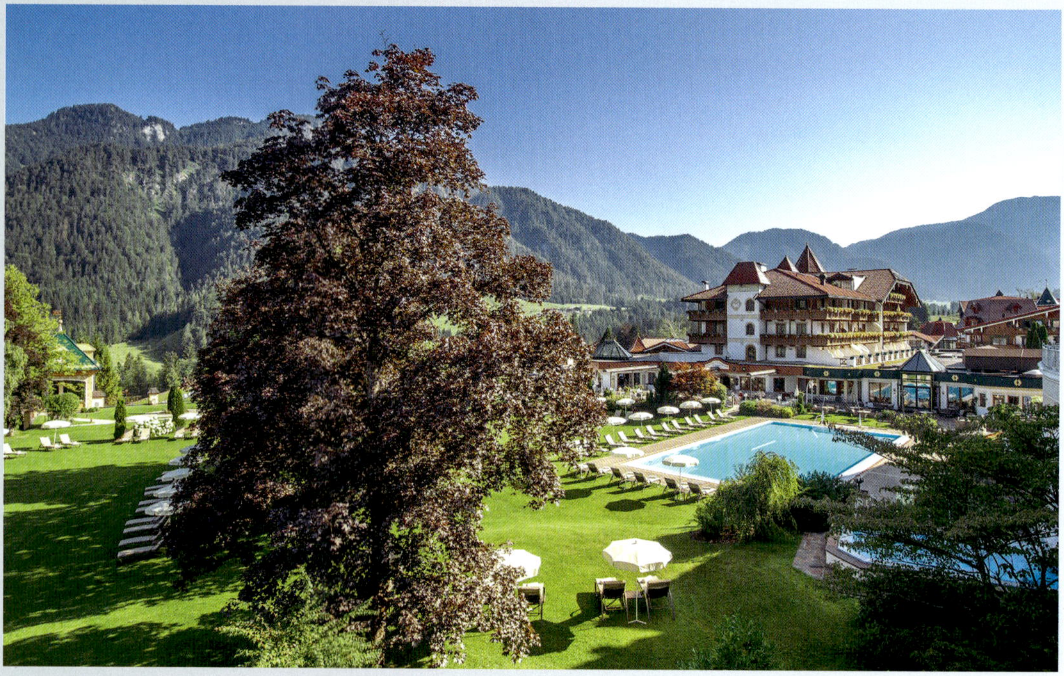

Der Lärchenhof in Traumlage: Inmitten der Natur Ruhe und Kraft finden – am sonnigen Hang mit grandiosem Bergblick.

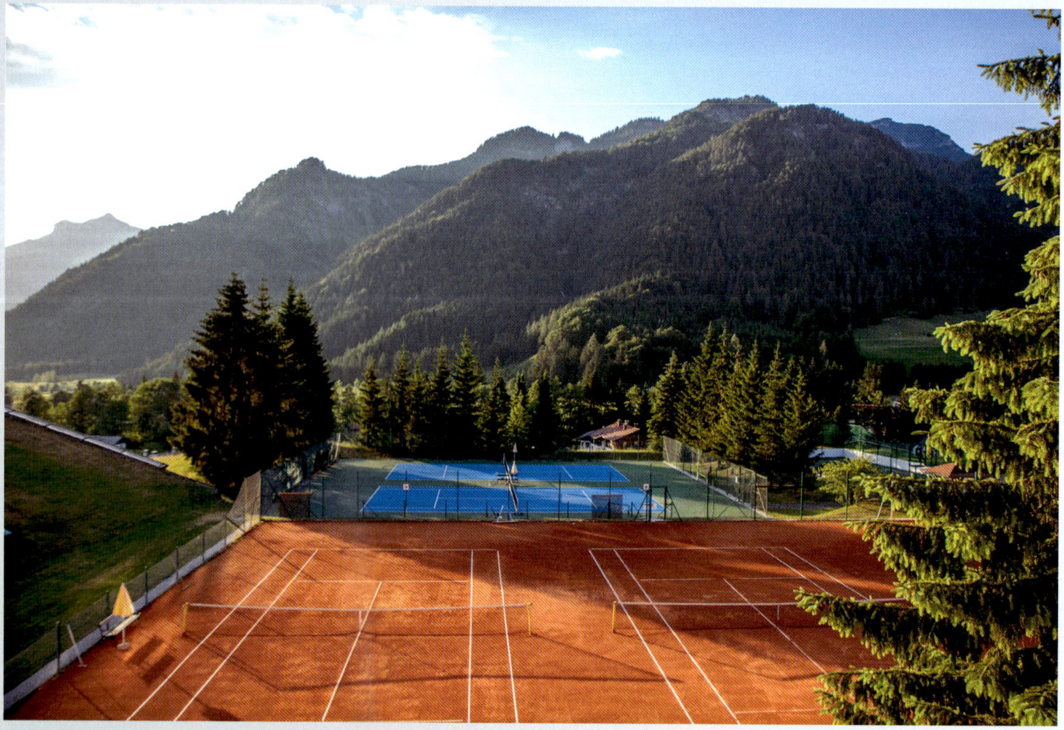

Drei gepflegte Sand- und zwei Hardcourts stehen Tennisfreunden zur Verfügung.

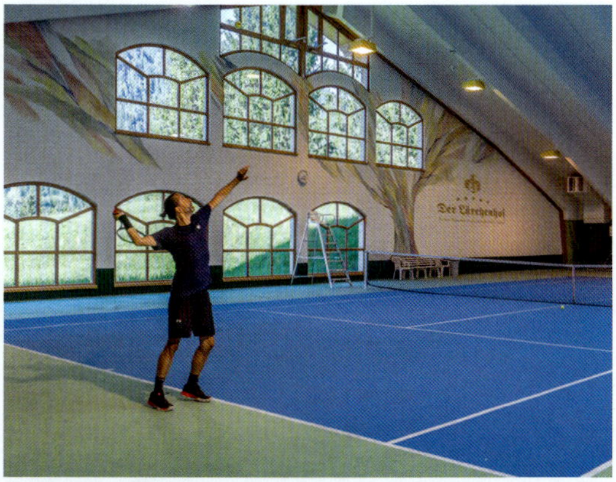

Drei Hallenplätze mit Gummigranulat stehen zur Verfügung.

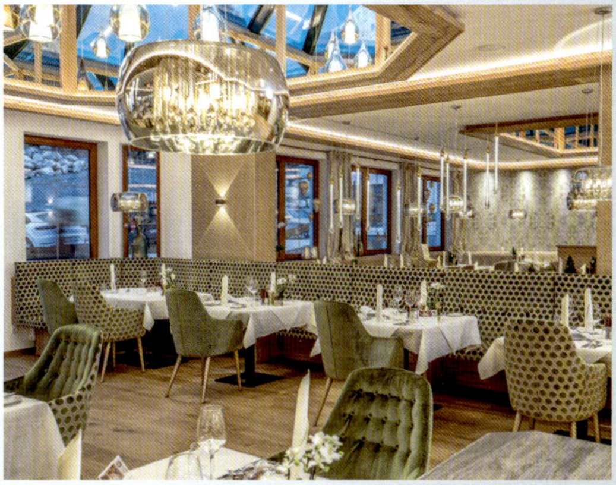

Fine Dining in gepflegtem Ambiente.

Schnuppern, Aquafit, Qi Gong, geführte Wanderungen, Fußball im Fun Court, Nordic-Walking-Touren und noch mehr stehen auf dem wöchentlichen Programm.

Entspannung nach diesen vielfältigen Angeboten finden die Hotelgäste im weitläufigen, luxuriösen Wellness-Areal. Auf insgesamt 3.500 Quadratmetern steht hier alles zur Verfügung, was anspruchsvolle Erholungssuchende sich wünschen. Zur Saunalandschaft gehören Bio-, Dampf-, Event- und Salzsauna, die Badelandschaft zählt insgesamt sechs Pools auf. Eine 30-Meter-lange Rolltreppe verbindet die Event-Sauna mit dem Panorama- Saunagarten, hier eröffnet sich ein Traumblick auf die Bergwelt. Die Beautyfarm verwöhnt mit Behandlungen, nutzt erstklassige Pflegeprodukte dabei, bietet Massagen und innovative Konzepte wie die preisgekrönte haki®-Methode von Harald Kitz an. Um in solch einer Ferienwelt auch den Jüngsten der Gäste gerecht zu werden, laden Streichelzoo, Kinderkino, Kletterwand, Reitstunden und die bunten Angebote des Kinderclubs ein.

Auf Fünf-Sterne-Niveau bewegt sich auch die Küche des Hauses, die beim abendlichen Sechs-Gänge-Wahl-Menü ihr Können unter Beweis stellt. Es ist eine „vitale österreichische Vollwertküche“ die auf hochwertigen, meist regionalen Zutaten basiert, die schonend verarbeitet, kreativ und mit viel Liebe zubereitet werden. Zu den wöchentlichen kulinarischen Höhepunkten gehören das Tiroler Schmankerlbuffet, das Galadinner mit Klaviermusik und das Mediterrane Spezialitätenbuffet. Besondere Diät- oder Ernährungswünsche werden gerne berücksichtigt.

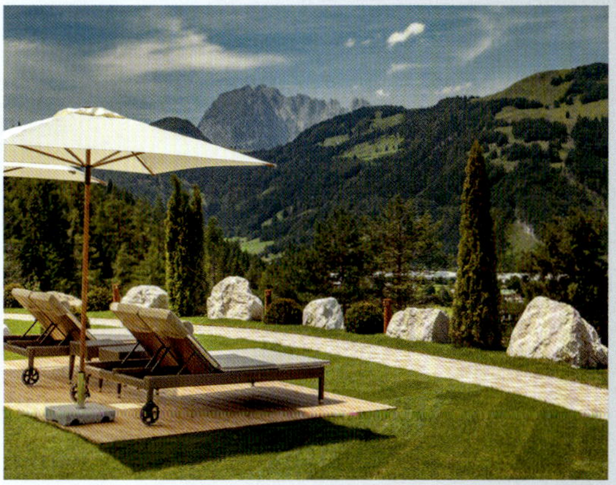

Nach Sauna oder Tennismatch: Entspannung mit Aussicht.

Hotel | Chalet Das Alpenschlössel

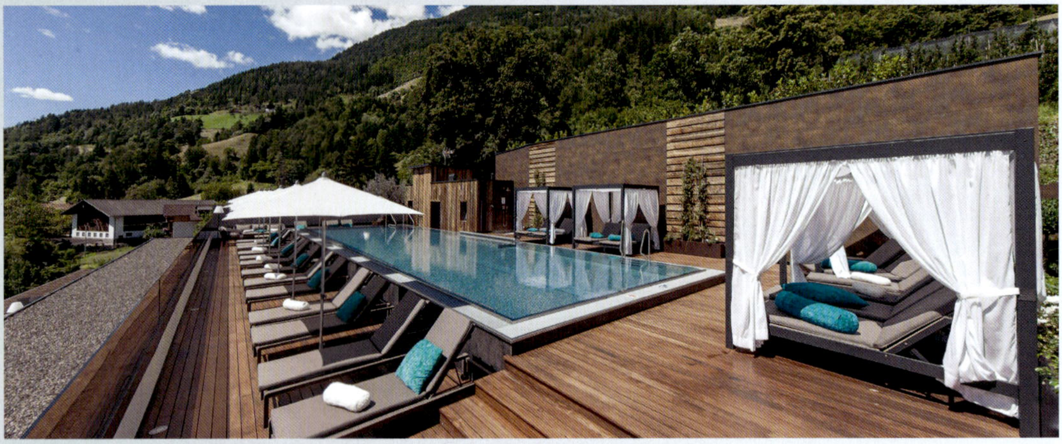

Vom Sky-Infinity-Pool auf dem Dach des Hauses schweift der Blick über die traumhafte Bergwelt.

Hotel | Chalet Das Alpenschlössel
St. Martin bei Meran
Südtirol, Italien
Telefon +39 0473 645474
www.alpenschloessel.it

Manchmal muss es eine Auszeit, der kompromisslose Rückzug vom Alltagstrott sein. Abschalten, auftanken und erholen in einem kleinen exklusiven Urlaubsdomizil: Dafür ist das Hotel | Chalet Das Alpenschlössel als sonnige Ruheoase am Waldrand konzipiert, dazu empfängt es seine anspruchsvollen Gäste in einer „Vorahnung vom Paradies". Jedes der mit edlen Hölzern und Naturmaterialien eingerichteten, sehr geräumigen Zimmer ist ein innenarchitektonisches Juwel. Jede der stilvollen Suiten überrascht mit vielen Ausstattungsdetails für ein luxuriöses Ambiente. Wohnkomfort der Sonderklasse bietet sich den Gästen in den schicken Mountain-Chalets mit Privatpool und Sauna. Das zweistöckige Wald-Chalet mit privater Dachterrasse vereint als Hideaway auf 220 Quadratmetern Wohnfläche puren Naturgenuss und opulente Entspannung.

Die Wellness- und Spa-Welten des Alpenschlössels lassen keine Wünsche offen. Das Freibad mit Sprudelliegen und Inneneinstieg wird ganzjährig beheizt, der Sky-Infinity-Pool eröffnet eine traumhafte Aussicht auf die Passeirer Berg-

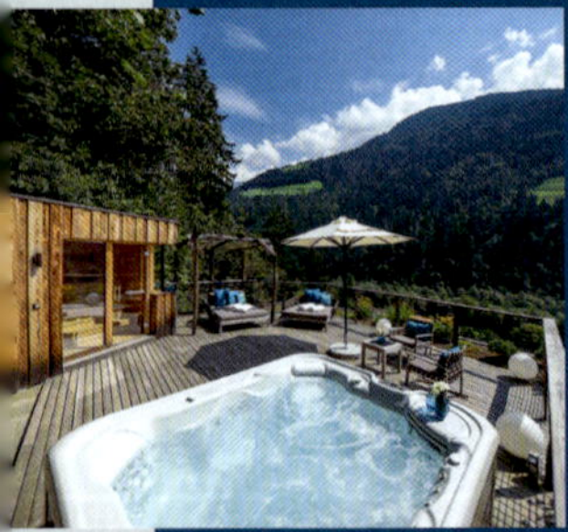

Waldchalet

Die Dachterrasse des Wald-Chalets ist ein einzigartiges Private Spa: Inmitten der Natur, direkt am Waldrand stehen den Gästen ein Hot-Whirlpool, eine Außen-Sauna und gemütliche Kuschelnester mit Panorama-Blick in die umgebende Bergwelt zur Verfügung.

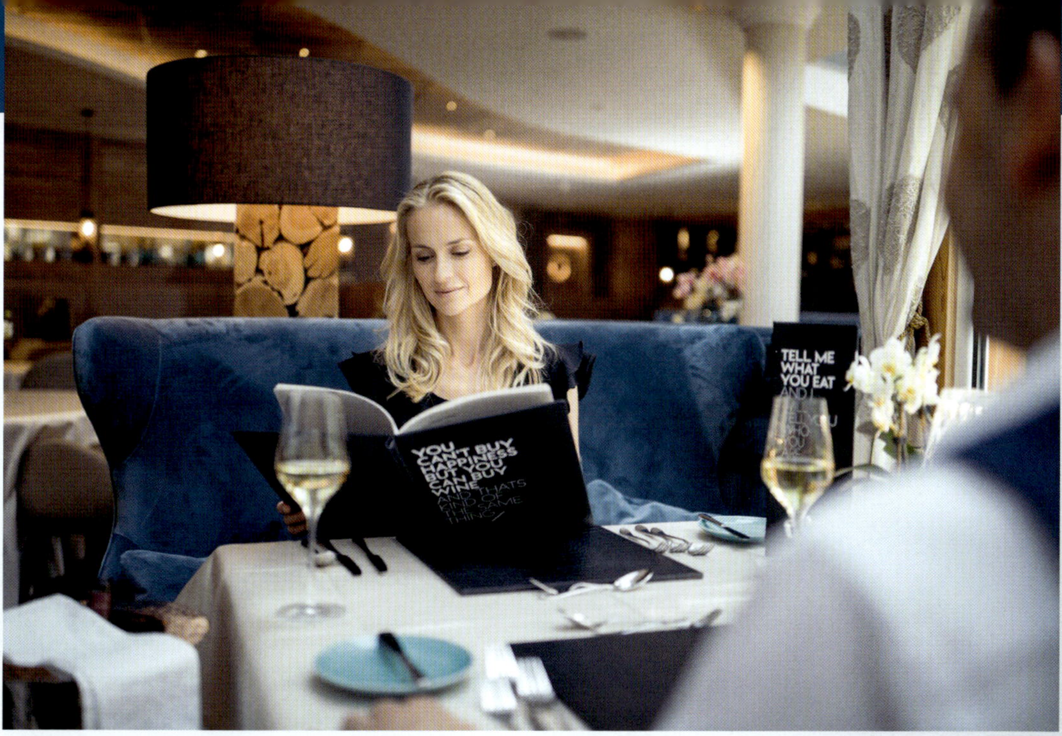

Kulinarische Highlights in elegantem Ambiente: Genießen im Alpenschlössel.

welt. Im modernen Hallenbad laden kuschelige Relaxzonen zum Entspannen ein, genauso wie die verschiedenen Saunen rund um die natureSAUNA sowie der wunderschön gestaltete weitläufige Gartenbereich mit Naturschwimmteich und Wasserfall. Im natureSPA werden ausgewählte luxuriöse Behandlungen durchgeführt.

Sportliche Aktivurlauber nutzen den Tennisplatz direkt am Haus oder das vielfältige Angebot des Resorts Quellenhof. Der Fitness- und Bewegungsraum mit Panoramablick ist mit neuesten Geräten ausgestattet, die kleinsten Gäste toben auf dem Abenteuer-Spielplatz oder im Indoor-Kinderland.

Kulinarischer Genuss der Extraklasse ist zentraler Bestandteil der Erholung à la Alpenschlössel. Gespeist wird im entspannten Ambiente des eleganten Speisesaals oder in einer der gemütlichen Stuben. Das Frühstück wird bei schönem Wetter auf der mediterranen Sonnenterrasse serviert. Der Tag klingt aus bei einem erfrischenden Cocktail oder einem erstklassigen Whisky an der stilvollen Bar mit Lounge-Ecken und Kamin.

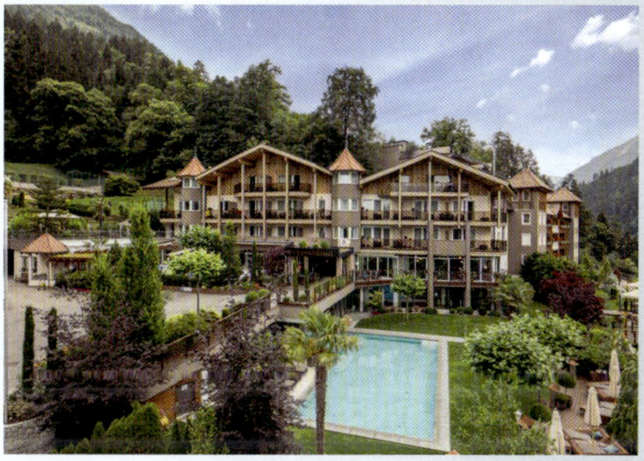

Ein kleines und feines Urlaubsdomizil: your second home.

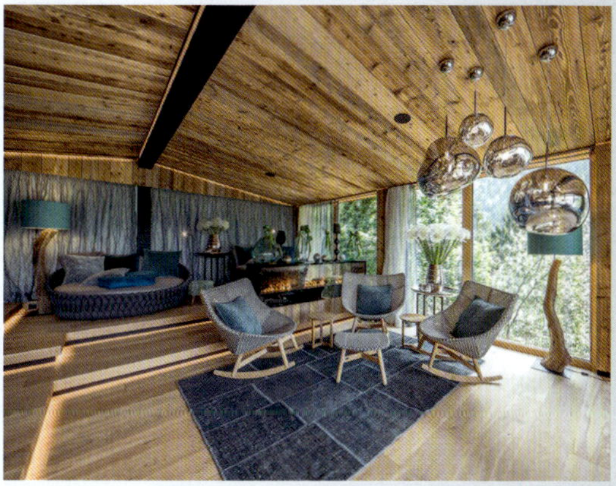

Zur natureSAUNA gehören exklusive Relaxzonen.

Hotel Gfell

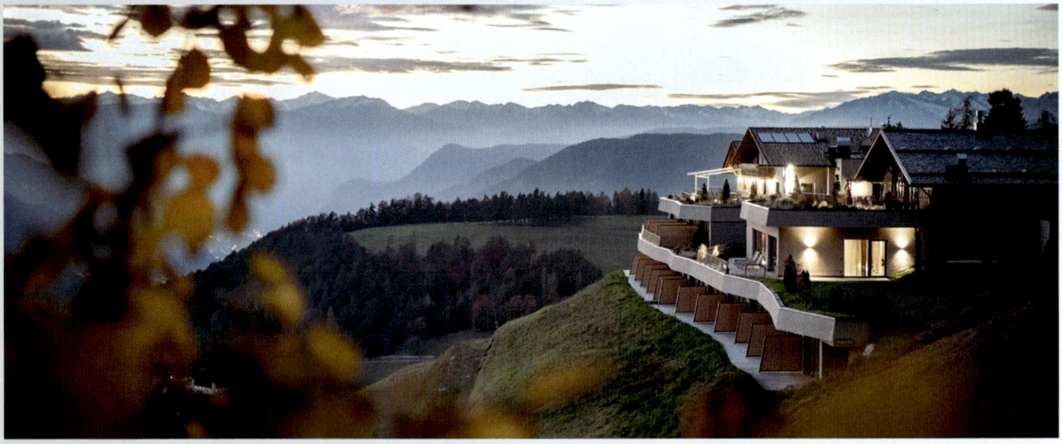

Harmonisch integriert in eine zauberhafte Bergwelt: Die Architektur des Hotels Gfell zollt der Natur Respekt.

Gfell

Schlafen und Essen
mit Schönblick

Hotel Gfell
Völser Aicha
Südtirol, Italien
www.gfell.it

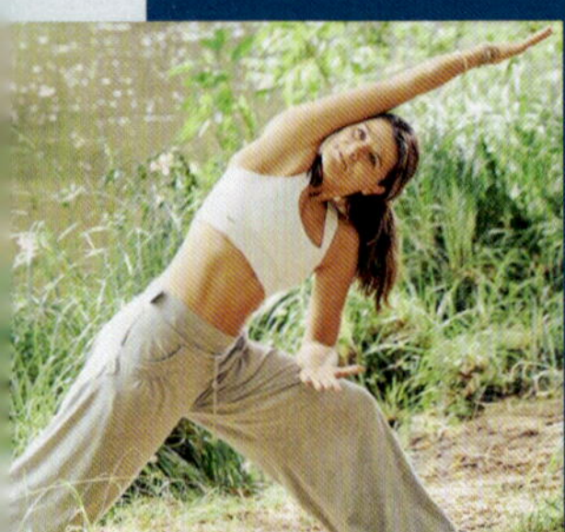

Auszeit

Wer einen sportlichen Ausgleich zum Tennis sucht, kann Fahrrad, Wanderstöcke und Rucksack des Hotels ausleihen, an geführten Wanderungen und Mountainbike-Touren teilnehmen. Wer Entspannung sucht, nutzt das professionell geleitete Angebot an Yoga-Einheiten, Meditation- und Achtsamkeitsübungen oder Waldbaden.

Es ist schlichtweg ein magischer Ort. Zwischen der größten Hochalm Europas, der Seiser Alm, und dem grandiosen Rosengarten-Panorama, mit Blick über die Brenta-, Ortler- und die Texelgruppe liegt am Fuße des Schlerns inmitten üppiger Blumenwiesen ein abgeschiedenes Stück Paradies. Wer einen Ausgleich zu packenden Tennis-Matches sucht, startet direkt vom Hotel Gfell zur Wanderung, zur Mountainbike-Tour, oder er genießt auf der Panorama-Sonnenterrasse eine Aussicht, die er nicht vergessen wird.

Als die Gastgeber, Familie Mair, 2019 beschlossen, ihr beliebtes Restaurant Schönblick um Zimmer und Suiten zu erweitern, war von Beginn an klar, dass die einzigartige Natur bei der Planung den Ton angeben wird. Die Architekten fanden eine ideale Lösung, wie das Gebäude harmonisch in das Gelände integriert werden konnte: Sie bauten in den Hang hinein, unterirdische Konstruktionen hatten kaum Auswirkungen auf die Landschaft – dafür entstanden für die Gäste spektakuläre Aussichten durch riesige Panoramafenster. Zu jedem Zimmer gehört eine

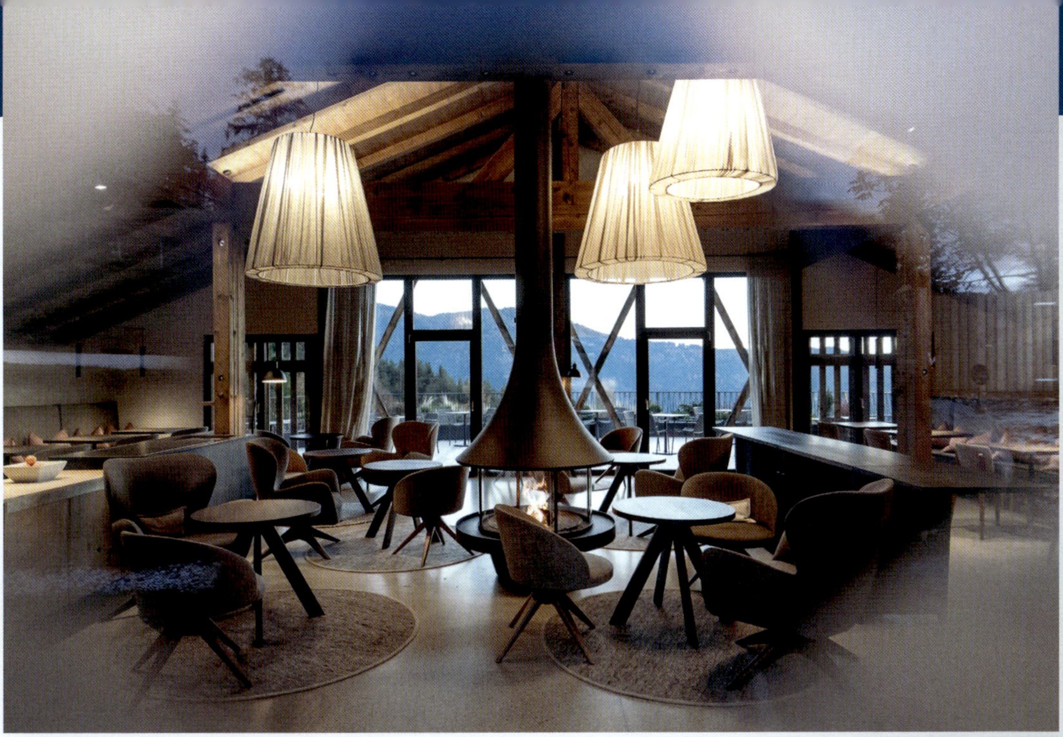

Der alte Stadel wurde zur stilvollen Lobby umgebaut – hier trifft Tradition auf Moderne in einzigartigem Ambiente.

Terrasse, die dank der Glasfront den Wohnraum außen fortführt, zum Großteil direkt in Wiese oder Wald übergeht. Auch die offenen Bäder, die verglasten Duschen erweitern die Räume. Der „Dialog mit der Natur" ist bis ins kleinste Detail durchdacht und liebevoll inszeniert, die Innenarchitektur von bestechender Klarheit. Der alte Stadel wurde sorgfältig restauriert und dient jetzt als Lobby und urige Frühstückslounge, im Zentrum dominiert der spektakuläre Kamin, neue Fenster hinter alten Sparrenkonstruktionen verbinden Moderne und Tradition. Nach dem Sport bietet der Saunabereich Entspannung, vollständig mit Holz ausgekleidete Ruhenischen mit Design-Liegen schaffen Privatsphäre. Yoga-Einheiten mit professioneller Leitung, Meditation, Achtsamkeitsübungen und Waldbaden runden das Angebot zur Regeneration im Gfell ab. Das Restaurant „Schönblick" verwöhnt Feinschmecker mit regionalen Köstlichkeiten, hier wird fast alles mit Liebe und Kreativität selbstgemacht. Mit Blick auf einen atemberaubenden Sonnenuntergang schmeckt dazu ein edler Tropfen der feinen Weinauswahl.

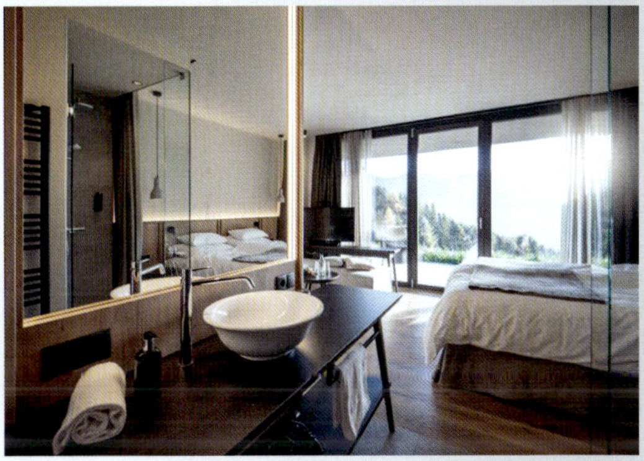

Ausgesuchte Naturmaterialien, Licht und Glas in den Suiten.

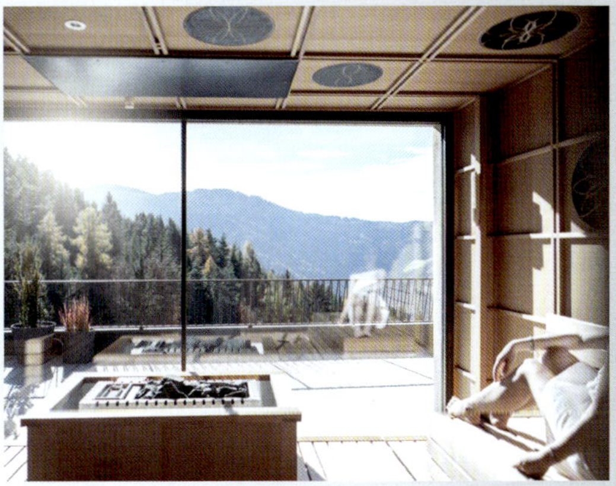

Entspannen in der Waldsauna mit Traumblick auf die Berge.

Quellenverzeichnis

Print

Grimm, N. (2016): Die Tennis Bibel, Hamburg: tredition
Jekauc, D./ Heger, P. (2017): Der Mythos vom Big Point, Tennis Sport. 4/2017, 32-37
Schön, D. (1993): Tennis Lexikon, München: Copress
Schönborn, R. (2012): Strategie und Taktik im Tennis, Gelnhausen: Wagner Verlag
Tennis Magazin (2017): März & April
Weber, K., Exler, T., Marx, A., Pley, C., Röbbel, S., Schäffkes, C. (2010): Schnellere Aufschläge, kürzere Ballwechsel und höherer Zeitdruck für Grundschläge in der Tennis-Weltspitze – Darstellung am Beispiel der Herren, Leistungssport (40), 36-42

Internet

atpworldtour.com: Stats Leaderboard Return. Dezember 2017
ATP/WTA-Website: Weltranglisten. Dezember 2017
Barschel, C. A. (2017): Das Matchball Drama um Michael Stich, 12.09.2017,
https://www.tennisnet.com/news/das-matchball-drama-um-michael-stich-und-das-vergebene-jahrhundert-finale-53564
Born, P. (2017): Systematische Analyse der erweiterten Spieleröffnung des Aufschlägers im Herrentennis der Weltspitze inklusive Ableitung anwendungsorientierter Trainingsformen (Dissertation), https://d-nb.info/1136631461/34
DTB Online Campus: Lob in der Grundliniensituation. Zugriff Dezember 2017
De Witt, J. (2017): Return in der Weltklasse, DTB Online Campus: Vortragsreihe Göttingen 2017
Eberhard, G. (2017): Quantitative und Qualitative Spielanalyse eines Tennis-Einzels und ihre mögliche Bedeutung für das Training, https://www.drslowmo.de/files/Quantitative_Qualitative_Spielanalyse_Tennis_Einzel.pdf
Eberhard, G. (2020): forced winner and aggressive margin - In memory of William R. Jacobson,
https://www.tc-blau-gelb-hamburg.de/statistik-im-tennis.html
Grewe, F. (2015): Taktik-Training: Die verbotene Zone, Tennis Magazin, 07.03.2015,
https://www.tennismagazin.de/praxis/taktik-training-die-verbotene-zone/
O'Shannessy, C.: braingametennis.com
O'Shannessy, C. (2017): Roger Federer exposes the biggest lie in tennis,
https://www.braingametennis.com/roger-federer-exposes-the-biggest-lie-in-tennis-part-45/
O'Shannessy, C. (2018): Why the Forced Error Does Not Get Its Due in Tennis, The New York Times, 08.06.2018:
https://www.nytimes.com/2018/06/08/sports/unforced-errors-tennis.html
O´Shannessy, C. (2020): What Matters Most To Winning, Webinar am 03.04.2020,
https://www.facebook.com/mybigpoint/videos/1082397165453179/
Rothenberg, B. (2013): Unforced Error Is Unloved Statistic Among Tennis Players, The New York Times, 09.03.2013,
https://www.nytimes.com/2013/03/10/sports/tennis/tennis-statistics-like-unforced-errors-get-no-love-from-players.html
usopen.org
Walter, B. (2017): Kaum einer praktiziert Serve and Volley, 19.07.2017,
https://www.tennisnet.com/news/roger-federer-netzspiel-kritik-serve-and-volley-atp
Wikipedia: Herkunft der Begriffe Taktik und Strategie

Quellen Kapitelauftaktseiten „Tennis-Facts"

Kapitel 1: O´Shannessy, C. (2020: Minute 31:10)
Kapitel 2: Schön, D. (1993: 203)
Kapitel 3: O´Shannessy, C. (2020: Minute 31:10)
Kapitel 4: eigene Recherche (Cincinatti 13.08.2019 bis Santiago 25.02.2020:
1.658 Damen-/Herren-Matches mit Zwei-Satz-Siegen; die Untersuchungsgruppe sind die 974 Drei-Satz-Matches)
Kapitel 5: Schön, D. (1993: 203f)
Kapitel 6: Wikipedia: Australian Open / US Open
Kapitel 7: Schön, D. (1993: 204)
Kapitel 8: O´Shannessy, C. (2020: Minute 89:55)
Kapitel 9: Richard Schönborn in: Grewe, F. (2015)
Kapitel 10: eigene Zählung, Aufzeichnung bei Youtube
Kapitel 11: https://www.dw.com/de/nadals-%C3%Bcermenschliche-kr%C3%A4fte-auf-sand/a-43941081
Kapitel 12: O´Shannessy, C. (2020: Minute 22:10)
Kapitel 13: O´Shannessy, C. (2020: Minute 22:10)
Kapitel 14: eigene Recherche in 2015-2017:
72 Matches mit einer Gesamtpunktzahl von 7.325 Punkten; davon waren 3.956 leichte Fehler
Kapitel 15: ATP Website
Kapitel 16: O'Shannessy, C. (2017)
Kapitel 17: Schön, D. (1993: 203)
Kapitel 18: Born, P. (2017: 66)
Kapitel 19: Tennis Magazin 03/2017
Kapitel 20: Born, P. (2017: 57 und 65)
Kapitel 21: O´Shannessy, C. (2020: Minute 90:40)
Kapitel 22: O´Shannessy, C. (2020: Minute 41:50)
Kapitel 23: Born, P. (2017: 57)
Kapitel 24: ATP Website
Kapitel 25: O´Shannessy, C. (2020: Minute 54:10)
Kapitel 26: O´Shannessy, C. (2020: Minute 95:10)
Kapitel 27: eigene Berechnung

NEUER SPORTVERLAG

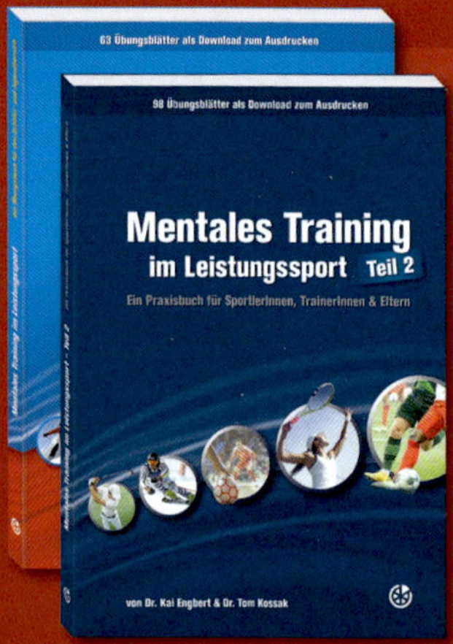

Mentales Training im Leistungssport, Teil 1 und 2

Mentale Stärke im Leistungssport ist kein Zufall, sondern das Ergebnis von Training und Erfahrung. Daher sollte bereits im Schüler- und Jugendalter mit dem mentalen Training begonnen werden. Langfristig führt es zu mehr Selbstbewusstsein, stabileren Wettkampfleistungen und hilft besonders „Trainingsweltmeistern", ihre Leistung dann abzurufen, wenn es zählt.

Diese Bücher richten sich an Trainer und Sportpsychologen, die mit Sportlern im Einzelcoaching oder in der Gruppe mentales Training durchführen möchten.

Teil 1: ISBN 978-3-938023-63-1 **EUR 19,50**
Teil 2: ISBN 978-3-96416-033-1 **EUR 29,90**

My-Pocket-Coach Mental

ist das ultimative Tool für Athleten und Trainer, um die mentale Stärke im Training und bei Wettkämpfen gezielt zu verbessern. Einfach eine individuelle Auswahl an Trainingskarten zusammenstellen, an das Schlüsselband hängen und los geht's!

Box mit 100 Trainingskarten, Schlüsselband und Karabinerhaken

ISBN 978-3-938023-57-0 **EUR 29,90**

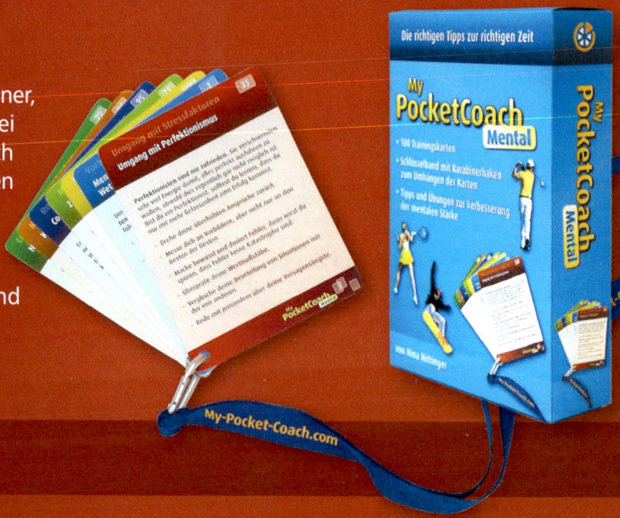

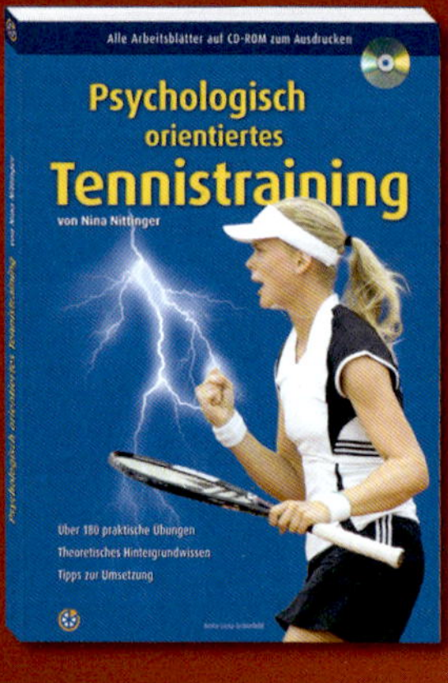

Psychologisch orientiertes Tennistraining

Nina Nittingers tägliche Arbeit als Trainerin garantiert besonders praxisnahe und sofort anwendbare Übungen im Mentaltraining. Ein Muss für jeden engagierten Tennisspieler- und trainer.

ISBN 978-3-938023-43-3 **EUR 19,50**

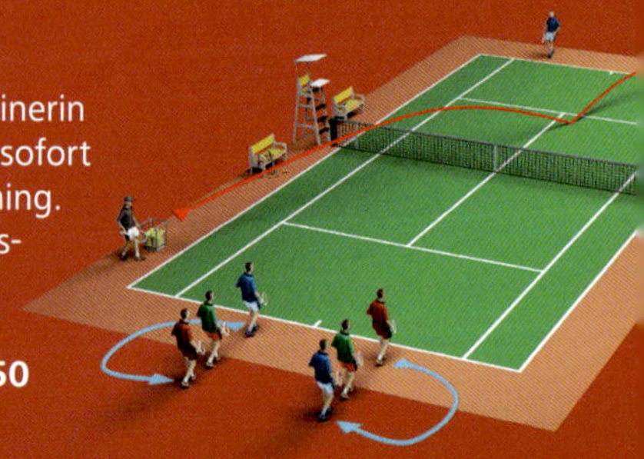

Weitere Publikationen unter **www.neuersportverlag.de**